Juristische Encyklopädie.

Von

Dr. Adolf Merkel,
zuletzt Professor in Straßburg i. E.

Dritte neu durchgesehene Auflage.

Herausgegeben von

Dr. Rudolf Merkel,
Professor in Freiburg i. B.

Berlin 1904.
J. Guttentag, Verlagsbuchhandlung,
G. m. b. H.

Vorwort zur zweiten Auflage.

Leider war es meinem Vater nicht vergönnt, seine „Encyklopädie" in einer neuen Auflage auszugestalten. Erst nach seinem im Jahre 1896 erfolgten Tode hat sich durch Erschöpfung der ersten Auflage der Anlaß zu einer solchen ergeben.

In dem Wunsche, sein Werk nicht vom Büchermarkt verschwinden zu sehen, habe ich der Aufforderung zur Herausgabe einer neuen Auflage entsprochen.

Zunächst galt es, die Litteratur-Angaben aus der Fülle der Erscheinungen innerhalb des fünfzehnjährigen Zeitraums seit der ersten Auflage (1885) zu ergänzen, wobei ich bestrebt war, besonders auf die sonstigen Arbeiten meines Vaters hinzuweisen, welche durch die von mir herausgegebene Sammlung seiner kleineren Schriften jetzt ja leichter zugänglich geworden sind.

In bezug auf den Text schien vor allem der früher vielleicht überhaupt etwas knapp gehaltene privatrechtliche Abschnitt im Hinblick auf das inzwischen erfolgte Inkrafttreten eines deutschen Reichszivilgesetzbuchs mannigfacher Änderungen und Ergänzungen zu bedürfen. Aber auch in den anderen Spezialabschnitten schienen mir manche Modifikationen und Zusätze gerechtfertigt. Durch diese etwas breitere Ausführung, zumal des nun doch einmal im Mittelpunkt des juristischen Studiums stehenden Privatrechts, hoffe ich dem Buche die Verbreitung unter den Studierenden erleichtert zu haben.

Dagegen glaubte ich mich hinsichtlich des Textes des „Allgemeinen Teils“ auf wenige, nicht eingreifende Änderungen beschränken zu sollen, um so dem Buche möglichst den individuellen Charakter zu erhalten, den ihm die Eigenart seines Verfassers aufgeprägt hat.

Freiburg i. B. im Januar 1900.

R. Merkel.

Vorwort zur dritten Auflage.

Aus der Tatsache, daß der zweiten Auflage dieses Buches nach 4 Jahren eine neue folgen kann, glaube ich die Überzeugung entnehmen zu dürfen, daß sein hohes Doppelziel: sowohl „Anfängern“ wie „schon Kundigen“ sich nützlich zu erweisen, doch nicht als unerreichbar bezeichnet werden darf, sowie die Hoffnung, daß bei der mißlichen Aufgabe der Bearbeitung eines fremden Werkes im wesentlichen wohl der richtige Weg eingeschlagen wurde; so ist derselbe auch jetzt weiter verfolgt worden.

Wünschen, die mir aus den Kreisen deutscher Studierender wie aus dem Auslande bekannt geworden sind, wurde tunlichst Rechnung getragen; auch künftig würde ich für Mitteilung von solchen dankbar sein.

Freiburg i. B. im April 1904.

R. Merkel.

Inhalt.

Dritter Abschnitt.

Seine Entstehung. §§ 102—144.

Zweites Kapitel.

Die Rechtsverhältnisse. §§ 145—310.

Erster Abschnitt.

Ihre Merkmale. §§ 146—190.

Zweiter Abschnitt.

Ihre Einteilungen. §§ 191—205.

Erklärung der Abkürzungen und Zeichen.

Elemente = „Elemente der allgemeinen Rechtslehre" von Adolf Merkel in der 5. Auflage von Holtzendorffs Encyklopädie, 1890.

Sammlung = „Gesammelte Abhandlungen aus dem Gebiet der allgemeinen Rechtslehre und des Strafrechts" von A. Merkel; nach des Verfassers Tode herausg. von R. Merkel. 2 Bde. (Straßburg, Trübner) 1899.

Lehrbuch = „Lehrbuch des deutschen Strafrechts" von A. Merkel. (Stuttgart, Enke) 1889.

Fragmente = „Fragmente zur Sozialwissenschaft" von A. Merkel, aus dem Nachlasse herausg. von R. Merkel. (Straßburg, Trübner) 1898.

B. = Bürgerliches Gesetzbuch für das Deutsche Reich.

† § 422 bedeutet, daß dieser § bei der 2. oder 3. Auflage neu aufgenommen ist;

* § 511 „ daß der entsprechende § der 1. Auflage eine Änderung erfahren hat;

§ 49* „ daß der entsprechende § der 1. Auflage aus späteren Arbeiten des Verfassers ergänzt ist.

Einleitung.

1. Diese Schrift bietet einen Auszug aus den Hauptteilen der Rechtswissenschaft unter Hervorhebung der durch das Ganze des Rechts hindurchgehenden und dessen geistige Einheit begründenden Gedanken.

Sie will es dem Anfänger erleichtern, sich mit dem Rechte vertraut zu machen, dem schon Kundigen Anregungen geben in der Richtung einer Vereinheitlichung unseres Wissens vom Rechte und einer Vereinfachung seines Ausdrucks.

2. Die Gliederung ihres Inhalts entspricht der Gliederung der Rechtswissenschaft.

Diese aber scheidet sich in die „Allgemeine Rechtslehre" und die juristischen Spezialwissenschaften: Staats-, Verwaltungs-, Privat-, Straf-, Prozeß-, Kirchen-, Völkerrechtswissenschaft.

Die letzteren haben die bezeichneten Teile des Rechts in ihrer Besonderheit, die erstere das den Teilen Gemeinsame zum Gegenstand.

Demgemäß zerfällt diese Encyklopädie in einen Allgemeinen Teil, der einen Auszug aus der Allgemeinen Rechtslehre, und einen besonderen Teil, der einen Auszug aus den juristischen Spezialwissenschaften enthält.

Von anderen juristischen Encyklopädien seien hervorgehoben: Arndts, j. Enc. und Methodologie 43, 10. A. bes. v. Grueber 01. Bluhme, Enc. des in Deutschland geltenden Rechts, 3. A. 63ff.

Goldschmidt, Enc. der Rechtswissenschaft im Grd.riß 62. Walter, j. Enc. 56. Gareis, Enc. und Methodologie der Rechtswissenschaft 2. A. 1900. Kohler, Einführung in die Rechtswissenschaft 01. — Größere Sammelwerke, welche eine Berichterstattung über das Ganze der Rechtswissenschaft geben wollen: Enc. der Rechtswissenschaft in systematischer und alphabetischer Bearbeitung. Herausgegeben unter Mitwirkung vieler Rechtsgelehrter von v. Holtzendorff. Erster system. Teil, 5. A. 90 (darin von A. Merkel, „Elemente der allgemeinen Rechtslehre," aufgenommen in die „Sammlung" S. 577 ff. — Ferner Ergänzungen zu den von Geyer herrührenden Abschnitten „Übersicht über die Geschichte der Rechts- u. Staatsphilosophie" und „Strafrecht"). Jetzt 6. von Kohler hrsg. A. 03/4. — Enc. der Rechtswissenschaft. Hrsg. von Birkmeyer 2. A. 04.

Allgemeiner Teil.

Die allgemeine Rechtslehre.

Ausgangspunkte.

§ 1.

Was ist das Recht?

Ein Fall mag es lehren.

Nachbarn geraten in Streit über die Grenzen ihres Gebietes. Ein Richter, von ihnen angerufen, stellt die streitigen Grenzen fest und läßt sie durch Marksteine erkennbar machen.

Geben wir uns Rechenschaft über die Bedeutung dieses Vorgangs. Die Elemente, aus welchen sich das Recht zusammenfügt, werden dabei in ihrer einfachsten Gestalt zum Vorschein kommen.

§ 2.

Die richterliche Entscheidung gibt den streitenden Nachbarn:

1. Auskunft über die von ihnen zu respektierenden Grenzen ihrer Machtgebiete.

2. Beweggründe für ein entsprechendes praktisches Verhalten.

§ 3.

Diese Entscheidung enthält:

1. den Ausspruch: Ihr sollt (und bzw. müßt) die von mir festgestellten Grenzen achten; Ihr seid hierzu verpflichtet.

2. Den Ausspruch: Ihr dürft (und bzw. könnt) innerhalb dieser Grenzen Euren Willen und Eure Interessen zur Geltung bringen; Ihr seid dazu befugt.

Sie stellt sich in der ersten Richtung als ein Befehl, in der zweiten als eine Gewährleistung dar.

§ 4.

Den bezeichneten Elementen entsprechend ist die Wirkung, welche von der richterlichen Grenzbestimmung ausgeht, zweifacher Art: beschränkend und hemmend in der Richtung des Befehls, befreiend und schützend in der Richtung der Gewährleistung.

Die gesicherte Grenze nämlich bildet eine Schranke für denjenigen, der geneigt sein könnte, das ihm zukommende Machtgebiet zu überschreiten, eine Schutzwehr für denjenigen, der sich innerhalb dieses Gebietes frei bewegen will.

§ 5.

Das unter einer solchen Einwirkung sich ordnende nachbarliche Verhältnis heißt mit Rücksicht auf diese Einwirkung ein

Rechtsverhältnis,

in welchem wir, dem Gesagten zufolge, eine Seite der Gebundenheit oder der Pflicht und eine korrespondierende Seite der Macht oder der Befugnis unterscheiden können.

Die Macht, von welcher hier die Rede ist, heißt unter bestimmten Voraussetzungen, welche in der Folge zu bestimmen sein werden, ein „Recht", „Recht im subjektiven Sinne" (§ 153 ff.).

§ 6.

Der Zweck, der vom Standpunkt des Richters aus durch eine solche Wirksamkeit erreicht werden soll, ist dieser: eine Voraussetzung friedlichen und geordneten Nebeneinander- und Miteinanderlebens der Beteiligten zu verwirklichen und dem Willen und den Interessen derselben ein Gebiet freier Betätigung zu sichern.

§ 7.

Der Richter erscheint hierbei als der Vertreter eines einheitlichen Interesses der Parteien.

Denn beide sind dabei interessiert, innerhalb gesicherter Grenzen ihren Willen und ihre Interessen ungehemmt betätigen zu können.

§ 8.

Von dem Geiste aber, in welchem diese richterliche Grenzregulierung erfolgt, hängt es ab, ob sie allseitig und dauernd zu befriedigen vermag.

Dieses kann sie nur, wenn sie in unparteilicher Weise und nach einem Maßstabe ausgeführt wird, der nicht willkürlich an die Sache herangebracht, sondern ihr gemäß ist, und zu dem die Parteien sich gleichmäßig bekennen können. Mit anderen Worten, sofern sie sich als eine gerechte darstellt.

§ 9.

Diese richterliche Wirksamkeit fällt hiernach einerseits unter den Gesichtspunkt der Zweckmäßigkeit (§ 6), andererseits unter den der Gerechtigkeit (§ 8).

Sie erfolgt um des Zweckes willen, dem der Richter dient, aber sie erfüllt diesen Zweck nur als eine gerechte.

§ 10.

Betrachten wir jenen Vorgang nun im Zusammenhang eines entwickelten Rechtslebens, wie es innerhalb der modernen Staaten uns vor Augen steht, und von welchem bisher absichtlich abstrahiert worden ist.

Hier gewinnt derselbe eine Bedeutung über den Kreis der Nächstbeteiligten hinaus, ohne daß im übrigen diese Bedeutung sich ändert.

§ 11.

Der Richter erscheint hier nicht bloß als der Vertreter eines einheitlichen Interesses der Parteien des einzelnen Falls, sondern aller, welche in Konflikte ähnlicher Art oder in Mitleidenschaft bei solchen geraten können.

§ 12.

Der Richter hat hier ferner den Maßstab für seine Wirksamkeit sich nicht erst zu bilden. Derselbe ist ihm vielmehr gegeben in einem Systeme von Bestimmungen und Regeln,

„Rechtssätzen", „Rechtsnormen",

an welche er gebunden ist.

§ 13.

Diese Bestimmungen werden nicht lediglich durch die Vermittlung richterlicher Entscheidungen wirksam, vielmehr zugleich auf direktere Weise, indem sie unmittelbar das Verhalten derjenigen bestimmen, deren Machtgebiete sie begrenzen.

§ 14.

Die geistige Macht, welche sich in dieser Wirksamkeit äußert, heißt das Recht,

Recht im objektiven Sinn.

Ihr eigentümliches Wesen ist in jener richterlichen Grenzregulierung allseitig zum Ausdruck gelangt. Was von dieser gesagt worden ist, läßt sich daher in allgemeinerer Fassung auf das Recht überhaupt anwenden.

Das eigentümliche Wesen des Rechts findet in der richterlichen Tätigkeit überhaupt seinen verständlichsten Ausdruck. In ihr ist zugleich die geschichtlich erste Form gegeben, in welcher es zur Entfaltung seiner spezifischen Merkmale gelangt ist.

§ 15.

So können wir am Recht überall wie bei jener richterlichen Entscheidung (§ 2) ein theoretisches und ein praktisches Element unterscheiden. Denn jede seiner Bestimmungen gibt irgend welche Auskunft über Grenzen menschlicher Machtgebiete, welche respektiert sein wollen, und jede ist darauf gerichtet, Beweggründe für ein dieser Auskunft entsprechendes Verhalten wirksam werden zu lassen. So wendet sich das Recht an unser Wissen und an unseren Willen, es wirkt als Lehre (§§ 24—41) und als Macht (§§ 42—59).

§ 16.

So kommt dem Rechte überall die zweifache Bedeutung jener richterlichen Grenzbestimmung (§ 3) zu: es hat in allen seinen

Teilen in bestimmter Richtung die Bedeutung eines Gebotes, in einer anderen die einer Gewährleistung; es wirkt dort beschränkend, hier schützend; begründet in der ersten Richtung ein Sollen und Müssen, in der zweiten ein Dürfen und Können, in der ersten Pflichten, in der zweiten Befugnisse.

§ 17.

Was jene richterliche Entscheidung ferner den streitenden Nachbarn gegenüber (§§ 6, 7), das leistet das Ganze des Rechts für alle Glieder der Gemeinschaft und das gesamte Leben, welches sie einschließt, und leistet es unter der gleichen Voraussetzung (§ 8).

Indem es den Menschen eine befriedete Sphäre der Macht und Freiheit, dieselbe begrenzend, verbürgt, gleicht es dem Terminus, jener römischen Gottheit, welche die Grenzen behütet.

§ 18.

Unter seinem Einfluß gestalten sich die Lebensverhältnisse innerhalb einer Gemeinschaft zu Rechtsverhältnissen (§ 5). Die hierin sich begründende Ordnung der Gesamtverhältnisse dieser Gemeinschaft aber heißt deren Rechtsordnung.

§ 19.

Die Begriffe des Rechts und der Rechtsverhältnisse sind die zentralen Begriffe unserer Wissenschaft.

Der Inhalt derselben fällt mit der Auskunft zusammen, welche sie über das Recht als die ordnende Macht und über die Rechtsverhältnisse als die ihrem ordnenden Einflusse unterliegenden Lebensverhältnisse zu geben hat.

§ 20.

Wir werden im weiteren handeln:

vom Rechte,

von den Rechtsverhältnissen,

von der Anwendung des ersteren auf die letzteren und von der Rechtswissenschaft.

Über den Charakter der allgemeinen Rechtslehre, oder, was das gleiche, des allgemeinen Teiles der Rechtswissenschaft, oder endlich, wie wir jene auch benennen können, der Rechtsphilosophie (s. jedoch § 363), von welcher in diesem allgemeinen Teile ein Auszug gegeben wird, vgl. A. Merkel, Über das Verhältnis der Rechtsphilosophie zur „positiven" Rechtswissenschaft und zum allgemeinen Teil derselben; in der Grünhutschen Zeitschr. f. d. Privat- und öffentl. Recht der Gegenwart I, S. 1 ff., (Sammlung S. 291 ff.). — Elemente.

Erstes Kapitel.

Das Recht.

§ 21.

Wir betrachten das Recht

1. bezüglich seiner **Merkmale**,
2. bezüglich seiner **Einteilungen**,
3. bezüglich seiner **Entstehung**.

Jeder der entsprechenden Abschnitte wird seine Ergänzung finden in dem korrespondierenden Abschnitt über die (Merkmale, Einteilungen, Entstehung der) Rechtsverhältnisse.

Werke von allgemeinerer Bedeutung für die in diesem Kapitel behandelten Materien, welche zugleich die hauptsächlichsten Richtungen der heutigen Wissenschaft in betreff der allgemeinen Rechtslehre vertreten: R. v. **Jhering**, Der Zweck im Recht, 2. A. I, 84 II, 86. — Geist des römischen Rechts auf den verschiedenen Stufen seiner Entwicklung, 4 Bde., 52—84. **Trendelenburg**, Naturrecht auf dem Grunde der Ethik, 2. A. 68. **Lasson**, System der Rechtsphilosophie 82. **Geyer**, Geschichte und System der Rechtsphilosophie 63. Übersicht über die Geschichte der R.= und Staatsphilosophie in Holtzendorffs Enz. 5. A. ergänzt von **Merkel**). **Ahrens**, Naturrecht oder Philosophie des R. und des Staates, 6. A. 70. v. **Kirchmann**, Grundbegriffe des R. und der Moral 69. (Dazu Merkel, Sammlung 320 ff.) **Arnold**, Kultur und Rechtsleben 65. **Post**, Bausteine f. eine allgem. R.wissenschaft auf vergleichend=ethnologischer Basis 81. **Binding**, die Normen und ihre Übertretung I 2. A. 90; II 77 (hierzu **Merkel**, Sammlung S. 679). **Bierling**, Zur Kritik der juristischen Grundbegriffe 77, 83 (hierzu **Merkel**, Sammlung S. 481). Juristische Prinzipienlehre 94, 98. **Thon**, Rechtsnorm und subjektives Recht 78. **Merkel**, Rechtsnorm und subjektives Recht, mit Beziehung auf das gleichnamige Werk von Thon 79 (in Grünhuts Zeitschr. VI und Sammlung S. 373). **Schuppe**, Grundzüge der Ethik und R.philosophie 81. Begriff des subjektiven R. 87 (hierzu **Merkel** in den „Philos. Monatsheften“ Bd. 24 und Sammlung S. 537). **Austin**, Philosophie of the Positive Laws 5th ed. 86.

Schein, Unsere R.philosophie und Jurisprudenz 89 (hierzu Elemente § 6). Harms, Begriff, Formen u. Grundlegung der R.philosophie 89. Frenzel, Recht u. Rechtssätze; Untersuchung über den R.begriff der positiven R.wissenschaft 92. Hölder, Über objektives u. subj. Recht 93. Dahn, Über den Begriff des Rechts 95. Brodmann, Vom Stoff des Rechts u. seiner Struktur 97. Stammler, Die Lehre vom richtigen Rechte 02.

Ältere Werke, welche noch gewissen Einfluß im Kreise der heutigen Wissenschaft äußern: Hegel, Grundlinien der Philosophie des Rechts 21, später hrsg. von Gans 33. (Kuno Fischer, Hegels Leben, Werke u. Lehre 01). Stahl, Philosophie des Rechts nach geschichtl. Ansicht (auf der Grundlage christl. Weltanschauung) 30 ff., 5. A. 78.

Vgl. ferner: Kuno Fischer, Geschichte der neueren Philosophie, 4. A. 97 ff. Windelband, Geschichte der neueren Philosophie 2. A. 99, derselbe, Geschichte der Philosophie, 3. A. 03. Simmel, Einleitung in die Moralwissenschaft 92 f.

Erster Abschnitt.

Seine Merkmale.

I. Das Recht als Lehre und Macht.

§ 22.

Das Recht ist charakterisiert durch seine Wirksamkeit. Es wirkt aber (§ 15):

1. als Lehre,
2. als Macht.

Als Lehre, indem es Auskunft darüber gibt, wie die Grenzen menschlicher Machtgebiete sich bestimmen sollen.

Als Macht, indem es die Beachtung dieser Grenzen fordert und verbürgt.

§ 23.

Welche Gesichtspunkte beherrschen diese Lehre?

Wie äußert sich diese Macht?

Jene Frage soll hier sub 1, diese sub 2 ihre Beantwortung finden.

1. Das Recht als Lehre.

§ 24.

Wenn das Recht darüber Auskunft gibt, wie die Machtgebiete der Nachbarn, der Familienangehörigen, der in Handel und Wandel Zusammentreffenden, der Bürger und der Behörden, der verschiedenen Behörden, des Staates und der Kirche, der verschiedenen Staaten ꝛc. ꝛc. sich im Verhältnis zueinander begrenzen sollen, so erscheint der Inhalt dieser Auskunft abhängig:

1. von dem Zwecke, welchem das Recht dient,
2. von den herrschenden Vorstellungen über das Gerechte (s. § 9).

§ 25.

Das Recht ist Mittel zum Zweck, es dient der Herstellung einer befriedeten Ordnung und den Interessen, welche innerhalb derselben die Möglichkeit einer freien Betätigung finden, und richtet sich nach diesem Zweck.

Sein Inhalt läßt sich demjenigen von Friedensverträgen vergleichen, welche die Machtsphären verschiedener Staaten gegen einander abgrenzen und dies in solcher Weise tun, wie es dem Friedensbedürfnis der beteiligten Staaten und den Bedingungen einer nicht bloß momentanen Befriedigung desselben entspricht.

Der Inhalt des Rechts unterliegt aber zugleich einem Einfluß in der Richtung einer Herstellung oder Wahrung seiner Übereinstimmung mit herrschenden ethischen Anschauungen, speziell den Anschauungen über das Gerechte, und nimmt überall neben der Eigenschaft der Zweckmäßigkeit diejenige der Gerechtigkeit für sich in Anspruch.

Die Feststellung des Verhältnisses beider zueinander ist eines der Grundprobleme der allgemeinen Rechtslehre.

Elemente § 9 f. (Recht nicht Selbstzweck. - Organ gesellschaftl. Interessen).

§ 26.

Die Gesichtspunkte der Zweckmäßigkeit und der Gerechtigkeit fallen logisch nicht zusammen.

Es besteht jedoch unter den Bedingungen, unter welchen der Inhalt des Rechts dem einen und dem anderen Gesichtspunkte entspricht, ein bestimmtes Verhältnis, kraft dessen jener Inhalt sich im ganzen und großen nur insoweit als ein zweckmäßiger darstellt, als er zugleich ein gerechter ist.

Wir betrachten hier diese Qualitäten des Rechts:

I. in ihrer logischen Selbständigkeit (§ 27 ff.),

II. in ihrem kausalen Zusammenhange (§ 35 ff.).

§ 27.

I. Der Inhalt jeder Rechtsbestimmung läßt sich von zwei verschiedenen Standpunkten betrachten:

1. von dem Standpunkte des in ihr sich äußernden Subjekts und seines Zweckes, und

2. von dem Standpunkte der von ihr Betroffenen, der passiv Beteiligten, deren Verhältnisse ihre Ordnung von ihr empfangen und welchen daran liegt, daß dies nicht nach einem willkürlich an diese Verhältnisse herangebrachten Maßstabe und nicht auf Grund unwahrer Voraussetzungen bezüglich ihrer tatsächlichen und moralischen Beschaffenheit geschehe.

Dort fragen wir, ob die Rechtsbestimmung den Zwecken ihres Subjekts dienlich sei; hier, wie sie sich zu ihrem Gegenstande verhalte und zu dem, was uns in bezug auf ihn als Wahrheit gilt.

Das letztere aber ist die Frage nach ihrer Gerechtigkeit.

In gleicher Weise können wir in bezug auf jede menschliche Meinungs- und Willensäußerung, welche dritte Personen zum Gegenstande hat, unterscheiden. Wir können dieselbe einerseits mit dem Zwecke vergleichen, um dessen willen sie erfolgt, und andrerseits untersuchen, ob sie ihrem Gegenstande gerecht sei. Wenn jemand z. B. das politische oder moralische Verhalten eines anderen einer öffentlichen Kritik unterzieht, so wird niemand die Verschiedenheit dieser beiden Fragen verkennen:

Ist die Kritik zweckmäßig, d. h. führt sie die von dem Kritiker bezweckte Wirkung (z. B. Diskreditierung eines politischen Gegners) herbei?

Ist die Kritik gerecht, d. h. entspricht sie der tatsächlichen und moralischen Beschaffenheit des beurteilten Verhaltens?

Von dem Subjekte aber, welches im Rechte zu uns spricht, wird im § 43 spezieller die Rede sein.

§ 28.

Man denke an die ehedem verbreiteten Rechtsinstitute der Sklaverei und der Leibeigenschaft. Man hat dieselben vielfach einer Prüfung unterzogen:

1. Vom Standpunkte des Subjektes aus, welches in den betreffenden Rechtssätzen sich äußerte, das ist hier des im Staate herrschenden Willens, indem man untersuchte, ob die Aufrechterhaltung dieser Institute dem dabei vorschwebenden Zwecke wirklich entspreche, ob nicht vielleicht der gleiche Zweck sich auch in andrer Weise erreichen lasse.

2. Vom Standpunkte der passiv Beteiligten aus, derer, welche als Sklaven oder Leibeigene, d. i. gleich Sachen oder als ein Zubehör zu Sachen behandelt wurden, indem man untersuchte, ob diese Behandlung ihrer menschlichen Natur gemäß sei. Man hielt sich hierbei an die in solcher Behandlung zum Ausdruck gelangenden Urteile und prüfte deren Wahrheit.

Von dem letzteren Standpunkte geht z. B. Aristoteles bei seiner bekannten Erörterung über die Sklaverei aus.

§ 29.

Man denke ferner an die Wirksamkeit unserer Gerichte.

Steht deren Zweckmäßigkeit in Frage, so prüfen wir die Ergebnisse derselben mit Rücksicht auf den Zweck des Rechts, dessen Organ die Gerichte sind, oder, was auf das gleiche hinausläuft, mit Rücksicht auf den Zweck des Subjektes, das im Rechte sich äußert. Steht dagegen deren Gerechtigkeit in Frage, so vergleichen wir die Beschaffenheit der Personen, Handlungen und Verhältnisse, welche den Gegenstand der gerichtlichen Urteile bilden, mit diesen Urteilen.

In welchem Sinne aber diese Beschaffenheit hier überall in Betracht komme, das ist näher darzulegen.

§ 30.

Untersuchen wir die Gerechtigkeit eines Rechtssatzes oder eines richterlichen Urteils, so richtet sich die Prüfung:

a) auf ihre tatsächliche Wahrheit,

b) auf ihre moralische Wahrheit.

§ 31.

So würde uns ein Strafurteil, das etwa jemanden wegen Diebstahls zum Tode verurteilte, nur dann als ein gerechtes gelten,

ad a) wenn wir annähmen, daß die Tat, welche seinen Gegenstand bildet, wirklich von dem Verurteilten begangen worden sei und zwar in der Weise, wie es im Urteile vorausgesetzt wird;

ad b) wenn der Inhalt des Strafurteils mit unserer moralischen Schätzung solcher Handlungen, oder, anders ausgedrückt, mit unseren ethischen Werturteilen, im Einklang stünde.

§ 32.

So gilt uns die ehedem häufige Verurteilung alter Frauenzimmer wegen Hexerei als ungerecht, weil es keine Hexerei gibt, den Urteilen also die **tatsächliche Wahrheit** mangelte; die ehedem ebenfalls häufige Verurteilung von Ketzern zum Feuertode als ungerecht, weil sie unseren ethischen Werturteilen widerstreitet, weil den betreffenden Urteilen also nach unseren Anschauungen die **moralische Wahrheit** fehlte.

Die ethische Beurteilung von Handlungen, Verhältnissen und Personen zeigt bei verschiedenen Völkern wie bei verschiedenen Individuen große Verschiedenheiten und unterliegt bei dem einzelnen Volke ebenso wie bei dem einzelnen Individuum einer Entwicklung. Das Recht ist von den ethischen Werturteilen abhängig, welche sich bei einem gegebenen Volke zu einer gegebenen Zeit als die herrschenden erweisen. S. § 39ff., § 49 Anm.

§ 33.

Die Merkmale der Gerechtigkeit erscheinen uns ferner nur in einem Rechte verwirklicht, welches gegenüber den kollidierenden und konkurrierenden Interessen, deren Machtansprüche seinen Entscheidungen unterliegen, ein gleiches und für dieselben gleichmäßig gültiges Maß zur Anwendung bringt.

Mit anderen Worten: zur Gerechtigkeit des Rechts gehört es, daß es sich als den bestehenden gesellschaftlichen und individuellen Gegensätzen und Rivalitäten an sich fremd, als ihnen gegenüber neutral erweist, den Beteiligten aber und dem, was ihnen als Wahrheit gilt, als gleichmäßig nahestehend.

§ 34.

Demgemäß würde uns eine Justiz als ungerecht erscheinen, welche an die Handlungen und Ansprüche von Prozeßgegnern, oder an die Verschuldungen verschiedener Personen vor den Gesetzen ein verschiedenes Maß anlegte. Ebenso eine Gesetzgebung, welche ihren Maßstab den religiösen Überzeugungen eines bloßen Bruchteils der Bevölkerung entnähme, den Trägern konkurrierender Überzeugungen daher sich als parteiliche und ihrem Geiste nach fremde Macht erwiese.

Hinsichtlich des neutralen und für alle gültigen Maßes ist übrigens im heutigen Staate ein Unterschied zwischen den Feststellungen des Gesetzgebers und denjenigen des Richters. Für jenen ist dies Maß in den gemeinsamen Überzeugungen und Interessen gegeben, dagegen für den Richter in der Verkörperung dieser Überzeugungen und Interessen in Gestalt der Gesetze. S. den 3. Abschnitt. —

Der Begriff des Gerechten ist von denen, die ihn überhaupt in seiner Selbständigkeit anerkannten (§ 41 Anm.), meist zu eng gefaßt worden. Man hat lediglich einzelne Anwendungen desselben hervorgehoben. Hierher gehört es, wenn man sein Wesen in der gleichen Behandlung des Gleichen, der ungleichen Behandlung des Ungleichen gegeben fand. Daß damit dieses Wesen nicht erschöpfend charakterisiert sei, ist leicht zu zeigen. Wir finden die strafgerichtliche Verurteilung eines Unschuldigen ganz ungerecht ganz ohne Rücksicht auf das, was in gleichartigen Fällen geschehen ist, einfach weil sie ihrem Gegenstande nicht entspricht, ihm nicht „gerecht" wird, weil sie unwahre Vorstellungen über ihn zu einem praktisch bedeutsamen, für den Betroffenen empfindlichen, Ausdruck bringt. **Gerechtigkeit ist praktische Wahrhaftigkeit**, was die Sprachen der Kulturvölker erhärten, indem sie in mannigfachen Wendungen die Worte für die Begriffe des Gerechten und Wahren bzw. des Rechts und der Wahrheit promiscue zu gebrauchen gestatten.

Den hervorgehobenen Merkmalen der Gerechtigkeit entspricht die populäre Vorstellung von einer Göttin, welche mit verbundenen Augen

(Neutralität) in derselben untrüglichen Wage (Gleichheit und Gültigkeit des angelegten Maßes, Wahrheit der Entscheidung) die Handlungen und Ansprüche der Träger konkurrierender Interessen gegen einander abwägt.

§ 35.

II. **Der kausale Zusammenhang** aber zwischen Zweckmäßigkeit und Gerechtigkeit im Bereiche des Rechts bestimmt sich so, daß der im Rechte sich äußernde Wille seine Zwecke im allgemeinen nur unter der Voraussetzung erreicht, daß seine Bestimmungen der Natur der geordneten Verhältnisse entsprechen und den darin stehenden Menschen als gerecht erscheinen.

Dieser Wille bringt das Recht hervor, als ein Mittel zum Zweck; weil von ihm die Befriedigung der Interessen, deren Organ er ist, abhängt. Aber dies Mittel ist ein zum Zwecke taugliches nur, weil und sofern an ihm die Merkmale der Gerechtigkeit hervortreten (s. § 8 und 9).

Die Klarstellung und Sicherung der Grenzen menschlicher Machtgebiete erfolgt nicht um der Gerechtigkeit willen, aber sie erfüllt ihren Zweck nur als eine gerechte. Der treibende Grund liegt in den Übeln des Streits, der Unordnung und Unsicherheit, aber dauernd abzuhelfen vermag diesen Übeln nur eine Ordnung, welche nach Maßgabe der herrschenden Anschauungen jedem das Seine zuerkennt, und jene Grenzen nach einem Maßstabe feststellt, der allen als ein gültiger erscheint. Ähnlich verhält sich im Bereiche der Wissenschaft die Richtigkeit der angewendeten Methode zu dem Zweck einer Untersuchung, verhält sich die Richtigkeit einer Behauptung oder Mitteilung in praktischen Angelegenheiten zu ihrem Zweck, verhält sich im ganzen Bereiche des gesellschaftlichen Verkehrs die Wahrheit zu dem Motor der praktischen Lebensinteressen und den von ihm gesetzten Zwecken. Wie hier die Wahrheit ihr eigenes Maß hat, und sich kontrollieren läßt ohne Rücksicht auf die Frage der Zweckmäßigkeit, so auch die Gerechtigkeit der Funktionen des Rechts. Ob jemand gerechter Weise wegen eines Verbrechens verurteilt oder freigesprochen worden ist, das läßt sich feststellen, ohne daß man die Wirkungen des Urteils auf den Bestand des öffentlichen Friedens, auf die Macht des Rechts und der ihm anvertrauten Interessen, kurz seine Bedeutung für die Zwecke der Justiz in Erwägung zieht, ganz so wie die Wahrheit der Behauptungen eines Redners ohne Rücksicht auf dessen Zwecke beurteilt werden kann. Aber wie hier Wahrheit und Zweckmäßigkeit durch ein kausales Band verknüpft sind, so im Gebiete des Rechts Gerechtigkeit und Zweckmäßigkeit.

§ 36.

Diesen Merkmalen kommt aber zugleich unseren moralischen Anschauungen und Gefühlen gegenüber eine selbständige Bedeutung zu, indem die Ungerechtigkeit einer Maßregel unabhängig von allen Zweckmäßigkeitserwägungen unser Mißfallen erregt, die Gerechtigkeit dagegen einen uninteressierten Beifall findet.

Die geistige Kraft, welche durch diese Äußerungen charakterisiert ist — die Gerechtigkeit als eine menschliche Eigenschaft — macht sich im Rechtsleben in einer selbständigen Weise zu Gunsten der Bewahrung und bzw. Ausbildung der besprochenen Merkmale des Rechts, sowie zu Gunsten seiner Herrschaft geltend (s. § 47—49).

Der Einfluß dieser Kraft tritt in der Geschichte des Rechts selten ungemischt hervor. Wo irgend eine Reform im Namen der Gerechtigkeit durchgeführt wird, da pflegen neben ihr andere Faktoren beteiligt zu sein. Gleichwohl ist diese Geschichte, wenn wir von jenem Einfluß absehen, nicht zu verstehen. So ist bei den Kämpfen gegen Sklaverei- und Leibeigenschaft, wo immer dieselben siegreich durchgeführt worden sind, dieser Faktor zwar nicht allein im Felde, und wohl meist nicht einmal die stärkste Kraft gewesen, gleichwohl ist der Einfluß desselben aus der Geschichte dieser Kämpfe gar nicht wegzudenken. (Die psychologischen sowie die entwicklungsgeschichtlichen Fragen, welche sich hier anknüpfen lassen, müssen unerörtert bleiben.)

§ 37.

Die Gerechtigkeit des Rechts ist jedoch überall und notwendig eine unvollkommene.

Die Bedingungen seiner Wirksamkeit, sowie diejenigen seiner Entstehung und Fortbildung bringen es mit sich, daß es stets **mit einem gewissen Maße von Ungerechtigkeit** behaftet ist, deren Formen sich verändern lassen, deren Wesen aber nicht zu bewältigen ist.

§ 38.

Zu den Bedingungen einer bestimmungsgemäßen Wirksamkeit des Rechts gehört:

1. hinsichtlich der **Rechtssätze** die Ausbildung eines tunlichst einheitlichen und stabilen Systems durchgreifender, scharf bestimmter und unschwer anwendbarer Regeln,
2. hinsichtlich der **Feststellungen** im einzelnen Fall Bestimmtheit und Unanfechtbarkeit, auch dort wo die Wahrheit nicht mit Sicherheit erkennbar ist.

Denn nur bestimmte, klare, gleichmäßige und jeden Widerspruch ausschließende Regeln und Entscheidungen sind geeignet, Konflikten vorzubeugen und für ein friedliches und gedeihliches Zusammenleben sichere Grundlagen herzustellen.

Bei der Kompliziertheit, Vielgestaltigkeit und Veränderlichkeit der Lebensverhältnisse ergibt sich hieraus als unvermeidlich, daß der Inhalt des Rechts vielfach das Ungleiche als gleich, das Unwahre als wahr behandeln und so die Gerechtigkeit verleugnen muß.

Wenn z. B. die deutsche Reichsverfassung den Deutschen männlichen Geschlechts das Wahlrecht zum Reichstage zuerkennt, sobald sie das 25. Lebensjahr überschritten haben, so liegt darin eine Ignorierung großer und erheblicher Verschiedenheiten in bezug auf geistige Reife und Selbständigkeit. Gleichwohl leuchtet es von selbst ein, daß wir eine durchgreifende Regel solcher Art nicht wohl entbehren können.

Das Maß, in welchem diese Seite des Rechts zur Ausbildung gelangt ist und hierbei Opfer in bezug auf Wahrheit und Gerechtigkeit gebracht sind, kann indessen ein sehr verschiedenes sein. Man unterscheidet in dieser Hinsicht „strenges“ und „billiges“ Recht (ius strictum und aequum). Von dem ersteren gilt das „summum jus summa injuria“, insofern die Vollkommenheit, welche dasselbe in den im Texte hervorgehobenen Beziehungen zeigt, notwendig eine Unvollkommenheit in bezug auf gerechte Behandlung der einzelnen Verhältnisse und Konflikte zur Kehrseite hat. —

Die hier in Kauf zu nehmende Ungerechtigkeit bezeichnet übrigens eine Unvollkommenheit auch unter dem utilitären (Zweckmäßigkeits-) Gesichtspunkte. Denn ohne Zweifel würde das Recht die ihm gesetzten Zwecke vollkommener erfüllen können, wenn die Natur der Dinge ihm gestattete, Kraft und Klarheit überall mit individuellster Wahrheit zu verbinden. Aber es muß, wie die Dinge liegen, will es seine Zwecke nicht gänzlich verfehlen, auf ein vollkommenes Erreichen derselben verzichten.

§ 39.

Die Gerechtigkeit des Rechts könnte ferner eine vollkommene nur sein, wenn eine allgemeine Übereinstimmung der Anschauungen über die tatsächliche Beschaffenheit und moralische Qualifikation der Verhältnisse, Personen und Handlungen existierte, welche einer Beurteilung und Einwirkung seitens des Rechts unterliegen. Denn nur unter dieser Voraussetzung würde der von dem Rechte angelegte Maßstab die gleiche Gültigkeit für alle besitzen (§ 33 ff.).

§ 40.

Eine solche Übereinstimmung besteht jedoch überall nur innerhalb veränderlicher Grenzen, und die Verschiedenheit der menschlichen Individuen und der Bedingungen, unter welchen sich ihre Anschauungen entwickeln, schließt die Möglichkeit aus, daß dieselbe jemals eine vollkommene sein werde (§ 122 ff.).

Bedeutsam für die Geschichte des Rechts sind hier insbesondere gewisse allgemeinere Gegensätze, z. B. bezüglich des Verhältnisses der Autorität des überlieferten Rechts zu dem neuen Inhalte, welcher im Leben eines Volkes hervortritt; bezüglich des Verhältnisses der Einzelpersönlichkeit und der Geltung ihres Willens zu dem staatlichen Ganzen, seinem Einheitsbedürfnis und dem Recht seiner Repräsentanten; bezüglich der allgemeinen Eigenschaften und Ansprüche des menschlichen Individuums in ihrem Verhältnis zu den unter den Menschen und ihren Leistungen bestehenden Verschiedenheiten und deren Bedeutung für das Gemeinleben.

In mannigfaltigen Äußerungsformen, aber ihrem Wesen nach beharrend, machen diese Gegensätze sich in immer wieder aufs neue entbrennenden Kämpfen um den Inhalt des Rechts geltend, und unter dem Einfluß dieser Kämpfe nimmt das Recht, indem es bald der einen bald der andern Anschauungsweise einen überwiegenden Einfluß gestattet, Elemente der Parteilichkeit und also Ungerechtigkeit in sich auf.

Der bezeichnete Sachverhalt bringt es mit sich, daß der Inhalt des Rechts überall in zahlreichen Bestandteilen die Natur eines Kompromisses zwischen kollidierenden Interessen und Überzeugungen an sich trägt, und zwar eines Kompromisses, der den im gesellschaftlichen Zustande sich beständig vollziehenden Änderungen gegenüber immer auf's neue Modifikationen und Revisionen fordert. Diese aber vollziehen sich in Abhängigkeit von Machtentscheidungen zwischen den Trägern jener Interessen und Überzeugungen, welche, wie hoch immer das Machtelement im Leben der Gesellschaft geschätzt werden mag, nur eine unvollkommene Bürgschaft für die Gerechtigkeit dieser Modifikationen bieten. Vgl. Merkel, Recht und Macht, in Schmollers Jahrbuch für Gesetzgebung &c. V, 1 (Sammlung S. 400) — Elemente § 11 („Über die Kompromißnatur des Rechts“).

§ 41.

Aus dem bisher Ausgeführten erhellt, daß bezüglich aller Teile und Bestimmungen des Rechts folgende Fragen sich aufwerfen und unterscheiden lassen:

Welche Zwecke oder welche Interessen liegen ihnen zu Grund und inwiefern entsprechen sie denselben?

Inwiefern sind sie gerecht, d. i. inwiefern entsprechen sie der Beschaffenheit der Verhältnisse, welche ihren Gegenstand bilden, und dem, was uns in tatsächlicher und ethischer Beziehung als Wahrheit bezüglich derselben gilt?

Eine Durchführung dieser dualistischen Betrachtung ist hier jedoch nicht beabsichtigt. Vielmehr soll regelmäßig nur auf die Interessen hingewiesen werden, welche für die Gestaltung der einzelnen Teile des Rechts maßgebend sind. Nachdem das Verhältnis zwischen dem utilitären und dem ethischen Gesichtspunkt im allgemeinen bestimmt worden ist, erscheint es nicht als erforderlich, im einzelnen überall darauf zurückzukommen.

In bezug auf das Verhältnis von Zweckmäßigkeit und Gerechtigkeit zueinander, und bzw. das der letzteren zum Rechte lassen sich, von der hier entwickelten Ansicht abgesehen, die nachfolgend bezeichneten Auffassungen unterscheiden.

1. Die Identifizierung beider Begriffe. Genauer wird hierbei das Gerechte als das der Gesellschaft Nützliche betrachtet und der Inhalt des Rechts in allen seinen relevanten Eigenschaften restlos unter diesen Begriff gezogen.

Hierbei kommt die Verschiedenheit und selbständige Bedeutung der Beziehungen, in welchen das Recht steht, nämlich einerseits zu seinem Subjekte (§ 43), andrerseits zu seinem Objekte (§ 27 ff.), und was damit zusammenhängt, die Verschiedenheit der an seinem Leben teilhabenden Faktoren nicht zu gebührender Beachtung. Die Gesellschaft, welche mittels des Rechts einen beherrschenden Einfluß ausübt, fällt nicht einfach zusammen mit denjenigen, welche diesem beherrschenden Einfluß unterliegen. Den letzteren aber ist es natürlich, danach zu fragen, wie sie dazu kommen, in einer gegebenen Weise beeinflußt zu werden, und wie sich diese Weise zu dem in entwickelteren Menschen lebendigen Verlangen verhalte, nicht als ein bloßes Mittel für fremde Zwecke zu dienen und nicht nach einem Maßstabe behandelt zu werden, der ihrem eigenen Wesen fremd ist und in ihrem Bewußtsein keine Sanktion findet. Diese Betrachtungsweise aber gewinnt eine selbständige Bedeutung den Zwecken des in der Gemeinschaft herrschenden Willens gegenüber, weil das diesen Zwecken Entsprechende keineswegs notwendig mit ihr in allseitiger Harmonie steht

(§ 37ff.), und weil Volksteile, welche dieselbe nicht den jeweils herrschenden Faktoren gegenüber zu vertreten wissen, stets Gefahr laufen, zu einem bloßen Mittel für fremde Zwecke herabzusinken. Demgemäß gehen in der Geschichte der Rechtsinstitute die Erörterungen über die Frage, was als zweckmäßig und über die Frage, was als gerecht zu betrachten sei, nebeneinander her, oder folgen sich auch, wie z. B. hinsichtlich der Sklaverei die Gerechtigkeit des Instituts früher in Zweifel gezogen worden ist als dessen Zweckmäßigkeit. Und diese Erörterungen stehen unter dem Einfluß verschiedener psychischer Faktoren. So lassen sich in der Gegenwart hinsichtlich der Frage, ob unschuldig Verurteilten von Staats wegen der materielle Schaden zu ersetzen sei, welchen sie erlitten haben (§ 708), leicht die Äußerungen des Gerechtigkeitsgefühls, welche die Frage bejahen, unterscheiden von den auf andere Faktoren hinweisenden Zweckmäßigkeitserwägungen der Staatsmänner, welche die Frage lange Zeit verneint haben.

Der Einfluß der Gesellschaft auf die Entwicklung der Vorstellungen und Empfindungen, auf welche das Wort Gerechtigkeit hinweist, ist allerdings ebensowenig zu bestreiten, wie der Zusammenhang dieses Einflusses mit den Zwecken der Gesellschaft. Aber die letztere ist nicht ein so einheitliches Wesen, wie manche annehmen, und ihre Kräfte machen sich vielfach voneinander entgegengesetzten Standpunkten aus und im Streite miteinander geltend.

2. Eine Auffassung, für welche kein Zusammenhang zwischen Gerechtigkeit und Zweckmäßigkeit besteht, ein Zusammentreffen ihrer Merkmale daher als zufällig erscheint. Diese Auffassung macht sich in unserem Gebiete in zweierlei Formen geltend:

a) Man stellt das gesamte Recht entweder einseitig unter den Gesichtspunkt der Zweckmäßigkeit und lehnt denjenigen der Gerechtigkeit vollständig ab, oder umgekehrt ganz unter den Gesichtspunkt der Gerechtigkeit mit Ablehnung des utilitären Gesichtspunktes.

b) Man nimmt eine äußerliche Koordination der beiden Gesichtspunkte in der Beherrschung des Rechtsinhaltes an, entweder derart, daß gewisse Teile des Rechts ganz unter den Gesichtspunkt der Zweckmäßigkeit fallen sollen, andere ganz unter den der Gerechtigkeit, z. B. das Vermögensrecht unter den ersteren, das Strafrecht unter den zweiten — oder in der Art, daß die Elemente der einzelnen Einrichtungen, Rechtssätze und Entscheidungen überall unter die beiden Gesichtspunkte aufzuteilen sein würden. Eine zweijährige Gefängnisstrafe, welche jemand wegen eines Diebstahls zu verbüßen hätte, würde z. B. zu $^2/_3$ auf das Konto der Zweckmäßigkeit, zu $^1/_3$ auf das der Gerechtigkeit zu setzen sein. — Es würde dem ähnlich sein, wenn man die Forschungen, welche zur Lösung einer Preisaufgabe führen sollen, zur einen Hälfte unter den Gesichtspunkt der Wahrheitsergründung, zur anderen unter den der Zweckmäßigkeit stellen wollte. Oder, wenn man den Tadel, den man gegen ein faules Kind ausspricht, zu $^2/_3$ mit dem (erziehlichen) Zweck, zu $^1/_3$ mit der Wahrheit und Gerechtigkeit des Tadels begründen wollte, während doch der Tadel ganz und gar zweckmäßig sein will, dies aber vollständig nur sein kann, wenn er zugleich ganz und gar wahr und gerecht ist.

Merkel, Über vergeltende Gerechtigkeit (Anhang zu seinen „Kriminalistischen Abhandlungen", I 67 — Sammlung S. 1). — Elemente § 13

(Geschichte der Anschauungen vom Gerechten), 14 (Begriff des Gerechten). — Lehrbuch § 69 f. (die Strafe als gerechte Vergeltung). — Besprechung des Lehrbuchs des Strafrechts von H. Meyer (in Grünhuts Zeitschr. V und Sammlung S. 361). — Litt. zu § 797. G. Rümelin, Über die Idee der Gerechtigkeit in „Reden und Aufsätze" n. F. 81. H. Meyer, Die Gerechtigkeit im Strafrecht 81. Schmoller, Die Gerechtigkeit in der Volkswirtschaft, in seinem Jahrb. f. Gesetzgebung 2c. 81. Jellinek, Die sozialethische Bedeutung von Recht, Unrecht und Strafe 78. Ihering, Zweck im Recht I, 234. Laas, Vergeltung und Zurechnung, in der Vierteljahrsschrift für wissenschaftl. Philosophie von Avenarius V, 137, 296, 448, VI, 187, 295.

2. Das Recht als Macht.

§ 42.

Die Satzungen des Rechts sind **Willensäußerungen**, welche unserem Handeln zur Richtschnur dienen wollen, auch dort wo sie unser Denken nicht beherrschen: „stat pro ratione voluntas".

Über die Willensnatur des Rechts und die Ursachen der irrigen Ansicht, daß irgend welchen Teilen des Rechts das „imperative Element" fehle, s. auch § 100, Elemente § 4, Lehrbuch S. 18 f. Rechtsnorm und subjektives Recht l. cit. Thon, desgl. (§ 21). Bierling, Kritik II, 305 ff.

§ 43.

In ihnen äußert sich ein Wille, der in einer Gemeinschaft sich als **Macht** bewährt, und der den Gliedern der Gemeinschaft Beweggründe zu einem seinen Weisungen entsprechenden Verhalten auch in dem Falle gibt, wo der Inhalt dieser Weisungen ihren individuellen Interessen nicht entspricht.

Wer spricht zu uns in den Satzungen des Rechts? Wer ist mit anderen Worten das Subjekt des Rechts?

1. Ein Wille. Nur ein socher kann gebieten und erlauben, binden und gewährleisten.

2. Ein Wille, welcher nicht identisch ist mit dem Willen desjenigen, dem geboten oder erlaubt, eine Schranke gezogen oder Schutz verheißen wird. Der eigene Wille kann mir andern gegenüber keine Befugnisse und bzw. Rechte verleihen, und meine Pflichten jenen gegenüber nicht zu Rechtspflichten erheben.

3. Ein Wille, der über die im weiteren zu charakterisierenden ethischen und materiellen Machtmittel verfügt, ein Wille, dessen Gebote denjenigen, an welche sie sich wenden, in der zu bezeichnenden Weise Motive zu einem entsprechenden Verhalten geben, und zwar unabhängig davon, ob ihr Inhalt mit ihren Sonderinteressen im Einklang steht.

Im übrigen kann dieser Wille sich sehr verschieden bestimmen. Ebenso verschieden, wie die Bedingungen, unter welchen eine Wirksamkeit der bezeichneten Art möglich ist. Von dem Subjekte des Rechts läßt sich keine andere allgemeine Charakterisierung geben, als daß es der Wille sei, welcher in einem, gleichviel wie näher bestimmten, Gebiete des gesellschaftlichen Lebens eine Wirksamkeit äußert, welche die in diesem Abschnitt (und bzw. dem entsprechenden Abschnitt des 2. Kap.) besprochenen Merkmale an sich trägt.

Es kann dies in einer gegebenen Gemeinschaft der Wille eines einzelnen, z. B. in einer unbeschränkten Monarchie der Wille des Monarchen, sein; oder der Wille einer Mehrzahl bestimmter und in bestimmten Formen sich äußernder Personen, z. B. der Mitglieder eines Kollegiums oder einer Körperschaft; oder der Gesamtheit der Vollbürger eines Staates, insofern dieselbe in gewissen Formen tätig wird; oder auch der Wille einer unbestimmten Vielzahl, der sich formlos, jedoch konstant in einer den einzelnen zu einem gewissen Verhalten nötigenden Weise geltend macht (s. über das Gewohnheitsrecht § 112 f.).

Über die Machtqualität des Rechts, deren Elemente und deren Entwicklung vgl. Elemente § 7. Merkel, Recht und Macht l. c. Ihering, Zweck im Recht I, Kap. 7 f., II, Kap. 9. Thon, Der Rechtsbegriff, in Grünhuts Zeitschr. 80.

§ 44.

Das Recht bewährt sich als Macht in doppelter Richtung, in der Richtung seines Schutzes und in der Richtung seiner Gebote; in der Richtung, in welcher es Befugnisse begründet und in derjenigen, in welcher es Pflichten auferlegt. In der einen Richtung verleiht es Kraft, in der anderen bindet es.

So stärkt es im Verhältnis vom Gläubiger und Schuldner den ersteren und bindet den letzteren. So verleiht es im Verhältnis von Obrigkeit und Verbrecher der ersteren Macht und bindet den letzteren. So verleiht es dem Kaiser den Armeebefehl und bindet die Armee seinem Befehle gegenüber.

§ 45.

In beiden Richtungen übt es eine unmittelbare Wirksamkeit aus. Aber seine Machtnatur kommt am greifbarsten zum Ausdruck in der Richtung seiner Gebote. Nur in dieser Richtung, nur denjenigen gegenüber, welchen es Pflichten auferlegt, geht eine Nötigung von ihm aus.

Man hat behauptet (Thon), daß das Recht unmittelbar überall nur durch seine Gebote wirksam werde und also nur auf diejenigen einen

Einfluß ausübe, welchen es Pflichten auferlegt, niemals in der Richtung, in welcher es Befugnisse begründet. Dies aber ist ein Irrtum. Vielfach wirkt das Recht in einer unmittelbaren Weise gleichzeitig in beiden Richtungen: auf denjenigen, dem es Befugnisse zuerkennt und auf denjenigen, welchem es Pflichten auferlegt. Ersteres in evidentester Weise dort, wo es jemanden zu einer Machtstellung (z. B. zum Throne) oder einer Wirksamkeit beruft, die der Betreffende nicht einnehmen oder ausüben würde, wenn ihm nicht das Recht den Weg dazu eröffnete und Beweggründe zum Beschreiten desselben gäbe. Man denke an die Stellung, welche die Reichsverfassung dem Kaiser, oder den Deutschen männlichen Geschlechts in bezug auf die Wahlen zum Reichstage einräumt. Das Recht gibt hier Bestimmungsgründe zu einem bestimmten Verhalten, ohne zu demselben zu verpflichten und zu nötigen.

§ 46.

Die vom Rechte ausgehende Nötigung ist im allgemeinen zweifacher Art.

Von seinen Geboten leitet sich nämlich im allgemeinen:

1. ein Sollen her: diejenigen, an welche die Gebote sich richten, sehen sich moralisch genötigt, ihnen zu gehorchen (ethische Macht des Rechts, § 47 ff.);
2. ein Müssen, eine sinnliche Notwendigkeit zu einem entsprechenden Verhalten (materielle Macht, § 50 ff.).

§ 47.

ad 1. Das Recht findet kraft der ihm zukommenden Eigenschaften (§ 24 ff.) eine Stütze in dem Gewissen derer, welchen es sich gebietend und beschränkend zuwendet. Dieses adoptiert seine Gebote, verleiht ihnen so eine moralische Sanktion und wird zu Gunsten einer freiwilligen Erfüllung dieser Gebote wirksam.

Wir erfüllen im allgemeinen die Gebote des Rechts freiwillig, und zwar auch dort, wo unsere selbstischen Interessen auf ein entgegengesetztes Verhalten hinweisen. Es geschieht dies, weil das Recht, Gehorsam von uns fordernd, eine Unterstützung seitens der moralischen Faktoren unserer Natur findet. Dies aber ist nur möglich, weil und sofern das Recht seinerseits dem Gesamtcharakter seiner Wirksamkeit nach im Einklang steht mit dem, was unsere moralische Natur an die Hand gibt. Es ist also von den Äußerungen der letzteren abhängig. Jedoch ist die Abhängigkeit eine wechselseitige, insofern die moralischen Gefühle und Urteile jeder neuen Generation unter dem Einflusse des überlieferten Rechts sich entwickeln. — Vgl. im übrigen § 49 Anm.

§ 48.

Das Recht findet diese Stütze auch bezüglich solcher Vorschriften, welche als ungerechte die moralischen Empfindungen verletzen (§ 37 ff.), solange der Gesamtcharakter seiner Wirksamkeit im Einklang mit den moralischen Urteilen und Empfindungen der Beteiligten steht, d. i., so lange es Recht ist (§ 24 ff.).

§ 49.*

In dem bezeichneten Einklange des Rechts mit den moralischen Faktoren begründet sich, und in der Art, wie die letzteren zu seinen Gunsten wirksam werden, liegt die ethische Macht oder, was dasselbe:

„die verpflichtende Kraft" der Rechtsvorschriften.

Die Rechtsvorschriften können eine verpflichtende, d. i. moralisch bindende Wirksamkeit nur äußern, sofern gewisse Eigenschaften bei ihnen vorausgesetzt und anerkannt sind, die ihnen unsere Achtungsgefühle zuwenden und die moralischen Kräfte unserer Natur für sie tätig werden lassen.

Von den Eigenschaften, welche hierbei in Betracht kommen, ist oben gehandelt und zugleich darauf hingewiesen worden, daß für verschiedene Völker wie für verschiedene Individuen und resp. für die gleichen Völker und Individuen auf verschiedenen Entwicklungsstufen bezüglich dieser Eigenschaften nicht durchaus das gleiche gelte (§ 32 Anm.). Hier ist beizufügen, daß auch die gleichen Momente, welche bei verschiedenen Völkern 2c. sich wirksam zeigen, im Bewußtsein der Beteiligten sich verschieden spiegeln können. Daher ist die Rechenschaft, welche Völker und einzelne sich selbst über den Grund und die Voraussetzungen der verpflichtenden Kraft der Rechtsnormen gegeben haben, sehr verschieden ausgefallen.

Im Kindheitsalter der Völker hängt die moralische Nötigung, welcher dieselben bestimmten Normen gegenüber unterliegen, also die verpflichtende Kraft dieser Normen, im allgemeinen davon ab, daß sie von einem bestimmten Subjekte herrühren oder als herrührend vorgestellt werden. Man sieht in der Vorschrift etwa eine Willensäußerung der Gottheit oder der berufenen Organe und Interpreten des göttlichen Willens: der Priester, oder des durch den göttlichen Willen eingesetzten Herrschers, oder der einen Gegenstand der Verehrung bildenden Vorfahren, und leitet aus solchem Ursprunge ihre Verbindlichkeit her. Die Achtung, welche jene einflößen, überträgt sich auf die von ihnen wirklich oder vermeintlich ausgehenden Satzungen. Das Individuum findet bei den betreffenden Völkern in sich nicht leicht die Kraft und nicht die Aufforderung, die tatsächliche und ethische Wahrheit (§ 30 ff.) dessen, was bei ihnen als Recht, Sitte, Religion 2c. Geltung in Anspruch nimmt, einer Prüfung nach eigenen Maßen zu unterziehen. Ähnlich wie Kinder die verpflichtende Kraft einer Vorschrift aus dem Willen der Eltern herleiten, wie bei ihnen zwischen dem Gebote und dem objektiven Maße seines Wertes, dieses vertretend, die Autorität einer bestimmten Persönlichkeit steht, so können jene Völker auf die Frage nach dem Grunde, aus welchem sie sich an irgend eine Norm gebunden fühlen, nur mit einem Hinweis auf irgend eine Autorität antworten. Kein stärkeres Argument existiert hier, als das von einem Indianerhäuptling gegen die Annahme der christlichen Religion geltend gemachte: „es würde lächerlich und schändlich sein, wollte ich anderes glauben und anders handeln wie meine Vorfahren".

Bei Völkern, in welchen ein Geist der Untersuchung und Kritik lebendig ist, gestaltet sich die Sache minder einfach. Der Hinweis auf ein bestimmtes Subjekt, von welchem die Rechtsvorschriften ausgegangen seien, erledigt hier die Frage ihrer Verbindlichkeit und der Quelle dieser letzteren im allgemeinen nicht. Man unterwirft den Inhalt dieser Vorschriften einer Prüfung, und meint, daß der Wert, welchen dieselben in Anspruch nehmen, irgendwie in diesem Inhalte selbst eine Begründung finden müsse, so gewiß ein verkehrter Inhalt nicht dadurch gut und weise werde, daß er von einem bestimmten Subjekte herrühre. Hierbei gelangt man bewußt oder unbewußt dazu, das eigene Gefühl und Urteil als eine zu obersten Entscheidungen berufene Instanz geltend zu machen. Die Vorstellungen aber, welche sich hinsichtlich jenes Wertes und der für ihn entscheidenden sachlichen Merkmale entwickeln, verdichten sich in der Theorie von einem „natürlichen" Rechte, welches von dem geltenden „positiven" Rechte zu unterscheiden sei, und in der dem letzteren gegenüber zu einer selbständigen Bedeutung gelangenden Idee der Gerechtigkeit. Es wird die Frage möglich, ob das vom Rechte, d. i. von den maßgebenden Autoritäten Gebotene, denn auch das Gerechte sei. Fortan tritt die ethische Macht des Rechts in eine Abhängigkeit von den Urteilen über das den Verhältnissen in tatsächlicher und moralischer Beziehung Entsprechende, welche im Volksbewußtsein Macht gewinnen und mit welchen es sich in Einklang halten muß. Daraus ergibt sich, daß aus Unrecht (Gewalt) Recht hervorgehen, ebenso aus Unrecht Recht werden kann; letzteres wenn das Recht in seiner Entwicklung derjenigen der ethischen Anschauungen bei einem Volke nicht folgt und die letzteren so in einen feindlichen Gegensatz zu jenem geraten im Sinne des Götheschen „Vernunft wird Unsinn, Wohltat Plage".

Das Gesagte gilt auch hinsichtlich der Stellung jener Autoritäten selbst und hinsichtlich der obersten Rechtsgrundsätze, welche die Frage beantworten, wer berufen sei, neues Recht zu schaffen und das überlieferte zu reformieren. Auch hier überwiegt von Haus aus die dem ersterwähnten Standpunkte entsprechende Ableitung. Von den Autoritäten geringeren Ranges geht man auf eine höhere Autorität zurück, bis man bei dem göttlichen Willen anlangt und bei diesem stehen bleibt. Entwickelteren Kulturverhältnissen entsprechen dagegen die Versuche, sachliche Gründe für die Geltung jener obersten Grundsätze aufzufinden, solche, welche dem in ihnen zum Ausdruck kommenden Willen unsere Achtungsgefühle zuwenden unabhängig davon, welchen Namen dieser Wille führe, oder auf welches höhere Subjekt er seine Autorität zurückführen möge. Wenn etwa der oberste Rechtsgrundsatz lautet: „als Recht ist anzusehen, was der König dafür erklärt", so entspricht es einem naiven Standpunkte, sich bei dem

Glauben zu beruhigen, daß dieser Grundsatz einer irgendwie kundgewordenen göttlichen Sanktion teilhaft sei, während ein kritischerer Sinn nach objektiven Gründen für die Geltung des Grundsatzes forschend und einen solchen etwa darin finden wird, daß der König als ein über den Parteigegensätzen des gesellschaftlichen Lebens stehender, neutraler, Faktor die meisten Garantien dafür biete, daß von ihm ausgehende Rechtssätze den neutralen Charakter gerechter Normen an sich trügen. —

Vielfach hat man die verpflichtende Kraft der Rechtsnormen herleiten wollen aus einem Vertrag oder einem, gleichviel wie sich vollziehenden Akte der Anerkennung seitens derjenigen, für welche sie gelten sollen.

Aber der Begriff der verpflichtenden Kraft enthält das Moment der Anerkennung. „Eine Vorschrift hat verpflichtende Kraft für mich" heißt soviel wie: „ich erkenne ihr Eigenschaften zu, welche sie zu einer Richtschnur für mein Verhalten erheben". Selbstverständlich kann von dieser Anerkennung jene verpflichtende Kraft nicht hergeleitet werden, so gewiß man eine Erscheinung nicht von sich selbst herleiten kann. Nicht weil die einzelnen die Rechtsnormen als gültig anerkannt haben, empfinden sie eine moralische Nötigung, ihnen zu gehorchen, sondern umgekehrt finden die Rechtsnormen die ihnen wesentliche Anerkennung, weil ihnen ein aus anderer Quelle fließender Wert und Gehorsamsanspruch beigemessen wird.

Von einer solchen Anerkennung sind solche Tatsachen zu unterscheiden, welche dafür bestimmend sein können, daß eine Regel die verpflichtende Kraft, welche sie bis dahin nicht besaß, pro futuro erlange. Zu diesen Tatsachen gehören auch Willensäußerungen derer, welchen die betreffende Regel Pflichten auferlegt, Willensäußerungen, welche eine ausdrückliche oder stillschweigende Zusage künftiger Befolgung der Regel, oder, wenn man will, eine Anerkennung derselben als einer Richtschnur für die Zukunft enthalten. (Vgl über die Entstehung von Rechtssätzen aus Verträgen § 121, auch 129). Aber diese Willensäußerungen sind weder die einzigen noch die wichtigsten Tatsachen dieser Art. Und sie setzen ihrerseits, sollen sie die bezeichnete Bedeutung haben, die Existenz von Grundsätzen, welche eine verpflichtende Kraft besitzen, bereits voraus. So kann durch Vertrag eine Regel zu einer verpflichtenden Rechtsregel nur erhoben werden, sofern unter den Vertragschließenden der Grundsatz bereits Geltung (oder, was hier dasselbe, verpflichtende Kraft) hat, daß Verträge gehalten werden sollen. Fragt man aber, woher denn dieser Grundsatz seine Geltung herleite, so sehen wir uns wieder auf die oben besprochene Alternative hingewiesen.

Vgl. Elemente § 8, 13. Besprechung von Schuppe „Gewohnheitsrecht" (s. § 113) Sammlung 665ff. Bierling, Kritik I.

§ 50.

ad 2. Neben der ethischen besitzt das Recht eine materielle Macht.

Gegen einzelne, welche in sich nicht genügende, sei es moralische sei es egoistische, Beweggründe für ein den Vorschriften des Rechts entsprechendes Verhalten finden, hält es physische

Machtmittel bereit, durch welche die Erfüllung dieser Gebote, soweit dies möglich ist, erzwungen werden soll.

§ 51.

Wo eine Verletzung seiner Vorschriften durch diese Mittel nicht verhütet werden konnte, da verbindet das Recht mit der begangenen Verletzung in der Regel solche Folgen, welche geeignet und dazu bestimmt sind, die Bedeutung derselben in bezug auf seine Herrschaft und deren Zwecke aufzuheben oder zu verringern.

§ 52.

Hierher gehört es, wenn derjenige, dessen Diebstahl nicht verhindert werden konnte, sich durch das Recht verpflichtet und gezwungen sieht, den Bestohlenen schadlos zu halten und eine Strafe über sich ergehen zu lassen.

§ 53.

Diese Folgen heißen „Rechtsfolgen" der begangenen Rechtsverletzung.

Es sind Machtäußerungen des Rechts, welche den Charakter von Gegenwirkungen haben gegen die in Gestalt der Rechtsverletzung gegen es selbst und die von ihm Geschützten sich richtende Wirksamkeit, und welche der letzteren inhaltlich entgegengesetzt, nach Energie und Tragweite (so weit dies erreichbar ist) proportional sind.

Spezielleres über diese Rechtsfolgen begangener Rechtsverletzungen s. § 274—310, 239— 243.

§ 54.*

Das Recht bezeichnet bei der Aufstellung seiner Gebote im Voraus die Rechtsfolgen, welche mit deren Verletzung verbunden werden sollen.

Daher lassen sich an seinen Vorschriften in der Regel zwei Bestandteile unterscheiden. Der eine gibt an die Hand, wie wir in bestimmten Verhältnissen im Einklang mit dem Rechte bleiben; der zweite, welche Folgen mit einem gegenteiligen Verhalten sich verknüpfen sollen. Man nennt jenen die „primäre" oder „Hauptbestimmung", diesen die „sekundäre" oder „Nebenbestimmung" oder auch die „Sanktion" der ersteren.

Primäres Gebot: Du sollst nicht stehlen.

Sanktion: Wer stiehlt, soll Gefängnisstrafe erleiden ꝛc.

Elemente § 5. — Der Gegensatz zwischen beiderlei Bestimmungen ist kein absoluter. Die sekundären Gebote können ihrerseits wieder Sanktionen haben, mit Beziehung auf welche sie sich als primäre Bestimmungen darstellen. So findet z. B. das sekundäre Gebot: wer stiehlt, soll den Bestohlenen entschädigen, eine Sanktion in Strafbestimmungen gegen denjenigen, der sich der Erfüllung von Entschädigungspflichten solcher Art auf betrügerische oder gewaltsame Weise zu entziehen sucht.

Auch ist die Bezeichnung „Sanktion" insofern nicht völlig zutreffend, als die primären Gebote ihre Gültigkeit nicht, und ihre psychologische Kraft nur zum Teil, aus dieser Sanktion herleiten (§ 57).

Man hat die primären Gebote im Gegensatze zu den sekundären Geboten (bzw. einem Teile der letzteren) „Normen" genannt. Diese Bezeichnungsweise empfiehlt sich jedoch nicht, weil der Begriff, welcher üblicherweise mit dem Worte Normen verbunden wird, beide Arten von Geboten umfaßt.

§ 55.

Diese Sanktionen, welche im voraus die Folgen etwaiger Rechtsverletzungen feststellen, verstärken im allgemeinen die Beweggründe zur Vermeidung von Rechtsverletzungen und wirken so in dieser Richtung vorbeugend.

So verbinden sich moralische und sinnliche, mechanische und psychologische Nötigung, vorbeugende und ausgleichende Maßregeln zugunsten der Herrschaft des Rechts und der Erfüllung seiner Zwecke.

§ 56.

Das Recht zeigt jedoch nicht überall und nicht in allen seinen Teilen die gleiche Kraft, und seine äußere Macht nicht überall eine gleich vollkommene Organisation. Was die letztere bei höherer Ausbildung charakterisiert, ist in den Abschnitten über das Verhältnis des Rechts zum Staate (§ 64 ff.) und zu Sitte, Moral und Religion (§ 70) näher dargelegt (vgl. auch § 115 ff., 136 ff.).

In dieser Hinsicht wie in mancher anderen lassen sich vollkommenere und minder vollkommene Rechtssysteme und Teile von solchen unterscheiden. Auf derartige Abstufungen und Verschiedenheiten in der Ausbildung der dem Rechte eigentümlichen Merkmale wird mehrfach hinzuweisen sein (s. Völkerrecht § 855). Es besteht die Aufgabe, diese innerhalb der Peripherie des Rechtsbegriffs liegenden Differenzen zu unterscheiden von den zwischen dem Rechte einerseits, der bloßen Sitte und den übrigen ethischen Potenzen andererseits bestehenden Verschiedenheiten. Zu ihrer Lösung sollen in diesem Abschnitt sub III diese letzteren Verschiedenheiten bestimmt werden. Was speziell die äußere Macht des Rechts betrifft, so ist für das Maß ihrer Ausbildung vor allem das Verhältnis des Rechts zum Staate entscheidend; hierüber Spezielleres sub II.

*§ 57.

Einer einzelnen Vorschrift, welche getragen wird durch die Herkunft von dem in der Gemeinschaft herrschenden Willen und den Zusammenhang der Bestimmungen, welchem sie angehört, ist um deswillen nicht der Charakter der Rechtsvorschrift abzustreiten, weil ihr etwa die Sanktion fehlt.

U. a. fehlt wichtigsten Bestimmungen unseres Verfassungsrechts jegliche Sanktion. (So der Bestimmung, daß der Reichstag alljährlich durch den Kaiser zu berufen ist.) Gleichwohl zweifelt niemand an ihrem Rechtscharakter. — Gleichgültig für diesen Charakter ist es selbstverständlich, ob jemals Anlaß gegeben ist, die Sanktion einer Rechtsnorm zu praktischer Anwendung zu bringen. In einem idealen Rechtszustande würde dieser Anlaß überhaupt entfallen und die gesamte materielle Macht des Rechts hinter seiner ethischen Macht zurücktreten. Ein Begriffsmerkmal des Rechts würde dadurch nicht (wie manche angenommen haben) in Wegfall gebracht.

§ 58.

Fassen wir zusammen, was über das Recht als Lehre und als Macht gesagt worden ist, so ergibt sich:

Das Recht stellt sich einerseits dar als ein Ganzes von Urteilen über das, was in bezug auf die Grenzverhältnisse des gesellschaftlichen Lebens als zweckmäßig und gerecht zu erachten ist. Es zeigt in dieser Hinsicht einen theoretischen Charakter und läßt ein Bestreben erkennen, unter diesen Urteilen eine möglichst vollkommene Harmonie zu verwirklichen.

Das Recht stellt sich andererseits dar als ein System von Willens- und Machtäußerungen, bei welchen es in letzter Linie nicht darauf abgesehen ist, Wahrheiten zu verkündigen und Lehrmeinungen zu einer Geltung zu verhelfen, sondern darauf, die reale gesellschaftliche Welt in bestimmter Weise zu gestalten, und deren Ziel und Ursprung nicht auf theoretischem, sondern auf praktischem Gebiet liegt.

Elemente § 3f., 12 (Rechtsgedanke und Rechtswille in ihrem Verhältnis zueinander). — Die Zweiheit von logischer und realer Seite, Wissen und Wollen, Inhalt und imperativischer Form des Rechts prägt sich im Leben und in der Wissenschaft in mannigfachster Weise aus.

1. Die Faktoren, welche an der Bildung und Anwendung der Rechtssätze teilhaben, stehen vielfach in einem verschiedenen Verhältnisse zu den bezeichneten Seiten. Während einige als berufen erscheinen können, dasjenige, was als Rechtsinhalt Geltung erlangen soll, zu erforschen, zu bezeugen oder in autoritativer Weise festzustellen, können andere berufen sein, das von jenen Gefundene, Bezeugte, Festgestellte in der Form des Gebotes dem Volke zu verkündigen und ihm zu machtvoller Wirksamkeit zu verhelfen. Die Geschichte des Rechts kennt Sonderungen dieser Art von verschiedenster Form und Bedeutung. So ist im modernen Staat die Volksvertretung bei der Feststellung des Inhalts eines Gesetzes beteiligt, während seine Sanktion und Publikation nicht ihr (sondern in der Regel dem Monarchen, § 518) zusteht. Ebenso kommt es vor, daß der Inhalt eines richterlichen Urteils von anderen Personen festgestellt wird als denjenigen, welchen seine Verkündigung und Vollziehung obliegt.

Es ist jedoch zu beachten, daß dem Wissen hier nirgends eine selbständige Bedeutung zukommt, und die Feststellung des Inhaltes, welchen das zu bildende Recht haben soll, immer zugleich einen Willensentscheid enthält, und nur kraft dieses eine maßgebende Bedeutung besitzt. Derjenige, der mit dieser Feststellung betraut ist, erscheint daher als ein Organ des herrschenden Willens (desjenigen, der im Verfassungsrechte der staatlichen Gemeinschaft seinen obersten Ausdruck findet) ganz ebenso wie derjenige, dem es obliegt, das von jenem Festgestellte in die Form des Gebotes zu kleiden und für seine praktische Verwirklichung Sorge zu tragen. —

2. In der Wissenschaft sind sehr verschiedene Auffassungen hervorgetreten über das Verhältnis der unterschiedenen Seiten des Rechts zueinander und die Bedeutung, welche der einen und der anderen beizumessen sei. Einerseits Unterschätzung des logischen Momentes (vgl. v. Kirchmann, Grundbegriffe des Rechts). Diese hängt zusammen mit einer Verkennung des logischen Elementes in den Anschauungen über das Gerechte (§ 30ff.) und resp. mit einer Verkennung der Bedeutung dieser Anschauungen für die Bestimmung des Rechtsinhaltes und für dessen verpflichtende Kraft. Andererseits die weitaus häufigere und im Bereiche der Wissenschaft unendlich viel einflußreichere Überschätzung des logischen Momentes hängt teils mit einer Verkennung des Wesens der in jenen Anschauungen hervortretenden „ethischen Wahrheit“ zusammen — ihrer geschichtlichen Bedingtheit, subjektiven Natur, unvollkommenen Einheitlichkeit 2c. —, teils mit einer Verkennung der Kompliziertheit und Veränderlichkeit der sonstigen Faktoren, unter deren Einfluß der im Rechte

zum Ausdruck kommende Wille sich bildet, teils und vor allem mit einem Ignorieren der Gegensätze, welche unter den Faktoren des Rechts bestehen, und welche es ausschließen, daß das letztere jemals den logisch anstößigen Kompromißcharakter (§ 40) abstreife, und die geschlossene Einheit eines, die Konsequenzen eines obersten Prinzips rein und restlos umfassenden logischen Ganzen erlange. Vgl. gegen diese Überschätzung des logischen Elementes Ihering, Geist III, S. 303 ff.

§ 59.

Auf dies Verhältnis, auf das Primat des Willens im Rechte, wird hingewiesen, wenn von der „Positivität" oder der „positiven Natur" des Rechts die Rede ist. Wir drücken damit aus, daß seine Bestimmungen Geltung in Anspruch nehmen als Äußerungen eines bestimmten Willens, unabhängig davon, ob die in ihnen enthaltenen Urteile im einzelnen mit unseren Überzeugungen im Einklang stehen; zugleich aber, daß es so in Ordnung ist, weil die Wirksamkeit dieses Willens weder entbehrt, noch überall in Einklang gebracht werden kann mit Wahrheit und Gerechtigkeit und den bestehenden Meinungen über das, was geschehen sollte.

II. Sein Verhältnis zum Staate.

*§ 60.

Recht kann sich in jeder Gemeinschaft bilden, welche die Macht und die Organe besitzt, ihre Verhältnisse den ihrer Existenz zugrunde liegenden Interessen gemäß in selbständiger Weise zu ordnen.

Die eigentliche Heimat des Rechts aber ist der Staat.

Vgl. die Ausführungen über Kirchenrecht und Völkerrecht im besonderen Teile. — Elemente § 2.

§ 61.

Die vornehmste Aufgabe, deren Lösung dem Staat obliegt, ist diese: innerhalb seiner Machtsphäre für die Existenz einer rechtlichen Ordnung und eines obersten Richteramtes zu sorgen.

Was ihn in anderen Beziehungen charakterisiert, das wird im besonderen Teile § 365 ff. dargelegt werden.

§ 62.

Bestimmt wird diese Machtsphäre durch die Beziehung des Staates auf ein bestimmtes Volk — den Inbegriff seiner Angehörigen —, und durch seine Beziehung auf ein bestimmtes Gebiet. Wie das moderne Volk, so steht der moderne Staat samt der von ihm getragenen Ordnung in einem festen Verhältnis zu einem bestimmten Lande.

§ 63.

Was sich innerhalb seines Gebietes befindet, das steht unter der von ihm getragenen rechtlichen Ordnung: Territorialitätsprinzip.

Mit seinen Angehörigen aber ist er zugleich durch ein persönliches Band verknüpft, dessen Bestand und Bedeutung nicht davon abhängt, wo der einzelne sich jeweils befindet: Personalitätsprinzip.

Die Herrschaft des Staates über seine Angehörigen wird durch einen Aufenthalt derselben im Ausland an und für sich nicht in Wegfall gebracht. Es ist daher nicht richtig, wenn man das Territorialitätsprinzip, wie es bisweilen geschieht, als das bei Abgrenzung der rechtlichen Machtsphären der Staaten allein entscheidende behandelt. Modifikationen erleidet indessen jene Herrschaft des Staates seinen im Auslande befindlichen Angehörigen gegenüber dadurch, daß dieselben kraft des Territorialitätsprinzips zugleich unter der Herrschaft des Aufenthaltsstaates stehen. Vgl. § 326 ff. und § 427 ff.

§ 64.

Jene Aufgabe, für die Existenz einer rechtlichen Ordnung und eines höchsten Richteramtes innerhalb seiner Sphäre zu sorgen, kann vom Staat gelöst werden, weil und sofern er die höchste Macht innerhalb dieser Sphäre besitzt.

§ 65.

Dieser Aufgabe dient der Kern seiner Einrichtungen, welcher eine Organisation zum Zwecke geordneter Fortbildung, Anwendung und zwangsweisen Geltendmachung der Rechtsnormen darstellt.

§ 66.

Das Recht, welches andere Gemeinschaften [z. B. die Kirche] für ihr eigenes Lebensbereich entwickeln, ist, soweit dieses letztere in das Gebiet eines Staates hineinreicht, von dem Rechte und der Macht dieses Staates hinsichtlich der Abgrenzung seiner Herrschaftssphäre sowie hinsichtlich seiner kraftvollen Verwirklichung abhängig.

*§ 67

Gliedern des Staates (Provinzen, Gemeinden) und unter seiner Herrschaft stehenden Verbänden (Familien des hohen Adels) kann die Befugnis gewährt sein, für bestimmte Verhältnisse Rechtssätze aufzustellen, deren Befolgung der Staat gewährleistet. Man spricht hier von einer „Autonomie" der betreffenden Verbände.

Auf privatrechtlichem Gebiet (§ 85) sind solche autonomen Satzungen heute nur von geringer Bedeutung, im Gegensatz zum deutschen Mittelalter. Auch privatrechtl. Bestimmungen (z. B. über Wohnungsmiete, Gewerberecht) enthalten oft Ortsstatute der Städte.

III. Sein Verhältnis zu Moral, Religion und Sitte.

§ 68.

Die vom Rechte geordneten Verhältnisse unterliegen dem Einflusse noch anderer, dem Rechte ihrem Ursprunge nach verwandter Mächte.

Dahin gehören Moral, Religion und Sitte, welche sich mit dem Rechte als „ethische Mächte" zusammenfassen lassen.

Ihering, Zweck im Recht. Gierke, Deutsches Privatrecht I 95, S. 112ff. Niemeyer, Recht u. Sitte 02. Litt. zu § 21.

§ 69.

Diese Mächte stehen untereinander in mannigfacher Wechselwirkung; zugleich ergänzen sie sich in der Herstellung von Bedingungen eines friedlichen Neben- und Miteinanderlebens.

Eine besondere Abhängigkeit besteht auf der Seite des Rechts gegenüber den herrschenden moralischen Überzeugungen und Empfindungen bezüglich der verpflichtenden Kraft seiner Vorschriften (§ 49).

§ 70.

Fragen wir, von diesem Zusammenhange absehend, was das Recht von seinen ethischen Geschwistern unterscheide, so haben wir

1. seinen Inhalt,
2. die Formen, in welchen derselbe zur Erscheinung und Verwirklichung gelangt,

mit Inhalt und Formen der Moral ꝛc. zu vergleichen.

Hierbei handelt es sich um den Stand der Dinge bei den modernen Kulturvölkern, in welchem wir das Resultat eines vielhundertjährigen Prozesses der Entwicklung und Auseinandersetzung der Elemente einer ursprünglich einheitlichen geistigen Macht vor uns haben (s. § 125 ff.).

§ 71.

1. In bezug auf den Inhalt seiner Wirksamkeit ist für das Recht gegenüber jenen anderen Mächten charakteristisch:

jene Doppelseitigkeit, kraft deren es sich überall nach einer Seite hin als eine Schranke, nach einer andern als eine Schutzwehr darstellt und einerseits Pflichten, andrerseits korrespondierende Befugnisse bzw. Rechte begründet (§ 16, 146 ff.);

sowie der Umstand, daß jene Pflichten sich als das Sekundäre darstellen, und sich nach den Interessen bemessen, welche in jenen Befugnissen zum Ausdruck kommen (§ 6, 17, 25).

§ 72.

Die Satzungen der Religion und Moral dagegen wenden sich im allgemeinen nur nach einer Seite, sie gebieten und beschränken, und ihre Gebote und Beschränkungen stellen sich nicht als eine bloße Konsequenz einer, Dritten zugewendeten, Gewährleistung dar. Ihr Kardinalbegriff ist derjenige der Pflicht, und die von ihnen begründeten Pflichten sind nicht die bloßen Schatten von Befugnissen.

§ 73.

Wenn z. B. Religion und Moral das Gebot aufstellen: „Liebe deinen Nächsten", so sagen sie nicht dem letzteren: „Du hast ein Recht auf diese Liebe." Sie wenden sich nur der einen Seite zu, derjenigen, für welche eine Pflicht begründet wird.

So entspricht ferner dem Gebote, die linke Wange darzureichen, wenn die rechte geschlagen wird, keine Gewährleistung zugunsten des Schlagenden! Das „du sollst" ist hier nicht die Kehrseite eines einem anderen zugewendeten: „du darfst", „ich verleihe dir die Macht zu solchem Tun".

Wenn das Recht dagegen dem Schuldner befiehlt: „Bezahle deine Schulden", so geschieht dies im Hinblick auf ein Recht des Gläubigers und lediglich um der in diesem Rechte direkt und indirekt geschützten Interessen willen. Der an den Schuldner gerichtete Befehl ist hier die bloße Kehrseite einer dem Gläubiger zugewendeten Gewährleistung.

§ 74.

Das Recht sagt: beachtet die Grenzzeichen, die zwischen euch von mir gesetzt sind, damit Friede unter euch bestehen, und jeder der ihm zukommenden Macht und Freiheit sich erfreuen könne.

Die Moral: seid redlich, barmherzig und treu, erweiset euch als achtungswert und gut. Ihre Forderungen zielen auf die Übereinstimmung des persönlichen Wesens und Wollens mit einem bestimmten Ideale, für welches jene Freiheit und Macht nur die Bedeutung von Bedingungen besitzen.

Für die moralischen Werturteile und Achtungsgefühle, wie sie in der modernen Kulturwelt sich geltend machen, ist im allgemeinen das unmittelbar Entscheidende, nicht die Beziehung der konkreten Handlung auf die Interessen Dritter, bzw. des Volks oder der menschlichen Gesellschaft überhaupt, sondern die Beziehung der Handlung auf eine bestimmte Gesinnung. Mildtätigkeit z. B. erzeugt unsere Achtung, insofern sie uns als ein Ausdruck humaner Gesinnung erscheint; unsere Achtungsgefühle schwinden, wenn die Voraussetzung einer solchen Gesinnung sich als hinfällig erweist.

Unser moralisches Interesse geht hier über die einzelne Tat hinaus, auf deren im Grunde der Persönlichkeit liegende und als etwas Konstantes vorgestellte Quelle zurück, und seine Befriedigung ist von den Eigenschaften dieser letzteren abhängig. Das juristische Interesse dagegen haftet an dem, was die einzelne Tat für die anderen bedeutet. — Dies ist der faktische Sachverhalt, über dessen Charakterisierung hier nicht hinausgegangen werden soll. Der Ethik und bzw. der Soziologie liegt es ob, zu erforschen, unter welchen Einflüssen derselbe sich in der Entwicklungsgeschichte des geistigen Lebens in dieser Weise gestaltet hat. Bedeutsame Anfänge sind in dieser Richtung gemacht. Daß nur von solchen gesprochen werden kann, hat seinen Grund darin, daß die Wissenschaft in dieser Sphäre nur sehr allmählich zu der Selbstbescheidung gelangt ist und resp. gelangt, sich vor allem mit der Wirklichkeit vertraut zu machen und nicht der ihr obliegenden Erforschung dessen, was *ist*, beständig — Theorien über ein angeblich *Seinsollendes* zu substituieren.

§ 75.

Mit dem bezeichneten Gegensatze hängen Verschiedenheiten in der Abgrenzung der von diesen Mächten auferlegten Pflichten zusammen.

§ 76.

Die vom Rechte auferlegten Pflichten bemessen sich nach den Interessen Dritter, um derenwillen sie begründet werden. Was daher diese Interessen und bzw. die Befugnisse, in welchen sie ihren Ausdruck finden, nicht berührt, das liegt außerhalb jener Pflichten, und ist nicht geeignet, im Sinne des Rechts eine Verschuldung, und ebensowenig ein Verdienst, zu begründen.

So ist für die Frage, ob ein Schuldner seiner Rechtspflicht Genüge getan habe, sein inneres Verhalten für den Standpunkt des Rechts gleichgültig, da durch dieses die Interessen und Ansprüche des Gläubigers weder befriedigt noch verletzt werden. Hat er rechtzeitig gezahlt, so ist er seiner Pflicht ledig, gleichviel aus welcher Gesinnung heraus er gehandelt hat, und ob er etwa zuvor den Vorsatz gefaßt hatte, sich seiner Verpflichtung zu entziehen. Umgekehrt sind gute Vorsätze, welchen nicht die Tat nachfolgt, für den Rechtsstandpunkt ein absolutes Nichts.

§ 77.

Die von Moral und Religion begründeten Pflichten dagegen schließen ein bestimmtes inneres Verhalten des Verpflichteten in sich, und der Wert einer Leistung desselben bemißt sich von ihrem Standpunkte aus unmittelbar nicht nach der Bedeutung der Leistung für die Interessen und Ansprüche Dritter, sondern nach der Gesinnung, welche in ihr sich ausspricht.

So hat die Zahlung des Schuldners vor ihrem Forum einen höheren Wert, wenn sie aus Pflichtgefühl, als wenn sie aus Furcht vor Zwangsmaßregeln erfolgte, und der böse Vorsatz eines Schuldners, sich seiner Verbindlichkeit zu entziehen, hat eine Bedeutung für sie bereits vor und unabhängig von dem Versuche seiner Verwirklichung.

§ 78.

Zwischen den Normen des Rechts und denjenigen der Sitte oder des Herkommens besteht in den hervorgehobenen Beziehungen eine geringere Verschiedenheit. Doch überwiegt auch bei den letzteren, soweit sie sich nicht zu Rechtsvorschriften erheben (§ 122 ff.), im allgemeinen das beschränkende Element, und es ist für sie die scharfe Ausprägung jener Doppelseitigkeit, die beständige Gegenüberstellung von Sollen und Dürfen, Pflichten und Befugnissen nicht in der Weise charakteristisch wie für die Rechtsvorschriften.

Man denke etwa an die Anforderungen, welche die Sitte an den Einzelnen in bezug auf sein Erscheinen in der Gesellschaft (Kleidung, Reinlichkeit) und in bezug auf die Formen des geselligen Verkehrs (Art des Grußes) stellt. Dem: „Du sollst diesen Anforderungen entsprechen,“ steht hier zwar ebenfalls gegenüber ein den anderen zugewendetes: „Ihr dürft die Erfüllung dieser Anforderungen verlangen“, aber der Schwerpunkt liegt auf jenem Sollen, nicht auf diesem Dürfen. — Vgl. im übrigen bezüglich des Verhältnisses von Sitte und Herkommen zum Rechte § 125 f.

§ 79.

2. Hinsichtlich der Formen, in welchen sein Inhalt zur Erscheinung und Verwirklichung gelangt, ist für das Recht gegenüber jenen anderen Mächten charakteristisch:

die geregelte Weise der Beteiligung bestimmter Organe der Gemeinschaft an der Feststellung und Verwirklichung jenes Inhalts; und bei entwickelterem Rechtsleben: — bestimmter Organe für die Feststellung der Rechtssätze, für ihre richterliche Anwendung und für die Ausübung des Zwangs, der sich als erforderlich zur Wahrung der Herrschaft des Rechts und zur Erfüllung seiner Zwecke darstellt (§ 64, 102—121).

§ 80.

Mit der Eigentümlichkeit seines Inhalts und seiner Formen hängt die ausgeprägte Positivität (§ 59) des Rechts zusammen.

Auch den Satzungen jener anderen Mächte läßt sich eine positive Natur zuerkennen, aber sie sind doch nicht in der gleichen Weise abhängig von den bewußten Äußerungen eines menschlichen Willens, der sich als maßgebendes Prinzip geltend macht und hierbei auf eine äußere Macht stützt.

Die Eigentümlichkeiten des Rechts gegenüber den anderen ethischen Mächten, sowie sonstigen Elementen des gesellschaftlichen Lebens werden selten korrekt bestimmt. Hauptirrtümer:

1. Das Recht ordne das äußere Zusammenleben der Menschen, während das innere Leben jenen anderen Mächten zufalle. Jenes ist wahr. Aber übersehen ist erstlich, daß die Sitte ebenfalls und zwar ausschließlich das äußere Dasein zum Gegenstand hat; man denke etwa an die Regeln und Formen des geselligen Verkehrs, welche von der Sitte bestimmt werden. Zweitens, daß die Normen der Moral auch ihrerseits sich auf das äußere Zusammenleben erstrecken und mit den Geboten des Rechts hier meist zusammentreffen, ja diesem eine im Großen geradezu wesentliche Kraft zuführen (§ 47 ff.). Auch sie fordern die Erfüllung rechtlicher Verbindlichkeiten, die Nichtbegehung von Verbrechen, Gehorsam der rechtmäßigen Obrigkeit gegenüber!

2. Das Recht sei durch das Element der äußeren Macht von jenen anderen Potenzen unterschieden (so z. B. Cohn, „Grundlegung der Nationalökonomie" 85). Auch die Sitte macht sich vielfach als eine äußere Macht geltend, von welcher nicht selten eine unwiderstehliche Nötigung zu einem bestimmten Verhalten ausgeht. Die Verletzungen ihrer Vorschriften werden durch die Gesellschaft gerügt z. B. durch Ausschluß des Schuldigen aus bestimmten Kreisen oder Vereinen, also durch eine Verwirklichung äußerer Nachteile. Selbst bei den Geboten einer herrschenden Religion und bzw. Moral ist ein derartiges Machtelement vielfach zu konstatieren. Das Unterscheidende liegt nicht in dem Vorhandensein, sondern in der Organisation dieses Elementes.

3. Das Recht sei ausreichend charakterisiert als eine „gemeinsame Überzeugung der in Gemeinschaft Lebenden". Aber einerseits gibt es gemeinsame Überzeugungen, und zwar das Handeln betreffende, welche mit dem Rechte nichts zu tun haben. So diejenigen, welche in der Sitte, der herrschenden Moral und Religion einen Ausdruck finden. Gemeinsame Überzeugungen können auch die Unentbehrlichkeit der Erwerbung von Kolonien, die Notwendigkeit eines Krieges u. a. betreffen. An-

drerseits entspricht der Inhalt des Rechts keineswegs überall gemeinsamen Überzeugungen. Vielfach zeigt derselbe vielmehr die Merkmale eines Kompromisses zwischen einander bekämpfenden Überzeugungen. Vielfach auch entspricht er lediglich der Überzeugung einer Mehrheit, sei es im Volke, sei es unter denjenigen, welche an der Macht sind. Wesentlich ist ihm nur, daß es bezüglich seines obersten Imperativs („gehorche meinen Vorschriften") und, was hierfür entscheidend ist, bezüglich des Gesamtcharakters seiner Wirksamkeit im Einklang mit herrschenden Überzeugungen und durch die moralischen Faktoren unterstützt ist.

4. Das Recht sei ausreichend charakterisiert als „Allgemeiner Wille", oder als „Volkswille" oder endlich als „Staatswille". Abgesehen davon, daß der im Rechte sich äußernde Wille durch keinen dieser Ausdrücke exakt bezeichnet ist (vgl. § 43), lassen sich jedem dieser Willen Äußerungen zuschreiben, welche mit dem Rechte offenbar nichts zu schaffen haben. So äußert sich der Staatswille u. a. in Krieg und Frieden dem Auslande gegenüber, ohne daß sein, sei es feindliches, sei es freundliches Wollen in dieser Richtung sich als Recht bezeichnen ließe. Wenn ferner der Wille eines Staates sich in dem Betriebe von Bergwerken oder in der Fabrikation und dem Verkaufe von Zigarren äußert, so hat dies ohne Zweifel eine Bedeutung auch für das objektive Recht. Aber es ist leicht einzusehen, daß der Gehalt und die Bedeutung dieser Willensbetätigung nicht aufgeht in dem, was daran Juristisches ist. Das Recht läßt sich nicht definieren mit Beiseitelassung der Funktionen, welche ihm im vorhergehenden beigelegt worden sind. Will man das Willensmoment in seiner Definition voranstellen, so läßt sich nur sagen: Recht ist der Wille, der sich in jenen Funktionen äußert.

5. Das Recht sei durch die Form der Gesetzgebung von jenen anderen Mächten unterschieden. Hierüber vgl. den 3. Abschnitt.

6. Das Recht sei der Inbegriff derjenigen Normen, deren Befolgung die fortdauernde Existenz eines bestimmten Gesellschaftszustandes möglich mache, also das „ethische Minimum", oder das Ganze der Erhaltungsbedingungen der Gesellschaft, soweit dieselben vom menschlichen Willen abhängig sind. Verkannt ist hier zunächst, daß auch jene anderen ethischen Mächte Erhaltungsbedingungen der Gesellschaft verwirklichen. Rom und Griechenland würden sich keinen Tag auf der von ihnen erreichten Höhe nationalen Lebens behauptet haben, wenn nicht über das Maß der vom Rechte formulierten Pflichten hinaus Vaterlandsliebe, Opferwilligkeit &c. sich geltend gemacht hätten, und wenn nicht dem Rechte die Sitte und die Religion in bezug auf die Wahrung der Bedingungen jenes Lebens zugesellt gewesen wären. Nicht einmal für die Fortdauer der gegebenen Zustände innerhalb einer einzelnen, eine gewisse Höhe geistigen Lebens vertretenden Familie stellt das Recht für sich allein die sämtlichen Bedingungen her, geschweige denn für die Fortexistenz des gesamten Gesellschaftszustandes! Ignoriert ist hier ferner der geschichtliche Differenzierungsprozeß, welcher qualitative Verschiedenheiten zwischen jenen Mächten zur Ausbildung gebracht und dem gesellschaftlichen Interesse, welches am Leben aller teilhat, nicht bloß verschiedene Träger und verschiedene Formen der Betätigung, sondern auch verschiedene Ziele und einen verschiedenen Inhalt (§ 126) gegeben hat.

Dem Verhältnis der besprochenen Mächte entspricht das Verhältnis der betreffenden Wissenschaften zueinander. Speziell ergibt sich aus jenem, wie die Wissenschaft des Rechts, und bzw. ihr allgemeiner Teil (die allgemeine Rechtslehre oder Rechtsphilosophie) mit der Wissenschaft der Moral oder Ethik im engeren Sinn dieses Worts zusammenhänge. Insoweit spezifisch moralische Kräfte an der Ausbildung und dem Bestande der dem Rechte wesentlichen Eigenschaften teilhaben (§§ 36, 47 ff.), ist ein für beide Wissenschaften gemeinsames Objekt gegeben und in der Erforschung des Wirkens dieser Kräfte eine beiden gemeinsame Aufgabe. Insoweit sie auf diese Bezug hat, ist daher die ethische Literatur derjenigen zur allgemeinen Rechtslehre beizugesellen. Aus jener seien hervorgehoben:

Herbert Spencer, Die Tatsachen der Ethik, deutsche Ausgabe von Vetter 79. E. v. Hartmann, Phänomenologie des sittlichen Bewußtseins 79. Laas, Idealistische und positivistische Ethik 82. Schopenhauer, Grundprobleme der Ethik, 2. A. 60. Landmann (Herbartianer), Hauptfragen der Ethik 74. v. Oettingen, Moralstatistik in ihrer Bedeutung für eine christliche Sozialethik, 2. A. 74. Die christliche Sittenlehre 74. Baumann, Handbuch der Moral 79. Sig. Exner, Moral als Waffe im Kampf ums Dasein 92. J. St. Mill, Utilitarianism, 7. A. 64. Jodl, Geschichte der Ethik in d. neueren Philosophie I 82, II 89. Guyau, La morale Anglaise contemporaine, morale de l'utilité et de l'évolution, Paris 78 f. Gaß, Geschichte d. christlichen Ethik I 81, II 86 f. Th. Ziegler, desgl., 2. A. 92. Wundt, Ethik, Untersuchung der Tatsachen u. Gesetze des sittlichen Lebens. 3. A. 03. System der Philosophie, 2. A. 97, S. 646. Paulsen, System der Ethik mit e. Umriß der Staats- u. Gesellschaftslehre, 5. A. 00. Adickes, Eth. Prinzipienlehre, Ztschr. f. Philos. 116, S. 161. Simmel, Einleitung in d. Moralwissenschaft 92 f.

Zweiter Abschnitt.

Seine Einteilungen.

§ 81.

Man unterscheidet die Rechtssätze:

1. mit Rücksicht auf die Verschiedenheit der Subjekte, von welchen sie ausgehen,
2. mit Rücksicht auf die Verschiedenheit ihres Inhaltes,
3. mit Rücksicht auf die verschiedene Weise ihrer Entstehung.

I. Einteilungen mit Rücksicht auf die Subjekte.

§ 82

Mit Rücksicht auf die Subjekte, von welchen die Rechtssätze ausgehen, scheidet sich das Recht jedes Staates von dem Rechte jedes anderen Staates, von dem Rechte jeder selbständigen kirchlichen Gemeinschaft, und von dem Völkerrechte, sondert sich in Deutschland das von der Reichsgewalt ausgehende Recht von dem Rechte der deutschen Gliedstaaten.

§ 83

In einem größeren Gemeinwesen können mehrere rechtsbildende Subjekte derart nebeneinander existieren, daß eines von ihnen für das Ganze, die anderen nur für bestimmte Glieder desselben (z. B. für Provinzen eines Staates oder Gliedstaaten eines Bundesstaates) Rechtssätze zu schaffen berufen sind. Die von jenem ausgehenden Rechtssätze heißen „gemeines Recht", die anderen „partikuläres Recht" dieses Gebietes (s. § 466, 556).

II. Einteilungen mit Rücksicht auf den Inhalt.

1. Öffentliches und Privatrecht.

§ 84

Der Inhalt der Rechtssätze ist von der Beschaffenheit der Verhältnisse abhängig, welche ihre Ordnung von ihnen empfangen.

Hierbei kommen vor allem die Beschaffenheit der Interessen und bzw. Interessenten in Betracht, welche sich in diesen Verhältnissen gegenüberstehen, und deren Machtgebiete gegeneinander abzugrenzen sind.

Vgl. zu II: v. Savigny, System des heutigen römischen Rechts, I, 40. Thöl, Einleitung in das deutsche Privatrecht, 47. Thon, Rechtsnorm und subjektives Recht, S. 108. Bierling, Kritik II, 149.

§ 85.

Einen wichtigen Gegensatz bilden hier Privatverhältnisse und öffentliche Verhältnisse.

Dort stehen individuelle Interessen und Machtgebiete eben solchen gegenüber. Man denke an Verhältnisse zwischen Gutsnachbarn, Käufern und Verkäufern auf dem Markte, Mietern und Vermietern, den Mitgliedern einer Handelsgesellschaft.

Hier stehen zum mindesten auf einer Seite öffentliche Interessen (Interessen des Staates, der Kirche 2c.), welchen auf der anderen Seite wiederum öffentliche Interessen, oder auch individuelle Interessen gegenüberstehen können. Man denke an die Verhältnisse zwischen Staat und Kirche, König und Parlament, Gemeinde und Staat, Staat und Verbrechern, Gerichten und Angeklagten, Polizei und Bürgern.

§ 86.

Diesem Gegensatze entspricht die Scheidung des Privatrechts (Zivilrechts oder bürgerlichen Rechts), welches die Privatverhältnisse, vom öffentlichen Rechte, welches die öffentlichen Verhältnisse zum Gegenstande hat und zu Rechtsverhältnissen erhebt.

Diese Einteilung ist um ihrer fundamentalen Bedeutung willen näher zu betrachten.

§ 87.

Für das öffentliche Recht ist charakteristisch, daß an demselben öffentliche und gemeinsame Interessen in einem zweifachen Sinne und zwar unmittelbar teilhaben.

Erstlich in der aktiven Rolle, welche diesen Interessen nach der Natur des Rechts in dessen gesamten Gebiete zufällt, als dem für seine Funktionen überall maßgebenden Prinzip.

Zweitens aber als ein Gegenstand dieser Funktionen, in der passiven Rolle von Interessen, deren Machtgebiete durch das Recht einerseits beschirmt, andererseits begrenzt werden.

§ 88.

Die Bestimmungen des öffentlichen Rechts über die Bestrafung von Verbrechen — man denke etwa an Hoch- oder Landesverrat — mögen zum Beispiel dienen.

An ihnen haben einerseits diejenigen öffentlichen und gemeinsamen Interessen (und bzw. Überzeugungen) Anteil, welche in allem Rechte wirksam sind und diesem seinen spezifischen Charakter verleihen als einer über den Gegensätzen und Kollisionen des gesellschaftlichen Lebens stehenden und einem jeden einerseits Schranken ziehenden, andrerseits das Seine zuerkennenden Macht.

Öffentliche und gemeinsame Interessen kommen hier aber zugleich als ein Gegenstand dieser schützenden und beschränkenden Funktionen des Rechts in Betracht. In dem Streitverhältnis, welches durch diese Funktionen seine Ordnung empfängt, fordern öffentliche Interessen als unmittelbar beteiligte Faktoren ihr Recht dem Verbrecher gegenüber. Sie erscheinen hier gleichsam als die klagende Partei, deren Ansprüche in den Rechtsbestimmungen ihre Anerkennung und zugleich ihre Begrenzung finden. [Ihnen stehen andere öffentliche Interessen gegenüber, welche in der häufig obligatorischen Verteidigung zum Ausdruck kommen, vgl. § 839].

In dem einzelnen Prozeßfall erscheint der Richter als das Organ jenes zuerst charakterisierten, der öffentliche Kläger (der Staatsanwalt) als das Organ des zuletzt charakterisierten öffentlichen Interesses.

In dem bezeichneten Sachverhalte findet es zum Teile seine Erklärung, daß das öffentliche Recht langsamer zu voller und gesicherter Ausbildung gelangt und die dem Rechte zukommende Eigenschaft einer überparteilichen Macht nicht in dem Maße zu reiner Entfaltung zu bringen vermag, als das Privatrecht.

§ 89.

Im Privatrechte treten dagegen öffentliche Interessen im allgemeinen nur in der ersterwähnten aktiven Rolle in unmittelbarer Weise hervor, als Seele der ordnenden und friedenverbürgenden Funktionen der Schiedsmacht, welche das Recht heißt. Als passiv beteiligte Faktoren, auf welche diese Funktionen sich beziehen, stellen sich hier Privatinteressen vor Augen.

§ 90.

Diesem Gegensatze entsprechen Verschiedenheiten in der Art und Weise, in welcher das Recht seine an sich überall gleiche

Aufgabe einerseits gegenüber den Privatverhältnissen, andrerseits gegenüber den öffentlichen Verhältnissen zur Lösung bringt.

§ 91.

Privatverhältnissen gegenüber beschränkt sich das Recht vielfach darauf, den Beteiligten die gleiche Geltung ihres Willens und die Bedingungen einer freien Wirksamkeit im Verhältnis zueinander in einer Sphäre des Friedens zu verbürgen.

Die Voraussetzung dabei ist, daß die beteiligten Interessen im übrigen ihre natürlichen Sachwalter in den beteiligten Privatpersonen haben, und daß sie ihre Befriedigung (entweder allein oder am besten) durch die freie Betätigung der individuellen Kräfte zu finden vermögen.

§ 92.

Öffentlichen Verhältnissen gegenüber macht sich im allgemeinen die entgegengesetzte Voraussetzung geltend, daß nämlich die Vertretung der beteiligten Interessen nicht in die Willkür einzelner gestellt und von deren freien Vereinbarungen abhängig gemacht werden könne, daß dieselbe vielmehr einer allseitigen und bindenden Regelung bedürfe.

So sind gemäß dieser Voraussetzung die Beziehungen staatlicher Behörden zueinander und deren Tätigkeit allseitiger durch bindende Rechtsnormen bestimmt als etwa die Beziehungen zweier Geschäftshäuser zueinander und deren geschäftliche Wirksamkeit.

Genauere Auskunft darüber, was hiernach für die privatrechtlichen Verhältnisse einerseits, die öffentlich-rechtlichen andrerseits charakteristisch sei, in dem von den Rechtsverhältnissen handelnden Teile, § **191** ff.

§ 93.

Der Gegensatz zwischen Privatrecht und öffentlichem Recht ist jedoch kein absoluter. Bei der Ordnung der Privatverhältnisse erscheinen überall neben den Interessen der Einzelnen, welche unmittelbar durch dieselbe betroffen werden, zugleich, in näherer oder entfernterer, in bald mehr bald minder fühlbarer Weise, die gemeinsamen Interessen als passiv beteiligt. Damit hängt:

1. der gemischte Charakter mancher Teile des Rechts,
2. die Veränderlichkeit der Grenzen zwischen Privatrecht und öffentlichem Recht zusammen.

Die Ordnung aller Privatverhältnisse berührt die Gesamtheit nicht bloß insofern, als es für sie bedeutsam ist, daß dieselben der allgemeinen Friedensordnung eingefügt seien, sondern auch kraft der fördernden oder hemmenden Einwirkung, welche diese Ordnung auf die beteiligten Privatinteressen ausübt, da ja das Wohl des Ganzen nicht unabhängig ist von dem Wohle der Einzelnen, seiner Glieder. Man nehme etwa die Verhältnisse zwischen Arbeitern und Unternehmern. Die Gesamtheit hat hier nicht bloß das formale Interesse, daß dieselben in friedlicher Weise sich regeln und daß bei etwaigem Streit eine unparteiische richterliche Entscheidung gefunden werden könne, sondern auch das sachliche Interesse, daß diese Verhältnisse überall inhaltlich so geordnet werden, wie es dem Wohle der Beteiligten am besten entspricht Wenn gleichwohl die Regelung solcher Verhältnisse im einzelnen den freien Vereinbarungen der beteiligten Privaten überlassen wird [und früher in noch höherem Maße überlassen war!], und wenn überhaupt irgendwelche Verhältnisse, trotz des überall bestehenden Zusammenhangs mit den öffentlichen Interessen als Privatverhältnisse geordnet werden, so kann der Grund davon liegen und lag nicht selten:

a) darin, daß hinsichtlich des Zusammenhangs dieser Verhältnisse mit den öffentlichen Interessen kein deutliches Bewußtsein existiert,
b) darin, daß man annahm, die zweckmäßigste Gestaltung dieser Verhältnisse sowohl für die nächstbeteiligten Privaten wie für die Gesamtheit werde am ehesten erreicht werden, wenn man sie den freien Entscheidungen und Vereinbarungen jener Nächstbeteiligten überlasse,
c) in dem Selbständigkeitsstreben der einzelnen und der Bedeutung, welche demselben auch für die Gesamtheit zukommt.

Diese Gründe geben, wie leicht einzusehen, keine allgemeine Entscheidung der Frage an die Hand, wie die Grenze zwischen Privatrecht und öffentlichem Recht zu ziehen sei, erklären aber die in den folgenden Paragraphen hervorgehobenen Erscheinungen.

„Über die soziale Aufgabe des Privatrechts" vgl. Gierke, Vortrag 89. Sohm, Über den Entw. eines B., Vortrag 95.

§ 94.

ad 1. Bei der Ordnung derjenigen Verhältnisse, welche im übrigen als Privatverhältnisse gelten, werden vielfach hinsichtlich einzelner Fragen öffentliche Interessen als direkt beteiligt erachtet und zum Maßstab für deren Behandlung genommen. Das Ganze der auf solche Verhältnisse bezüglichen Rechtsnormen erhält hierdurch einen gemischten Charakter.

Einen solchen hat insbesondere das Familienrecht (s. § 195, 697 ff.).

§ 95.

ad 2. Änderungen in den Verhältnissen, sowie Änderungen in der bloßen Auffassung von solchen können dahin führen, daß Verhältnisse, welche bis dahin als Privatverhältnisse behandelt worden waren, jetzt als öffentlich-rechtliche Verhältnisse normiert werden, weil nach der zur Herrschaft gelangten Auffassung gemeinsame Interessen als direkt und in bedeutsamer Weise beteiligt erscheinen; oder auch umgekehrt, daß bisherige öffentlich-rechtliche Verhältnisse unter die Herrschaft des Privatrechts gerückt werden.

§ 96.

So sind die Gegenwirkungen gegen zahlreiche Verbrechen, z. B. gegen Diebstähle, bei vielen Völkern zuerst im Sinne des Privatrechts, erst später im Sinne des öffentlichen Rechts, geregelt worden.

Die Gesamtheit sah sich hier zuerst nicht als direkt beteiligt an, sondern die verletzten Privaten als die natürlichen und allein berufenen Sachwalter der in Frage stehenden Interessen, während sie gegenwärtig sich selbst als unmittelbar in ihren Interessen getroffen und als den Hauptinteressenten bei der Bestrafung des Verbrechers betrachtet (§ 291 ff.).

§ 97.

Umgekehrt ist bei vielen Völkern die Bebauung des Bodens in bestimmten Perioden im Sinne einer gemeinsamen Angelegenheit, und also den Grundsätzen des öffentlichen Rechts gemäß, geregelt gewesen, später aber dem privaten Betrieb überlassen und unter die Herrschaft privatrechtlicher Grundsätze gezogen worden.

Vgl. in betreff der Relativität des Gegensatzes zwischen Privat- und öffentlichem Recht auch die §§ 195 f., 252—59, 281, 287 ff., 305 f.

§ 98.

Die Teile des öffentlichen Rechts — Staatsrecht, Strafrecht, Prozeßrecht, Kirchenrecht, Völkerrecht —, sowie diejenigen des Privatrechts — Vermögensrecht, Familienrecht — werden im besonderen Teile charakterisiert werden.

2. Ergänzendes und zwingendes Recht.

*§ 99.

Man unterscheidet Rechtssätze, welche diejenigen, deren Verhältnisse sie ordnen, nur binden wollen, sofern dieselben nichts Abweichendes vereinbaren — „ergänzendes, nachgiebiges" Recht, „ius dispositivum", und

Rechtssätze, welche unbedingt zur Anwendung kommen wollen — „zwingendes", „absolutes" Recht, „ius cogens" in dem engeren Sinne dieser Worte.

Das Privatrecht besteht dem vorher bezeichneten Charakter gemäß vorzugsweise aus „ergänzenden" Rechtssätzen, das öffentliche Recht wesentlich aus ius cogens.

Diese Einteilung fällt jedoch keineswegs vollkommen zusammen mit derjenigen von Privatrecht und öffentlichem Recht. Die meisten auf Kauf, Tausch, Miete und überhaupt auf die Vermögensverhältnisse bezüglichen Rechtsbestimmungen sind zwar bloß ergänzender Natur. (Beispiele im Abschnitt über den Kauf § 672 ff.) Jedoch fordern nicht wenige Privatrechtssätze eine unbedingte Anwendung, indem sie den beteiligten Individuen einen Schutz unabhängig von ihrer eigenen Einsicht und ihrem Willen gewähren wollen. So die Bestimmungen über die Förmlichkeiten mancher Geschäfte (§ 248) und über den Anspruch auf Schadensersatz bei böswilliger rechtswidriger Schädigung. Andrerseits finden sich im öffentl. (z. B. dem Prozeß-) Recht mancherlei Bestimmungen dispositiver Natur.

3. Gebietendes und erlaubendes Recht.

§ 100.*

In der wörtlichen Fassung der Rechtssätze tritt bald die gebietende, befehlende, bald die erlaubende, gewährleistende, Befugnisse begründende Funktion des Rechts einseitig hervor.[1]) Mit Rücksicht hierauf hat man „gebietende" und „erlaubende" Rechtssätze unterschieden.

Aber soweit hier nicht eine Zufälligkeit der Ausdrucksweise vorliegt,[2]) hat die einseitige Fassung ihren Grund lediglich darin, daß in der einen oder anderen Richtung das dringlichere Interesse an der Klarstellung des dem Rechte Gemäßen besteht.[3]) Oder auch darin, daß ein Rechtsverhältnis sich kürzer und einfacher durch die Bezeichnung der zu gewährenden Befugnisse als durch diejenige der korrespondierenden Pflichten (oder umgekehrt leichter durch die Bezeichnung der Pflichten) charakterisieren läßt.[4])

Ein Gegensatz bezüglich des Inhalts der Rechtssätze ist hier in Wahrheit nicht vorhanden. Weder gibt es einen gebietenden Rechtssatz, der für niemanden bedeutsam wäre bezüglich der Frage, was ihm erlaubt sei, noch einen erlaubenden, der für niemanden direkt oder indirekt Beschränkungen mit sich führte und für niemanden eine imperative Bedeutung hätte.

1. Häufig wird aber auch einfach der entscheidende Vorgang beschrieben, durch welchen die Befugnis auf der einen Seite, die Beschränkung auf der andern zur Erscheinung gelangt. Ein Beispiel: „die Beleidigung wird mit Geldstrafe . . . bestraft“.

2. Vielfach kann man die gebietende Form in eine erlaubende (zuerkennende) umwandeln, oder die erlaubende in eine gebietende, ohne daß dies irgend eine Bedeutung hätte. Z. B. statt: „dem Auslande gegenüber haben alle Deutschen gleichmäßig Anspruch auf den Schutz des Reiches“, könnte man ebensogut sagen: „dem Auslande gegenüber ist allen Deutschen der Schutz des Reiches gleichmäßig zu gewähren“.

3. Man denke an die Auferlegung von Steuern, an die Verpflichtung desjenigen, der fremde Sachen unbefugt zerstört, dem Eigentümer Ersatz zu leisten, an polizeiliche Beschränkungen des Straßenverkehrs, des Verkaufs von Gift 2c. Hier überall kommt es vor allem darauf an, denjenigen, welchen Beschränkungen auferlegt werden, dies zu wissen zu tun.

4. Beispiele: „dem Kaiser steht es zu, Bundesrat und Reichstag zu berufen“. „Der Reichstag hat das Recht . . . Gesetze vorzuschlagen“. Wollte man hier die Form des Zuerkennens durch die Form von Geboten ersetzen, also die den Befugnissen korrespondierenden Pflichten beschreiben, so würde dies zu großen Weitläufigkeiten und stilistischen Sonderbarkeiten führen. Außerdem macht sich hier der zuvor bezeichnete Gesichtspunkt geltend. — Schließlich wird die Form des Erlaubens häufig dort angewendet, wo man besonders hervorheben will, daß ein Verbot sich auf bestimmte Fälle nicht erstrecke. Es subsumiert sich dies entweder dem ad 3 oder dem ad 4 erwähnten Gesichtspunkte.

III. Einteilungen mit Rücksicht auf die Entstehungsformen.

§ 101.

Mit Rücksicht auf die Entstehungs- und bzw. Erscheinungsformen der Rechtssätze unterscheidet man „Gesetzesrecht", „Gewohnheitsrecht" 2c. Hierüber Spezielleres im nächsten Abschnitt.

Es handelt sich hierbei nicht bloß, wie angenommen zu werden pflegt, um eine verschiedene Entstehungsweise. Vielmehr entsprechen der verschiedenen Entstehung Verschiedenheiten der Merkmale, an welchen wir das Vorhandensein der Normen und ihre Eigenschaft, verbindliche Rechtsnormen zu sein, erkennen. So besteht der im Wege der Gesetzgebung entstandene Rechtssatz in der Form des Gesetzes fort, und diese Form ist bestimmend für die Art seiner Auslegung (s. § 104).

Dritter Abschnitt.

Seine Entstehung.

I. Entstehungsformen (Lehre von den „Rechtsquellen").

§ 102.

Die normale Weise, in welcher im heutigen Rechtsleben Rechtssätze zur Entstehung kommen, ist die der Gesetzgebung. In ihr äußert sich der in der Gemeinschaft herrschende Wille mittels besonderer Organe und in bestimmten Formen nach Maßgabe der in der Gemeinschaft bestehenden Verfassung.

Zur Lehre von den Rechtsquellen überhaupt vgl. Savigny, Vom Beruf unserer Zeit zur Gesetzgebung und Rechtswissenschaft 14. System des heutigen römischen Rechts, I. Bluhme, Übersicht der in Deutschland geltenden R.quellen, 2. A., 54 (1. Teil der in § 2 zit. Encykl.). Adikes, Zur Lehre von den R.quellen 72. E. Meier, Die Rechtsbildung in Staat und Kirche 61. Sturm, Recht und R.quellen 83. Kohler, Recht und Prozeß in Grünhuts Ztschr. 86. A. S. Schultze, Privatrecht und Prozeß in ihrer Wechselbeziehung 83. Ehrlich, Beitr. zur Theorie der R.quellen 02. Zur Lehre von der Gesetzgebung Laband, Staatsrecht des Deutschen Reichs, I § 54 ff. — Über Gesetzgebung s. auch § 118 f.

§ 103.

Zu diesen Formen gehört überall eine Aufzeichnung und Kundbarmachung des Rechtssatzes.

Das so entstandene Recht — das Gesetzesrecht — ist daher seiner wesentlichen Erscheinungsform nach „geschriebenes Recht" (ius scriptum).

§ 104.

Aus dem Gesagten folgt:

1. Nur das ist Gesetz oder ein Bestandteil eines solchen, was in einer verfassungsmäßig zustande gekommenen und publizierten Urkunde einen (gleichviel ob vollkommenen oder unvollkommenen) Ausdruck gefunden hat.

2. Was der Wortlaut der publizierten Urkunde an die Hand gibt, ist nur unter der Voraussetzung Gesetz, daß es der Willensmeinung des Gesetzgebers zum Ausdruck dient, nicht etwa aus bloßem Versehen in die Urkunde gelangt ist.

Wir können an den Gesetzen wie an allen Rechtsbestimmungen eine äußere und eine innere Seite, corpus und animus unterscheiden. Fehlt eines dieser Momente, so ist kein Gesetz vorhanden. Hiernach ist u. a. die Bedeutung der bei der Redaktion von Gesetzen vorkommenden Versehen zu beurteilen.

Zu unterscheiden von dem Falle, wo die Willensmeinung des Gesetzgebers keinen Ausdruck gefunden hat, oder der vorliegende Wortlaut nicht gewollt war, ist der andre, wo das gewollte und richtig zum Ausdruck gebrachte in der Anwendung Konsequenzen hervortreten läßt, welche nicht vorgesehen waren, oder in seinen Wirkungen den Voraussetzungen, Wünschen und Endabsichten des Gesetzgebers nicht entspricht. Derartige Mängel schließen das Vorhandensein eines verbindlichen Gesetzes nicht aus, sondern enthalten nur ein Motiv für den Gesetzgeber zur Korrektur seiner Arbeit. Merkel, im Handbuch des deutschen Strafrechts, herausg. von v. Holtzendorff II, 65ff. IV, 73ff.; die Litt. zu § 348.

§ 105.

Die gesetzgeberische Tätigkeit bringt aber zugleich Rechtssätze zur Entstehung, welche nicht selbst Bestandteile eines Gesetzes sind, und bezüglich welcher die aufgestellten Sätze keine Geltung haben, Rechtssätze, für deren Existenz nicht der Inhalt der gesetzgeberischen Willensäußerungen, sondern deren Voraussetzungen entscheidend sind.

Merkel, l. c. Ihering, Geist des römischen Rechts (3. A.) I, 28 ff., II, 334 ff. v. Wächter, Über Gesetzes- und Rechtsanalogie im Strafrechte, im Archiv des Strafrechts 44, S. 413, 535. Binding, Die Normen I § 11. Windscheid, Pandekten § 21 ff.

§ 106.

Eine gesetzliche Bestimmung nämlich stellt sich, logisch betrachtet, als eine Anwendung eines allgemeineren, als gültig vorausgesetzten, Urteils auf besondere Verhältnisse dar. Dieses allgemeinere Urteil nun — der Obersatz in dem Syllogismus, welcher jener Bestimmung zugrunde liegt — nimmt unter gewissen Bedingungen selbst die Bedeutung eines Rechtssatzes bzw. einer Quelle von Rechtssätzen in Anspruch.

§ 107.

Ein Beispiel! Die Unterscheidung von Mord und Totschlag im deutschen Strafgesetzbuch (s. § 772) erhält eine Anwendung des allgemeineren Urteils, daß das mit Überlegung ausgeführte Delikt unter sonst gleichen Voraussetzungen eine höhere Strafbarkeit begründe, als das ohne Überlegung (in heftiger Gemütserregung) ausgeführte. Dies Urteil ist in seiner Allgemeinheit zu keinem gesetzlichen Ausdruck gelangt; gleichwohl wird ihm eine allgemeine Bedeutung zuerkannt, und das hervorgehobene Moment demgemäß auch bei Deliktsarten berücksichtigt, bei welchen der Gesetzgeber seiner nicht gedenkt, sofern nur das gesetzliche Strafmaß dafür Spielraum läßt.

§ 108.

Man spricht hier von einer „analogen Anwendung" (Analogie) derjenigen Bestimmungen, in welchen jenes allgemeinere Urteil zur Anwendung gelangt ist, also in unserem Beispiele von einer analogen Anwendung der Bestimmungen über Mord und Totschlag.

§ 109.

Diese anologe Anwendung gegebener Gesetze ist jedoch nur insoweit zulässig, als nicht der Inhalt oder die Voraussetzungen anderweitiger Gesetze sich entgegenstellen, daher nur mit Beziehung auf Verhältnisse, die nicht in andrer Weise bereits durch das Recht okkupiert sind, und bezüglich welcher sich ohne sie eine Lücke im Rechtssysteme herausstellen würde.

§ 110.

Z. B. sind dem allgemeinen Urteil, welches dem Strafgesetze über vorsätzliche und rechtswidrige Beschädigung fremder Sachen zugrunde liegt, auch gewisse andre Arten vorsätzlicher und rechtswidriger Beschädigung eines fremden Vermögens zu subsumieren, und es würden demgemäß die Bedingungen einer analogen Anwendung jenes Gesetzes auf diese anderen Beschädigungsarten vorliegen, wenn nicht der wichtige Grundsatz des geltenden Rechts sich entgegenstellte, daß nur solche Handlungen bestraft werden dürfen, welche der Inhalt eines Gesetzes für strafbar erklärt.

§ 111.

Die Rechtssätze, welche in dieser Form einer analogen Anwendung gegebener Gesetze wirksam werden, leiten ihre positive Gültigkeit aus allgemeinen, gesetzlich oder gewohnheitsrechtlich sanktionierten Grundsätzen her. Wo ein besonderer, die Gültigkeit statuierender Rechtssatz nicht vorhanden ist, da ergibt sie sich aus den Grundsätzen, welche für die Stellung der Gerichte zum objektiven Rechte bestimmend sind, und nach welchen diese die Entscheidung von Rechtsfragen nicht mit Berufung auf Lücken im Inhalte der Gesetzgebung ablehnen dürfen, den Maßstab für die Entscheidung dieser Fragen aber soweit immer möglich dem geltenden Rechte entnehmen sollen. Diesen Maßstab vermögen sie, wo der Inhalt der Gesetze versagt, auf dem bezeichneten Wege zu gewinnen.

§ 112.

Rechtssätze können sich ferner bilden, und bildeten sich in älterer Zeit zumeist, in der Form des Herkommens, d. i. in der Form einer konstanten und übereinstimmenden Befolgung einer

Regel, worin die Tatsache ihrer verpflichtenden Kraft zum Vorschein kommt.

*§ 113.

Ein solches Herkommen erhebt sich zum Recht, sobald die Merkmale an ihm hervortreten, welche als für die Wirksamkeit des Rechts charakteristisch bezeichnet worden sind, speziell sobald es als eine verbindliche Norm für gerichtliche Entscheidungen angerufen werden kann.

Dies ist das „Gewohnheitsrecht".

Das formale Merkmal des Rechts (§ 79) wird hier stets in der hervorgehobenen Weise zur Verwirklichung kommen. Wo aber dieses gegeben ist, da sind auch die sachlichen Merkmale des Rechts (§ 71 ff.) vorhanden.

Gewohnheitsrecht kann sich als ein das Gesetzesrecht ergänzendes praeter legem, grundsätzlich aber auch als ein dasselbe abänderndes contra legem bilden (derogatorisches G., desuetudo; s. jedoch § 115).

Erlangt eine Regel nur für eine begrenztere Gruppe (Gemeinde, Stand) Geltung, so spricht man von Observanz.

Puchta, Das Gewohnheitsrecht 28/37. Beseler, Volksrecht u. Juristenrecht 43. Zitelmann, G. und Irrtum im Archiv f. d. civil. Praxis 66, 323. Eisele, l. c. 69, 283. G. Rümelin, Iher. Jahrb. 27, 153. Schuppe, Das Gewohnheitsrecht 90. Besprechung dieses Werkes von Merkel in den „Philosoph. Monatsheften" 27 (Sammlung S. 648 ff.). Gierke, Deutsches Privatrecht § 20. Esser, Derogator. Kraft des G. 88. Brie, Lehre vom G. 99. Bruno Schmidt, G. als Form des Gemeinwillens 99. Sturm, Revision der gemeinrechtl. Lehre vom G. 00. Crome, in Iher. Jahrb. 39, 323.

*§ 114.

Die Bedeutung einer verbindlichen Norm für gerichtliche Entscheidungen kann einer Regel des Herkommens durch ein Gesetz, insbesondere aber auch durch die Macht des Herkommens und der in ihm wirksamen Überzeugungen selbst zuerkannt sein.

Die Unterscheidung zwischen Gewohnheitsrecht und bloßem Herkommen oder bloßer Sitte hat eine praktische Bedeutung wesentlich nur bezüglich der Frage, ob betreffende Regeln eine bindende Richtschnur für gerichtliche Entscheidungen enthalten. Wenn zugunsten des Herkommens: Trinkgelder zu geben, die Gerichte angerufen werden könnten, so wäre dies Herkommen Recht. Die erwähnte Frage aber kann ihre Beantwortung in der doppelten Weise finden, welche im Texte bezeichnet ist.

Es gab Zeiten in Deutschland und in anderen Ländern, wo nur dürftige Bruchstücke des Rechts in der Form der Gesetzgebung existierten, während das Herkommen in der Hauptsache die das Leben beherrschende Macht war. Niemand zweifelte hier, daß gewisse Teile dieses Herkommens auch für die Gerichte eine verbindliche Kraft besäßen, daß diese die betreffenden Regeln gegebenenfalls ihren Entscheidungen zugrunde zu legen hätten. Soweit nun diese Überzeugung bestand und in einem entsprechenden Verhalten der Gerichte ihre verpflichtende Kraft bewährte, war das Herkommen Recht. Das Herkommen umfaßt in solchen Fällen die Anwendung bestimmter Regeln nicht bloß seitens derer, auf deren Verhältnisse sie ihrem Inhalte nach Bezug haben, sondern zugleich ihre Anwendung seitens der Gerichte.

Das Gewohnheitsrecht ist seit lange ein Gegenstand zahlreicher Kontroversen. Während die einen (zumal die „historische Rechtsschule" § 360) in ihm die vollkommenste Erscheinungsform des Rechts gegeben finden, bestreiten andere, daß es überhaupt als „Recht" anzusehen sei. Die ersteren verkennen die Bedeutung der Tatsache, daß die fortschreitende Entwicklung und Verselbständigung des Rechts (den anderen ethischen Mächten gegenüber) überall zu einer Zurückdrängung des Gewohnheitsrechts durch das Gesetzesrecht geführt hat; die letzteren die Bedeutung der Tatsache, daß bei vielen, vermutlich bei allen, Völkern während langer Zeiträume das Gemeinleben beherrschende und für das Verhalten der Organe der Gemeinschaft bestimmende Normen beinahe nur oder auch ausschließlich in der Form des Gewohnheitsrechts existiert haben. Will man dieses als Recht nicht gelten lassen, so fragt es sich, ob man auch das von ihnen beherrschte Rechtsleben nicht als Rechtsleben, die aus ihnen sich herleitenden subjektiven Rechte nicht als Rechte gelten lassen will? Ob man etwa für jene Perioden die Existenz von Rechtsverhältnissen, subjektiven Rechten und Rechtsverbindlichkeiten außer den durch gerichtliche Urteile festgestellten, überhaupt leugnet?! Wahr ist nur, daß das Emporkommen des Gesetzesrechts u. a. die Bedeutung der Erreichung einer höheren Stufe der „Positivierung" des Rechts besitzt, d. i. der Ausbildung seiner technischen Seite und überhaupt derjenigen Momente, welche dem Rechte den anderen ethischen Mächten gegenüber eigentümlich sind. —

Manche endlich nehmen an, daß die Normen des Gewohnheitsrechts den Charakter verpflichtender Rechtsnormen überall nur auf Grund einer gesetzlichen oder sonstigen obrigkeitlichen Anerkennung besäßen und besitzen könnten. Aber auch diese Ansicht verträgt sich nicht mit dem geschichtlichen Tatbestande. Abgesehen davon, daß in der Beherrschung des Rechtslebens das Gewohnheitsrecht im allgemeinen dem Gesetzesrechte vorangeht, fehlt es an geschichtlichen Zeugnissen dafür, daß die verbindliche Kraft des Gewohnheitsrechts von den Völkern, bevor bei ihnen umfassende Gesetzeswerke zur Entstehung gelangten, irgendwo aus Akten der Gesetzgebung oder obrigkeitlicher Anerkennung hergeleitet worden sei. Vielmehr ist das normale Verhältnis zwischen der Autorität der Obrigkeiten und derjenigen des Herkommens von Haus aus dieses, daß die Abhängigkeit auf seiten der ersteren, nicht der letzteren, besteht. Auch für das heutige Rechtsleben ist diese Theorie nur mittels der keinerlei Begründung enthaltenden Fiktion einer „stillschweigenden Genehmigung des Gesetzgebers" zu vertreten.

Im übrigen ist hinsichtlich der Theorie des Gewohnheitsrechts die Auseinanderhaltung der folgenden Fragen wichtig: 1. Was ist und wie entsteht das Herkommen? 2. Welche Merkmale müssen zu demselben hinzukommen, damit es als Gewohnheitsrecht erscheine? 3. Was ist und worin begründet sich die verpflichtende Kraft des Herkommens und des Gewohnheitsrechts? Die Fragen sub 1 mögen hier auf sich beruhen. Die zweite Frage hat im Texte ihre Beantwortung gefunden. Wir erkennen das Recht an seinen Funktionen. Ein Herkommen, welches die Lebensverhältnisse in der Weise des Rechts beeinflußt, aus welchem Befugnisse und Pflichten derselben Art sich herleiten, wie sie aus Gesetzen entspringen, ist Recht. Dies aber ist überall der Fall, wo es jemandem Befugnisse oder Ansprüche zuerkennt, zugunsten welcher die Gerichte angerufen werden können. ad 3 ist zu bemerken, daß bezüglich der verpflichtenden Kraft des Gewohnheitsrechts alles gilt, was in § 49 über die verpflichtende Kraft des Rechts überhaupt ausgeführt worden ist. Die verpflichtende Kraft des Herkommens aber ist der letzteren verwandt; sie erfährt nur bei der Erhebung des Herkommens zu Gewohnheitsrecht eine Steigerung.

*§ 115.

Wie jene Anrufung des Herkommens und seine Berücksichtigung seitens der Gerichte durch ein Gesetz gutgeheißen und bzw. geboten werden kann, so kann sie auch durch ein solches überhaupt oder für bestimmte (insb. die von diesem Gesetz selbst geregelten) Rechtsgebiete ausgeschlossen werden.

Letzteres ist in neueren Gesetzen häufig geschehen, entweder schlechthin (so im sächsischen und wesentlich auch im französischen Gesetzbuche) oder durch Versagung der derogatorischen Wirkung gegenüber dem Gesetze (so preuß. Landrecht). Überhaupt hat die Form des Gewohnheitsrechts ihre Bedeutung für die Fortbildung des Rechts mehr und mehr eingebüßt.

Man hat gegen eine solche gesetzliche Ausschließung des Gewohnheitsrechts prinzipielle Bedenken geltend gemacht, die gleiche Verbindlichkeit von Gewohnheitsrecht und Gesetzesrecht angerufen. Allein mit Unrecht. Es kann dem in der Gemeinschaft zuhöchst maßgebenden Willen nicht verwehrt sein, die Formen im voraus zu bezeichnen, in welchen er Rechtssätze produzieren will, und für seine Organe festzustellen, unter welchen Voraussetzungen sie eine Norm als für sie verbindlich anzusehen haben und bzw. ansehen dürfen. Schließt er hierbei das Herkommen aus, so ist damit ein Hemmnis für die Erhebung des letzteren zu Gewohnheitsrecht geschaffen — freilich nur insolange als das betreffende Gesetz seine Geltung behauptet und nicht etwa selbst der Macht des Herkommens erliegt. (So sind mancherlei Bestimmungen des preuß. Landrechts gewohnheitsrechtlich außer Anwendung gekommen.) Wenn aber auch aus einer möglichen revolutionären Kraft der Gewohnheit sich die Bedeutungslosigkeit einer gegen diese Kraft gerichteten Gesetzesvorschrift ergeben kann, so darf man doch daraus nicht schließen auf die Bedeutungslosigkeit jeder gesetzlichen Bestimmung über das Verhalten der Gerichte zu den Gewohnheiten des Rechtslebens — ebensowenig wie aus der Tatsache, daß neue Gesetze unter Umständen nicht durchgeführt werden können, auf die Bedeutungslosigkeit des Erlasses von Gesetzen überhaupt! (Besprechung von Schuppe „G.“ 662 f.) —

Im Gegensatz zum 1. Entwurf, welcher G. nur insoweit gelten lassen wollte, als das Gesetz selbst darauf verweise, enthält B. sich jeder Bestimmung darüber. Um derogator. Kraft gegenüber dessen Vorschriften zu erlangen, müßte sich jedenfalls eine gewohnheitsrechtl. Norm für das ganze Reich ausbilden, da bloß partikuläres (§ 83) G. das Reichsrecht ebensowenig ändern kann, wie partikuläres Gesetzesrecht dies vermag (§ 468).

§ 116.

Diese Beschränkung der Bedeutung des Gewohnheitsrechts in moderner Zeit steht im Zusammenhange mit einer Erhöhung der Macht und Ausbildung der staatlichen Organisation. Die letztere Tatsache findet einen Ausdruck darin, daß der in der Gemeinschaft maßgebende Wille sich normalerweise mittels jener von ihm hierzu geschaffenen Organisation in den im voraus von ihm festgestellten Formen betätigt. Ein Wiederhervortreten des Gewohnheitsrechts in unserem Gemeinleben würde ein Zurücksinken des letzteren auf eine niedrigere Organisationsstufe anzeigen.

Über das geschichtliche Verhältnis von Gesetzesrecht und Gewohnheitsrecht vgl. Jhering, Geist des römischen Rechts II, § 25.

§ 117.

Wo eine den Richter bindende, auf einen gegebenen Fall anwendbare Rechtsnorm nicht vorhanden ist, da sieht sich der Richter berufen, die seiner Entscheidung zugrunde zu legende Norm direkt aus den allgemeinen Quellen des Rechts zu entnehmen (aus denselben, aus welchen der Gesetzgeber schöpft).

Die betreffende Norm erlangt durch die richterliche Entscheidung dem einzelnen Fall und zunächst **nur** diesem gegenüber die Bedeutung einer Rechtsnorm.

§ 118.

Wird aber die gleiche Norm in konstanter Weise richterlichen Entscheidungen zugrunde gelegt, so ist ein „**Gerichtsgebrauch**“

vorhanden, der die Bedeutung des Gewohnheitsrechts erlangen, oder auch durch Gesetz eine verpflichtende Bedeutung pro futuro beigelegt erhalten kann.

§ 119.

Im modernen Staate ist für die bezeichnete schöpferische Tätigkeit der Gerichte nur ein geringer Spielraum gegeben. Dieselben sehen sich hier einem ausgebildeten, in umfassenden Gesetzeswerken (Kodifikationen) fixierten Rechte gegenüber, dessen Fortbildung dem Gesetzgeber, nicht ihnen zufällt. Sie sind Organe der Anwendung, nicht der „Setzung" (Schaffung) der Rechtssätze.

Diese scharfe Scheidung von Rechtssetzung und Rechtsanwendung, und die Beschränkung der Gerichte auf die letztere, bezeichnet eine wichtige Seite des geschichtlichen Fortschritts in unserem Gebiete. Sie setzt eine hohe Entwicklung des objektiven Rechts und der staatlichen Einrichtungen voraus, speziell das Vorhandensein eines Gesetzgebers, der befähigt und bereit ist, dem etwa hervortretenden Bedürfnis einer Vervollständigung oder Reform des geltenden Rechts zu entsprechen. Wo diese Bedingungen fehlen, da erscheinen die Gerichte als berufen, neben der Anwendung des geltenden Rechts zugleich in weiterem oder engerem Umfange die Vervollständigung und Reform desselben zu übernehmen. Sie haben hier erforderlichenfalls die ihren Entscheidungen zugrunde zu legenden Regeln sich erst zu bilden. Diese aber gewinnen durch jede Entscheidung, für welche sie maßgebend waren, eine höhere Bedeutung, und erlangen auf solchem Wege leicht die Kraft eines auch die Gerichte selbst bindenden Gewohnheitsrechts. In solchen Fällen geht der Schaffung des Rechtssatzes die Anwendung der in ihm enthaltenen Regel voran. Die Entscheidung konkreter Rechtsfragen bezeichnet hier den Weg der Bildung des abstrakten Rechts, und der Richter ist in beiderlei Beziehung das vornehmste Werkzeug der Rechtsbildung, die „via vox juris". Die deutsche Rechtsgeschichte enthält hierfür ebenso wie die römische bedeutsame Belege. — S. § 345.

§ 120.

Auch heute indessen findet die gesetzgeberische Tätigkeit eine beständige Ergänzung durch die richterliche. Die Anwendung des durch jene geschaffenen Rechts in der Form dieser letzteren geht nicht spurlos an dem Rechte selbst vorüber, vielmehr gewinnt dasselbe vielfach erst durch die richterliche Wirksamkeit die ihm zukommende Bestimmtheit, sowie, u. a. in der Form der analogen Anwendung (§ 105 ff.), die volle Entfaltung seines Inhaltes. Hierauf und auf die Stellung der Wissenschaft hierzu ist im 3. Kapitel näher einzugehen.

§ 121.

Auch aus Vereinbarungen — Verträgen zwischen selbständigen und voneinander unabhängigen Subjekten, insbesondere zwischen Staaten, — können Rechtssätze hervorgehen.

Beispiele bieten die internationalen Verträge, aus welchen der ehemalige Deutsche Bund mit seinem Rechte hervorging (§ 449); diejenigen, welche für die Zeit eines Krieges die Rechte der neutralen Mächte näher bestimmt haben rc.

Zu unterscheiden ist hier die Gültigkeit der betreffenden Rechtssätze für die Angehörigen der betreffenden Staaten einerseits, für die vertragschließenden Staaten selbst andererseits. Für die erstgenannten ist die Publikation der Verträge durch die gesetzgebende Gewalt der betreffenden Staaten maßgebend. Für diese Staaten selbst dagegen die verbindliche Kraft der zwischen ihnen geschlossenen Verträge. Diese bilden daher die Entstehungsform oder Quelle der erwähnten Rechtssätze, soweit deren Existenz für die Staaten in Frage kommt.

Die verpflichtende Kraft der Verträge setzt natürlich ihrerseits die Existenz einer Norm voraus, aus welcher sie sich herleitet. Diese Norm kann hier, da über den Staaten keine gesetzgebende Gewalt existiert, nur gewohnheitsrechtlicher Natur sein.

Näheres und Litt. s. im Völkerrecht.

II. Beteiligte Faktoren.

§ 122.

Das Leben der Menschheit schließt in allen Gebieten Keime von Zwietracht und ein tatsächliches Gegeneinanderwirken von Individuen, Parteien, Gesellschaftsklassen rc. in sich ein, wovon der letzte Grund in der Verschiedenheit der Menschen sowie der Bedingungen liegt, unter welchen sie sich zu behaupten, zu entwickeln und das Leben ihrer Eigenart entsprechend zu gestalten vermögen (vgl. § 40).

Aus den verschiedenen Kategorien wissenschaftlicher Arbeiten, welche auf die sub II und III behandelten Materien Bezug haben, seien als Repräsentanten hervorgehoben: A. Merkel, Über den Begriff der Entwicklung in seiner Anwendung auf Recht und Gesellschaft, in Grünhuts Zeitschr. III, 626, IV, 1 (aufgenommen in die „Fragmente" S. 45 ff.). Recht und Macht (s. § 40). Zit. zu § 144. Jhering, Geist des römischen

Rechts; Zweck im Recht; Der Kampf ums Recht 10. A. 91. Vorgeschichte der Indoeuropäer (aus dem Nachlaß herausg. 94). Merkel, R. von Ihering, in Iher. Jahrb. Bd. 32, 93. (Sammlung 733.) Gierke, Genossenschaftsrecht 68ff. Stammler, Wirtschaft und Recht nach d. materialist. Geschichtsauffassung 96. Arnold, Kultur und Rechtsleben 65; Kultur und Recht der Römer 68. Bernhöft, Staat und Recht der röm. Königszeit 82. Leist, Gräko-italische Rechtsgeschichte 84. Altarisches ius gentium u. i. civile 89/92. Post, Bausteine (§ 21). Ursprung des R. 76. Anfänge des Staats- und R.lebens 78. Grundlagen des R. u. d. Grundzüge s. Entwicklungsgeschichte 84. Aufgaben e. allgem. R.wissenschaft 91. Grundriß der ethnolog. Jurisprudenz 94. Harum, Von d. Entstehung d. R. 63. Tylor, Anfänge der Kultur. Aus d. Englischen von Spengel, 75. Morgan, Ancient society 78. Kohler, Recht als Kultur-Erscheinung 85. Shakespeare vor d. Forum der Jurisprudenz 84. R.philosophie u. Universalrechtsgeschichte, in s. Encykl. Bachofen, Mutterrecht 61. Dargun, M.- und Vaterrecht 92. Laveleye, Ureigentum, deutsch v. Bücher 79. Meili, Institutionen d. vergleichenden R.wissenschaft 98. — Lotze, Mikrokosmus, Ideen zur Naturgesch. und Geschichte der Menschheit III, 78. Lecky, Sittengeschichte Europas, deutsch von Jolowicz 70. Comte, Cours de philosophie positive, VI 42. Laurent, Études sur l'histoire de l'humanité, 51ff. Du Boys, Histoire du dr. crim. des peuples anciens 45, modernes 54/74. Maine, Ancient law, 11. ed. 87. — Roscher, Gesch. der d. Nationalökonomik 74. Knies, Politische Ökonomie. Schäffle, Bau und Leben des sozialen Körpers 75ff. Schmoller, Grundriß der Volkswirtsch.lehre 00. — Lehrbücher der R.geschichte. — Zeitschrift für vergleichende R.wissenschaft, seit 77.

§ 123.

Überall aber, wo Menschen in konstanten Verhältnissen sich berühren, da regen sich auch Kräfte und treten Bestrebungen hervor, welche auf die Vermeidung oder Schlichtung von Konflikten gerichtet sind, auf die Erhebung gemeinsamer Autoritäten, auf die Ausbildung und Handhabung außerparteilicher Maßstäbe für die Entscheidung der hervortretenden Grenz- und Streitfragen, und auf die Herstellung und Behauptung neutraler geistiger Gebiete.

§ 124.

Ihre Kraft schöpfen diese Bestrebungen aus den mit dem Streite verbundenen Übeln, sowie aus der Ergänzungsbedürftigkeit der menschlichen Persönlichkeit, welche die Bedingungen zuerst ihrer Entwicklung zu vollem Menschentume, dann der Befriedigung der höchsten Interessen des entwickelten Menschen nur in dem Zusammenhange eines befriedeten und einheitlichen Gemeinlebens findet.

§ 125.

Eine uralte Macht, welche, von den bezeichneten Kräften und Bestrebungen abhängig, eine Wirksamkeit im Sinne derselben äußert, ist das Herkommen oder die Sitte. Ihr beherrschender Einfluß stützt sich ursprünglich auf die Autorität der Vorfahren, sowie der zu Repräsentanten und Hütern der Sitte sich erhebenden Götter, und zu allen Zeiten auf die Gewohnheit.

§ 126.

Von der Sitte zweigen sich im Sinne einer eigentümlichen Ausbildung bestimmter Elemente derselben einerseits Religion und Moral, andererseits das Recht ab.

Jene repräsentieren eine eigentümliche Entwicklung vornehmlich in bezug auf den Inhalt der aufgestellten Normen, dieses eine solche vornehmlich in bezug auf die Formen, in welchen dieselben sich bilden und wirksam werden (§ 69 ff.).

Diese letztere Entwicklung steht im engsten Zusammenhange mit der Ausbildung der staatlichen Organisation und vornehmlich des staatlichen Richteramtes (§§ 64, 79, 112 ff.).

§ 127.

Nach der Seite seines Inhaltes verharrt das Recht unter dem Einfluß heterogener Interessen und Mächte und dem zwischen ihnen bestehenden Widerstreite (§§ 40, 121, 122).

Ein dahin gehöriger Gegensatz sei hier spezieller hervorgehoben.

§ 128.

Das Recht steht überall einerseits unter dem Einfluß eines Willens, welchem Herkommen, Glaube, die bestehende Verfassung oder überlegene Macht eine höhere Geltung sichern, und ohne welchen die aus den bestehenden Gegensätzen erwachsenden Hemmungen nur im Wege stets erneuter Kämpfe überwunden werden könnten. Mit Rücksicht hierauf können wir von einem „autoritären" Element alles Rechtes sprechen.

§ 129.

Das Recht steht andererseits unter dem Einfluß der von ihm Beherrschten, welcher in der Form des Vertrags, der Anerkennung oder Zustimmung, der Wahl von Mitgliedern eines gesetzgebenden Körpers, oder in verwandten Formen sich äußert, einem Einflusse also, kraft dessen jener Inhalt von dem Willen derjenigen abhängt, deren Machtgebiete er begrenzt.

Mit Rücksicht auf denselben können wir von einem autonomen, oder, wenn wir uns an diejenige Form halten, in welcher dieser Einfluß seinen prägnantesten Ausdruck findet, von einem vertragsmäßigen Elemente im Rechte sprechen.

§ 130.

Bei verschiedenen Völkern zeigt das Recht in bezug auf Inhalt und Formen seiner Wirksamkeit trotz der Gleichheit ihres Endzwecks zahlreiche und tiefgehende Verschiedenheiten.

Dieselben sind in der Hauptsache auf die im folgenden bestimmten Gründe zurückzuführen.

§ 131.

Erstlich übt die besondere Natur der äußeren Lebensbedingungen, unter welchen ein Volk existiert, überall einen weitreichenden Einfluß auf den Inhalt seines Rechts aus, weil sie die für ihn maßgebenden Interessen, Verhältnisse und Werturteile beeinflußt.

U. a. hat ein vom Ackerbau lebendes, seßhaftes Volk notwendig in vielen Beziehungen anderes Recht als ein wanderndes Hirtenvolk.

§ 132.

Zweitens bedingt der Charakter eines Volkes im Zusammenhang mit seiner Geschichte und dem Ganzen seiner diesen Charakter ausprägenden Kultur Eigentümlichkeiten im Inhalte seines Rechts.

Daher werden Türken oder Chinesen niemals ganz nach demselben Rechte leben wie Deutsche oder Franzosen.

§ 133.

Drittens prägt in Inhalt und Formen des Rechts die Stufe sich aus, welche das Volk in seiner Gesamtentwicklung, und welche speziell das Recht selbst erreicht hat. (Hierüber Spezielleres sub III.)

III. Die Allgemeingeschichte des Rechts.

§ 134.

Das Recht höher entwickelter Völker hat Eigenschaften, welche dem Rechte minder entwickelter Völker fehlen. So zeigt das Recht der modernen „Kulturvölker" Merkmale, welche dem Recht der sog. Naturvölker fehlen.

§ 135.

Völker, welche im übrigen in bezug auf die Entwicklungsstufe ihres Kulturlebens einanander nahe stehen, können ein Recht von verschiedener spezifischer Ausbildung und Leistungsfähigkeit besitzen. So erreichte das Recht des römischen Volks eine höhere Stufe solcher Befähigung, als das Recht der griechischen Stämme.

§ 136.

Der Fortschritt von dem Rechte unentwickelter zu demjenigen hochentwickelter Völker und von einem unvollkommen ausgebildeten zu einem vollkommener ausgebildeten Rechte bezeichnet samt den ihn bedingenden und kausal mit ihm verbundenen Vorgängen den Inhalt der Allgemeingeschichte des Rechts.

Dieser Fortschritt ist nicht dahin zu deuten, daß das höher entwickelte Recht überall mehr und besseres für die gegebenen Verhältnisse leiste, als das unentwickelte Recht für die ihm vorliegenden Verhältnisse. Dieser Fortschritt enthält in wichtigen Beziehungen vielmehr nur eine Anpassung an kompliziertere Lebensverhältnisse. Die Lösung der dem Rechte gesetzten Aufgabe setzt diesen Verhältnissen gegenüber eine höhere Leistungsfähigkeit und ein höheres Maß absoluter Leistungen voraus, als sie einfacheren Verhältnissen gegenüber erforderlich sind, und mit Rücksicht auf die Steigerung jener können wir von einem Fortschritt sprechen, ohne damit die Frage zu entscheiden, ob relativ mehr oder nur das gleiche für ein gegebenes Gemeinleben geleistet werde. — Vgl. Gierke, Über Jugend und Alter des Rechts, in der Deutschen Rundschau 79.

§ 137.

An diesem Fortschritte können wir unterscheiden:

1 eine äußere Seite, d. i. die Steigerung des Maßes (§ 136 Anm.) der für das Recht charakteristischen Leistungen für das Gesamtleben der Völker und gewissen damit teils als Bedingungen, teils als Folgen zusammenhängenden Veränderungen seiner äußeren Existenzformen. (§ 138 ff.)

2. eine innere Entwicklung, d. i. die Erhöhung des Wertes jener Leistungen unter dem Gesichtspunkte der Gerechtigkeit. (§ 142 ff.)

Die hier unterschiedenen Seiten des Fortschrittes im Rechte stehen in dem logischen und praktischen Verhältnis zueinander, welches bezüglich der Zweckmäßigkeit und Gerechtigkeit des Rechts oben dargelegt worden ist (§ 24 ff.).

§ 138.

ad 1. Zu jener äußeren Seite des Fortschritts gehört:

a) die Erweiterung des Bereichs der Verhältnisse, welche im Neben- und Nacheinander des gesellschaftlichen Lebens einer rechtlichen Ordnung teilhaftig, zu Rechtsverhältnissen erhoben werden. Ein Beispiel gibt die langsam vorschreitende Ausdehnung jenes Bereichs auf die internationalen Verhältnisse.

* Die Verhältnisse eines Staates und der Angehörigen dieses Staates zu den ihm fremden Individuen sind einer Ordnung im Sinne des Rechts in umfassenderer Weise erst innerhalb der christlichen Zeitrechnung teilhaftig geworden. Die Verhältnisse von Staat zu Staat haben ein gleiches Ziel im ganzen später noch als jene, zum Teile bis jetzt überhaupt nicht erreicht. Von Verhältnissen zwischen Angehörigen desselben Staates und resp. Volkes mögen die durch Mord, Raub und andere Missetaten begründeten hervorgehoben sein. — Vgl. das über den „Rechtsstaat“ in § 411 sub a Gesagte.

§ 139.

Zu jener äußeren Seite gehört ferner:

b) die Ausbildung der Funktionen, durch welche jene Verhältnisse die Eigenschaft von Rechtsverhältnissen erlangen, und was damit zusammenhängt, die Erhöhung der Bedeutung dieser Eigenschaft.

§ 140.

Unter den letzteren Gesichtspunkt fällt:

in betreff der Rechts**setzung**: Fortgang vom Gewohnheitsrecht zum Gesetzesrecht (§ 116), die Ausbildung des Systems der primären und sekundären Gebote (§ 54 ff.), die Regelung der gesetzgeberischen Tätigkeit im Sinne einer Wahrung der Kontinuität des Rechtslebens;

in betreff der Rechts**anwendung**: die Ausbildung des Gerichtswesens im Sinne des Grundsatzes, daß, wo Rechtsnormen vorhanden sind, auch die Möglichkeit der Anrufung eines Gerichts zur Verwirklichung dieser Normen gegeben sein soll; im Sinne einer umfassenden Regelung des hierbei zu beobachtenden Verfahrens und im Sinne einer Erhöhung der Macht und Unabhängigkeit der Gerichte;

ferner die scharfe Sonderung der genannten Funktionen der Rechtssetzung einerseits, der richterlichen Rechtsanwendung andrerseits (§ 119);

sowie die Organisation des gegen Widerstrebende sich richtenden Zwangs zur Unterwerfung unter die Rechtsvorschriften und bzw. die auf Grund derselben ergehenden richterlichen Urteile und

als Konsequenz dieser Fortschritte die Verdrängung der Selbsthilfe durch die obrigkeitliche Rechtshilfe. (§ 169 f.)

Die Bedeutung der Fortschritte, welche unter diesen Gesichtspunkt fallen, kann man sich veranschaulichen, wenn man das Völkerrecht mit dem innerstaatlichen Rechte, speziell mit Privatrecht und Zivilprozeßrecht vergleicht. S. die bezüglichen Kapitel. Vgl. auch § 318 ff., § 411 sub b.

§ 141.

Mit der charakterisierten Seite des Fortschritts steht in Zusammenhang:

das Emporkommen eines besonderen Juristenstandes als berufenen Interpreten des Rechts und hauptsächlichsten Trägers seiner Fortbildung, und

die Entwicklung der Rechtswissenschaft.

§ 142.

ad 2. Mit der sub 1 charakterisierten Entwicklung ist diejenige der ethischen Seite des Rechts aufs engste verbunden.

Sie enthält a) eine Annäherung an das überall vorschwebende Ideal, nach welchem das Recht sich als eine den bestehenden Gegensätzen an sich fremde, den Beteiligten aber befreundete Macht erweisen und einen Maßstab zur Anwendung bringen soll, welcher in Einklang steht mit dem, was jenen in faktischer und ethischer Beziehung als Wahrheit gilt, und so eine gleichmäßige Gültigkeit für sie in Anspruch nimmt;

b) eine Entwicklung des als Wahrheit Geltenden und vom Rechte als Wahrheit Vorausgesetzten in einer Richtung, welche, an dem Maße der Einsicht und der Überzeugungen der höchststehenden Völker und Individuen gemessen, als eine Richtung des Fortschritts sich darstellt.

Hinsichtlich des ersteren Momentes mag auf die Behandlung hingewiesen werden, welche die unteren sozialen Schichten zu verschiedener Zeit seitens des Rechts erfahren haben. — In nahem Zusammenhang mit demselben steht das in § 138 Bezeichnete. Die fortschreitende Ausdehnung des Bereichs der unter der Herrschaft des Rechts stehenden Lebensverhältnisse ist davon abhängig, daß in den Rechtsbestimmungen Anschauungen zum Ausdruck gelangen, zu welchen sich alle bekennen können. So konnte unter der Herrschaft des Römischen Rechts seinerzeit eine, viele Völker umfassende, Rechtsgemeinschaft sich nur bilden und Bestand gewinnen im Zusammenhang mit einer Umbildung dieses Rechts in der bezeichneten Richtung, d. i. mit einer Aufnahme und Durchführung allgemein verständlicher und einer allgemeinen Urteils- und Empfindungsweise im Bereiche der beteiligten Völker entsprechender Grundsätze. (Umbildung des ius civile zum ius gentium.) Vgl. § 144.

Hinsichtlich des zweiten Momentes ist vor allem die Geschichte des Strafrechts und der in seinem Bereiche sich geltend machenden Irrtümer (Gottesurteile, die Voraussetzungen bei Anwendung der Folter) und Verkehrtheiten (Verbrechen der Hexerei, der Beleidigung Gottes durch Ketzerei) zu beachten.

§ 143.

Dieser Fortschritt schließt eine Minderung der Bedeutung in sich, welche der Verteilung materieller Machtmittel unter denjenigen, deren Verhältnisse das Recht ordnet, zukommt, sowie den Schwankungen in dieser Verteilung, der Erprobung einer Überlegenheit im Punkte dieser Machtmittel und den durch Anwendung derselben geschaffenen tatsächlichen Zuständen hinsichtlich der Frage, wie jene Verhältnisse rechtlich zu ordnen seien. Das Recht wird in höherem Maße ein Hort der Schwachen.

Ein instruktives Beispiel gibt u. a. die Geschichte derjenigen Rechtsnormen, welche die Verhältnisse zwischen den beiden Geschlechtern betreffen (§ 722). Ebenso die Geschichte des Einflusses, welchen Ungleichheiten des Besitzes auf die Rechtsstellung der Einzelnen äußerten (§ 560). Man vergleiche ferner die Bedeutung, welche Entscheidungen im physischen Kampfe unter verschiedenen Völkern für die Gestaltung ihrer Rechtsverhältnisse besitzen, mit derjenigen, welche bloßen Machtkämpfen und Machtentscheidungen zwischen privaten Nachbarn innerhalb eines Kulturstaates zukommt. Vgl. §§ 221—26, 241 f., sowie das Völkerrecht. — Hinsichtlich der Schranken, welche in dieser Hinsicht dem Fortschritte gezogen sind, s. § 40, § 127 und Merkel, Recht und Macht.

§ 144.

Mit dem zweifachen Fortschritt im Rechte verknüpft sich:

eine Annäherung der Rechtssysteme verschiedener, auf einer verwandten Entwicklungsstufe stehender Völker,

eine Änderung im Verhältnis des Rechts zu den anderen Kulturelementen im Sinne einer schärferen Abgrenzung seines Machtbereichs und einer teilweisen Ausdehnung, teilweisen Verengerung desselben,

eine Änderung im Verhältnis der Teile des Rechts zueinander im Sinne einer fortschreitenden Differenzierung, und

eine Änderung in dem Charakter des von ihm ausgehenden Zwangs im Sinne einer Verfeinerung seiner Formen und eines Bindens an gesetzlich bestimmte und seinem Zwecke mit wachsender Besonnenheit angepaßte Maße.

Vgl. Merkel, Zur Reform der Strafgesetze 69 (Sammlung S. 130). — Der Begriff der Strafe in seinen geschichtlichen Beziehungen 72 (Sammlung S. 236). — Über Akkreszenz und Dekreszenz des Strafrechts und deren Bedingungen 73 (Sammlung S. 269). — Lehrbuch § 11, 72. — Über den Zusammenhang zwischen der Entwicklung des Strafrechts und der Gesamtentwicklung der öffentlichen Zustände und des geistigen Lebens der Völker, Straßburger Rektoratsrede 89 (Sammlung S. 556). — Vergeltungsidee und Zweckgedanke im Strafrecht (Straßb. Festschrift für Jhering) 92 (Sammlung S. 687). — Ferner hins. des ersterwähnten Punktes Jhering, Geist S. 5ff; hins. der anderen Punkte derselbe, das Schuldmoment im römischen Privatrecht 67.

Zweites Kapitel.

Die Rechtsverhältnisse.

§ 145.

Wir betrachten die Rechtsverhältnisse:

1. bezüglich ihrer Merkmale,
2. bezüglich ihrer Einteilungen,
3. bezüglich ihrer Entstehung.

Erster Abschnitt.

Ihre Merkmale.

I. Im allgemeinen.

§ 146.

Rechtsverhältnisse (§§ 5, 18ff.) zeigen in ihrer einfachsten Gestalt eine aktive und eine passive Seite: eine Seite rechtlicher Macht und eine Seite rechtlicher Gebundenheit.

Jene entspricht der schützenden und gewährleistenden, diese der befehlenden und beschränkenden Funktion des Rechts.

Elemente § 20. Ihering, Geist III. Neuner, Wesen und Arten der Privatrechtsverhältnisse 66. Thon, l. cit. Gierke, l. cit. § 27ff. Die Lehrbücher des Pandektenrechts und des B.

§ 147.*

Ein Beispiel: A schuldet dem B eine bestimmte Summe, die dieser ihm als Darlehn gegeben hat. A repräsentiert hier die passive Seite der Gebundenheit und Pflicht, da ihm das Recht eine bestimmte Handlung, die Zurückzahlung des Empfangenen auferlegt; B die aktive Seite des Verhältnisses, indem das Recht ihm die Macht und Befugnis verleiht, die geliehene Summe zu bestimmter Zeit zurückzufordern.

§ 148.*

In zahlreichen Rechtsverhältnissen ist auf beiden Seiten sowohl rechtliche Macht wie in anderer Richtung rechtliche Gebundenheit vorhanden.

§ 149.*

Hierher gehört das Rechtsverhältnis zwischen Vermieter und Mieter einer Wohnung, oder das durch einen Gesellschaftsvertrag begründete. Jeder ist hier dem anderen zu bestimmten Leistungen verpflichtet und jeder hat zugleich die Macht, bestimmte Leistungen seinerseits von dem anderen zu fordern.

§ 150.

Die Rechtsverhältnisse bieten nach der Natur der in ihnen geschützten Interessen in verschiedenem Maße Spielraum und Anlaß für eine regelnde und individualisierende Wirksamkeit des objektiven Rechts. Wir können demgemäß Rechtsverhältnisse unterscheiden, die auf höherer, und solche, die auf niedrigerer Stufe der Individualisierung und juristischen Ausgestaltung stehen.

§ 151.

In den individueller gestalteten Rechtsverhältnissen steht die rechtliche Macht regelmäßig in fester Verbindung mit den Interessen und bzw. dem Willen bestimmter Subjekte (vgl. jedoch § 179ff.) und erscheint in bezug auf Entstehung, Fortbestand, Begrenzung und Geltendmachung als ein Gegenstand spezialisierender Bestimmungen.

§ 152.

So erscheint in dem Rechtsverhältnisse zwischen Mieter und Vermieter einer Wohnung die auf jeder Seite vorhandene rechtliche Macht in einer festen Verbindung mit den Interessen und dem Willen dieser Subjekte, in welchen das Maß für die Betätigung dieser Macht gegeben ist. Zugleich erhält diese Macht durch die Bestimmungen des objektiven Rechts über ihre Entstehung, ihren Fortbestand, ihre Begrenzung und Geltendmachung ein individuelles Gepräge.

§ 153.

Eine solche individualisierte rechtliche Macht heißt ein „subjektives Recht".

§ 154.

Ein Gegensatz zu solchen individuell gestalteten Rechtsverhältnissen ist dort gegeben, wo das objektive Recht sich mit einem menschlichen Interesse nur in der Weise befaßt, daß es ihm einen generell bestimmten Schutz angedeihen läßt.

*§ 155.

Dies ist u. a. der Fall bezüglich des Interesses der Einzelnen: Studien machen, geselligen Verkehr pflegen, Ausflüge unternehmen, zu bestimmter Stunde zu Mittag essen zu können.

Auch dieses Interesse ist eines rechtlichen Schutzes teilhaftig, insofern willkürliche Störungen seiner Befriedigung unter Anwendung gewisser Strafgesetze von allgemeinerem Inhalte (wegen Beleidigung, Freiheitsberaubung 2c.) bestraft werden. Es besteht also auch bezüglich seiner Betätigung ein rechtliches Dürfen und Können.

Aber die rechtliche Macht, die diesem Interesse hieraus erwächst, steht nicht in Beziehung zu seinem besonderen Inhalte, sondern zu Merkmalen, welche es mit vielen anderen gemeinsam hat. Daher denn auch die Bedingungen und Modalitäten, unter welchen jemand der Befriedigung gerade dieses Interesses nachgehen darf, keinen besonderen Gegenstand von Rechtsbestimmungen bilden.

§ 156.

Ebenso fehlt jene individualisierte rechtliche Macht den gesellschaftlichen Interessen an der Wahrung gewisser Grundlagen unserer Gesittung, unserer Rechtspflege und eines geordneten Vermögensverkehrs. Das objektive Recht gewährt denselben einen Schutz teils vermittels allgemeiner Bestimmungen polizeilichen Charakters, teils durch Strafgesetze gegen gewisse Handlungen wie Blutschande, Sodomie, Meineid, Urkunden- und Münzfälschung. Aber die ihnen hieraus erwachsende rechtliche Macht ist nicht in Beziehung gebracht zu bestimmten Subjekten und kein Gegenstand spezialisierender Bestimmungen. Es fehlt hier der Anlaß dazu, die Bedingungen und Modalitäten speziell zu normieren, unter welchen diese Interessen zur Geltung zu bringen sind.

Ein weiteres Beispiel bieten die Interessen, welche durch die Strafbestimmungen gegen Tierquälerei geschützt sind.

§ 157.

Die Merkmale der subjektiven Rechte kommen hier überall erst infolge von Verletzungen der geschützten Interessen zur Erscheinung, indem aus solchen Verletzungen dem Staate und vielleicht auch dem beteiligten Einzelnen Befugnisse erwachsen, welche diese Merkmale an sich tragen, insbesondere die Befugnis, dem Schuldigen eine Strafe von bestimmter Art und Größe aufzuerlegen.

§ 158.*

Hinsichtlich dieser Individualisierung der rechtlichen Macht, welche vom objektiven Rechte zugunsten bestimmter Interessen verliehen wird, gibt es zahlreiche Verschiedenheiten und Abstufungen.

Dies findet einen Ausdruck in der Unsicherheit und dem Schwanken des Sprachgebrauchs bezüglich der Grenzen, innerhalb welcher rechtliche Macht als „Recht im subjektiven Sinne“ zu bezeichnen sei, sowie in den Streitfragen, welche sich bezüglich dieser Grenzen in der Wissenschaft erhoben haben.

So streitet man z. B. darüber, ob die sogenannten „Grund- und Freiheitsrechte" mit Fug als Rechte bezeichnet würden; vgl. darüber § 442. — Festzuhalten ist 1. daß alle Rechtssätze eine Beziehung auf Rechtsverhältnisse haben und resp. Rechtsverhältnisse hervorbringen, 2. daß an allen Rechtsverhältnissen eine Seite der rechtlichen Macht von einer Seite der Gebundenheit sich unterscheiden läßt. Es gibt keine Rechtsverhältnisse, bei welchen nur eine aktive oder nur eine passive Seite existieren würde, wie manche annehmen. Beide sind ebenso unzertrennlich wie die gebietende und die erlaubende Seite des objektiven Rechts (§ 100). 3. Jene rechtliche Macht kann eine mehr oder minder individualisierte Gestalt erhalten. 4. Begriff und Name des subjektiven Rechts haben auf eine Stufe dieser Individualisierung Bezug. Die Frage, wie diese Stufe genauer abzugrenzen sei, hat nicht die wissenschaftliche Bedeutung, welche man ihr beizumessen pflegt.

II. Das subjektive Recht insbesondere.

§ 159.*

Das subjektive Recht ist dem Gesagten zufolge ebenso wie das objektive Recht: **Macht**, und zwar eine Macht, welche um bestimmter — vom objektiven Rechte vorausgesetzter — **Interessen** willen verliehen und ihnen gemäß als ein Werkzeug für ihre Befriedigung gestaltet ist.

So ist das Recht eines Darlehnsgläubigers (§ 147) die **Macht**, welche seinem **Interesse** an rechtzeitiger Wiedererlangung der geliehenen Geldsumme aus dem objektiven Recht zufließt. — Man hat darüber gestritten, ob das Recht Macht sei oder Interesse. An beides ist bei dem Worte zu denken: an eine Macht zu einem bestimmten Handeln oder Unterlassen, Wirken oder Genießen, und an bestimmte Interessen, um derenwillen diese Macht existiert, von welchen sie ihren Wert herleitet, mit Rücksicht auf welche sich ihre Form bestimmt, und welche sie zu geschützten macht. Aber das Recht an sich ist Macht. Es verhält sich zum Interesse wie die Festung zum geschützten Lande. — Elemente § 21. **Merkel**, Rechtsnorm u. subj. Recht, Samml. 373. Bespr. von Schuppe „Begriff des subj. Rechts", Samml. 537. Bespr. von Schuppe „Gewohnheitsrecht", Samml. 675. — Über subj. Rechte im Gebiet des öffentl. Rechts (Wahlrechte ꝛc.) § 197, 442. **Jellinek**, System der subj. öffentl. R. 92.

§ 160.

Das vorausgesetzte Interesse kann das eines einzelnen Individuums oder das einer, gleichviel unter welchem Namen verbundenen, Vielheit von Personen sein (§ 186 ff.).

§ 161.

Dies Interesse kann ferner entweder durch sachliche Merkmale charakterisiert sein, als Interesse an der Erlangung oder Behauptung oder an dem Genusse bestimmter Gegenstände, Zustände oder Verhältnisse, oder aber es kann die freie Willensbetätigung und persönliche Machtäußerung an sich zum Gegenstande haben. Häufig werden durch dasselbe Recht Interessen von beiderlei Art geschützt.

So bietet das Eigentumsrecht dem Eigentümer die Möglichkeit einerseits des Genusses der Sache, andrerseits der freien Willensbetätigung an und mittels derselben. — Bei der Einteilung der Rechte ist die hervorgehobene Interessenverschiedenheit nicht zu verwenden. Gleichwohl kommt ihr eine große Bedeutung zu, weil bei der Gestaltung der Rechtsverhältnisse die Rücksichten auf sachlich bestimmte Interessen einerseits, auf das Interesse freier Selbstbestimmung und Machtäußerung andrerseits sich beständig neben und vielfach gegeneinander geltend machen. S. § 250 ff.

§ 162.

Das Recht kümmert sich aber um diese Interessen überall nur insofern, als ihre Befriedigung sich als abhängig von dem Verhalten Dritter darstellt.

§ 163.*

Jedes subjektive Recht hat demgemäß eine Beziehung auf Dritte, von welchen ein bestimmtes Handeln, Dulden oder Unterlassen gefordert wird. Dies ist der im subjektiven Recht enthaltene „Anspruch“ des Inhabers des Rechts auf ein solches Verhalten, und letzteres ist bei dem anderen Gegenstand einer Pflicht.

§ 164.*

So ist die Herrschaft über eine Sache „Recht“ nur mit Beziehung auf Dritte, von welchen die Respektierung derselben verlangt wird.

Demgemäß ist beim Eigentumsrechte das Verhalten der Sache zu ihrem Eigentümer und dessen Interessen an sich für das Recht gleichgültig. Das Recht kümmert sich nicht darum, daß jemandes Hund ihm nicht entlaufe oder jemandes Pferd seinen Herrn nicht abwerfe. Der Macht, welche es im Eigentumsrechte verleiht, steht keine Gebundenheit der Sache gegenüber, sondern eine solche der Nichteigentümer. Störungen im Genuß oder in der Benutzung unserer Sachen haben daher eine rechtliche Bedeutung überall nur, sofern sie auf ein zu verantwortendes Verhalten Dritter zurückführbar sind. — Das gleiche wie bezüglich dieser Herrschaft über Sachen gilt bezüglich anderer Gegenstände rechtlichen Schutzes, z. B. unserer Ehre, unserer Gesundheit. Von einem Rechte der Ehre, der körperlichen Integrität sprechen wir nur mit Beziehung auf mögliche Verletzungen dieser Güter oder der in ihnen geschützten Interessen durch Dritte.

§ 165.

Die Macht des subjektiven Rechts begründet sich darin, daß das objektive Recht den Anderen jenes Verhalten zur Pflicht macht und die Erfüllung dieser Pflicht, und im Falle ihrer Verletzung eine Ausgleichung, durch die ihm eigentümlichen Machtäußerungen (ethischer und materieller Art. § 43 ff.) gewährleistet.

Jedem subjektiven Recht steht daher irgend eine Rechtspflicht eines anderen Subjektes gegenüber. Es gehört dies zu seinem Begriff. Nicht jeder Rechtspflicht steht dagegen ein subjektives Recht gegenüber, wohl aber jeder eine irgendwie bestimmte rechtliche Macht. — Man hat ehedem viel über die Frage gestritten, ob das Recht oder die Pflicht als das frühere, und ob jenes aus dieser oder diese aus jenem als abgeleitet zu betrachten sei. Ein verkehrtes Fragen! Man könnte ebensogut fragen, ob die Winkel in einem Dreieck das frühere seien oder die ihnen gegenüber liegenden Seiten, oder ob in der Monarchie das Herrschen des Monarchen oder das Beherrschtsein der Untertanen als das Prius zu gelten habe. Die Pflicht eines Darlehnsschuldners ist weder früher noch später als das korrespondierende Recht des Darlehnsgläubigers, und es kommen beide gleichzeitig als Elemente eines durch dieselbe Rechtsnorm an dieselbe Tatsache geknüpften Rechtsverhältnisses zur Entstehung.

§ 166.

Zur individuellen Gestaltung dieser Macht gehört es, daß dem Berechtigten gewisse Mittel an die Hand gegeben sind, mittels deren er die verheißene Rechtshilfe herbeiführen kann, insbesondere auf die Verwirklichung der ausgleichenden Rechtsfolgen einer Verletzung seines Rechts Einfluß üben kann. Zu diesen Mitteln gehört die „Klage" und die „Beschwerde".

§ 167.

Das wichtigste unter diesen Mitteln ist die „Klage": eine Geltendmachung der Kraft des subjektiven Rechts vermittels und in Form einer Anrufung der Gerichte mit Rücksicht auf eine angeblich erlittene oder zu befürchtende Rechtsverletzung.

Ein vollkommen ausgerüstetes Recht enthält die Befugnis zu dieser Anrufung, ist also ein „klagbares“ oder „gerichtlich verfolgbares“.

S. jedoch § 665. — In bezug auf das aus strafbaren Handlungen hervorgehende Recht auf Bestrafung substituiert sich der „Klage“ die „Anklage“ (s. § 809). — Über den römischen Klagebegriff Savigny, System V. Windscheid, Die actio 56, 57. Bekker, Die Aktionen 71f. Im übrigen s. Lit. zum Prozeßrecht, §§ 801, 825.

§ 168.

Die „Beschwerde“ ist ein Verteidigungsmittel für gewisse Rechte bei Verletzungen derselben durch Organe der Gemeinschaft. Sie enthält eine Anrufung übergeordneter Organe um Abhilfe.

*§ 169.

Nur innerhalb enger Grenzen darf heute der Berechtigte dem Verpflichteten gegenüber sein Recht eigenmächtig und zwangsweise selbst zur Geltung bringen, und so durch eine vom objektiven Rechte sanktionierte „Selbsthilfe“ die „obrigkeitliche Rechtshilfe“ entbehrlich machen.

*§ 170.

Im modernen Staate ist die Unterscheidung der defensiven Selbsthilfe, d. i. der bloßen Abwehr rechtswidriger Angriffe, von der auf Durchsetzung rechtlicher Ansprüche gerichteten aggressiven Selbsthilfe wichtig.

Die erstere ist, soweit sie zur Abwehr erforderlich, allgemein zugelassen („Notwehr“); die letztere grundsätzlich nur in Notfällen, wenn Gefahr im Verzuge und obrigkeitliche Hilfe nicht rechtzeitig zu erlangen ist.

Ein Beispiel aggressiver Selbsthilfe: ein Gläubiger verschafft sich eine Befriedigung seiner Forderung, indem er seinem Schuldner Wertgegenstände wegnimmt, sie veräußert und den Erlös für sich behält. Diese Handlung ist im allgemeinen strafbar; anders nur, wenn der Schuldner etwa im Begriffe stand, ein Schiff nach Amerika zu besteigen, so daß ohne sofortiges Eingreifen die Befriedigung der Forderung wesentlich erschwert worden wäre, auch obrigkeitliche Hilfe nicht zur Stelle war.

Ein weitergehendes Selbsthilferecht hat der Besitzer, indem er sich des widerrechtlich entzogenen Besitzes eigenmächtig (aber nur sofort) wieder bemächtigen darf (s. § 611).

III. Die Ausübung des subjektiven Rechts insbesondere.

§ 171.

Bezüglich der aktiven Seite des Rechtsverhältnisses (§ 146 ff.), lassen sich überall folgende Fragen aufwerfen:

1. Wessen Interessen bilden den Gegenstand des rechtlichen Schutzes?
2. Wem liegt es ob, die Handlungen vorzunehmen, von welchen die Befriedigung dieser Interessen abhängt und in welchen die ihnen gewährte rechtliche Macht zur Erscheinung kommt?

§ 172.

Als normaler Fall erscheint es, daß derjenige, dessen Interesse den Gegenstand des Schutzes bildet, zugleich selbst die erwähnten Handlungen vornimmt, also der Sachwalter dieses Interesses ist.

Hierher gehört es, wenn der Eigentümer einer Sache, für welchen das Recht an derselben vorhanden ist, zugleich die Handlungen ausführt, durch welche die Sache seinen Interessen dienstbar wird und die Machtseite des Rechts zur Erscheinung gelangt.

Wir sprechen hier davon, daß das Recht und „die Ausübung“ desselben in der nämlichen Person zusammentreffen.

§ 173.

In solchem Falle ist die Ausübung des Rechts innerhalb der Grenzen desselben in der Regel (§ 193 ff.) eine freie. Der Berechtigte bestimmt darüber nach seinem Ermessen.

So kann hier der Eigentümer die in seinem Rechte liegende Macht nach seinem Ermessen ausüben, oder auch diese Ausübung unterlassen.

§ 174.

Interessent und Sachwalter sind indessen nicht immer identisch, und dem Sachwalter fremder Interessen können Ausübungshandlungen in verschiedenem Umfange zufallen. Dabei kann sein Verhältnis zu den Interessenten einen verschiedenen Charakter haben.

§ 175.

Es gehört hierher, wenn der Berechtigte ein Kind oder ein Geisteskranker ist. Wichtige unter den Begriff der Ausübung des Rechts fallende Handlungen sind hier von Vertretern der Berechtigten vorzunehmen.

§ 176.

Die geschützten Interessen können ferner die einer Vielheit von Personen sein, z. B. der Angehörigen einer Gemeinde, während die Ausübung des Rechts einzelnen zufällt, z. B. den Gemeindebeamten.

§ 177.

Wo eine derartige Scheidung des geschützten Interesses und der Ausübung des dafür konstituierten Rechts stattfindet, da ist die letztere regelmäßig nicht in das souveräne Belieben des Handelnden gestellt, sondern an ein ihm gegenüber objektives Maß gebunden.

Dasselbe kann in Aufträgen derjenigen gegeben sein, um deren Interessen und Rechte es sich handelt. Es kann aber auch unmittelbar in den zu wahrenden Interessen liegen, oder in Rechtsnormen, in welchen diese Interessen einen verbindlichen Ausdruck gefunden haben. In häufigen Fällen kommt für die Ausübung bestimmter Rechte bald das eine, bald das andere dieser Maße in Betracht. So bei dem Gemeindebeamten in bezug auf die Ausübung der Rechte, deren Organ er ist, bald unmittelbar das von ihm zu erforschende Interesse der Gemeinde, bald irgend eine Rechtsvorschrift, welche feststellt, was in bestimmten Angelegenheiten als das Interesse der Gemeinde zu betrachten sei.

§ 178.

Der Beruf, fremde Rechte zur Ausübung zu bringen, kann sich in der Person des Handelnden selbst wieder zu einem Rechte gestalten. Dem Rechte des Interessenten stellt sich hier das Recht seines Sachwalters an die Seite, jenes zur Ausübung zu bringen.

So hat der ordnungsmäßig eingesetzte Bürgermeister einer Gemeinde das Recht, bestimmte Rechte der Gemeinde auszuüben. So der angestellte Richter das Recht, bestimmte staatliche Rechte zur Ausübung zu bringen.

§ 179.

Eigentümlichkeiten zeigen derartige Verhältnisse bei den sogenannten „Stiftungen", d. i. Einrichtungen, welche die im Rechte anerkannte Bestimmung haben, Vermögensobjekte in einer dauernden und individuellem Belieben entzogenen Weise für bestimmte Interessen fruchtbar zu machen.

§ 180.

Ein Beispiel gibt das „Städel'sche Institut" in Frankfurt a. M. Dasselbe stellt Einrichtungen dar, welche bestimmt sind, ein gegebenes Vermögen in einer dauernden Weise für künstlerische Interessen fruchtbar zu machen.

§ 181.

Die Interessen, um deren Befriedigung, Schutz und Vertretung es sich bei diesen Stiftungen handelt, sind hier nur objektiv bestimmt (gleich denjenigen, welche in §§ 155 und 156 erwähnt sind). Es sind nicht Interessen dieses oder jenes individuell bestimmten Subjektes, sondern die künstlerischen, wissenschaftlichen oder humanen Interessen, welche sich in einem bestimmten Gebiete und in bestimmten Formen geltend machen.

Eine Scheidung zwischen Interessenten und Sachwaltern ist hier selbstverständlich.

§ 182.

Das Besondere aber ist, daß bei diesen Stiftungen subjektive Rechte zur Ausübung kommen, für welche es an einem Subjekte zu fehlen scheint, da die geschützten Interessen nur objektiv bestimmt sind.

Wer ist hier der Berechtigte? Wer ist das Subjekt der Eigentumsrechte, welche bei jener Städel'schen Stiftung für die Interessen einer unbestimmten und unbegrenzten Zahl von Menschen fruchtbar gemacht werden?

Sind es diese ungreifbaren Interessenten (die „Destinatäre", so Jhering), oder sind es diejenigen, welche die Rechte ausüben, oder ist das Subjekt der Rechte hier außerhalb des Bereichs der Interessen zu suchen, für welche sie da sind, und der Handlungen, durch welche sie zur Wirksamkeit gelangen? Hierüber s. § 189 f.

Die Rechte haben hier trotz der bloß generellen Bestimmung der in Betracht kommenden Interessen die früher bestimmten Merkmale der individualisierten rechtlichen Macht. So sind die Eigentumsrechte der Stiftungen ein Gegenstand der gleichen individualisierenden Bestimmungen wie die Eigentumsrechte bestimmter Individuen. Fehlt es an der individuellen Bestimmung der Interessenten, so haben hier die Einrichtungen, durch welche die Ausübung des Rechts erfolgt, ein um so individuelleres Gepräge.

IV. Die Rechtssubjekte insbesondere.

*§ 183.

Nach modernem Rechte kann jedes menschliche Individuum Subjekt von Rechten und von Rechtspflichten sein: jedes besitzt „Rechtsfähigkeit", ist im Rechtssinne „Person". („Natürliche Person" sagt B.)

Rechtsunfähige Menschen (Sklaven, Leibeigene, Hörige) kennt das moderne Recht nicht mehr. — Auch keine Entziehung der R.fähigkeit durch richterliches Urteil als Folge schwerer Verbrechen mehr („bürgerlicher Tod", code civil). Die R.fähigkeit beginnt mit Vollendung der Geburt — wenn das Recht auch bereits für den nasciturus Fürsorge zumal in straf- und erbrechtlicher Beziehung trifft — und bleibt erhalten bis zum Tode. Ist jemand längere Zeit verschollen und deshalb sein Tod ungewiß, so kann er vom Gericht für tot erklärt werden, mit der Wirkung, daß sein Leben und somit seine R.fähigkeit als bis zu dem im Urteil bezeichneten Zeitpunkte dauernd vermutet wird.

*§ 184.

In älteren Rechten begründete die Zugehörigkeit zu einem bestimmten Staate, Stande oder kirchlichen Verbande, das Geschlecht, Alter und andere Eigenschaften erhebliche und allgemeine Modifikationen der Rechtsfähigkeit. Heute dagegen ist dieselbe auf dem Gebiete des Privatrechts (§§ 192 ff.) grundsätzlich unabhängig von all diesen Momenten, während solche im öffentlichen Recht (z. B. für das Wahlrecht) auch jetzt Abstufungen bewirken.

Auf privatrechtl. Gebiet findet sich von solchen Unterscheidungen z. B. landesrechtlich die Notwendigkeit staatlicher Genehmigung für den Erwerb von Grundeigentum durch Ausländer.

§ 185.

In bezug auf ein bestimmtes Recht ist als das berechtigte Subjekt in der Regel der Träger des Interesses anzusehen, für welches die in jenem enthaltene Macht gewährt ist und welches die Richtschnur für die Ausübung des Rechts bildet; gleichviel ob diese Ausübung durch ihn selbst oder durch andere stattfindet (§§ 172 ff.).

Mit dem folgenden vgl. Ihering, Geist III § 61. Zitelmann, Begriff und Wesen der sog. juristischen Personen 73. Brinz, Pandekten 2. A. § 59 ff. Demelius in Iher. Jahrb. 4. Bekker, eod. l. 12, 1. v. Lindgren, Grundbegriffe des Staatsrechts 69. Bierling, Kritik S. 74 ff. Gierke, Das deutsche Genossenschaftsrecht, insb. Bd. III (Staats- u. Korporationslehre d. Altertums u. Mittelalters) 81. Die Genossenschaftstheorie u. die d. Rechtsprechung 87. Personengemeinschaften u. Vermögensinbegriffe 89. Deutsches Privatrecht § 58 ff. Das Wesen der menschl. Verbände, Rek.rede 02. Vereine ohne R.fähigkeit 02. Laband in d. Zeitschr. f. Handelsr. 30, 469. Rosin, Recht der öffentl. Genossenschaft 86. Regelsberger, Pandekten § 75 ff. Karlowa, in Grünhuts Zeitschr. 15. Burckhard, eod. l. 28. G. Rümelin, Methodisches über jurist. Personen 91. Zweckvermögen und Genossenschaft 92. Bernatzick im Archiv f. öffentl. R. V 169. Meurer, Die jurist. Personen nach d. Reichsrecht 01.

*§ 186.

Auch Staaten (§ 368), Gemeinden, anerkannte kirchliche Gemeinschaften (§ 866), ferner Innungen, Berufsgenossenschaften und zahlreiche andere „Korporationen" (Körperschaften) sind Subjekte von Rechten und Rechtspflichten.

Für privatrechtliche Vereine ist nicht das Prinzip einer „freien Körperschaftsbildung" anerkannt, sondern sie bedürfen entweder einer besonderen staatlichen Verleihung der Korporationsrechte und damit der selbständigen Rechtsfähigkeit (röm.-gemeinrechtl. „Konzessionssystem"), oder es ist die Erfüllung gewisser gesetzlicher Normativbestimmungen, insbes.

Publizität durch Eintragung in ein öffentl. Register, erforderlich und genügend. Letzteren Standpunkt nimmt die neuere deutsche Reichsgesetzgebung überwiegend ein. So Handelsgesetzbuch für Aktiengesellschaften. So B für die sog. Vereine mit idealen Zwecken (alle, deren wesentliche Betätigung nicht auf wirtschaftl. Gebiete liegt; also ein Turn- oder Kunstverein, eine studentische Verbindung). Diese erlangen R.fähigkeit durch Eintragung in das vom Gericht geführte Vereinsregister, wogegen aber in gewissen Fällen (namentlich bei polit., sozialpol. u. religiösen V.) die Verwaltungsbehörde Einspruch erheben kann.

§ 187.

Gegenstand des Schutzes sind hier die gemeinsamen Interessen, welche in der Korporation und durch deren Wirksamkeit Befriedigung suchen.

§ 188.

Trägerin dieser Interessen ist die Gesamtheit der Mitglieder in ihrer durch die Verfassung der Korporation näher bestimmten Einheit. Sie ist gemeint, wenn die Korporation genannt und derselben Rechte zuerkannt werden.

Da die Verbindung der Menschen im Staate nichts bloß Gedachtes ist, sondern in der Wirksamkeit vereinter Kräfte, in Verhältnissen der Über- und Unterordnung und gemeinsamer Abhängigkeit von den gleichen Quellen des Glücks und des Unglücks eine für jeden fühlbare Wirklichkeit besitzt, so ist es töricht, den Staat, wie es vielfach geschieht, als eine bloße Abstraktion, ein bloß fingiertes Wesen zu bezeichnen. Da diese Verbindung ferner eine im Rechte anerkannte und in Gestalt unzähliger subjektiver Rechte individualisierte Macht beständig aufs wirksamste zur Geltung bringt, so ist es ebenso verkehrt, sie als ein bloß „fingiertes" Rechtssubjekt zu bezeichnen. — Gleichermaßen sind alle übrigen Korporationen nicht fingierte, sondern *wirkliche* Rechtssubjekte.

*§ 189.

Solche menschliche Verbände, welche Subjekte von Rechten und Rechtspflichten sind, werden in dieser Eigenschaft „*juristische Personen*" genannt (im Gegensatz zu den „natürlichen Personen" § 183).

Den gleichen Ausdruck wendet man auf die „*Stiftungen*" (§ 179 ff.) an, welche durch staatliche Genehmigung die Rechtsfähigkeit erlangt haben.

§ 190.

Weil bei den Stiftungen die Interessenten weder korporativ verbunden, noch von vornherein persönlich bestimmt sind, und demgemäß hinter den ihren Interessen dienenden Einrichtungen zurücktreten, so legt man die Rechte hier kurzweg diesen Einrichtungen selbst bei.

An die Stelle der Interessenten, für welche die Rechte da sind, tritt hier im Sprachgebrauch die Organisation, durch welche diese Rechte wirksam werden.

Diese Ausdrucksweise findet ihre zureichende Begründung in den hervorgehobenen Umständen. Statt zu sagen: „diese Güter gehören jetzigen und künftigen Armen, bei welchen die und die Voraussetzungen zusammentreffen und für welche diese Güter fruchtbar gemacht werden sollen durch die Einrichtungen des Armenstifts St. Marx nach Maßgabe der Statuten dieser Stiftung" sagen wir kurzweg, „diese Güter gehören dem Armenstift St. Marx". Das Rechtsverhältnis ist damit nach seiner aktiven Seite hin genügend charakterisiert. In dieser Richtung ist überall zur Kennzeichnung eines Rechtsverhältnisses nichts weiter erforderlich, als daß wir über die geschützten Interessen, sowie darüber Auskunft geben, durch wen und wie dieselben samt der ihnen zukommenden rechtlichen Macht zur Betätigung gelangen. Speziell ist es müßig, hier neben Interessenten und Sachwaltern ein weiteres Subjekt ermitteln zu wollen, welches als der Träger des subjektiven Rechts zu betrachten wäre. Man hat dies gleichwohl getan und, da sich in der Wirklichkeit ein solches Subjekt nicht entdecken ließ, ein solches fingieren zu müssen gemeint. Diese Fiktion aber hat hier ebensowenig wie bei den Korporationen unsere Einsicht in die Natur der vorliegenden Verhältnisse und der sie regelnden Gesetze gefördert.

Zweiter Abschnitt.

Ihre Einteilungen.

I. Privatrechtliche und öffentlich-rechtliche Verhältnisse und bzw. Rechte.

§ 191.

Den Einteilungen der Rechtssätze (§ 81 ff.) entsprechen Einteilung der Rechtsverhältnisse.

Unter diesen ist die wichtigste Einteilung die in:

1. privatrechtliche, d. i. den Privatrechtsnormen, und
2. öffentkich-rechtliche, d. i. den Normen des öffent-

lichen Rechts korrespondierende Verhältnisse. Die unterscheidenden Merkmale sind im allgemeinen in den §§ 85—97 bezeichnet worden, hier aber in bestimmten Richtungen spezieller zu entwickeln.

§ 192.

1. In den typischen Privatrechtsverhältnissen stehen sich Privatpersonen gegenüber, welchen im Verhältnis zueinander die Wahrung ihrer Interessen im Wege freier Verfügungen und Vereinbarungen überlassen ist.

Hierher gehören Mietverhältnisse zwischen Privatpersonen, welche von diesen durch freie Vereinbarungen geordnet werden, desgleichen Verhältnisse zwischen Käufern und Verkäufern, Darlehnsgebern und Darlehnsnehmern unter der gleichen Voraussetzung.

§ 193.

Es finden sich jedoch Abweichungen von diesem Typus, ohne daß diese den Begriff der Privatrechtsverhältnisse ausschließen. Und zwar in doppelter Richtung:

a) Es können die in solchen Verhältnissen stehenden Privatpersonen unter bestimmten Umständen Beschränkungen bezüglich der Ordnung ihrer Verhältnisse unterworfen sein;

b) es können auch Staaten, Gemeinden 2c. in Privatrechtsverhältnissen stehen.

§ 194.

ad a) Die betreffenden Personen können Beschränkungen unterliegen,

α) weil sie mit Rücksicht auf Alter, Geschlecht, eine ihre Freiheit beschränkende Notlage oder andere Umstände nicht als zuverlässige Sachwalter ihrer eigenen Interessen vom Rechte angesehen werden. Das letztere schützt ihre Interessen hier unabhängig von ihrem eigenen Willen und sogar gegen denselben, indem es ihnen nachteiligen

Verfügungen und Vereinbarungen eine rechtliche Wirksamkeit versagt, oder aber die letztere an besondere Bedingungen knüpft. Hierher gehören u. a. Beschränkungen, welchen die Minderjährigen in bezug auf die Eingehung privatrechtlicher Verpflichtungen unterliegen (§ 238).

§ 195.

Ferner unterliegen sie Beschränkungen

β) in Verhältnissen, bei deren Ordnung in einer unmittelbaren Weise öffentliche Interessen als beteiligt erscheinen. Hierher gehören z. B. die Beschränkungen der Ehegatten in bezug auf die Auflösung ihrer Ehe (§ 94, 719).

§ 196.

ad b) Staaten, Gemeinden, kirchliche Verbände können bei Privatrechtsverhältnissen als berechtigte und als verpflichtete Subjekte in Betracht kommen, z. B. als Mieter oder Vermieter bestimmter Räumlichkeiten, als Käufer oder Verkäufer bestimmter Sachen.

Der privatrechtliche Charakter dieser Verhältnisse wird hierdurch nicht ausgeschlossen, weil und sofern die Beziehungen zwischen den beteiligten Subjekten (Mieter und Vermieter ꝛc.) hierbei nach denselben Grundsätzen behandelt werden, welche dort platzgreifen, wo lediglich Privatpersonen sich gegenüberstehen.

Hinsichtlich derer, welche die genannten Subjekte hierbei vertreten, gilt das in § 176 ff. Gesagte.

§ 197.

2. Auch in den öffentlich-rechtlichen Verhältnissen hat die vom Rechte gewährte Macht zumeist die Form des subjektiven Rechts.

Die Natur dieser Verhältnisse bringt es dabei vielfach mit sich, daß in Beziehung auf das nämliche Recht in dauernder Weise zwei Subjekte in Betracht kommen, nämlich der Träger des betreffenden Rechts selbst und derjenige, der die Berechtigung hat, dasselbe auszuüben (§ 174 ff.).

Einige haben behauptet, daß es im Bereiche des öffentlichen Rechts keine subjektiven Rechte geben könne. Die Besonderheiten dieses Rechtsteils, welche früher dargelegt worden sind (§ 87 ff., womit die Ausführungen im Staatsrecht zu vergleichen sind), haben sie zu dieser Annahme verleitet. Diese Besonderheiten enthalten jedoch in Wahrheit nichts, was mit der Natur der subjektiven Rechte in irgend einem Punkte im Widerstreit stände. — § 442.

§ 198.

In diesem Falle ist die Ausübung des Rechts regelmäßig durch besondere Rechtsnormen geordnet und für den damit Betrauten zu einer Pflicht erhoben. Hierbei stellt sich dieser Gesichtspunkt als der prävalierende dar: der Betreffende ist zur Vornahme der Ausübungshandlungen berechtigt, weil er dazu verpflichtet ist.

So ist der richterliche Beamte, der Geschworene, der Schöffe (§ 846) zur Ausübung staatlicher Rechte befugt, weil und insoweit als er hierzu als verpflichtet erscheint. Sein Recht ist die Kehrseite seiner Pflicht.

§ 199.

Auch wo Recht und Ausübung im Bereiche der öffentlich-rechtlichen Verhältnisse zusammenfallen, ist die Verfügungsgewalt des Berechtigten wegen der hier überall in Betracht kommenden öffentlichen Interessen eine beschränkte.

Hierher gehören z. B. die Rechte des Angeklagten im Strafprozesse. Dieselben können nicht durch Verzicht beseitigt werden und gelangen zum Teile selbst gegen den Willen des Angeklagten zur Ausübung (s. den Strafprozeß).

II. Absolute (insbes. dingliche) und relative (persönliche) Rechte.

§ 200.

Privatrechtliche und öffentlich-rechtliche Verhältnisse lassen sich mit Rücksicht auf die Richtung der gewährten Ansprüche in zwei Gruppen sondern.

Bei der einen Gruppe steht dem Berechtigten ein einzelnes

bestimmtes Subjekt oder auch eine Mehrzahl bestimmter Subjekte gegenüber, von welchen ein bestimmtes, den Gegenstand des Anspruchs bildendes, Verhalten verlangt wird.

Bei der anderen Gruppe stehen dem Berechtigten alle anderen gegenüber, soweit die schützenden Rechtsbestimmungen eine verpflichtende Kraft auf sie zu äußern vermögen.

*§ 201.

Das erste ist z. B. der Fall bei dem Darlehnsgläubiger, der einem bestimmten Individuum gegenüber einen Anspruch auf Rückzahlung einer ihm geliehenen Geldsumme hat (actio in personam).

Rechte solcher Art nennt man „relative" oder „persönliche" Rechte, weil sie sich im einzelnen Fall überhaupt nicht charakterisieren lassen, ohne daß auf den Verpflichteten hingewiesen wird (§ 543 f.).

§ 202.

Das zweite ist z. B. der Fall bei dem Eigentümer einer Sache. Der in seinem Recht liegende Anspruch geht gegen alle; alle sind verpflichtet, seine Herrschaft über die Sache zu respektieren (a. in rem).

Rechte solcher Art nennt man „absolute", „unpersönliche" und soweit eine Herrschaft über Sachen in Frage steht, „dingliche" Rechte, „Sachenrechte" (§§ 542, 45).

Solche Rechte lassen sich in concreto ohne Bezugnahme auf die Verpflichteten charakterisieren.

III. Übertragbare und nichtübertragbare Rechte.

§ 203.

Privatrechtliche sowohl wie öffentlich-rechtliche Verhältnisse lassen sich ferner mit Rücksicht auf die Übertragbarkeit oder Nichtübertragbarkeit der dazu gehörigen Rechte und bzw. Pflichten unterscheiden.

*§ 204.

Gewisse Rechte nämlich sind unlösbar mit dem Subjekte verbunden, für welches sie zur Entstehung gelangt sind.

Dahin gehören die Rechte, welche Eltern und Kinder, und diejenigen, welche die Ehegatten im Verhältnis zueinander haben (z. B. das Nutzungsrecht des Ehemanns am eingebrachten Gut der Frau bei der Verwaltungsgemeinschaft, § 724).

Das gleiche gilt von manchen Verpflichtungen. So sind die gegenseitigen Verpflichtungen der eben genannten Personen unübertragbar. So die Pflicht eines Verbrechers, sich der im Gesetze für sein Verbrechen gedrohten Strafe zu unterwerfen.

*§ 205.

Die meisten Rechte dagegen können auf andere Subjekte übertragen werden. So kann im allgemeinen das Eigentum an einer Sache auf einen anderen übertragen werden (§ 601). Ebenso eine Forderung (§ 651).

Andererseits kann eine Succession im allgemeinen auch in Verpflichtungen eintreten. So geht die Verpflichtung zur Rückzahlung eines Darlehens von dem Empfänger auf dessen Erben über. Aber auch bei Lebzeiten des Schuldners kann (nach heutigem Rechte) ein anderer in dessen Verpflichtung eintreten (§ 653).

Dritter Abschnitt.

Ihre Entstehung.

I. Im allgemeinen.

§ 206.

Soll ein Rechtsverhältnis bestimmter Art zur Entstehung kommen, so müssen gewisse vom objektiven Rechte bezeichnete Tatsachen — „juristische Tatsachen" — gegeben sein.

Den Inbegriff dieser für die Entstehung eines Rechtsverhältnisses bestimmter Art entscheidenden Tatsachen nennt man einen juristischen „Tatbestand“, das entstehende Rechtsverhältnis eine „Rechtsfolge“ oder „Rechtswirkung“ desselben.

Elemente § 22ff. Bierling, Kritik II 256.

§ 207.

Die juristischen Tatsachen sondern sich in die zwei Hauptgruppen:

I. der juristischen Handlungen,

II. der sonstigen juristischen Tatsachen.

§ 208.

I. Die hierher gehörigen Handlungen zerfallen wieder in zwei Hauptgruppen, nämlich in:

1. Handlungen derjenigen, welche bei den entstehenden Rechtsverhältnissen als Interessenten (oder deren Vertreter) beteiligt sind, und
2. obrigkeitliche Handlungen — Handlungen einer den Beteiligten übergeordneten Autorität.

§ 209.

1. Die Handlungen der Beteiligten zerfallen in:

a) Rechtsgeschäfte,
b) Rechtsverletzungen,
c) sonstige Handlungen.

§ 210.

a) Rechtsgeschäfte sind Handlungen der Beteiligten, welche darauf gerichtet und dazu geeignet sind, bestimmte Rechtsverhältnisse im Einklang mit dem objektiven Rechte zur Entstehung zu bringen (bzw. aufzuheben oder abzuändern).

Bei Rechtsgeschäften und ebenso bei Rechtsverletzungen denken wir zunächst an bestimmte Handlungen derjenigen, in deren Person Rechtspflichten und bzw. Rechte zur Entstehung kommen. Diese Entstehung ist jedoch stets an gewisse weitere, außerhalb der Willensbetätigung der Genannten liegende, Voraussetzungen gebunden. So z. B. beim Kaufgeschäft an die Existenz eines Gegenstandes, über welchen durch Kauf verfügt werden kann (s. § 677). Die betreffenden Umstände gehören mit zum „Tatbestande“ (§ 206) des betreffenden Geschäfts oder der betreffenden Rechtsverletzung. Streng genommen müßten daher der im Texte aufgestellten Definition der Rechtsgeschäfte die Worte beigefügt werden: „samt den Tatsachen, von welchen es abhängt, daß die Handlungen hierzu geeignet seien“. Der Sprachgebrauch gestattet es indessen, das Wort „Rechtsgeschäfte“ in der Weise, wie es oben geschehen, lediglich auf die Handlungen selbst zu beziehen.

§ 211.

Ein Beispiel bietet die Vereinbarung zwischen Mieter und Vermieter (Mietvertrag). Sie stellt Handlungen dar, welche darauf gerichtet sind, im Einklange mit dem objektiven Rechte Rechtsverhältnisse bestimmter Art zwischen den Handelnden hervorzubringen, und welche im Sinne des Rechts auch als geeignet erscheinen, eine solche Wirksamkeit zu äußern.

*§ 212.

b) Rechtsverletzungen sind Handlungen, welche den Geboten des Rechts (und den unter seinem Schutze stehenden Interessen) widerstreiten und um dieser Eigenschaft willen Rechtsverhältnisse hervorbringen.

Sie stehen im allgemeinen in zweifachem Gegensatz zu den Rechtsgeschäften, indem sie Zwecke des Handelnden im Widerspruch mit dem Rechte verfolgen, rechtliche Wirkungen aber im Widerspruch mit seinen Zwecken entstehen lassen.

Der letzte Satz ist nicht anwendbar auf Rechtsverletzungen, welche sich in bloßen Fahrlässigkeiten begründen. — Über Rechtsverletzungen §§ 260ff., 668; speziell über die strafbaren 758ff.

§ 213.

So ist der Diebstahl darauf gerichtet, Zwecke der Handelnden in einer dem Rechte widerstreitenden Weise zu verwirklichen, die Rechtsverhältnisse aber, die er hervorbringt — seine „Rechtsfolgen“ — sind darauf berechnet, die Zwecke des Rechts im Widerspruch mit den Absichten des Diebs zur Erfüllung zu bringen (§ 53).

*§ 214.

c) Mancherlei Handlungen, welche eine Bedeutung für die Interessen anderer haben, bringen Rechtsverhältnisse zwischen diesen und dem Handelnden hervor, obgleich weder die Merkmale eines Rechtsgeschäfts noch diejenigen einer Rechtsverletzung vorliegen.

Z. B. der Betrieb einer Fabrik oder Eisenbahn, oder das Überbordwerfen der Schiffsladung bei Seegefahr. Vgl. §§ 701—708.

§ 215.

2. Die obrigkeitlichen Handlungen zerfallen in die zwei Hauptgruppen:

a) der Regierungsakte,

b) der richterlichen Entscheidungen.

§ 216.

a) Ein Beispiel eines hierhergehörigen Regierungsaktes bietet die Übertragung eines richterlichen Amtes auf eine bestimmte Persönlichkeit. Hierdurch werden einerseits zwischen ihr und dem Staate, andrerseits zwischen ihr und bestimmten Privatpersonen Rechtsverhältnisse hervorgebracht.

§ 217.

b) Richterliche Entscheidungen kommen in der Regel nur in Verbindung mit Handlungen der bisher erwähnten Art in Betracht, indem sie die durch solche Handlungen hervorgebrachten Rechtsverhältnisse feststellen und bzw. denselben ihre feste Gestalt geben.

§ 218.

So erhalten die durch Beleidigung, Raub, Brandstiftung begründeten Rechtsverhältnisse ihre feste Gestalt erst durch richterlichen Spruch, durch das Urteil (§ 342 ff.).

§ 219.

II. Unter den sonstigen juristischen Tatsachen seien Geburt und Tod als Quellen einer beständigen Bewegung in der Welt der Rechtsverhältnisse zuerst genannt.

Der Mensch ist von seiner Geburt an Subjekt von Rechten. So besitzt der Neugeborene Unterhalts- und Erbrechte seinen Eltern gegenüber. Der Tod zerstört einen Teil seiner Rechte, den größeren Teil aber läßt er auf Überlebende übergehen (s. § 733).

§ 220.

Eine große Bedeutung kommt hier ferner einer bestimmten tatsächlichen Gestaltung gewisser Verhältnisse, sowie einer bestimmten Dauer ihres Bestandes zu.

§ 221.

Besitz- und Machtverhältnisse finden auf verschiedenen Gebieten des Rechts einen Schutz mit Rücksicht auf Merkmale, die an ihnen selbst hervortreten, unabhängig von der Art ihres Zustandekommens.

Das Recht gewährt ihnen diesen Schutz seiner Aufgabe gemäß, gegebene Zustände, sofern sie hierzu als geeignet erscheinen, zu Elementen einer Friedensordnung zu erheben.

Vgl. den Abschnitt über den Besitz, § 610 ff., insbesondere 619.

§ 222.

Der Wert, welcher gegebenen Macht- und Besitzverhältnissen unter dem bezeichneten Gesichtspunkt zukommt, erhöht sich, wenn dieselben lange Zeit hindurch unangefochten bestehen und mit den Gesamtverhältnissen sich in solcher Weise verknüpfen, daß sie ohne weiterreichende Störungen nicht zu beseitigen sind.

§ 223.

So haben im öffentlichen Rechte aller Völker faktische Macht- und Besitzverhältnisse, auch solche, welche notorisch durch Gewaltakte begründet worden waren, sich zu Rechtsverhältnissen erhoben und im Laufe der Zeit alle Heiligkeit gewonnen, welche Rechtsverhältnissen zukommen kann.

Die Geschichte der Privatrechtsverhältnisse schließt bei allen Völkern ebenfalls derartige Vorgänge in sich.

§ 224.

Innerhalb einer befestigten Friedensordnung aber gelangen die Vorgänge, welche zur Begründung neuer, zur Abänderung alter Macht- und Besitzverhältnisse führen, samt den zwischen ihnen bestehenden Wertunterschieden zu vollerer Würdigung. Das Recht gewinnt eine selbständigere Stellung diesen Vorgängen gegenüber und eine erhöhte Macht, hier ablehnend und bekämpfend, dort begünstigend und stärkend einen kritischen Maßstab zur Anwendung zu bringen.

Auch hier erscheint es nicht als eine eigentlich produktive Macht. Es erzeugt nicht, sondern regelt die Bewegung des Lebens. Aber es erhöhen sich im Fortschritt der Entwicklung seine Fähigkeit und sein Beruf, diese Bewegung in solchen Formen und Richtungen festzuhalten, oder auch in solche hineinzuzwingen, welche den allgemeinen Interessen und sittlichen Überzeugungen entsprechen (§ 243).

§ 225.*

So zeigt auf internationalem Gebiete, wo eine befestigende Friedensordnung nicht existiert, das Recht auch heute nur eine geringe Selbständigkeit gegenüber den gegebenen Macht- und Besitzverhältnissen und den Formen ihrer Begründung. Es verhält sich zu dem Usurpator nicht anders wie zu dem legitimen Herrscher, und wertet die durch einen Krieg geschaffenen Verhältnisse gleich, mag der Krieg bei dem Sieger den Charakter eines Raubkriegs oder den einer legitimen Rechtsverteidigung gehabt haben.

Dagegen unterscheidet das Recht im Lebensbereiche des einzelnen Staates überall zwischen dem faktischen Gewalthaber und dem legitimen Herrscher, zwischen Raub und anderem auf den Mißbrauch physischer Kraft gegründeten Erwerb einerseits und dem auf Arbeit oder auf Verträge gegründeten Erwerb andrerseits: jener wird mit steigender Energie unterdrückt, dieser geschützt.

* Merkel, Recht und Macht l. c.

§ 226.

In dem letzteren Bereiche muß derjenige, der zu seinen Gunsten nur eine tatsächliche Machtstellung geltend machen kann, solchen weichen, welche aus Tatsachen, die an dem Maßstabe des Rechts gemessen einen höheren Wert repräsentieren, einen Anspruch auf diese Stellung für sich herleiten können.

Lassen sich derartige Tatsachen aber nicht gegen ihn geltend machen, so ist der faktische Machthaber oder Besitzer auch hier Gegenstand eines rechtlichen Schutzes.

§ 227.

Auch das bestbegründete Recht aber kann untergehen, weil die in ihm enthaltene Macht während langer Zeit zu keiner Anwendung gelangt.

*§ 228.

Die Bedeutung des Zeitablaufs für die Begründung (§ 222 ff.) und den Untergang (§ 227) von Rechten und Rechtsverhältnissen findet ihren Ausdruck in der Lehre von der „Verjährung".

Diese wird in eine erwerbende (Aquisitivverjährung, Ersitzung) und eine zerstörende (Extinktivverjährung) geschieden.

Über eine Hauptart der ersteren (die Ersitzung des Eigentums) § 617 f. Die Nichterhebung der Klage (§ 167) binnen bestimmter vom Gesetz vorgeschriebener Frist (meist längstens 30 Jahre) zieht grundsätzlich den Verlust der Möglichkeit nach sich, den Anspruch (§ 163) noch erfolgreich geltend zu machen. Über Verjährung der Strafverfolgung § 786. Auch der Verlust der Staatsangehörigkeit infolge 10jährigen Aufenthaltes im Ausland gehört hierher. (§ 433.)

In den Rechtsnormen über Verjährung und über die Rechtswirkung tatsächlicher Macht- und Besitzverhältnisse kommt der bloß relative Wert der juristischen Tatsachen gegenüber der vom Rechte zu lösenden Aufgabe zum Ausdruck.

II. Rechtsgeschäfte und Rechtsverletzungen.

Was ihnen gemeinsam ist.

§ 229.

Rechtsgeschäfte und Rechtsverletzungen werden in wichtigen Beziehungen nach gleichen Gesichtspunkten behandelt, und zwar

1. rücksichtlich ihres Tatbestandes,
2. rücksichtlich ihrer Rechtswirkungen oder Rechtsfolgen.

1. In Betreff des Tatbestandes.

§ 230.

Zum Tatbestande gehört bei beiden ein Verhalten, welches vom Rechte geschützte Interessen Dritter, bzw. der Gesamtheit, berührt.

§ 231.

Demgemäß sind Gedanken und Vorsätze, Absichten und Gesinnungen in diesem Bereiche gleichgültig, sofern sie nicht durch ein bestimmtes äußeres und für rechtlich geschützte Interessen anderer bedeutsames Verhalten einen Ausdruck finden (§ 76).

§ 232.

Andrerseits kommt eine Einwirkung auf diese Interessen hier nur in Betracht, sofern sie mit dem inneren Verhalten der Person in Zusammenhange steht und auf ihren Willen zurückgeführt werden kann.

Rechtsgeschäfte und Rechtsverletzungen sind „Handlungen". Ein Vorkommnis, an dem der Wille einer Person keinen Anteil hat — man denke an eine durch mechanische Gewalt erzwungene körperliche Bewegung (§ 675) — ist keine Handlung dieser Person, auch kein Bestandteil einer solchen.

Man wendet das Wort Rechtsverletzung bisweilen inkorrekterweise auch auf Vorgänge an, bei welchen der Wille einer Person nicht beteiligt ist, und deshalb keine Handlung vorliegt. S. hierüber § 260 Anm.

§ 233.

Die Person muß ferner im Momente der Tat die faktische und rechtliche Bedeutung derselben zu erkennen imstande gewesen sein: sie muß „rechtliche Unterscheidungsfähigkeit" im allgemeinen wie in Beziehung auf das spezielle Vorkommnis gehabt haben.

§ 234.

Diese Unterscheidungsfähigkeit fehlt allgemein u. a. bei einem Kinde. Die im allgemeinen vorhandene kann im gegebenen Fall durch vollständige Betrunkenheit oder andere Umstände ausgeschlossen gewesen sein.

§ 235

Die Person muß ferner Herr ihrer geistigen Kräfte und demgemäß imstande gewesen sein, ihrem Charakter entsprechend wirksam zu sein; sie muß, das gleiche anders ausgedrückt, die „Fähigkeit der Selbstbestimmung" oder die „Freiheit ihres Willens" besessen haben.

Auch diese Voraussetzung fehlt bei dem Kinde. Auch sie kann durch besondere Umstände (Trunkenheit, Geisteskrankheit ꝛc.) ausgeschlossen sein.

Wenn wir von jemandem sagen, daß er mit „freier Selbstbestimmung" oder mit „Willensfreiheit" gehandelt habe, so ist damit behauptet 1. die Abwesenheit von äußeren und inneren Hemmungen für die Betätigung der ihm eigentümlichen Kräfte, und 2. daß in der Handlung eine Machtäußerung dieser Persönlichkeit gegeben sei, welche ihre Erklärung in der geistigen Eigentümlichkeit derselben suche.

§ 236.

Liegen die bezeichneten Voraussetzungen bei einer Person vor, so behandelt das Recht das Geschehene als ihre Tat, welche samt den Konsequenzen auf ihre Rechnung zu setzen, ihr, sei es zum Verdienste, sei es zur Schuld, „zuzurechnen" ist.

Aus der umfangreichen Litt. zur Zurechnungsfähigkeit: Merkel, Elemente § 22. Lehrbuch §§ 19, 26 ff. — Gutachten über den Entw. eines Strafgesetzb. für den 9. d. Juristentag 71 (Sammlung S 205 insb. über geminderte Z.fähigkeit). — Zeitschr. f. d. ges. Strafrechtswissenschaft I, 580 (Sammlung S. 430). — „Rechtliche Verantwortlichkeit", in der „Aula" 98 (Sammlung S. 873). Binding, Normen II, 11. Liepmann, Einleitung in das Strafrecht 1900. Berner, Grundlinien der kriminalist. Imputationslehre 43. Wahlberg, Grundzüge der strafrechtl. Zurechnungslehre, Ges. Schr. I, 75. Hrehorowicz, Grundbegriffe des Strafr. 2. A. 82. Rée, D. Illusion der Willensfreiheit 85. Glaser, Z.fähigkeit, Willensfreiheit, Gewissen u. Strafe 87 (dazu Merkel, Sammlung 554). Mach, Willensfreiheit 87. Bünger, Vorstellung, Wille u. Handlung 88. Pfenninger, Grenzbestimmungen der kriminalist. Imputationslehre 92. Thyrén, Abhandl. aus Strafr. u. Rechtsphilosophie 94, 96. Träger, Wille, Determinismus, Strafe 95. v. Liszt, D. strafrechtl. Z.fähigkeit, in seiner Zeitschr. 17, 70 und 18, 229 (dagegen v. Calker, Juristenzeitung 2, 25). Höfler, 7 Thesen zu Lißts Vortrag 97, 99. — Eltzbacher, Handlungsfähigkeit nach B 03. Stammler, Recht der Schuldverhältnisse in s. allgem. Lehren 97. — Herbart, Zur Lehre von der Freiheit des menschl. Willens, in s. Werken 9, 241. Sigwart, Begriff des Wollens und sein Verhältnis zum Begriff der Ursache 79. Laas, Die Kausalität des Ich, und Vergeltung u. Zurechnung, in Vierteljahrsschr. f. wissenschaftl. Philosophie 4 S. 1, 5 S. 80. Kuno Fischer, Die menschliche Freiheit 88. — Volkmann, Lehrb. d. Psychologie II, 452; 76. Krafft-Ebing, Grdzüge d. Kriminal-Psychologie 82. Groß, dsgl. 98. Casper-Liman, Gerichtl. Medizin 8. A. 89. Wharton, a treatise on mental insoundness, Philad. 73. Maudsley, Z.fähigkeit d. Geisteskranken 75. Jolly, Über geminderte Z.fähigkeit, in Ztschr. f. Psychiatrie 44 S. 469. Forel, Strafrechtl. Bedeutung d. Hypnotismus, Liszts Zeitsch. 9, 131. Lombroso, Der verbrecherische Mensch, deutsch von Fränkel 87. Endemann, Lehrb. d. B. (1. A.) § 28 ff.

*§ 237.

Die Person, welche die erwähnten Eigenschaften besitzt, ist im Sinne des Rechts „handlungsfähig", d. i. fähig, durch ihre Handlungen rechtliche Wirkungen ihren Zwecken gemäß hervorzubringen, und bzw. „zurechnungsfähig", d. i. ein Subjekt, welchem bestimmte Vorgänge möglicherweise im Sinne des Rechts „zuzurechnen" sind.

Von Handlungsfähigkeit ist vornehmlich in bezug auf Rechtsgeschäfte, deren Bestimmung gemäß, die Rede (deshalb spricht B. überhaupt nur von „Geschäftsfähigkeit"). Von Zurechnungsfähigkeit vornehmlich in bezug auf Rechtsverletzungen (§ 212, 260), gemäß dem ihnen gegenüber bestehenden Interesse. Man spricht hier auch von „Deliktsfähigkeit" im Sinne der Fähigkeit zur zurechenbaren (verantwortlichen) Begehung von Rechtsverletzungen (unerlaubten Handlungen, Delikten).

Handlungs- und Zurechnungsfähigkeit sind wohl zu unterscheiden von der Rechtsfähigkeit (§ 183). Kinder (bis zum vollendeten 7. Lebensjahre) und Geisteskranke sind zwar rechtsfähig, denn sie können Inhaber von Rechten und Rechtspflichten sein, nicht aber sind sie handlungs- und zurechnungsfähig. Die ihnen zustehenden Rechte müssen deshalb ausgeübt werden durch gesetzliche Vertreter (Vater, Vormund, § 175; 727), und Verletzungen fremder Interessen sind ihnen nicht zurechenbar. (Es ist eine rein positive Billigkeitsbestimmung, wenn B. trotzdem den Richter ermächtigt, nach den besonderen Umständen des einzelnen Falles etwa einem reichen Geisteskranken den Ersatz des von ihm in einem Tobsuchtsanfalle einem Armen zugefügten Schadens aufzuerlegen S. § 260 Akg.)

*§ 238.

Verständnis des Rechtslebens (§ 233 f.) und Kraft der Selbstbestimmung (§ 235) unterliegen während des jugendlichen

Alters einer Entwicklung, innerhalb welcher sich verschiedene Stufen unterscheiden lassen.

Welche Stufe hier erreicht sein müsse, damit von Handlungs- bzw. von Zurechnungsfähigkeit gesprochen werden könne, das ist nicht in einheitlicher Weise bestimmt. In bezug auf Rechtsgeschäfte sind hier vielfach andere Voraussetzungen aufgestellt, wie in bezug auf Rechtsverletzungen, in bezug auf Geschäfte gewisser Art andere wie in bezug auf Geschäfte anderer Art.

So wird nach B. die volle „Geschäftsfähigkeit" erst mit der Volljährigkeit (mit 21 Jahren, § 728) erreicht, während vom 7. bis 21. Jahr nur eine beschränkte Geschäftsfähigkeit anerkannt ist, indem während dieser Zeit im allgemeinen die Zustimmung des gesetzlichen Vertreters des Minderjährigen notwendig ist. Dagegen die volle privatrechtliche Verantwortlichkeit für die Folgen einer Rechtsverletzung (Schadensersatzpflicht) läßt es bereits mit vollendetem 18. Jahre eintreten, während bei Personen von 7—18 Jahren eine richterliche Prüfung verlangt ist, ob sie die zur Erkenntnis ihrer Verantwortlichkeit erforderliche Einsicht besaßen. Die strafrechtliche Verantwortlichkeit schließlich beginnt nach positivem deutschen Strafrecht mit vollendetem 12. Jahre (künftige Hinaufsetzung der Grenze auf das 14.?), zwischen 12 und 18 Jahren findet aber wieder eine Prüfung der Reife des Handelnden im einzelnen Falle statt.

2. In betreff der Rechtswirkungen oder Rechtsfolgen.

§ 239.

Die Rechtsfolgen von Rechtsgeschäften und von Rechtsverletzungen zeigen, soweit sie sich gegen den Handelnden selbst kehren und seinem Willen gegenüber sich geltend machen, gemeinsame Merkmale.

§ 240.

Die Abgrenzung dieser Folgen ist bei beiden in dem nämlichen Sinne von den gemeinsamen Interessen (und bzw. ethischen Werturteilen § 41) abhängig, welche im Rechte ihren Ausdruck finden.

§ 241.

Hinsichtlich der Frage, was diesen Interessen gemäß sei, fällt dem Gesetzgeber in bezug auf Rechtsgeschäfte und Rechtsverletzungen eine gleichartige Aufgabe zu.

In bezug auf beide handelt es sich in der Hauptsache für

ihn nicht um neue Entdeckungen oder eine schöpferische Tätigkeit; vielmehr darum: dasjenige, was Handlungen solcher Art gegenüber die freie Betätigung der individuellen und gesellschaftlichen Kräfte an die Hand gibt, einer auswählenden, abgrenzenden und regelnden, sowie nach Umständen einer verfeinernden und veredelnden Behandlung im Sinne jener gemeinsamen Interessen zu unterziehen (s. § 224).

§ 242.*

Das Band zwischen den in Betracht kommenden Handlungen einerseits und deren gegen den Handelnden sich kehrenden Folgen andrerseits ist daher nicht durch bloße Willkür geknüpft und in seiner Existenz nicht von dem Eingreifen eines Gesetzgebers abhängig.

Der auslesende und maßbestimmende Einfluß der Gesetzgebung hebt den psychologischen Zusammenhang mit jenen individuellen und sozialen Kräften keineswegs auf, da er selbst von denselben abhängig ist.

Wenn z. B. in einem Lande unter dem Einfluß beliebiger Ereignisse die Strafjustiz ihre Wirksamkeit einstellte, so würde die Folge nicht sein, daß nun Mord, Brandstiftung rc. keine Gegenwirkungen mehr gegen den Verbrecher nach sich zögen, sondern nur, daß an Stelle geregelter, gleichmäßiger, den allgemeinen Interessen und ethischen Anschauungen angepaßter und durch die unparteilichen Organe der Justiz vermittelter, jetzt regellose, ungleichmäßige, bald alles Maß überschreitende, bald ohnmächtige, und von parteilicher Seite ausgehende Gegenwirkungen erfolgen würden. In manchen Fällen würde die Menge in den rohen Formen der „Lynchjustiz“ das Richteramt ausüben, in anderen würde die „Privatrache“ des Verletzten und seiner Familie dem Verbrechen zu seiner Sühne verhelfen. Die Geschichte des öffentlichen Lebens läßt in dieser Hinsicht keine Zweifel bestehen.

Merkwürdigerweise hat man gerade hinsichtlich der **Verbrechen** jenen natürlichen Zusammenhang zwischen Handlung und Handlungsfolge bestritten, obgleich die allgemeine Erfahrung ihn gerade hier am greifbarsten vor Augen stellt. Lediglich durch den Willen des Gesetzgebers sollte hier der Zusammenhang zustande kommen.

Aber ehe eine Strafgesetzgebung existierte, riefen Verbrechen Gegenwirkungen von bestimmter Art und Größe hervor, und der Einfluß der zur Ausbildung gelangenden Gesetzgebung betraf in der Hauptsache nur die Formen, nicht das Wesen derselben. Und nirgends tritt die formgebende, auswählende und veredelnde Funktion des Rechts deutlicher hervor, wie in der Art, wie die ursprünglichen auf Selbsthilfe beruhenden

Formen der Gegenwirkungen gegen Verbrechen in die Formen geordneter Rechtsverwirklichung umgewandelt worden sind und den sich ausbreitenden und vertiefenden Gemeininteressen in langsam fortschreitender Arbeit immer vollkommener angepaßt werden. Auch heute noch ist weder die Tatsache noch die Energie der gesellschaftlichen Gegenwirkungen gegen Verbrechen in das Belieben eines Gesetzgebers gestellt.

Irregeleitet wird man durch die Wahrnehmung, daß die für einen bestimmten Diebstahl, Raub 2c. passende Strafe sich nicht aus irgendeinem abstrakten Prinzip heraus feststellen lasse. Man zog hieraus den falschen Schluß, daß es für die Bestrafung von Verbrechen kein natürliches Maß geben könne, und daß daher der ganze Zusammenhang zwischen Verbrechen und Strafen ein künstlicher sei. Verhielte es sich so, so würde u. a. die Frage schwer zu beantworten sein, weshalb man nirgends den unter dieser Voraussetzung nächstliegenden Gedanken einer gleichen Bestrafung aller Delikte durchführe, weshalb man Mord und Hochverrat überall strenger bestrafe, als Beleidigungen oder Beschädigungen fremden Eigentums; und wie sich überhaupt die allgemeine Tatsache der Bestrafung, angesichts des unausgetragenen Streits über deren Zwecke, erkläre? Das natürliche Band, welches in diesem ganzen Bereiche Handlungen und Handlungsfolgen verknüpft, ist freilich nicht in irgendeinem theoretischen Prinzip gegeben, sondern in dem Einfluß realer Faktoren, mächtiger Interessen und von ihnen abhängiger Affekte.

Hinsichtlich der Rechtsgeschäfte erkennen die meisten an, daß Eintritt und Natur der Rechtsfolgen nicht lediglich in dem nicht weiter zurückführbaren gesetzgeberischen Willensakte ihre Erklärung finden könnten. Wäre doch, wenn der Gesetzgeber hier nirgends an einen sachlichen, in der beharrenden Natur der beteiligten Interessen und Kräfte begründeten Maßstab gebunden wäre, der innere Zusammenhang in dem großartigen Bau des Privatrechts unverständlich.

Würden z. B. die Rechtsnormen über Kauf und Tausch ersatzlos aufgehoben, so hätte dies doch gewiß nicht den plötzlichen Wegfall von Handel und Wandel oder aller mit den betreffenden Vorgängen bisher verbundenen Wirkungen zur Folge, vielmehr würden diese Wirkungen nur zu einer unsicheren und unvollständigeren Erscheinung gelangen. Einige vertreten freilich die Ansicht, daß auch hier das Gesetz das eigentlich und allein wirkende sei, daß lediglich dieses hier Handlungen und Folgen miteinander verbinde. Sehen wir zu, was hieran Wahres ist.

Das was die Folgen eines Geschäftes oder einer Rechtsverletzung zu Rechtsfolgen macht, ist selbstverständlich das objektive Recht. Ganz ebenso wie das letztere allein ein Geschäft zu einem Rechtsgeschäfte macht, einer Übeltat die Eigenschaft einer Rechtsverletzung verleiht. Meint man bloß dieses mit jenen Sätzen, so sind dieselben nichts weiter als der fehlerhafte Ausdruck einer Tautologie. Denkt man dagegen an das Materielle jener Folgen (nicht bloß an ihre Eigenschaft, vom Rechte normiert und gewährleistet, d. i. Rechtsfolgen zu sein), so enthalten sie einen Irrtum. Die Gesetze, wie überhaupt die Normen des Rechts, sind Formen, in welchen eine Summe zusammentreffender psychischer Kräfte in einheitlicher Weise wirksam wird. Fielen die Gesetze weg, so würde dadurch die Wirksamkeit dieser Kräfte im allgemeinen nicht beseitigt, sondern nur (wie schon bemerkt), unsicherer und ungleichmäßiger gemacht und an andere Äußerungsformen gebunden. Diese Kräfte sind ferner nirgends allein in der Form der Gesetze, sondern überall zugleich in mannigfachen anderen Formen wirksam. Man denke an die bindende Kraft eines Leih- oder Kaufgeschäftes, eines Schenkungs-, eines Heiratsversprechens. Dieselbe ist offenbar bei allen Leuten von ehrenhafter Gesinnung nicht von den Gesetzen abhängig. Indem sie mit jenen Handlungen die vom Gesetze geforderten Folgen verknüpfen, geschieht dies unter dem Einfluß von Imperativen, welche in den Gesetzen zwar eine Bekräftigung, Sanktionierung und Ergänzung finden, nicht aber ihren Ursprung haben. Folglich ist es falsch, zu sagen, daß die Gesetze bezüglich dieser Verknüpfung das allein Wirkende seien.

Elemente § 23, Lehrbuch § 66 und die zum § 144 zit. Abhandlungen Merkels.

§ 243.*

Der beherrschende Grundsatz, welchen die Wirksamkeit der bezeichneten Faktoren in bezug auf den Inhalt der aus Rechtsgeschäften und Rechtsverletzungen entspringenden Verpflichtungen an die Hand gibt, ist dieser:

> daß ein jeder handelnd und leidend die Bedingungen verwirklichen soll, unter welchen die Geltendmachung seiner Interessen und sein Gesamtverhalten sich mit dem Wohle der anderen verträgt, und unter welchen das Recht seine Herrschaft behaupten und seine Bestimmung erfüllen kann.

In diesem Prinzip ist ein Grundelement der Rechtsgedanken aller Völker gegeben und ihm ordnen sich zahllose Bestimmungen unseres geltenden Rechts unter. (So die Normen des Strafrechts; diejenigen über die Ausgleichung von Schädigungen fremder Vermögensinteressen; auch diejenigen über die verpflichtende Kraft der Verträge, § 257.) — In ihm ist zugleich eine Maxime bezeichnet, welche die gleiche Gültigkeit gegenüber dem Standpunkt der gemeinsamen Interessen wie gegenüber dem ethischen Standpunkt besitzt (§ 41).

III. Speziellere Betrachtung der Rechtsgeschäfte.

1. Merkmale und Arten.

§ 244.

Das Recht kennt:

1. einseitige Rechtsgeschäfte, zu welchen eine Willenserklärung nur auf einer Seite, der aktiven oder passiven Seite des bezweckten Rechtsverhältnisses,

2. *zweiseitige Rechtsgeschäfte* oder *Verträge*, zu welchen eine übereinstimmende Willenserklärung von aktiver und passiver Seite, von zwei oder mehreren „Parteien“, gehört.

Zur allgemeinen Lehre vom Rechtsgeschäfte (R.): *Savigny*, System III. *Karlowa*, Das R. und seine Wirkung 77. *Zitelmann*, Irrtum und R. 79 und in Bekkers Beitr. zur Erl. des Entw. eines B., H. 7ff., 89f. *Windscheid*, Wille und Willenserklärung 78. *Pernice*, R. u. Rechtsordnung in Grünhuts Ztschr. 7, 465. *Enneccerus*, R., Bedingung, Anfangstermin 89. *Gradenwitz*, Ungültigkeit oblig. R. 87. *Schloßmann*, Der Vertrag 76. *Schall*, Parteiwille im R. *Thon*, R.norm u. subj. Recht 350ff. *Bähr*, in Iher. Jahrb. 14. *Kohler*, eod. l. 18 u. 28, *Lenel* 19, *Hartmann* 20, *Eisele* 25, *Mitteis* 28, *Jacobi* 35. *Manigk*, Anwendungsgebiet der Vorschr. für R. 01. *Isay*, D. Willenserkl. i. Tatbestand des R. 99. Lehrb. d. Pandekten u. d. B.

*§ 245.

1. Beispiele von *einseitigen* Rechtsgeschäften sind in der Errichtung eines Testaments (§ 747) und in der Annahme einer Erbschaft seitens des Erben (§ 739) gegeben.

In anderen Fällen muß die einseitige Willenserklärung *gegenüber* einer bestimmten anderen Person abgegeben werden, ohne daß es doch (im Gegensatz zum Vertrag) einer Annahme dieser Erklärung seitens des Adressaten bedarf. So ist eine Kündigung des Vermieters nur wirksam, wenn sie seinem Mieter erklärt bzw. zugegangen ist. Oder die Erklärung kann wirksam nur einer Behörde abgegeben werden: so die Ausschlagung einer Erbschaft nur dem Nachlaßgericht. Man spricht in solchen Fällen wohl von „empfangsbedürftigen“ einseitigen Rechtsgeschäften.

§ 246.

2. Die *Verträge* stellen die weitaus wichtigere Form der Rechtsgeschäfte dar. Sie zerfallen wieder in zahlreiche Arten und Unterarten, wobei sich als Einteilungsgründe insbesondere geltend machen:

a) die Verschiedenheit der Rechtsverhältnisse, auf deren Begründung die Verträge gerichtet sind,

b) die Verschiedenheit der Handlungen und Handlungsformen, von welchen ihre rechtliche Wirksamkeit abhängt.

*§ 247.

a) Mit Rücksicht auf den ersten Einteilungsgrund unterscheidet man u. a. (obgleich Verträge als solche ihrem Wesen nach immer zweiseitig sind) einseitige und zweiseitige Verträge, je nachdem ob sie Verpflichtungen nur auf einer Seite zur Entstehung bringen — wie der Darlehnsvertrag die Verpflichtung zur Rückerstattung der geliehenen Geldsumme — oder auf beiden Seiten — wie der Kauf- oder Mietvertrag.

Über die Unterscheidung von obligatorischen und dinglichen Verträgen § 659. Daneben gibt es auch familienrechtliche (z. B. Adoptionsvertrag § 730) und Erbverträge.

*§ 248.

b) Mit Rücksicht auf den zweiten Einteilungsgrund unterscheidet man u. a. förmliche und formlose Verträge. Bei den ersteren hängt die rechtliche Wirksamkeit des Geschäfts von der Beobachtung besonderer Formen bei seinem Abschluß ab, bei den letzteren nicht. Zu jenen gehört nach B. der Vertrag über Verkauf eines Grundstücks, zu diesen derjenige über Verkauf beweglicher Sachen (§ 664).

Auch einseitige Rechtsgeschäfte können an bestimmte Förmlichkeiten gebunden sein; so die Errichtung eines Testaments (s. § 748).

§ 249.

Die Förmlichkeiten bei Rechtsgeschäften haben zum Teile eine Bedeutung für die Intentionen der Handelnden selbst, indem sie diese und deren Ernsthaftigkeit zu einem sicheren und künftigem Streite möglichst vorbeugenden Ausdruck bringen, zum Teile zugleich oder ausschließlich eine unmittelbare Bedeutung für öffentliche Interessen.

Jenes gilt u. a. von der schriftlichen Aufzeichnung des Vertragsinhalts, welche bei manchen Verträgen gefordert wird (§ 664), dies u. a. von den Förmlichkeiten bei Begründung einer Ehe (§ 717).

Die Bedeutung der Förmlichkeiten bei Rechtsgeschäften ist übrigens damit nicht erschöpfend bezeichnet, sondern nur das für die Gegenwart Wichtigste hervorgehoben. Förmlichkeiten können auch bestimmt sein, den Beweis gewisser sachlich relevanter Vorgänge oder auch diese Vorgänge selbst zu vertreten. Auf diese ihre stellvertretende Bedeutung, welche in der Geschichte des Rechtslebens eine bemerkenswerte Rolle spielt, ist hier nicht näher einzugehen. Über die Bedeutung der Formen bei Rechtsgeschäften s. Jhering, Geist II, 470.

2. Rechtsfolgen.

§ 250.

Die Bestimmung der Rechtsgeschäfte im Sinne des objektiven Rechts ist diese: dem Willen der Rechtssubjekte die Möglichkeit zu gewähren, auf den Bestand und Inhalt der Rechtsverhältnisse einen ihren Zwecken entsprechenden Einfluß auszuüben.

*§ 251.

Demgemäß werden die Wirkungen der Rechtsgeschäfte in gewissen Grenzen und unter bestimmten Voraussetzungen so geordnet, wie es dem zum Ausdruck gelangenden oder nach allgemeiner Erfahrung zu vermutenden Willen der Beteiligten gemäß ist.

Das moderne Recht steht im Wesentlichen auf dem Boden der Anerkennung der „Vertragsfreiheit", besonders im Gebiete des Obligationenrechts (§ 647 ff).

§ 252.

Jedoch macht sich ihren Intentionen gegenüber in mannigfacher Weise ein objektives Prinzip geltend. Das Recht gewährleistet dem Willen der Rechtssubjekte eine deren Zwecken entsprechende rechtliche Wirksamkeit nur insofern, als es mit den unter seinem Schutze stehenden sachlichen (§ 161) Interessen verträglich erscheint, und nur unter solchen Bedingungen, unter welchen dies der Fall ist.

§ 253.

Hierher gehört es:

1. wenn den von den Handelnden bezweckten Wirkungen die rechtliche Anerkennung versagt wird,
2. wenn mit ihren Handlungen Wirkungen verbunden werden unabhängig von den Zwecken der Handelnden.

*§ 254.

ad 1. Den bezweckten Wirkungen wird die Anerkennung unter Umständen versagt mit Rücksicht auf die eigenen sachlichen Interessen der Handelnden, unter Umständen mit Rücksicht auf

Interessen dritter Personen bzw. öffentliche Interessen. Unter beiderlei Gesichtspunkte kann es fallen, wenn einem Geschäfte wegen Nichtbeachtung vorgeschriebener Formen eine rechtliche Wirksamkeit versagt wird (§ 248 f.).

Hervorgehoben sei noch die Nichtigkeit wucherischer Verträge (Ausbedingung unverhältnismäßiger Vermögensvorteile unter Ausbeutung des Leichtsinns, der Unerfahrenheit oder einer Notlage des sie Versprechenden). Überhaupt solcher Verträge, welche auf die Herbeiführung unsittlicher Handlungen oder Verhältnisse gerichtet sind. Etwa Verträge, wonach ein Angestellter niemals und nirgends ein Konkurrenzgeschäft soll betreiben dürfen, wodurch er offenbar in seiner Freiheit und seiner Erwerbsfähigkeit in einer gegen die guten Sitten verstoßenden Weise beschränkt würde. Beschränkungen der Vertragsfreiheit zum Schutze der Arbeiter gegenüber der wirtschaftl. Überlegenheit der Arbeitgeber, s. § 384.

§ 255.

ad 2. Ohne Rücksicht auf die Zwecke der Handelnden werden überall solche Folgen mit Rechtsgeschäften verbunden, von welchen es als abhängig erscheint, daß die mittels ihrer ausgeübte Wirksamkeit sich mit den beteiligten und unter Rechtsschutz stehenden sachlichen Interessen verträgt.

Die allgemeine Charakterisierung des hier sich geltend machenden objektiven Prinzips s. in § 243.

§ 256.

So werden mit dem Abschluß einer Ehe wichtige Rechtswirkungen verbunden, unabhängig davon, ob sie in den Zwecken der die Ehe Eingehenden liegen (relative Unauflöslichkeit des geknüpften Bandes, s. § 719, Pflichten in bezug auf etwaige Nachkommen 2c.). In ihnen sind die Bedingungen bezeichnet, unter welchen die Begründung eines solchen Verhältnisses vom Rechte als im Einklang stehend mit den seinem Schutze anvertrauten Interessen erachtet wird.

*§ 257.

Vor allem aber ist die verpflichtende Kraft, welche das Recht unter bestimmten Voraussetzungen einem angenommenen Versprechen beimißt, auf das bezeichnete objektive Prinzip zurückzuführen. Daher diese bindende Kraft davon unabhängig ist, ob die Erfüllung des Versprechens in der Absicht des Versprechendem lag.

Man denke an den Käufer einer Sache, welcher von Anfang an beabsichtigt, sein Versprechen: zu bestimmter Zeit den vereinbarten Kaufpreis zu zahlen, unerfüllt zu lassen. Solcher dem Verkäufer verheimlichter Vorbehalt, das Erklärte nicht zu wollen (reservatio mentalis), schließt nicht aus, daß das Recht den Käufer an sein Versprechen bindet und ihn erforderlichenfalls zur Erfüllung desselben zwingen läßt. Für die Entstehung der Zahlungspflicht sind daher nicht die dem Zahlungsversprechen zugrunde liegenden Absichten entscheidend, sondern objektive Merkmale des Versprechens und seine in ihnen sich begründende Bedeutung für die Interessen des andern, dem das Versprechen gegeben und dessen Verhalten durch dasselbe bestimmt wird.

§ 258.*

Hierher gehört es ferner, daß der Fortbestand der aus einem angenommenen Versprechen erwachsenden Verpflichtung durch eine etwaige nachträgliche Sinnesänderung bei dem Verpflichteten nicht berührt wird.

Läge der Grund der Verpflichtung, wie viele annehmen, „in dem freien Willen der den Vertrag schließenden, welcher sich selbst verpflichtet", so müßte eine entgegengesetzte Äußerung dieses freien Willens die Verpflichtung wieder aufheben! Das ist aber nicht der Fall. Wenn aber der Wille das Entscheidende sein soll, so ist nicht zu erklären, weshalb ein späteres entgegengesetztes Wollen weniger Geltung haben soll wie das erste, und weshalb überhaupt das Festhalten an dem zuerst Gewollten (bzw. als gewollt Erklärten) zum Inhalt einer Rechtspflicht gemacht wird. Jede Verpflichtung im Rechtssinne ist objektive Gebundenheit einer Person andern gegenüber, eine partielle Unfreiheit, deren Grund nicht in dem eigenen Wollen der Person gesucht werden kann. Wohl ist es in die Freiheit des Einzelnen gestellt, sich in die Lage zu versetzen, in welcher jene Gebundenheit eintritt, allein was ihn gegen sein eigenes Wollen hierin festhält, kann nicht dies Wollen selbst sein! So wenig wie jemand sein eigener, ihn gegen seinen Willen in einer Zelle festhaltender Kerkermeister sein kann. Nicht das Wollen bindet die Individuen, sondern ihr Handeln, und dieses Handeln, weil und insofern es die Bedingungen fremder Wohlfahrt berührt. (§ 243.)

Für Verträge gilt in dieser Beziehung nichts Besonderes. Wir sind frei auch in bezug auf den Bau eines Hauses, Betrieb einer Fabrik, Übernahme der Pflege eines Kranken, aber gebunden in bezug auf die ergänzenden Handlungen, von welchen es erfahrungsgemäß abhängt, daß die Integrität fremden Lebens, Gesundheit, Vermögens solchem Verhalten gegenüber Bestand hat.

Auch von den in Rechtsverletzungen sich begründenden Verpflichtungen gilt hier nichts anderes. Wie der Verbrecher frei ist in bezug auf seine Handlung, nicht frei in bezug auf deren gegen ihn gewendete Folgen (Strafen), so der Aufnehmer eines Darlehens frei in bezug auf das

Leihen, nicht in bezug auf die daraus entspringende Pflicht, das Geliehene zurückzuzahlen; und wie dort die Tat, nicht aber deren Rechtsfolge, in dem freien Willen des Täters ihre zureichende Erklärung findet, ebenso hier. Die herrschende Theorie überspringt die Tat und überträgt auf den Willen, was nur von seiner Wirksamkeit gilt, die ihm gegenüber zu selbständiger Bedeutung gelangt.

*§ 259.

Die Verpflichtung kann ferner, dem gleichen Prinzip entsprechend, einen erweiterten oder einen neuen Inhalt gewinnen unabhängig von dem Willen des Verpflichteten.

So in dem Falle eines der Verpflichtung widersprechenden Verhaltens, indem dieses die Verpflichtung zur Zahlung von Verzugszinsen neben, oder zur Entschädigung an Stelle der Erfüllung der ursprünglichen Vertragspflicht nach sich ziehen kann.

Über solche Umwandlung von Rechtspflichten im Fall ihrer Verletzung s. Spezielleres in § 671 i. f., 688 f. In bezug auf die aus Rechtsverletzungen hervorgehenden s. den nächsten Abschnitt.

IV. Speziellere Betrachtung der Rechtsverletzungen.

1. Merkmale und Arten.

§ 260.

Jede Rechtsverletzung enthält ein Rechtsanforderungen widerstreitendes und also pflichtwidriges Verhalten.

Viele wenden das Wort Rechtsverletzung auch in Fällen an, wo von der Verletzung einer Rechtspflicht nicht die Rede sein kann. So in bezug auf Verletzungen fremder Interessen durch Unzurechnungsfähige. Man denke an die Tötung eines Menschen durch einen Wahnsinnigen. Selbstverständlich kann hier von einem Zuwiderhandeln gegen die verpflichtenden Vorschriften des Rechts nicht gesprochen werden, da nicht einmal eine Handlung, geschweige denn eine pflichtwidrige Handlung vorliegt. Gleichwohl spricht man häufig auch hier von einer Rechtsverletzung, indem man das Wort auf die äußerlichen Merkmale bezieht, welche die Tat des Wahnsinnigen mit Mord und Totschlag gemeinsam hat (s. auch § 237 i. f.). Trotz dieser Gemeinsamkeit ist aber die rechtliche Bedeutung der Vorgänge eine fundamental verschiedene. Von dem, was der Tat des Zurechnungsfähigen ihre eigentümliche Bedeutung für die Rechtsordnung verleiht und was Grund und Maß für die Gegenwirkungen enthält, welche sich mit ihr verknüpfen (s. hierüber § 275 ff.), ist bei der Tat des Wahnsinnigen nichts vorhanden. Wenn man daher diese, juristisch betrachtet, so sehr verschiedenen Dinge mit demselben juristischen Namen bezeichnet, so ist dies nur erträglich unter der Voraussetzung, daß man sich dabei ihrer Verschiedenheit bewußt bleibe. Besser aber ist es, das begrifflich Verschiedene auch sprachlich auseinander zu halten. Bisher wenigstens hat hier die sprachliche Vermengung einer die Verschiedenheiten klarstellenden Bearbeitung der Begriffe lediglich Hindernisse bereitet. — In diesem Buch ist von „Rechtsverletzung" stets nur in dem hier im Texte entwickelten Sinn die Rede.

Zur allgemeinen Lehre von den Rechtsverletzungen: Merkel, Kriminalistische Abhandlungen I, Gießen 67. Über das gemeine d. Strafrecht von Hälschner und den Idealismus in der Strafr.wissenschaft, in der Zeitschr. f. d. ges. Strafr.wissenschaft I, 580 (Sammlung 430). Binding, Normen. Handbuch des Strafrechts. Jhering, Schuldmoment im röm. Privatrecht 67. Hälschner, Die Lehre vom Unrecht u. seinen verschiedenen Formen 60. v. Bar, Grundlagen des Strafrechts 69. Heyßler, Das Zivilunrecht u. seine Formen 70 und in Grünhuts Zeitschr. 83 S. 14. R. Löning, Der Vertragsbruch u. seine Rechtsfolgen 79. Herz, Das Unrecht u. die allgem. Lehren des Strafrechts 80. Hold von Ferneck, Die Rechtswidrigkeit I 03.

§ 261.

Seiner äußeren Seite nach kann dies Verhalten dadurch charakterisiert sein, daß, was einem Rechtsverbote gemäß unterbleiben sollte, getan wird, oder dadurch daß, was einem Rechtsverbote gemäß geschehen sollte, unterbleibt (s. § 768).

*§ 262.

Seiner inneren Seite nach kann dies Verhalten durch die Merkmale des Vorsatzes (dolus) oder durch diejenigen der Fahrlässigkeit (culpa) charakterisiert sein.

Die Rechtsverletzung ist vorsätzlich begangen, wenn die zur äußeren Tatseite gehörigen Merkmale mit Wissen und Wollen verwirklicht wurden — fahrlässig begangen, wenn zwar nicht mit Wissen und Wollen, aber auf Grund pflichtwidriger, die im Leben und Verkehr erforderliche Sorgfalt (nach röm. Maßstab die diligentia boni patrisfamilias) außer acht lassender Unaufmerksamkeit oder Nachlässigkeit.

§ 263.

Das erstere ist u. a. der Fall beim Diebe, Mörder, Verleumder, bei dem Schuldner, der sich durch die Flucht seinen Verpflichtungen zu entziehen sucht. Das was dem Recht entgegen ist, wird hier mit Wissen und Wollen verwirklicht.

§ 264.

Das letztere ist u. a. bei demjenigen der Fall, der durch unbedachtsames Gebahren mit Gift, mit Feuer oder mit explosibelen Stoffen eine Schädigung anderer an Leib oder Leben oder am Vermögen herbeiführt.

Auch hier ist das Geschehene dem Willen des Handelnden zur Last zu legen, der zwar nicht die Schädigung der andern wollte, aber auch nicht so, wie er sollte, auf deren Vermeidung gerichtet war.

Die Unterscheidung von Vorsatz und Fahrlässigkeit ist verwandt derjenigen zwischen rechtswidrigem Tun und rechtswidrigem Unterlassen auf der äußeren Tatseite (§ 261), insofern dem Willen des Schuldigen beim Vorsatze ein aktives, bei der Fahrlässigkeit ein passives Verhalten im Bereiche des eigenen Bewußtseins zur Last fällt.

§ 265.

Die Annahme einer Fahrlässigkeit setzt voraus, daß bei pflichtgemäßem Verhalten der Widerspruch mit den Anforderungen des Rechts vermieden worden wäre.

Wenn das letztere nicht der Fall ist, so liegt im Sinne des Rechts ein **Zufall** (casus) vor.

§ 266.

Hierher gehört es, wenn jemand durch unwiderstehliche Gewalt an der Erfüllung seiner Verpflichtungen gehindert oder wenn durch jemandes Handlungen auf Grund einer schlechthin unvorhersehbaren Verknüpfung von Umständen der schädliche Erfolg herbeigeführt worden ist.

Der letztere ist hier nicht auf den Willen der Person zurückzuführen und findet in der Beschaffenheit desselben nicht seine Erklärung. Er wird ihm daher nicht zur Last gelegt, ihm nicht „zugerechnet". (Vgl. § 703.)

§ 267.

Jede Rechtsverletzung hat eine Bedeutung für Interessen, welche den Schutz des Rechts in Anspruch nehmen.

Betrachten wir zuerst diese Interessen, dann die Bedeutung, welche den Rechtsverletzungen für dieselben zukommt.

§ 268.

Hinsichtlich dieser Interessen sind zu unterscheiden:

1. die besonderen öffentlichen und Privatinteressen, welche durch die einzelne Rechtsverletzung berührt werden, und
2. das allgemeine Interesse an der Autorität des Rechts und dem Gehorsam der Einzelnen seinen Vorschriften gegenüber.

§ 269.

ad 1. Jede Rechtsverletzung hat eine Beziehung auf irgend welche besonderen Interessen, welchen sie wirklich oder der Annahme nach widerstreitet und mit Rücksicht auf welche die betreffende Handlung verpönt ist.

§ 270.

Dieselben können zu den bloß objektiv geschützten Interessen gehören, deren in § 156 gedacht worden ist, oder einen Schutz in Gestalt subjektiver Rechte erlangt haben.

Im letzteren Falle enthält die Rechtsverletzung zugleich eine Verletzung subjektiver Rechte, im ersteren fehlt ihr dieses Merkmal. Z. B. enthält der Diebstahl die Verletzung eines subjektiven Rechts (des Eigentumsrechts des Bestohlenen), während die Blutschande eine solche nicht enthält.

§ 271.

Diese Interessen können wir regelmäßig in unmittelbar und mittelbar beteiligte unterscheiden. Auf jene weist der Begriff der betreffenden Art von Rechtsverletzungen hin, und es entspricht ihnen das subjektive Recht, das bei derselben etwa in Betracht kommt.

So verletzt die Beleidigung unmittelbar das in der Form eines subjektiven Rechts geschützte Interesse der Ehre. Dieses bildet den nächsten Angriffsgegenstand, auf welchen der Begriff dieser

Art von Rechtsverletzungen hinweist. Mittelbar verletzen dieselben das Interesse an dem Bestande des bürgerlichen Friedens. So verletzt der Ehebruch unmittelbar das Interesse des beleidigten Ehegatten an der Treue des anderen Teils, mittelbar das gesellschaftliche Interesse an der Kraft des ehelichen Bandes; der Betrug unmittelbar das Vermögensinteresse des Betrogenen, mittelbar das öffentliche Interesse an Treue und Glauben im Verkehre; der Mord unmittelbar das Lebensinteresse des Angegriffenen, mittelbar die Interessen der Angehörigen desselben, sowie das öffentliche Interesse an der Sicherheit von Leib und Leben.

§ 272.

ad 2. Jede Rechtsverletzung enthält das Moment des Ungehorsams dem objektiven Rechte gegenüber, stellt demgemäß von bestimmter Seite her die Herrschaft des letzteren in Frage und berührt so das allgemeine Interesse an dem Bestande dieser Herrschaft. Dies gilt von der Verletzung privatrechtlicher Vertragspflichten ebenso wie von der Verletzung öffentlich-rechtlicher Verpflichtungen.

*§ 273.

Rechtsverletzungen können für die bezeichneten Interessen eine zweifache Bedeutung haben, nämlich:

1. insofern sie für dieselben Übel und Gefahren hervorbringen, und auf die Bedingungen einen Einfluß ausüben, unter welchen das Recht seine Aufgabe jenen Interessen gegenüber zu erfüllen und seine eigene Herrschaft zu behaupten vermag;
2. insofern sie jene Interessen bedrohende Mißstände und Gefahren erkennbar machen oder unter helleres Licht rücken.

Kraft dieser zweifachen (realen und symptomatischen Bedeutung der Rechtsverletzungen können dieselben für Maßregeln von zweifacher Art bestimmend sein.

2. Rechtsfolgen.

a) Überhaupt.

§ 274.

Rechtsverletzungen gegenüber liegt es dem Rechte ob, die Bedingungen seiner Herrschaft und die Interessen, um deren willen sie besteht, zu wahren.

Nur insofern eine solche Wirksamkeit von ihm ausgeht, erweist es sich als die schützende und gewährleistende, Ordnung und Frieden verbürgende Macht, als welche es charakterisiert worden ist.

Lehrbuch § 64 ff.

§ 275.

Diese Wirksamkeit ist im allgemeinen zweifacher Art (§ 273), indem das Recht:

erstlich gegen die von Rechtsverletzungen hervorgebrachten Übel und Gefahren Gegenwirkungen eintreten läßt, welche bestimmt sind, die Ausbreitung jener zu hemmen und die schon eingetretenen, so weit die Natur der Dinge dies zuläßt, wieder zu beseitigen, oder auszugleichen;

zweitens die durch Rechtsverletzungen erkennbar gewordenen Übel und Gefahren bekämpfen läßt.

§ 276.

Die zuerst genannten Gegenwirkungen finden ihre Begründung in der dem Recht widerstreitenden Wirksamkeit selbst undbemessen sich nach ihr. Es sind die „Rechtsfolgen" des Unrechts im engeren Sinne dieses Wortes, deren bereits gedacht worden ist (§§ 51—56).

Für die Maßregeln der zweiten Art bildet jene schuldhafte Wirksamkeit nur eine Gelegenheitsursache.

Zu diesen Maßregeln der zweiten Art gehören z. B. Gesetze, welche infolge begangener Rechtsverletzungen bestimmter Art erlassen sind, um der Wiederbegehung solcher Handlungen vorzubeugen, indem sie die Befugnisse der Polizei in bestimmter Richtung erweitern, den Vertrieb von Gegenständen, welche bei der Begehung jener eine Rolle spielten, (z. B. von explosibeln Stoffen, Waffen, Gift) oder auch den Fremdenverkehr unter eine strengere Kontrole stellen 2c.

Die Maßregeln beider Kategorien haben trotz des unter ihnen bestehenden Gegensatzes eine gemeinsame, nämlich eine präventive, Bedeutung. Auch die Rechtsfolgen der Rechtsverletzungen (man denke etwa an die Rechtsfolgen von Diebstählen, Beleidigungen, Mordtaten) wirken vorbeugend, und zwar nicht zufällig, sondern ihrer Bestimmung gemäß. Sie wirken vorbeugend, indem sie verhindern, daß die mit der rechtswidrigen Handlung sich verknüpfenden Übel sich behaupten und ausbreiten, indem sie den Reiz zu Friedensstörungen auf der Seite der von der Rechtsverletzung unmittelbar oder mittelbar Getroffenen, den Reiz zum Weiterschreiten im Wege des Unrechts auf der Seite des Schuldigen aufheben oder doch mindern, indem sie die vorbeugende Kraft der zur Anwendung kommenden sekundären Rechtsbestimmungen (§ 55) wahren, und durch alles dies eine Quelle künftiger Gefahren und Übel schließen.

Mit dem äußerlichen Abschluß einer Übeltat hat ja nicht auch deren Kausalität ihren Abschluß erreicht. Mit ihr ist vielmehr ein Element ins Leben getreten, welches weiter wirkt und für den gesellschaftlichen Körper eine ähnliche Bedeutung besitzt, wie eine giftige Substanz für den Organismus eines Menschen, in welchen sie eingedrungen ist. Die Rechtsfolgen gleichen den im letzteren Fall angewendeten Gegenmitteln. Sie sichern gleich diesen die Zukunft, indem sie ein in der Vergangenheit entstandenes und in der Gegenwart fortbestehendes Übel bekämpfen.

Damit ist aber zugleich das Unterscheidende bezeichnet. Die Rechtsfolgen wirken vorbeugend in innerem Anschluß an die begangene Tat, nach deren kausaler Bedeutung sie sich bemessen und in der sie ihre Begründung finden. In bezug auf jene anderen Maßregeln dagegen gibt die begangene Rechtsverletzung nur den äußerlichen Anlaß, der auch in anderer Form z. B. durch wissenschaftliche Arbeiten hätte gegeben werden können. Läßt sich die Verwirklichung der Rechtsfolgen der Bekämpfung eines Brandes vergleichen, so diese anderweitigen Maßregeln der Anschaffung von Spritzen nach einem Brande.

Die Maßregeln beider Kategorien zeigen sich jedoch nicht überall scharf gesondert. Nicht selten vielmehr zeigen sich die Merkmale beider in eigentümlicher Weise miteinander verknüpft. Hierher gehört es z. B., wenn bei der Vollziehung einer Freiheitsstrafe dem Sträflinge mit Rücksicht auf seine erkennbar gewordene geistige Verwahrlosung nützliche Kenntnisse beigebracht werden. Die weiterhin darzulegende Natur der Strafen (§ 292 ff.) gestattet es im allgemeinen, daß in ihnen die Gegenwirkung gegen die durch ein Verbrechen erzeugten Übel sich mit einer Wirksamkeit verbinde, welche gegen die durch das Verbrechen bloß erkennbar gewordenen Übel gerichtet ist. Demgemäß gehören nicht wenige Strafen zugleich jener zweiten Kategorie an. So z. B. die Stellung eines Verbrechers unter polizeiliche Aufsicht, die gegen Ausländer wegen eines Verbrechens verhängte Landesverweisung, die Unterbringung bestrafter Vagabunden in einem Arbeitshause, die Konfiskation der Produkte und Werkzeuge eines Verbrechens &c. Insoweit diese Maßregeln für den Verbrecher die Bedeutung einer Strafe haben, suchen sie ihre Begründung in seiner schuldhaften Wirksamkeit. Sie sind aber nicht bloß Strafen, sondern zugleich Vorkehrungen gegen Gefahren, hinsichtlich welcher die rechtswidrige Handlung nicht die Ursache, sondern lediglich einen Erkenntnisgrund enthält.

§ 277.

Die „Rechtsfolgen“ des Unrechts (welche uns im weiteren allein beschäftigen sollen) haben die Form einer Begründung neuer oder einer Modifikation bestehender Rechtsverhältnisse, oder die Form einer Nötigung zur Erfüllung der zu diesen Verhältnissen gehörigen Verpflichtungen.

Ein Schuldner versucht es, in betrügerischer Weise sich seinen Verpflichtungen zu entziehen. Eine solche Handlung kann zur Folge haben 1. eine Modifikation des zwischen dem Schuldner und seinem Gläubiger bestehenden Rechtsverhältnisses, indem der Schuldner verpflichtet wird, neben der ursprünglich geschuldeten Leistung dem Gläubiger Ersatz für etwaige Nachteile zu bieten, die demselben aus dem rechtswidrigen Verhalten des Schuldners erwachsen sind; 2. die Entstehung neuer Rechtsverhältnisse, indem der Schuldner dem Staate gegenüber verpflichtet wird, bestimmte Strafen zu erleiden; 3. die zwangsweise Realisierung der alten und neuen Verpflichtungen des Schuldners.

§ 278.*

Diese Rechtsfolgen kehren sich gegen denjenigen, der die Rechtsverletzung begangen hat, indem sie diesem Pflichten auferlegen oder ihn einem Zwange zur Erfüllung von solchen unterwerfen.

Sie kehren sich gegen ihn, weil es *seine* Wirksamkeit ist, der gegenüber das Recht und die von ihm geschützten Interessen sich zu behaupten veranlaßt sind.

Der allgemeine Grund der *Verantwortlichkeit* für unsere Taten liegt lediglich darin, daß es *unsere* Taten sind, welche Lust oder Unlust, Achtung oder Verachtung hervorrufen, und denen gegenüber andere sich veranlaßt sehen, die Bedingungen ihres Wohles und ihrer Selbstachtung im Einklang mit den allgemeinen Werturteilen zu wahren. Das gesamte Recht ist auf die Voraussetzung gegründet, daß die Handlungen eines Menschen der Ausfluß seines Wesens und also mit diesem durch das Kausalgesetz verknüpft sind. Wie sollte sonst das Recht dazu kommen, den rechtlichen Wert bestimmter Taten auf den Handelnden zu übertragen, dieser Person für die Zukunft auf Rechnung zu setzen und von ihr deren Begleichung zu fordern, wenn nicht in jenen Taten gemäß dem Kausalgesetz ihre Eigenschaften sich aussprächen, in ihr das beharrende Element gegeben wäre, das sich durch diese Taten charakterisiert, und sie kraft dieses Sachverhaltes sich selbst in ihnen wiederzuerkennen und deshalb für sie verantwortlich zu fühlen vermöchte. Im Gegensatz zu diesem *deterministischen* Standpunkt bestreitet die Lehre des Indeterminismus die Gültigkeit des Kausalgesetzes in der Sphäre des menschlichen Handelns und sieht die Voraussetzung der Verantwortlichkeit gerade darin, daß menschl. Handlungen von der Herrschaft dieses Gesetzes eximiert seien. —

Liegt eine den ethischen Werturteilen widerstreitende und in Interessengebiete, welche unter dem Schutze des Rechts oder anderer ethischer Mächte stehen, verletzend eingreifende Tat vor, so sprechen wir von einer „Schuld" des Täters. Hierbei wird dies Wort spezieller bald auf die mit den bezeichneten Eigenschaften behaftete Tat selbst bezogen („Schuld" gleich „normwidrige Kausalität") oder, korrekter, auf die durch die Tat begründete Verantwortlichkeit und Gebundenheit („Schuld" gleich „ethische Gebundenheit in bezug auf ein jene Kausalität ausgleichendes Handeln oder Dulden"). — Zur Begründung des determinist. Standpunktes Merkels vgl. insb. Elemente § 23. Lehrbuch § 28. Über das gemeine d. Strafrecht von Hälschner (§ 260). Rechtliche Verantwortlichkeit (§ 236.) S. auch Simmel, Moralwissenschaft (§ 80).

§ 279.

Dieselbe Rechtsverletzung kann vielerlei Rechtsfolgen nach sich ziehen; eine Verleumdung z. B. die Verpflichtung, Ersatz zu leisten für etwa verursachte Vermögensnachteile, bzw. eine „Buße" (§ 792) an den Verletzten zu zahlen, den Zwang zur Erfüllung dieser Verpflichtung, die Zuerkennung und Vollziehung einer Gefängnisstrafe, die Veröffentlichung des ergangenen Strafurteils, die Verpflichtung und Nötigung zur Tragung der Kosten einer Ausfertigung des Urteils für den Verletzten und zur Tragung der Prozeßkosten.

§ 280.

Wie sich bei den Rechtsverletzungen die Beziehung auf das allgemeine Interesse an dem Bestande der Herrschaft und Macht des Rechts von der Beziehung auf bestimmte besondere Interessen scheiden läßt (§§ 268—72), ebenso bei den Rechtsfolgen.

§ 281.

Alle Rechtsfolgen haben eine Bedeutung für jenes allgemeine Interesse. Denn alle bekräftigen der begangenen Rechtsverletzung gegenüber die Gültigkeit und das Ansehen der verletzten Vorschriften; alle wirken zugunsten einer Wahrung und bzw. Wiederherstellung eines Zustandes, der mit diesem Ansehen und den Bedingungen seines Fortbestandes harmoniert.

§ 282.

Jede Rechtsfolge ist zugleich bestimmt, gewissen besonderen Interessen zu dienen, solchen, welchen die betreffende Rechtsverletzung widerstreitet, und bezüglich ihrer in einem der Bedeutung der Rechtsverletzung entgegengesetzten Sinne wirksam zu werden.

Die Verschiedenheit der Rechtsfolgen entspricht einer Verschiedenheit dieser besonderen Interessen, und resp. einer Verschiedenheit der Bedingungen, unter welchen dieselben einer ihnen feindlichen Wirksamkeit gegenüber sich zu behaupten vermögen.

b) **Ihre Arten.**

§ 283.

Die Rechtsfolgen scheiden sich:

α) in privatrechtliche und öffentlich-rechtliche,

β) in Rechtsfolgen, welche unter den Begriff der Strafen fallen (strafrechtliche Unrechtsfolgen), und solche, welche nicht darunter fallen.

In der Literatur werden diese beiden Gegensätze nicht selten in der Weise miteinander vermengt, daß man die öffentlich-rechtlichen Unrechtsfolgen mit den Strafen und den Gegensatz zu jenen mit dem Gegensatz zu diesen identifiziert. Damit aber schneidet man sich die Möglichkeit ab, zu einer richtigen Auffassung der besonderen Natur der unterschiedenen Unrechtsfolgen zu gelangen. Weder sind alle öffentlich-rechtlichen Unrechtsfolgen Strafen (man denke etwa an den auf öffentliche Pflichten bezüglichen Erfüllungszwang, § 292), noch alle Strafen öffentlich-rechtlicher Natur. Diese beiden Begriffe haben an sich durchaus nichts miteinander zu tun. Die Tatsache, daß die Strafen des modernen Rechts zumeist mit den Merkmalen des Strafbegriffs diejenigen der öffentlichen Unrechtsfolgen vereinigen, beweist nichts gegen die Fehlerhaftigkeit und den verwirrenden Einfluß einer Vermengung dieser Begriffe.

α) **Rechtsfolgen privatrechtlicher im Gegensatz zu Rechtsfolgen öffentlich-rechtlicher Natur.**

§ 284.

Die privatrechtlichen Unrechtsfolgen bestehen in der Modifikation bestehender oder in der Begründung neuer **Privatrechtsverhältnisse** oder in der Nötigung zur Erfüllung dazu gehöriger privatrechtlicher Verpflichtungen.

Die öffentlich-rechtlichen Unrechtsfolgen in der Modifikation bestehender oder in der Begründung neuer **öffentlich-rechtlicher** Verhältnisse oder der Nötigung zur Erfüllung dazu gehöriger öffentlich-rechtlicher Verpflichtungen.

Eine privatrechtliche Unrechtsfolge: Zwang zur Zahlung einer Darlehensschuld; eine öffentlich-rechtliche Unrechtsfolge: Zwang zur Erfüllung der staatsbürgerlichen Pflicht, vor Gericht in einem Prozeß als Zeuge zu erscheinen und Zeugnis zu geben.

§ 285.

Die privatrechtlichen Unrechtsfolgen bemessen sich unmittelbar nach der Bedeutung der Rechtsverletzung für die beteiligten Privatinteressen, die öffentlich-rechtlichen Unrechtsfolgen unmittelbar nach der Bedeutung der Rechtsverletzung für die beteiligten öffentlichen Interessen.

*§ 286.

Mit mancher Rechtsverletzung verbinden sich bloß privatrechtliche Folgen. So z. B im allgemeinen mit der fahrlässigen [1]) Beschädigung fremder Sachen, mit der pflichtwidrigen Verzögerung vermögensrechtlicher Leistungen.

Man spricht hier von „bloßem Zivilunrechte", bloß „privatrechtlichem Unrechte".

[1]) Anders bei der vorsätzlichen Beschädigung, auf welche unser Strafgesetzbuch eine öffentliche Strafe androht, s. § 293.

§ 287.

Die öffentlichen Interessen, welche auch bei diesen Rechtsverletzungen beteiligt sind (§ 271 f.), kommen hier zu keinem selbständigen Ausdruck.

Die privatrechtlichen Folgen haben aber eine Bedeutung auch für sie. Indem das Recht mittels ihrer die unter seinem Schutze stehenden Privatinteressen dem Schuldigen gegenüber triumphieren läßt, wahrt es zugleich die Autorität der schutzverheißenden Vorschriften und befriedigt so die öffentlichen Interessen, welche von der Autorität dieser Vorschriften abhängig sind.

Wenn z. B. dem Eigentümer seine ihm rechtswidrig entzogene Sache im Wege Rechtens wieder verschafft wird (privatrechtliche Unrechtsfolge), so bewährt sich damit die Kraft der das Eigentum regelnden und ihm Schutz verheißenden Rechtsnormen. Dies aber hat eine Bedeutung 1. für diejenigen besonderen öffentlichen Interessen, welche in diesen Rechtsnormen ihren Ausdruck finden, für deren Ausbildung entscheidend waren, ihrer Aufrechterhaltung zugrunde liegen und von dieser abhängig sind:

und 2. für jenes allgemeinste öffentliche Interesse: daß das Recht überhaupt sich als eine Macht bewähre und nicht vergeblich Schutz verheiße und Schranken ziehe. — Diese Bedeutung der privatrechtlichen Unrechtsfolgen ist häufig verkannt worden. Sie ergibt sich aus der einfachen Erwägung, daß das Recht in allen seinen Teilen und bei allen seinen Funktionen als ein Organ gemeinsamer oder öffentlicher Interessen erscheint, daß demgemäß jede dieser Funktionen und also auch die Verwirklichung der privatrechtlichen Unrechtsfolgen eine Bedeutung für diese Interessen haben muß (s. § 89 ff.).

§ 288.

Bei manchen Rechtsverletzungen kommt umgekehrt die Verletzung von Privatinteressen und Privatrechten, welche sie enthalten, in den Rechtsfolgen zu keinem selbständigen Ausdruck.

So im allgemeinen nach modernem Rechte bei Mord und Totschlag. Soweit dabei nicht Vermögensinteressen der Angehörigen des Getöteten in Frage stehen, kommen nur öffentlich-rechtliche Verhältnisse zwischen dem Schuldigen und dem Staate als Rechtsfolgen der Tat zur Entstehung.

§ 289.

Der modernen Anschauung gemäß treten bei diesen Verbrechen die verletzten Interessen der beteiligten Privaten (der Familienglieder) hinter den allgemeinen Interessen zurück und haben in den Rechtsfolgen, für welche die letzteren maßgebend sind, zugleich ihre eigene Befriedigung zu suchen, soweit eine solche in Frage kommen kann.

Hinsichtlich der Entwicklung jener Anschauung und der ihr entsprechenden Entwicklung des öffentlichen Strafrechts vgl. Merkel, Über den Zusammenhang zwischen der Entwicklung des Strafrechts und der Gesamtentwicklung der öffentl. Zustände ꝛc. 89. Lehrbuch §§ 11, 72.

§ 290.

Bei zahlreichen anderen Rechtsverletzungen kommen beiderlei Interessen zu selbständigem Ausdruck in den Rechtsfolgen. Dahin gehören u. a. Diebstahl, Raub und Betrug. Dieselben bringen einerseits privatrechtliche Verhältnisse zwischen den Schuldigen und den in ihren Rechten verletzten Privaten, andrerseits öffentlich-rechtliche Verhältnisse zwischen den Schuldigen und dem Staate hervor.

β) Strafrechtliche im Gegensatz zu anderen Rechtsfolgen.

§ 291.*

Die strafrechtlichen Folgen bestehen darin, daß ein Rechtsverhältnis zwischen dem Schuldigen und dem Staate, oder auch einem Privaten oder einer Korporation zur Entstehung gelangt, kraft dessen jener eine Strafe (bzw. eine Mehrzahl von Strafen) zu erleiden hat, und in dem wirklichen Erleiden derselben auf Grund dieses Rechtsverhältnisses.

Die Strafe ist „Privatstrafe", wenn jenes Verhältnis privatrechtlicher Art, „öffentliche Strafe", wenn es öffentlich-rechtlicher Natur ist. Erstere ist sonach Gegenstand eines privaten Anspruchs, letztere Gegenstand eines staatlichen Strafanspruchs.

Manche wollen die Privatstrafe, welche in der Geschichte des Strafrechts eine große Rolle spielt (§ 300), überhaupt nicht als Strafe gelten lassen. Aber das allgemeine Wesen der Strafe hat an sich nichts zu tun mit der Frage, welchem Subjekte ein Recht auf ihre Zuerkennung und Vollziehung zusteht.

§ 292

Der Begriff der Strafe umfaßt vielerlei Unrechtsfolgen, welche aber trotz der unter ihnen bestehenden Verschiedenheiten einen Gegensatz zu allen übrigen Unrechtsfolgen bilden.

Als Strafen seien hier genannt die Todesstrafe, die Freiheits- und Geldstrafen, Entziehung öffentlicher Ämter, Konfiskation der Werkzeuge und Produkte der Rechtsverletzung, Stellung unter polizeiliche Aufsicht, Landesverweisung (s. § 788 ff.).

Zur anderen Gruppe, für welche wir keinen passenden gemeinsamen Namen haben, gehören:

die nötigenfalls durch Zwang zu realisierende Verpflichtung zur Herausgabe von Gegenständen, welche man rechtswidrig im Besitze hat, sowie die Entziehung angemaßter Würden, Stellungen rc.;

die Nötigung zur Erfüllung privatrechtlicher oder öffentlich-rechtlicher Verpflichtungen, welchen nicht freiwillig entsprochen wurde;

die Verpflichtung und Nötigung zum Ersatze des Schadens, den man in rechtswidriger Weise dem Vermögen jemandes zugefügt hat.

Worin unterscheiden sich die beiden Gruppen?

Lehrbuch § 67 (Die Rechtsstrafe in ihrem Verhältnis zu anderen Unrechtsfolgen).

§ 293.

Man denke an eine vorsätzliche und rechtswidrige Zerstörung fremden Eigentums.

Eine solche Rechtsverletzung begründet eine Pflicht und eventuelle Nötigung zur Entschädigung des Eigentümers und eine öffentliche Strafe.

Diese Folgen mögen uns die in § 292 unterschiedenen Gruppen repräsentieren.

§ 294.

Entschädigung und Strafe unterscheiden sich:

1. durch ihre Beziehung auf verschiedene Seiten der schuldhaften Wirksamkeit; eine andere ist für die Entschädigung, eine andere für die Strafe unmittelbar maßgebend (§ 295 ff.);
2. durch Merkmale, die an ihnen selbst hervortreten (§ 307 ff).

Die weiterhin darzulegenden Verschiedenheiten zwischen den genannten Rechtsfolgen kommen in den Rechtsnormen nur allmählich zu einem sicheren und bestimmten Ausdruck und zu allseitiger Berücksichtigung. Vgl. Merkel, Über den Begriff der Strafe in seinen geschichtlichen Beziehungen (s. § 144). Ihering, Schuldmoment.

§ 295.

1. Für die Entschädigung ist unmittelbar maßgebend die zurechenbare Verletzung des fremden Eigentums, dasjenige also, was hier in direktem Widerspruch mit den Rechtsvorschriften und den aus ihnen abgeleiteten Pflichten geschehen ist.

Hierbei handelt es sich um einen Erfolg, der seiner Natur nach eine spezifische Ausgleichung im Wege der Entschädigung zuläßt.

Man nehme an, daß das Vermögen des Eigentümers durch die Rechtsverletzung um einen Betrag von 100 Mark gemindert worden sei und nun durch die genannte Rechtsfolge um denselben Betrag wieder erhöht werde.

§ 296.

In solcher spezifischen Ausgleichung dessen, was eine Rechtsverletzung zunächst charakterisiert, liegt die besondere Bestimmung der ganzen Gruppe von Rechtsfolgen, als deren Repräsentantin die Entschädigung uns gilt.

§ 297.

Die kausale Bedeutung der betrachteten Rechtsverletzung (§ 293) für die im Rechte anerkannten Interessen erschöpft sich aber nicht in jener nächsten Wirkung, welche den Gegenstand der Entschädigung bildet, und auf den hier verbleibenden Rest bezieht sich die Strafe.

§ 298.

Die Wirkungen dieser Rechtsverletzung nämlich gehen, wie die Wirkungen der Rechtsverletzungen überhaupt, über den unmittelbaren Angriffspunkt hinaus, und haben eine Tendenz, die Sphäre des konkreten Rechtsverhältnisses zu überschreiten und sich in weiteren Kreisen privater und öffentlicher Interessen auszubreiten. Sie sind darin einer Flamme vergleichbar, welche inmitten brennbarer Stoffe zunächst einen einzelnen Gegenstand ergriffen hat, gleichzeitig aber die Tendenz zeigt, ihre Umgebung weiter und weiter schreitend ihrer Herrschaft zu unterwerfen.

§ 299.

Schon für die unmittelbar betroffene Persönlichkeit hat die Bedeutung der Handlung keinen erschöpfenden Ausdruck gefunden in dem Geldbetrage, welcher dem erlittenen Vermögensnachteil entspricht, und welcher den Gegenstand der Entschädigung bildet.

Denn in der Handlung prägt sich eine Mißachtung dieser Persönlichkeit und ihres Rechtes aus, gleichviel ob sie zu dem Zwecke begangen wurde, ihr eine feindliche Gesinnung fühlbar zu machen, oder ob der Täter um der Erreichung beliebiger sonstiger Zwecke willen diese Persönlichkeit und ihr Recht als ein bloßes Nichts behandelte. Die letztere sieht damit ihre Geltung in Frage gestellt und sich (von den verletzenden Wirkungen, welche für ihr Gefühl damit unmittelbar sich verbinden, abgesehen), der Gefahr erneuter Betätigung einer gleichen Gesinnung ausgesetzt.

§ 300.

Diese Momente fanden in den Privatstrafen des älteren Rechts einen selbständigen Ausdruck. Dieselben hatten hiernach die besondere Bestimmung, dem Verletzten eine Genugtuung für die erlittene Kränkung darzubieten, und die Geltung seiner Persönlichkeit und ihres Rechts zu bekräftigen.

Im modernen Staate spielen diese Privatstrafen keine Rolle mehr.

Über die Bedeutung der Privatstrafe für das ältere Rechtsleben vgl. die Lehrb. der Rechtsgeschichte. Auch Lehrbuch 201 f.

§ 301.

Die in Betracht gezogene Rechtsverletzung berührt ferner gleich jeder anderen öffentliche Interessen. Sie verletzt das öffentliche Interesse an der Sicherheit des Eigentums und an dem Bestande des öffentlichen Friedens, sowie jenes allgemeinste Interesse an der Herrschaft des Rechts (§ 272).

Diese Momente sind es, welche in der mit jener Rechtsverletzung sich verbindenden öffentlichen Strafe zu selbständigem Ausdruck gelangen.

Mittelbar hat die öffentliche Strafe eine Bedeutung auch für die in den §§ 229 ff. bezeichneten Interessen der Einzelpersönlichkeit (s. § 289).

§ 302.

Für die Strafe ist, wie aus dem Gesagten erhellt, die nächste Wirkung der Handlung, nämlich die Zerstörung fremden Eigentums, in anderem Sinne bedeutsam als für die Entschädigung. Bei der letzteren kommt dieser Erfolg unmittelbar als maßgebend in Betracht, bei der Strafe dagegen nur insofern, als sich mit ihm kraft seines Zusammenhangs mit dem Willen einer Person psychische Wirkungen bestimmter Art (§ 298 ff.) verknüpfen.

§ 303.

Die Beteiligung dieses Willens ist hiernach bezüglich der Strafe in einem umfassenderen Sinne bedeutsam als bezüglich der Entschädigung.

Bei der letzteren interessiert dieser Wille nur als Urheber jenes nächsten Erfolgs, bei der Strafe um der weitergreifenden Bedeutung willen, welche diesem Erfolge aus solchem Ursprunge erwächst.

§ 304.

Demgemäß kommt es bei der Frage der Entschädigungspflicht nur darauf an, ob dem Handelnden dieser Erfolg zuzurechnen sei, während die speziellere Beschaffenheit seines Willens und der Beteiligung dieses Willens als gleichgültig erscheint. So ist es in bezug auf Existenz und Umfang der Pflicht gleichgültig, ob aus Bosheit oder aus Mutwillen, ob mit Vorsatz oder aus Fahrlässigkeit gehandelt wurde, ob in Jugendlichkeit, gerechten Affekten oder in anderen Umständen Milderungsgründe zu finden seien.

Dagegen sind diese Unterschiede und Umstände für die Frage der Bestrafung wichtig. Denn die über jenen nächsten Erfolg hinausgreifende und für die Strafe maßgebende Bedeutung der Handlung ist größer, wenn mit Vorsatz als wenn aus Fahrlässigkeit gehandelt wurde (s. § 771), größer bei Bosheit als bei Mutwillen, und hängt überall von der Gestaltung der inneren Tatseite in demselben Maße ab wie von der Gestaltung der äußeren.

§ 305.

Die Besonderheiten in der Bestimmung und Bemessung der Entschädigung einerseits, der Strafe andrerseits schließen nicht aus, daß gewisse Wirkungen beider, der gemeinsamen Natur aller Rechtsfolgen gemäß, in demselben Interessengebiete zusammentreffen.

Die Entschädigung hat vielmehr über die nächste, ihrer besonderen Bestimmung entsprechende Wirkung hinaus eine allgemeine Bedeutung sowohl für die benachteiligte Einzelpersönlichkeit wie für die Gesamtheit, eine Bedeutung, welche derjenigen der Strafe gleichartig ist.

Die Entschädigung, mag sie freiwillig dargeboten oder erzwungen sein, bietet dem Selbstgefühl des Verletzten eine Genugtuung, und ist geeignet, die bei ihm durch die Tat hervorgerufenen Affekte und das etwa erwachte Mißtrauen in die Macht des Rechts zu mindern, und trifft hierbei mit den Wirkungen zusammen, welche sich mit Privatstrafen verknüpfen. In der Richtung der öffentlichen Interessen hat die Entschädigung die Bedeutung, welche oben den Rechtsfolgen überhaupt (§ 281) und den privatrechtlichen, zu welchen die Entschädigung gehört, insbesondere (§ 287) beigelegt worden ist. Diese Bedeutung aber hat sie mit der öffentlichen Strafe (zwar nicht dem Maße, aber den begrifflichen Merkmalen nach) gemein.

Man denke sich, um hiervon eine Anschauung zu gewinnen, z. B. einen Wegfall der Strafen, welche sich mit Verletzungen des Lebens und der körperlichen Integrität von Rechtswegen verbinden. Ohne Zweifel würde eine Minderung der Bedeutung und des Wertes der in Betracht kommenden Normen, eine Minderung der Sicherheit jener Güter, ein Hervortreten der Selbsthilfe und eine Lockerung der Bande der Ordnung und des Friedens die Folge sein. Man denke sich demgegenüber ein Wegfallen der Entschädigung und überhaupt der zur zweiten Gruppe gehörigen Rechtsfolgen (§ 292), welche sich mit Verletzungen von Vermögensrechten und vertragsmäßigen Pflichten von Rechtswegen verbinden. Auch hier würde unzweifelhaft eine Minderung des Wertes und der Bedeutung der betreffenden Rechtsnormen, eine Minderung der Sicherheit der unter ihrem Schutze stehenden Güter, ein Hervortreten der Selbsthilfe und eine Lockerung der Bande der bürgerlichen Ordnung die Folge sein. Die Bedeutung des Wegfalls dieser verschiedenen Unrechtsfolgen wäre also in gewissen Grenzen dieselbe. Folglich ist die Bedeutung ihres Eintritts in denselben Grenzen ebenfalls identisch.

§ 306.

In dem Gesagten findet die Tatsache ihre Erklärung, daß das Anwendungsgebiet der Strafen dort, wo für andere Rechtsfolgen Spielraum ist, als ein beschränkteres erscheint wie dort, wo jenes nicht der Fall ist.

Wo für andere Rechtsfolgen kein Spielraum ist, da bilden Strafdrohungen die Regel. Wenn hier von solchen ausnahmsweise abgesehen wird (man denke etwa an Delikte, welche von Souveränen begangen würden), da geschieht dies mit Rücksicht auf Umstände, welche die Anwendung von Zwangsmaßregeln überhaupt und also auch des Strafzwangs als undurchführbar oder als mit überwiegenden Unzuträglichkeiten verbunden erscheinen lassen.

Wo dagegen für andere Rechtsfolgen (nach der Natur der Unrechtsarten) ein Anwendungsgebiet gegeben ist, da gilt jene Regel nicht. So im Bereiche der Vermögensverhältnisse. Zahlreiche Arten von Rechtsverletzungen in und außer Vertragsverhältnissen ziehen hier keine Strafen nach sich, sondern nur Entschädigungspflichten und bzw. Zwangsmaßregeln zur Erfüllung. Auch im Bereiche des Familienrechts und verschiedener

Teile des öffentlichen Rechts ziehen manche Pflichtverletzungen nur Zwangsmaßregeln nach sich. Vgl. Merkel, Krim. Abhandlungen I.

§ 307.

2. Die Rechtsfolgen von Rechtsverletzungen haben als Machtäußerungen des Rechts, welche sich gegen den Schuldigen richten, für diesen die Bedeutung eines Übels.

Dies Moment hat jedoch bei der Strafe eine höhere Bedeutung, als bei den übrigen Rechtsfolgen.

Alle Rechtsfolgen des Unrechts haben die Merkmale einer Freiheitsbeschränkung des Schuldigen und damit nach dem allgemeinen Maße menschlicher Werturteile die Bedeutung eines Übels für den von ihnen Betroffenen. Dies gilt von der Festsetzung einer Entschädigungspflicht und dem Zwange zur Erfüllung derselben, ebenso wie von der Auferlegung einer Geld- oder Freiheitsstrafe.

§ 308.*

Entschädigungspflicht und -zwang und die ihnen verwandten Rechtsfolgen erfüllen ihre besondere Bestimmung (§§ 295, 296) unabhängig davon, daß sie von dem Betroffenen als Übel empfunden werden, während bei der Strafe das Gegenteil der Fall ist.

Die Ausgleichung, welche durch die Entschädigung im Bereiche der Vermögensinteressen des Verletzten bewirkt werden soll, ist schlechthin unabhängig von der Bedeutung, welche diese Rechtsfolge für die Interessen des Entschädigungspflichtigen hat.

Dagegen würden Gefängnisstrafen, welche von Gewohnheitsverbrechern nicht als Übel empfunden, in schlimmen Zeiten sogar im Sinne einer Versorgung herbeigewünscht würden, ihrer Bestimmung in keiner Weise entsprechen. Sie würden eher geeignet sein, die Macht des Verbrechertums, als diejenige des Rechts und der unter seinem Schutze stehenden Interessen zu wahren und zu erhöhen. Wenn man behauptet hat, die Eigenschaft als Übel sei dem Wesen der Strafe gegenüber zufällig, so ist das Wesen des letzteren dabei ebenso verkannt, wie das Wesen der Belohnung verdienstlicher Taten verkannt würde, wenn man es für etwas diesem Wesen Fremdes erklärte, daß Belohnungen Lust zu erzeugen bestimmt sind und in der Regel erzeugen.

Dieser Gegensatz betrifft jedoch nur die besondere Bestimmung dieser Rechtsfolgen. Was die Entschädigung und die ihr zur Seite stehenden Rechtsfolgen über ihren nächsten Zweck hinaus für die Rechtsordnung bedeuten und worin sie mit den Strafen zusammentreffen (§ 305 f.), ist von der Eigenschaft eines Übels ebensowenig unabhängig wie die Bedeutung der Strafen.

§ 309.

Ein fernerer Gegensatz besteht zwischen Entschädigung und Strafe bezüglich ihrer Formen.

In bezug auf die Form der Entschädigung gibt ihr nächster Zweck: die spezifische Ausgleichung einer Vermögensbeschädigung, (§ 296) bestimmtere Merkmale an die Hand, als sie in bezug auf die Form der Strafe deren Zwecke zu entnehmen sind.

Eine Vermögensbeschädigung im Betrage von 100 M. kann stets nur durch eine vermögensrechtliche Leistung beglichen werden, welche einen Wert von 100 M. repräsentiert.

Diejenige Seite der schuldhaften Wirksamkeit dagegen, auf welche die Strafe sich bezieht, gibt hinsichtlich deren Form im allgemeinen nichts Bestimmtes an die Hand. Die in Betracht kommende Bedeutung einer Sachbeschädigung, Beleidigung, Störung des öffentlichen Friedens ꝛc. läßt keine nähere Beziehung zu den Merkmalen irgend einer Strafart erkennen, so wenig wie Fieberzustände eine Beziehung auf die Form der anzuwendenden Heilmittel. Daher die große Wandelbarkeit in der Form der Strafe.

Mit dem letzteren ist natürlich nicht gesagt, daß hinsichtlich der Wahl der Strafarten die Willkür des Gesetzgebers das allein entscheidende Moment sei und sein könne! Vielmehr ziehen die Bedingungen, unter welchen die Strafen innerhalb einer gegebenen Gesellschaft bestimmungsgemäß zu wirken vermögen, hier gewisse Schranken, und lassen bezüglich einer Verbrechensart diese, bezüglich einer anderen Verbrechensart jene Strafart als die zweckmäßigere und bzw. der Gerechtigkeit mehr entsprechende erscheinen. So ist es z. B. nicht willkürlich, wenn unsere Gesetze mit Verbrechen, welche aus einer als verächtlich geltenden Gesinnung hervorgehen, Ehrenstrafen verbinden. So entsprechen dem privatrechtlichen Standpunkt (§ 300) im allgemeinen andere Strafarten als dem öffentlichrechtlichen (§ 301). So dem Kindheitsalter der Völker andere als einem vorgerückteren Alter (§ 310 sub 3). So waren in Rom zur Zeit Konstantins nicht bloß zufällig andere Strafarten vorherrschend wie zur Zeit der Gracchen, in Deutschland im 17. Jahrhundert andere als heute. Das Band, welches das eigentümliche Strafensystem einer Zeit mit dem System der strafbaren Handlungen dieser Zeit verbindet, wird durch die sozialpolitischen Verhältnisse und die Kultur dieser Zeit gebildet. Vgl. § 242. — Merkel, Rektoratsrede (s. § 144).

Auf der anderen Seite gestatten Entschädigung und Erfüllungszwang auch ihrerseits einen gewissen Formenwechsel, und es ist ein solcher namentlich bezüglich des letzeren sowohl der römischen wie der deutschen

Rechtsgeschichte bekannt. Der hier bezeichnete Gegensatz ist daher ebensowenig ein absoluter wie der in den §§ 307 und 308 besprochene.

§ 310.

Das über die Entschädigung und die ihr verwandten Rechtsfolgen Gesagte hat seine Ergänzung in den Kapiteln über Privatrecht und Zivilprozeß, das über die Strafe Gesagte seine Ergänzung in den Kapiteln über Strafrecht und Strafprozeß zu finden.

In bezug auf das Grundverhältnis zwischen den hier unterschiedenen Gruppen von Rechtsfolgen stellt sich der im Texte dargelegten Auffassung eine Vielzahl von Theorien gegenüber, welche sich ihrem Grundcharakter nach auf die nachfolgend bestimmten Auffassungsweisen zurückführen lassen. Die Entschädigung mag auch hier die Gruppe vertreten, zu der sie gehört.

1. Man findet hier überall keinen Zusammenhang und keine Übereinstimmung, sondern nur Gegensätze. Nur die Entschädigung soll sich nach der Kausalität der schuldhaften Handlung bemessen und in deren Ausgleichung ihren Zweck haben, Maß und Bestimmung der Strafe dagegen sollen damit nichts zu tun haben. Für die Strafe hat daher die begangene Rechtsverletzung samt den aus ihr entspringenden Übeln und Gefahren nach dieser Auffassung nur die Bedeutung einer Gelegenheitsursache, gleich den im § 276 erwähnten und dort den Rechtsfolgen gegenübergestellten Maßregeln.

Im übrigen bestehen hier zwei Möglichkeiten:

a) Man bezieht die Strafe auf Bedürfnisse, welche, gleichviel woher sie stammen, durch die Rechtsverletzung erkennbar geworden sind, wie z. B. auf eine erkennbar gewordene Besserungsbedürftigkeit des Schuldigen, oder auf ein etwa hervorgetretendes Bedürfnis, in einer abschreckenden Weise an die Macht des Rechts zu erinnern, wobei der Schuldige als ein zunächst zur Hand stehendes Objekt für die Statuierung eines Exempels in Betracht käme. Daß die Strafe auch derartigen, durch die Rechtsverletzung nicht erzeugten, sondern nur evident gemachten Bedürfnissen dienstbar gemacht werden könne, ist im § 276 ausgeführt worden.

b) Man sieht auch von dem sub a bezeichneten Zusammenhange zwischen Rechtsverletzungen und Strafen ab. Hiernach würden die ersteren nur die Bedeutung von willkürlich gewählten Stichworten besitzen, auf die hin der Staat sich bestimmter Individuen bemächtigt, um sie als Mittel für seine Zwecke zu gebrauchen. Ein Mörder z. B. würde hiernach mit dem Tode bestraft, nicht weil dies der realen Bedeutung seiner Tat für das Recht und die demselben anvertrauten Interessen gemäß ist, auch nicht mit Rücksicht auf Bedürfnisse, welche durch die Tat erkennbar geworden sind, sondern etwa, weil die Todesstrafe als ein nützliches Institut betrachtet wird, und der Gesetzgeber in dem Mörder ein corpus vile gegeben findet, an dem er das Institut wirksam werden zu lassen für unbedenklich erachtet.

2. Man bezieht die Strafe ebenso wie die Entschädigung auf die begangene Tat, worin beide ihre Begründung finden sollen, zerlegt aber diese Tat in ihre äußeren und inneren Merkmale und meint, daß

für die Entschädigung ausschließlich die äußeren, für die Bestrafung ausschließlich die inneren Merkmale maßgebend seien. [Infolgedessen findet man Vollendung und Versuch eines Deliktes gleichwertig, s. § 778 Z. 1.] Hierbei irrt man in beiden Richtungen, da einerseits ein äußeres Geschehen, das nicht auf den Willen einer Person zurückführbar, ihr nicht zurechenbar ist, keine Entschädigungspflicht begründet, und andrerseits böses Wollen, das nicht in einer für das Recht und die von ihm geschützten Interessen relevanten Weise wirksam wird, keine Bestrafung begründet. Beide Rechtsfolgen sind gleichmäßig an das Vorliegen sowohl der äußeren wie der inneren Merkmale der Rechtsverletzungen (§ 260 ff.) gebunden.

3. Man übersieht die im Texte dargelegten Verschiedenheiten, indem man beide Rechtsfolgen nicht bloß, wie es der Wahrheit entspricht, auf die schuldhafte Wirksamkeit, sondern überall auf die nämliche Seite der letzteren bezieht. Man denkt nämlich bei der Strafe ebenso wie bei der Entschädigung an die nächsten, in der Regel sinnenfälligen, Wirkungen der Handlung, welche unmittelbar den Rechtsvorschriften zuwider herbeigeführt worden sind (§ 295); so bei Mord und Totschlag, bei der Körperverletzung, der Zerstörung fremder Sachen an den Erfolg, auf welchen Name und Begriff dieser Rechtsverletzungen hinweisen. [Infolgedessen statuiert man einen prinzipiellen Gegensatz zwischen vollendetem Delikt und Versuch, bei welch letzterem nur ein schuldhaftes Wollen vorhanden sei, s. § 778 Z. 2]. Diese Auffassung hat zur Konsequenz, daß man bezüglich der Strafen Forderungen aufstellt, welche nur bezüglich der Entschädigung eine innere Berechtigung haben. Vor allem diese, daß die Strafe sich jener nächsten Wirkung der Handlung soviel möglich anpassen, dem nächsten Übel der Tat ein spezifisch gleiches Übel entgegenstellen solle. „Wer Blut vergossen, dessen Blut soll wieder vergossen werden“: „Auge um Auge“; „Zahn um Zahn“; „wie du mir, so ich dir“. Diese Forderung hat in dem Rechte älterer Völker vielfach bezüglich bestimmter Arten von Rechtsverletzungen Anerkennung gefunden (Talionsprinzip). — Die ganze Auffassung harmoniert mit dem Standpunkt eines kindlichen Zeitalters, für dessen Urteil und Verhalten überall das in die Sinne fallende den Ausschlag gibt. Jenes nächste Übel, z. B. der Tod des Verletzten beim Morde, vertritt hier die damit sich verknüpfenden weitergreifenden Wirkungen des Verbrechens, denen gegenüber das Recht seine Herrschaft und die ihm anvertrauten Interessen zu wahren hat, und die Gleichheit der Strafe mit diesem Übel vertritt die Proportionalität zwischen jenen Wirkungen des Verbrechens und der Energie der vom Rechte ausgehenden Gegenwirkungen, auf welche es ankommt. In dieser spezifischen Gleichheit zwischen dem malum actionis und dem malum passionis findet das Prinzip der ausgleichenden Gerechtigkeit seinen für jugendliche Völker wie für Kinder verständlichsten und deshalb befriedigendsten Ausdruck.

Vgl. hierüber § 797 und dort Zit. — Lehrbuch § 10 und die bei § 144 zit. Schriften Merkels, insbs. „Vergeltungsidee und Zweckgedanke im Strafrecht“. — Hinsichtlich der Natur der Strafe noch J. Bentham, Grundsätze der Zivil- und Kriminal-Gesetzgebung, herausg. v. Dumont, deutsch v. Beneke 30. Wahlberg in Holtzendorffs Handb. d. d. Strafr. II, 429.

Drittes Kapitel.

Die Anwendung des Rechts und die Rechtswissenschaft.

Erster Abschnitt.

Die Anwendung des Rechts.

---

§ 311.

Wir betrachten im folgenden gewisse Bedingungen und Formen der Anwendung gegebener Rechtssätze und Rechtssysteme, und zwar solcher Bedingungen und Formen, welchen eine allgemeinere, nicht auf einzelne Teile des Rechts beschränkte Bedeutung zukommt.

I. Das Anwendungsgebiet der Rechtssätze (Kollision der Gesetze).

1. Im allgemeinen.

§ 312.

Jeder Rechtssatz hat in dem Nach- und Nebeneinander des Rechtslebens nur ein beschränktes Anwendungsgebiet, jenseits dessen andere Rechtssätze die Herrschaft führen. Soll er auf einen gegebenen Rechtsfall zur Anwendung zu bringen sein, so muß erhellen, daß der letztere seinen konkreten Merkmalen nach in dieses Anwendungsgebiet fällt.

*§ 313.

Möglicherweise können verschiedene Rechtssätze, oder, um uns auf das Wichtigste zu beschränken, verschiedene Gesetze ihren sachlichen Voraussetzungen nach auf den Fall passen und gleichsam um die Herrschaft über denselben streiten. So in bezug auf ein Kaufgeschäft ein älteres und ein neueres, ein gemeinrechtliches und ein partikularrechtliches, ein deutsches und ein französisches Gesetz über Kaufgeschäfte.

Für derartige Fälle bedarf es der Regeln, nach welchen zu entscheiden ist, welches unter den kollidierenden bzw. konkurrierenden Gesetzen zur Anwendung zu bringen sei.

Bei genauerer Betrachtung liegt hier überall gar keine wirkliche „Kollision" vor, sondern es handelt sich lediglich um die Ermittelung, welches von mehreren konkurrierenden Gesetzen auf einen gegebenen Fall Anwendung zu finden hat.

§ 314.

Zwei Hauptformen einer solchen Konkurrenz oder Kollision von Gesetzen sind zu unterscheiden, nämlich:

1. zwischen Rechtssätzen, welche in der Zeit einander folgen: zeitliche Kollision,
2. zwischen Rechtssätzen, welche gleichzeitig in Geltung stehen: räumliche Kollision.

2. Zeitliche Kollision.

§ 315.

Unter mehreren, den gleichen Gegenstand betreffenden Rechtssätzen, welche in der Zeit einander folgen, geht der später zur Geltung gelangte vor: „lex posterior derogat legi priori."

Ausnahme: „lex posterior generalis non derogat legi priori speciali."

§ 316.

Dieser Grundsatz gibt jedoch keine Entscheidung für Fälle an die Hand, wo ein Geschäft zum Abschluß gelangt oder eine Rechtsverletzung begangen worden ist zur Zeit, da noch das ältere Gesetz gegolten hat, wo aber das Geschäft oder die Rechtsverletzung zu einem Gegenstande gerichtlichen Verfahrens erst geworden ist zur Zeit, da bereits das neue Gesetz in Kraft war.

Welches Gesetz hat hier der Richter zur Anwendung zu bringen? Das alte, weil die zu beurteilenden Vorgänge unter seiner Herrschaft stattgefunden haben, oder das neue, weil es die jetzt giltige Rechtsweisung, den Ausdruck der jetzt maßgebenden Überzeugungen und Interessen enthält?

Savigny, System, VIII. Berner, Wirkungskreis des Strafgesetzes nach Zeit, Raum und Personen, 53. Lassalle, System der wohlerworbenen Rechte, I, 2. A. 80. Seeger, Über die rückwirkende Kraft neuer Strafgesetze, 62. R. Schmid, Die Herrschaft der Gesetze nach ihren räumlichen und zeitlichen Grenzen, 63. Meyne, Essai sur la rétroactivité des lois répressives, Brüssel, 63. Aloria, della retroattività delle leggi, 68. Gabba, della retroattività in materia penale, Pisa 69. Binding, Normen, I. Göppert, Das Prinzip „Gesetze haben keine rückwirkende Kraft" geschichtl. u. dogmatisch entwickelt, in Iher. Jahrb. XXII. Affolter, Intertemporales Privatr. 02. Die Lehrb. der Pandekten, des B. und des Strafrechts.

§ 317.

Für den Richter ist hier überall das maßgebend, was der Gesetzgeber selbst bezüglich der Frage bestimmt. Will dieser das neue Gesetz auch auf bereits abgeschlossene Geschäfte oder begangene Rechtsverletzungen angewendet haben, legt er ihm in diesem Sinne ausdrücklich eine „rückwirkende Kraft" bei, so ist demgemäß zu verfahren. Aber wie verhalten sich die Gesetze tatsächlich zu unserer Frage?

Das Einführungsges. zum B. gibt eingehende „Übergangsvorschriften" für die einzelnen Rechtsverhältnisse. Habicht, Einwirkung des B. auf zuvor entst. R.verh. 3. A. 01.

§ 318.

Im allgemeinen geben uns dieselben bezüglich dieser Frage eine durch Ausnahmen beschränkte Regel an die Hand.

Die Regel aber lautet, daß das ältere Gesetz, d. i. dasjenige, unter dessen Herrschaft das Geschäft abgeschlossen, die Rechtsverletzung begangen wurde, zur Anwendung zu bringen, dem neuen also eine rückwirkende Kraft **nicht** beizulegen sei.

Diese Regel hat keine Beziehung auf Fälle einer sogenannten „authentischen Interpretation" des älteren Gesetzes, d. i. einer gesetzlichen Bestimmung darüber, wie jenes Gesetz auszulegen sei. Einer solchen Bestimmung ist im Zweifel rückwirkende Kraft beizumessen.

§ 319.

Diese Regel ist auch dort als giltig anzusehen, wo die Gesetze die Frage nicht speziell beantworten, weil sie im allgemeinen dem Sinn der Rechtsbestimmungen und der richterlichen Funktionen und folgeweise den vorauszusetzenden Intentionen des im Rechte sich äußernden Willens mehr entspricht als ihr Gegenteil.

Dies aber ist hier näher darzulegen.

§ 320.

Rechtsgeschäfte und Rechtsverletzungen bringen dem bestehenden Rechte gemäß Rechtsverhältnisse hervor. Die Funktion des Richters aber, der bezüglich ihrer in Tätigkeit versetzt wird, ist normalerweise diese: die zur Entstehung gelangten Rechtsverhältnisse festzustellen, nicht etwa, solche erst zu produzieren.

Die Frage nun, welche Rechtsverhältnisse durch jene Handlungen zur Entstehung gebracht worden seien, weist auf das Recht hin, das für diese Entstehung maßgebend war, d. i. das Recht, unter dessen Herrschaft die Handlungen vorgenommen worden sind.

§ 321.

Sollten die Handlungen nach dem neuen Rechte beurteilt werden, so würde dies nicht zu einer Feststellung der von ihnen seinerzeit hervorgebrachten Rechtsfolgen führen, sondern zu einer Annullierung dieser Folgen zugunsten derjenigen, welche dem neuen Gesetze gemäß sind.

Auch dieses kann gerechtfertigt sein und vom Gesetzgeber angeordnet werden. Allein eine Vermutung dafür, daß der Gesetzgeber dies bei seinen Reformen bezwecke, ist nicht begründet, weil es nicht der allgemeine Sinn der Fortbildung des Rechts ist, daß dasselbe die unter seiner Herrschaft bisher entstandenen Rechtsverhältnisse als nichtig behandle und so die eigene Wirksamkeit beständig wieder zerstöre

Dies ist der Sinn der Reformen um so weniger, je mehr das Recht die Befähigung erlangt hat, das Gemeinleben in seinem Neben- und Nacheinander zu beherrschen, und je allseitiger es der ihm gesetzten Aufgabe gerecht zu werden sucht: allen in bezug auf die Gestaltung ihrer Verhältnisse und die Folgen ihrer Handlungen einen objektiven, ohne Rücksicht auf einzelne Fälle den gemeinsamen Überzeugungen und Werturteilen entnommenen, zuverlässigen Maßstab darzubieten. Demgemäß hat die im Texte aufgestellte Regel im Zusammenhang mit dem Fortschritt des Rechts in den hervorgehobenen Beziehungen eine erhöhte Bedeutung gewonnen. In bezug auf die Bestrafung schuldhafter Handlungen hatte sich lange die Anschauung behauptet, daß die Gesetze lediglich für die Richter gegeben seien, nicht für die Bürger, um deren Pflichten es sich gegebenenfalls handelt. Ihnen gegenüber sollte es in der Schwebe bleiben, welche Rechtsverhältnisse strafrechtlichen Charakters an etwaige wirkliche oder vermeintliche Übeltaten angeknüpft werden würden. Es gehört zu den Merkmalen des modernen Staates, diese Auffassung samt ihren Konsequenzen überwunden zu haben, und den Anforderungen, welche im allgemeinen an ihn bezüglich der Ordnung der Rechtsverhältnisse zu stellen sind, auch bezüglich der Strafrechtsverhältnisse gerecht geworden zu sein.

§ 322.

Die aufgestellte Regel gilt nicht bloß in Beziehung auf Rechtsgeschäfte und Rechtsverletzungen, sondern auch in Beziehung auf andere juristische Tatbestände, an welche die Entstehung subjektiver Rechte und entsprechender Pflichten geknüpft ist.

Man denke z. B. an die Frage, ob ein richterliches Urteil ordnungsmäßig zustande gekommen und rechtskräftig geworden, oder ob irgend eine sonstige Amtshandlung in rechtswirksamer Weise vorgenommen worden sei. Oder an die Frage, ob jemand die Rechte eines Volljährigen erlangt habe. — Die Regel hat dagegen keine Beziehung auf Fälle, wo unter der Herrschaft des älteren Rechts nur gewisse Elemente eines juristischen Tatbestandes zur Verwirklichung gelangt sind. Z. B. es hat jemand der von dem älteren Gesetze gezogenen Grenze der Volljährigkeit sich angenähert, dieselbe jedoch zur Zeit, da das neue Gesetz in Kraft trat, noch nicht erreicht gehabt; oder ein gerichtliches Verfahren war bereits dem älteren Gesetze gemäß eröffnet worden, hatte jedoch noch keinen Abschluß durch ein rechtskräftiges Urteil gefunden, als ein neues Prozeßgesetz in Kraft trat. Hier ist in bezug auf die Vollendung des juristischen Tatbestandes und dessen rechtliche Wirkungen im allgemeinen lediglich das neue Gesetz maßgebend. Ausnahmsweise wird indessen auch in derartigen Fällen dem älteren Gesetze der Vorrang eingeräumt.

§ 323.

Ausnahmen von dieser Regel aber erscheinen dort als begründet und finden sich dort gemacht, wo der Fortbestand der unter dem älteren Gesetze entstandenen Rechtsverhältnisse sich als unvereinbar mit den dem neuen Gesetze zugrunde liegenden, jetzt zur Herrschaft gelangten ethischen Anschauungen und Interessen darstellt.

Man denke an Reformen der Art, wie sie in der Aufhebung der Leibeigenschaft sich vollzogen haben. Die Anschauung, welche sich in ihnen Geltung verschaffte, ging dahin, daß diese Verhältnisse ethisch verwerflich und gemeinschädlich seien. Eine solche Anschauung gelangt nur in solchen Gesetzen zu einem befriedigenden Ausdruck, welche nicht bloß die Neubildung derartiger Verhältnisse, sondern auch den Fortbestand der bereits zur Entstehung gelangten unterdrücken.

Die Achtung vor der Autorität des früheren Rechts und vor den auf Grund desselben entstandenen subjektiven Rechten findet in solchen Fällen häufig einen Ausdruck in Bestimmungen, welche denjenigen, die durch solche Reformen in Rechten vermögensrechtlicher Natur getroffen werden, eine Entschädigung zusichern, sei es aus öffentlichen Mitteln, sei es aus Mitteln derjenigen, deren Interessen unmittelbar durch die Reformen gefördert werden.

§ 324.

Die umfassendste unter den Ausnahmen, welche unter den aufgestellten Gesichtspunkt fallen, enthält das moderne Strafrecht, indem dasselbe solchen neuen Gesetzen, welche milder sind als die von ihnen verdrängten, eine rückwirkende Kraft beilegt.

Diese rückwirkende Kraft erstreckt sich jedoch regelmäßig nicht (nach dem geltenden deutschen Rechte nie) auf solche strafrechtliche Verhältnisse, welche bereits durch richterliches Urteil ihre definitive Gestalt erhalten haben.

3. Räumliche Kollision zwischen gleichzeitig existierenden Rechtssätzen.

*§ 325.

Zu unterscheiden sind hier:

1. die Kollisionen zwischen Rechtssätzen verschiedener Staaten,
2. die Kollisionen zwischen Rechtssätzen desselben Staates.

Man spricht in bezug auf diese räumlichen Kollisionen üblicherweise von „Statutenkollisionen". Dieser Ausdruck erklärt sich daraus, daß solche Kollisionen zuerst praktische Bedeutung gewannen im Verhältnis zwischen verschiedenen partikulären und lokalen Rechten desselben Staates, welche der ältere Sprachgebrauch als „Statuten" bezeichnete. Erst später wurden die für solche Statutenkollisionen entwickelten Grundsätze übertragen auf die Kollision von Rechtssätzen verschiedener Staaten untereinander, wobei sich aber der frühere Name erhielt. Die Gesamtheit der Rechtssätze zur Entscheidung solcher Kollisionen bezeichnet man als „internationales" (Privat-, Straf- rc.) Recht.

§ 326.

1. Eine Kollision zwischen Rechtssätzen zweier oder mehrerer Staaten kann sich daraus ergeben, daß die Verwirklichung eines juristischen Tatbestandes und bezw. seiner Rechtsfolgen eine Bedeutung für die Rechtsordnung jedes dieser Staaten hat.

Außer den zu § 316 Zit.: v. Bar, Theorie und Praxis des internat. Privatrechts 89. Lehrbuch des int. Privat- und Strafrechts 92. Int. Privatrecht in d. 6. A. v. Holtzendorffs Encykl. Zitelmann, Int. Privatrecht 97, 03. Meili, Gesch. u. System des int. Privatr. 92. Das int. Zivil- und Handelsrecht 02. Niemeyer, Das int. Privatr. des B. 01. Kahn, Inhalt, Natur u. Wert des int. Privatr. 99 und in Jher. Jahrb. Bd. 39. — v. Mohl, Die völkerrechtl. Lehre vom Asyl in s. Staatsrecht, Völkerrecht u. Politik I. Binding, Entwurf eines Strafgesetzb. f. d. Nordd. Bund 69 S. 116. Wharton, A treatise on the conflict of laws, Philad. 2. A. 81. v. Rohland, Das int. Strafrecht 77. Laurent, Le droit civil international 80 f. Weiß, Traité th. et pr. de droit int. privé 90 ff. Lammasch, Auslieferungsrecht u. Asylrecht 87. v. Martitz, Int. Rechtshilfe in Strafsachen 88. — Zeitschrift für internat. Privat- u. Strafrecht seit 91.

*§ 327.

Rechtsgeschäfte und Rechtsverletzungen, welche auch hier vor allem in Betracht kommen, können für die Rechtsordnung eines Staates bedeutsam sein:

a) weil die Verwirklichung ihres Tatbestandes auf seinem Gebiete stattgefunden hat, oder (bei Rechtsgeschäften) weil die bezweckten Rechtsfolgen daselbst ihre Verwirklichung finden sollten, also wegen der territorialen Beziehungen dieser Vorgänge;

b) weil ihm die beteiligten Subjekte angehören, also wegen der persönlichen Beziehungen dieser Vorgänge;

c) unabhängig von den bezeichneten Verhältnissen wegen der besonderen Natur des Inhaltes der Rechtsverhältnisse.

§ 328.

Als beteiligte Subjekte erscheinen diejenigen, deren Handlungen, und diejenigen, deren rechtlich geschützte Interessen bei dem Vorgange in Frage stehen.

§ 329.

Z. B. kann der Abschluß einer Ehe die Rechtsordnung unseres Staates berühren:

ad a) weil derselbe auf deutschem Gebiete stattgefunden hat, oder weil auf deutschem Gebiete die bezweckten Rechtsfolgen (die Ehe) ihre Verwirklichung finden sollen;

ad b) weil die Ehegatten Deutsche sind.

§ 330.

So kann ein Verbrechen der Münzfälschung die Rechtsordnung unseres Staates berühren:

ad a) weil die rechtswidrige Handlung auf deutschem Gebiete begangen worden ist,

ad b) weil der Fälscher ein Deutscher ist, oder weil das Verbrechen die Grundlagen des diesseitigen Geldverkehrs verletzt (man denke an eine Fälschung deutschen Papiergeldes) und damit Interessen und Subjekte, welche dem Schutzbereiche unseres Staates angehören.

§ 331.

Aus dem Gesagten erhellt, daß und wie das nämliche Geschäft und die nämliche Rechtsverletzung für die Rechtsordnung mehrerer Staaten bedeutsam sein kann. In den territorialen Beziehungen dieser Vorgänge kann sich eine Bedeutung derselben für den Staat A, in den persönlichen eine Bedeutung für den Staat B begründen.

Möglicherweise können aber auch die territorialen Beziehungen für sich allein schon auf mehrere Staaten hinweisen (Abschluß der Ehe in Frankreich, Bestand derselben in Deutschland), und das gleiche kann bezüglich der persönlichen Beziehungen der Fall sein (der Urheber einer Rechtsverletzung ist Franzose, der Verletzte ein Deutscher; der Käufer einer Ware Franzose, der Verkäufer ein Deutscher).

*§ 332.

Was in Beziehung auf Rechtsgeschäfte und Rechtsverletzungen, gilt analog in Beziehung auf andere juristische Tatsachen. —

Welches Staates Gesetze nun sollen die Gerichte in solchen Fällen zur Anwendung bringen?

Unter den außer Rechtsgeschäften und Rechtsverletzungen hier möglicherweise in Betracht kommenden juristischen Tatsachen seien die obrigkeitlichen Akte hervorgehoben. Etwa richterliche Akte deutscher Konsuln im Oriente haben eine Bedeutung für die Rechtsordnung des Aufenthaltsstaates wie für die Rechtsordnung des Staates, dem die Konsuln als seine Organe, und bzw., dem die bei ihren richterlichen Akten passiv beteiligten Personen angehören. — Urteile der Gerichte eines Staates pflegen in den anderen Staaten nicht ohne weiteres vollstreckt zu werden.

§ 333.

Für die Gerichte eines bestimmten Staates ist hinsichtlich der aufgeworfenen Frage selbstverständlich dasjenige maßgebend, was die Gesetze dieses Staates darüber an die Hand geben.

Reichsstrafgesetzbuch §§ 3—8. Einführungsgesetz zum B. a. 7—31.

§ 334.

Die Regeln aber, welche die Gesetzgebungen der zivilisierten Staaten bezüglich dieser Kollisionen an die Hand geben, sind zur Ausbildung gelangt unter Berücksichtigung der unter diesen Staaten bestehenden Verhältnisse, im Einklang mit der gegenseitigen Anerkennung ihrer Rechtsordnung und mit dem völkerrechtlich sanktionierten Grundsatze der Gleichberechtigung (§ 875).

§ 335.

Nach diesen Regeln gilt im allgemeinen, dem Territorialitätsprinzip gemäß (s. § 63), in bezug auf Rechtsgeschäfte und Rechtsverletzungen das Gesetz desjenigen Staates als das nächststehende und zur Anwendung zu bringende, auf welchen die territorialen Beziehungen jener Vorgänge hinweisen.

Doch finden neben diesen territorialen Beziehungen auch die persönlichen in einem gewissen, nicht gleichmäßig bestimmten, Umfange überall Berücksichtigung.

Mit der Frage, welches Staates Privat- oder Strafrecht zur Anwendung zu bringen sei, ist nicht überall die andere entschieden, vor welches Staates Gerichten die betreffende Sache zum Austrag zu bringen sei. Vielmehr gelten bezüglich der letzteren Frage zum Teil besondere Regeln.

*§ 336.

Z. B. sind nach deutschem Recht strafbare Handlungen, welche auf deutschem Gebiete begangen werden, gleichviel ob von Inländern oder von Ausländern, auf Grund und nach Maßgabe der deutschen Strafgesetze zu bestrafen.

Daneben aber kommen diese Gesetze auch auf mancherlei Handlungen zur Anwendung, welche außerhalb des deutschen Gebietes, sei es von Deutschen, sei es gegen die Grundlagen und Lebensbedingungen eines deutschen Staates oder gegen gewichtige deutsche öffentliche Interessen begangen werden.

In den letzterwähnten Fällen, also dort wo im Auslande und von Ausländern derartige Handlungen begangen werden (man denke an einen von Ausländern und vom Auslande aus gegen das Deutsche Reich unternommenen Hochverrat oder ein solches Münzverbrechen), hat die auf Grund der deutschen Gesetze erfolgende Bestrafung den Charakter einer (legitimen) Selbsthilfe, weil der zur Bestrafung kommende Ausländer der deutschen Staatsgewalt nicht untertan ist, die Betätigung derselben ihm gegenüber daher keinen obrigkeitlichen Charakter hat.

*§ 337.

Mehr noch überwiegen die territorialen Beziehungen bezüglich der Rechtsgeschäfte.

So genügt bezüglich der Formen eines Rechtsgeschäfts (z. B. eines Testamentes) im allgemeinen die Beobachtung des Rechts des Staates, in dessen Gebiet das Rechtsgeschäft zum Abschluß gelangt ist („locus regit actum“); bezüglich der Folgen eines Rechtsgeschäfts entscheidet bald dasselbe Recht, bald dasjenige des Staates, in dessen Gebiet sie praktisch werden sollen.

Für sachenrechtliche Geschäfte (§ 542, z. B. Übertragung des Eigentums eines Grundstücks) ist regelmäßig das Recht des Ortes maßgebend, wo die Sache sich befindet (die „lex rei sitae"), und wo also die Rechtsfolgen praktisch werden sollen. (Nach Einführungsges. zum B. gilt dies sogar hinsichtlich der Form solcher Geschäfte.)

*§ 338.

Bezüglich anderer juristischer Tatsachen läßt sich keine beherrschende Regel bezeichnen. Doch kommt bei vielen den persönlichen Beziehungen eine überwiegende Bedeutung zu. So bei amtlichen Handlungen, insofern für den Beamten bei Vornahme derselben das Recht des Landes maßgebend ist, als dessen Organ er fungiert, gleichviel wo die Vornahme stattfindet. So bezüglich der für die allgemeine Rechtsstellung einer Person (Volljährigkeit, Staatsangehörigkeit 2c.) entscheidenden Tatsachen.

In neuerer Zeit ist das (zeitweise dominierende) Territorialitätsprinzip auf dem Gebiete des internat. Privatrechts vielfach zurückgedrängt worden durch die Betonung der Staatsangehörigkeit. So läßt auch Einführungsges. zum B. für das Personen-, Familien- und Erbrecht das Recht desjenigen Staates entscheiden, welchem die Person angehört („Nationalitätsprinzip").

§ 339.

2. Ähnliche Kollisionen wie zwischen Rechtssätzen verschiedener Staaten können sich zwischen koexistierenden Rechtssätzen desselben Staates ergeben.

So dort, wo in verschiedenen Provinzen oder sonstigen Teilen eines Staates verschiedene Rechtssysteme Geltung haben (s. § 325 Akg.).

§ 340.

Bei der Erledigung dieser Kollisionen sind dieselben territorialen und persönlichen Momente entscheidend, wie bei der Erledigung der zuvor besprochenen internationalen Kollisionen.

§ 341.

Andere Gesichtspunkte machen sich bei den Kollisionen zwischen dem „gemeinen" Rechte eines Staates und dem in irgendwelchen Teilen desselben gültigen „partikulären" Rechte (§ 83) geltend. Unter diesen besteht überall ein Rangverhältnis, kraft dessen entweder das gemeine oder das partikuläre Recht den Vorrang behauptet (vgl. bezüglich der Verhältnisse in Deutschland § 468, 567).

II. Die Anwendung des Rechts durch die Gerichte.

1. Das richterliche Urteil.

*§ 342.

Die Anwendung des Rechts erfolgt in zahllosen Fällen durch Vermittlung eines von ihm selbst geregelten Verfahrens, des „prozessualischen" Verfahrens.

Die hierbei zu lösende Aufgabe besteht im allgemeinen darin:

von Fall zu Fall, wo ein anerkanntes Interesse dafür vorliegt, in maßgebender Weise festzustellen, was dem Rechte gemäß ist, und

die Verwirklichung des dem Rechte Gemäßen (Bestrafung eines festgestellten Verbrechens — Beitreibung einer festgestellten Schuld) mit den Machtmitteln der Gemeinschaft durchzuführen.

Jhering, Zweck im Recht I, 377 ff. Degenkolb, Einlassungszwang u. Urteilsnorm 77. A. S. Schultze, Privatrecht und Prozeß 83. Hellwig, Anspruch und Klagerecht 00. Litt. zum Prozeßrecht § 801, 825.

§ 343.

In jener Feststellung liegt die spezifisch richterliche Funktion (s. auch § 320, 427, 803).

Das Verfahren, das dieser Feststellung zugrunde liegt, ist in dem das Prozeßrecht behandelnden Abschnitt zu charakterisieren, hier dagegen die allgemeine Bedeutung dieser Funktion.

§ 344.

Der Gesetzgeber stellt fest, daß mit Tatbeständen einer gewissen Art Rechtsfolgen von bestimmter Art und Größe sich verknüpfen sollen. Er bestimmt z. B.: „die Beleidigung wird mit Geldstrafe bis zu 600 Mark . . . . bestraft".

Das Gericht dagegen stellt in einem gegebenen Falle fest, ob ein Tatbestand der betreffenden Art sich verwirklicht habe — A. hat den B. beleidigt — und im Bejahungsfalle, welche bestimmten Rechtsfolgen nach dem Gesetze mit demselben verbunden seien — A. hat 100 Mark als Strafe zu zahlen.

*§ 345.

An dieser gerichtlichen Feststellung lassen sich spezieller die folgenden Elemente unterscheiden:

1. Die Feststellung der in Betracht kommenden tatsächlichen Vorgänge — A. hat zu dem B. gesagt, er sei ein Trunkenbold (Entscheidung einer Tatfrage, quaestio facti);
2. die Anwendung des einschlagenden Rechtsbegriffs auf diesen festgesetzten Tatbestand oder die Subsumtion dieses tatsächlichen Vorgangs unter den zutreffenden Rechtssatz (ius in thesi) — die Äußerung des A. enthält die Merkmale des Rechtsbegriffs der Beleidigung (Entscheidung einer Rechtsfrage, quaestio iuris);
3. die Feststellung der Rechtsfolgen, dessen, was in diesem Falle Rechtens ist (ius in hypothesi) — A. wird gemäß dem Strafgesetzbuche wegen Beleidigung zu 100 M. Geldstrafe verurteilt.

§ 346.

Indem das Gericht in den hervorgehobenen Beziehungen Ungewißheit und Streit beseitigt und an die Stelle der abstrakten Norm des Gesetzes die konkrete des richterlichen Urteils setzt, verhilft es dem Rechte in bezug auf den einzelnen Fall zu der ihm wesentlichen Bestimmtheit und ergänzt so die gesetzgeberische Arbeit in bezug auf die Entwicklung der dem Rechte zukommenden Eigenschaften.

§ 347.

Diese gerichtliche Leistung hat die gleiche autoritäre Bedeutung wie die des Gesetzgebers. Was der richterliche Spruch für Recht erklärt, das hat für die Parteien des einzelnen Falls dieselbe positive Gültigkeit, wie sie den Aussprüchen des Gesetzgebers für ihren Bereich allgemein zukommt. In ihm äußert sich die ordnende

Macht des Rechts zwar in einer beschränkten Richtung, aber nach der Gesamtheit der für sie charakteristischen Merkmale.

Vgl. § 120, 822. Das richterliche Urteil baut die Rechtsordnung, die Arbeit des Gesetzgebers in dessen Geiste fortführend, an einem bestimmten Punkte fertig. In diesem Sinne hat man das Urteil mit Recht eine „lex specialis" genannt. Seiner inneren Verwandtschaft mit dem Gesetze gemäß lassen sich in Beziehung auf seine Merkmale und seine Genesis analoge Unterscheidungen machen wie in bezug auf die Merkmale und die Genesis des Gesetzes (Inhalt und Befehl, Gebot und Gewährleistung, ethische und materielle Macht, Findung und Verkündigung) und sind bezüglich seiner Herstellung Formen der Arbeitsteilung zur Ausbildung gelangt, welche denjenigen verwandt sind, die bezüglich der Gesetzgebung Bedeutung gewonnen haben (s. § 58).

2. Die Interpretation.

§ 348.

Die Entscheidung der Rechtsfragen seitens der Gerichte erfolgt auf Grund der Interpretation oder Auslegung des Rechts, d. i. der Erforschung und Entwicklung seines Inhalts.

Die hierbei zu lösende Aufgabe kann sich in dreifacher Gestalt darstellen.

Merkel in Holtzendorffs Handb. d. d. Strafr. II, 65ff., IV, 73ff. Jhering, Geist II, 2. Savigny, System I. Schaffrath, Theorie der Auslegung konstitutioneller Gesetze 42. Sontag, Die Redaktionsversehen des Gesetzgebers 74. Bierling, Zeitschrift für Kirchenrecht X, 141. Pfaff und Hofmann, Kommentar zum öster. allgem. bürgerl. Gesetzb. I, 166. Kohler in Grünhuts Zeitschr. XIII, 86. G. Rümelin, Werturteile und Willensentscheidungen 91. Zitelmann, Lücken im Recht. Rek.rede 02.

§ 349.

1. Es kann sich bezüglich gegebener Verhältnisse darum handeln, die Rechtssätze aufzusuchen, welche Geltung für sie haben.

Eine Bedeutung kommt hier speziell dem Falle zu, wo die Gesetze ihrem Inhalte nach über jene Verhältnisse nichts bestimmen, auch ein Gewohnheitsrecht in betreff derselben nicht existiert.

Hier sieht sich der Richter auf die Analogie hingewiesen, von welcher in dem Abschnitt über die Entstehung der Rechtssätze gehandelt worden ist (§ 105—111).

§ 350.

2. Es kann sich bezüglich gegebener Grundsätze darum handeln, zu erforschen, ob denselben die Bedeutung geltender Rechtssätze zukommt, sei es überhaupt, sei es in Beziehung auf zeitlich, örtlich und persönlich bestimmte Verhältnisse gewisser Art.

Für die Lösung dieser Aufgabe ist maßgebend, was über die Entstehungs- und Erscheinungsformen des Rechts (§ 102 ff., insbes. § 104), und über das Anwendungsgebiet der Rechtssätze (§§ 313 bis 341) gesagt worden ist.

§ 351.

3. Es kann sich bezüglich gegebener Grundsätze, welche als geltende Rechtssätze für ein zeitlich, örtlich und persönlich bestimmtes Gebiet anerkannt sind, um die Abgrenzung der Tatbestände handeln, welche denselben zu subsumieren, sowie der Rechtsfolgen, welche mit jenen zu verknüpfen sind.

Dies ist die Aufgabe der Interpretation im engeren Sinne dieses Wortes.

§ 352.

Die Interpretation i. e. S. heißt „grammatische" Interpretation, sofern sie die bezeichnete Aufgabe einem Gesetze gegenüber durch Erforschung des Sinnes der gebrauchten Worte an der Hand des (allgemeinen und eines etwa bestehenden besonderen, technischen) Sprachgebrauchs zu lösen sucht; „logische" Interpretation, sofern sie die Beziehungen des Gesetzes zu anderen Gesetzen, sowie die Bedingungen und Gründe der Entstehung desselben in Betracht zieht.

*§ 353.

Grammatische und logische Interpretation gehören überall zusammen, insofern eine Deutung des Gesetzes, welche durch den Wortsinn schlechthin ausgeschlossen wird, als ebenso unhaltbar erscheint, wie eine Deutung, welche mit dem logischen Zusammenhange, dem das Gesetz angehört, und der hieraus zu erschließenden gesetzgeberischen Willensmeinung nicht in Einklang zu bringen ist.

Die vom Interpreten zu beantwortende Frage läßt sich in dieser Weise fassen: wie sind die Gesetzesworte in dem Zusammenhang, dem sie angehören, und nach den zur Zeit der Entstehung des Gesetzes gegebenen Umständen zu verstehen? Diese Frage ist eine einheitliche, sie läßt sich nicht in eine selbständig zu beantwortende grammatische und eine ebensolche logische Frage zerlegen. — Ihre Beantwortung kann zu einer Ausdehnung des Anwendungsgebietes eines Gesetzes über seinen Wortsinn hinaus führen (so sind die meisten Strafbestimmungen in die Fassung eingekleidet: „wer," „derjenige," „der" Angeschuldigte 2c., zweifellos sollen sie sich aber doch auch auf weibl. Personen erstrecken). Extensive J. — Gegensatz restriktive J.

§ 354.

Der Wortlaut der Gesetze erscheint überall nur als eine unvollkommene und unvollständige Verkörperung des gesetzgeberischen Gedankens. Dem Interpreten liegt es ob, denselben in seiner Ganzheit und in möglichster Bestimmtheit zum Bewußtsein und zum Ausdruck zu bringen.

Bisweilen werden juristische Tatbestände nur mit einem bestimmten Namen bezeichnet, ohne daß dem letzteren eine Definition beigefügt wird. So bedroht unser Strafgesetzbuch die „Beleidigung", ohne zu sagen, was darunter zu verstehen sei. In der Regel freilich werden die Tatbestände definiert. Aber mögen die gesetzlichen Definitionen noch so sorgsam redigiert und auf Vollständigkeit und Exaktheit angelegt sein, so werden sie doch regelmäßig Ausdrücke in sich schließen, welche mehrdeutig und ihrerseits wieder einer Definierung bedürftig sind, welche dem Interpreten zufällt. Ein Beispiel: das Strafgesetzbuch bedroht die Gotteslästerung und definiert sie als die Handlung desjenigen, der dadurch Ärgernis gibt, daß er öffentlich in beschimpfenden Äußerungen Gott lästert. Was heißt hier „Ärgernis geben"? Was „öffentlich"? Was „beschimpfend"? Und vor allem, was heißt hier „Gott"? Handelt es sich um den Gottesbegriff der christlichen Religion? Oder um den Gottesbegriff der Philosophie (wenn hier von einem Begriff die Rede sein kann)? Oder um alles das, was von den Menschen irgendwo diesem Begriff subsumiert wird? Oder will hier vielleicht nur der Mißbrauch des Namens Gottes verpönt werden? Die Antwort auf die letzteren Fragen ist dem Zusammenhang des Paragraphen, in welchem die Bestimmung steht und anderweitigen Momenten abzugewinnen, welche uns darüber Auskunft zu geben vermögen, welcherlei Interessen der Gesetzgeber hier einen Schutz zuwenden will. (Vgl. Lehrbuch § 146.)

§ 355.

Die Aufgabe des Interpreten beschränkt sich indessen nicht darauf, die Gedanken zu rekonstruieren, welche die maßgebenden Faktoren bei dem Erlaß des Gesetzes gehabt haben. Vielmehr

liegt es ihm ob, die Konsequenzen des Gesetzes und deren etwaige Modifikationen durch andere Gesetze klarzulegen, mögen dieselben jenen Faktoren zum Bewußtsein gelangt gewesen sein oder nicht.

So erhob sich hinsichtlich des Reichsgesetzes über den Wucher von 1880 die Frage, ob resp. inwiefern dasselbe in privatrechtlicher Hinsicht rückwirkende Kraft habe? Die Untersuchung darüber, was der Gesetzgeber bei Schaffung des Gesetzes bezüglich der Frage gedacht habe, führte zu keinem Ziele, es ließ sich entscheidendes hierüber nicht ausmachen. Das gleiche ist aber bezüglich der weitaus meisten Fragen der Fall, welche im Wege der Interpretation ihre Beantwortung finden lassen. Denn mag sich auch häufig bezüglich solcher Fragen feststellen lassen, was ein Berichterstatter, ein Redner, ein Mitglied der Regierung, eine Kommission darüber gedacht haben, diese alle sind nicht der Gesetzgeber. [Dieser Satz bedarf gerade jetzt gegenüber den umfangreichen Materialien zum B. besonderer Beachtung.] Als Gedanke des Gesetzgebers aber gilt alles, was die Logik als im Inhalte der gesetzlichen Bestimmungen (unter Berücksichtigung ihres Verhältnisses zueinander) enthalten und bzw. (im Sinne des §§ 105—11) von demselben als vorausgesetzt zu erweisen vermag, auch wenn es nie zuvor von jemandem wirklich gedacht worden ist.

§ 356.

Bei der gesamten Interpretation im weiteren Sinne des Wortes sehen sich die Gerichte auf die Hilfe der Wissenschaft angewiesen.

Zweiter Abschnitt.

Die Rechtswissenschaft.

§ 357.

Die Aufgabe der Wissenschaft in bezug auf das Recht ist dreifacher Art. Es liegt ihr ob:

1. die Interpretation desselben (das Wort in seinem weiteren Sinne genommen), wobei sie unmittelbar in den Dienst der Rechtsanwendung tritt (darüber § 348 ff.),
2. die Einkleidung seines Inhalts in die ihm angemessene geistige Form: die Form des Systems,

3. die Vermittlung des Verständnisses seiner Existenz und Wirksamkeit und der zeitlich und örtlich bestimmten Verschiedenheiten seiner Gestaltung.

§ 358.

ad 2. Die systematische Bearbeitung des Rechtsinhalts ist darauf gerichtet, in einem einheitlichen Ganzen logisch verknüpfter, nach der Nähe ihrer Verwandtschaft und gemäß ihrem allgemeineren oder spezielleren Inhalte geordneter Begriffe und Regeln jenen Inhalt in umfassender und zugleich denkbar einfachster Weise zur Anschauung zu bringen.

Neben den Zit. zu § 348 und § 102 vgl. Ihering in seinen Jahrbüchern I, 1. Sohm, Institutionen § 8. G. Rümelin, Juristische Begriffsbildung 78. R. Stintzing, Geschichte der deutschen Rechtswissenschaft, I, 80, II. hrsg. aus d. Nachlaß 84, III. von Landsberg 98.

§ 359.

Diese Arbeit selbst hat in ihren wichtigsten Teilen den Charakter einer Zerlegung dessen, was

a) bezüglich der Tatbestände,

b) bezüglich der Rechtsfolgen,

c) bezüglich der Verknüpfung beider

Geltung hat, in seine einfachsten Elemente.

Vergleiche die Abschnitte über die juristischen Tatbestände und deren Rechtsfolgen im zweiten Kapitel.

*§ 360.

ad 3. Hinter dem logischen Ganzen der juristischen Begriffe und Regeln stehen reale Mächte, von welchen Inhalt, Geltung und Wert jener Begriffe und Regeln in letzter Linie abhängt. Der Wissenschaft liegt es ob, die Natur dieser Mächte, den Anteil einer jeden am Leben des Rechts und die Bedingungen zu erforschen, unter welchen sie bald diese, bald jene Begriffe und Regeln Geltung erlangen lassen; m. a. W., den psychologischen und geschichtlichen Zusammenhang aufzudecken, welchen das Recht in seiner Gesamterscheinung und in seinen besonderen Gestaltungen nach Ursachen und Wirkungen angehört, und aus diesem Zusammenhang heraus es verstehen zu lehren.

Hinsichtlich der Lösung der unterschiedenen Aufgaben besteht ein gegenseitiges Abhängigkeitsverhältnis. Die Erhebung des Rechtsinhaltes in die Form des Systems setzt die Klarstellung dieses Inhalts voraus und ist zugleich in ihrer zuverlässigen Durchführung von dem Verständnis dieses Inhalts in dem hier bestimmten Sinne des Worts abhängig. Andrerseits setzt die Gewinnung dieses Verständnisses eine klare Anschauung von dem Gesamtinhalte des Rechts voraus, wie sie nicht ohne die systematische Bearbeitung desselben zu gewinnen ist. Die Interpretation aber schöpft einen wichtigen Teil ihrer Hilfsmittel aus den jenen anderen Aufgaben zugewendeten Arbeiten.

Merkel, Über das Verhältnis der Rechtsphilosophie zur „positiven" Rechtswissenschaft (s. § 20). Über den Begriff der Entwicklung in s. Anwendung auf R. u. Gesellschaft (§ 122). Über den Begriff der Entwicklung auch „Fragmente" S. 36 ff. Rektoratsrede (§ 144).

Verdienst der „historischen Rechtsschule" (Savigny, Puchta u. a.), den geschichtlich-nationalen Zusammenhang des Rechts betont, eine „geschichtliche Ansicht" von Recht und Staat begründet zu haben. Savigny, Vom Beruf unserer Zeit für Gesetzgebung u. R.wissenschaft 14. Einleitung zu der von ihm ins Leben gerufenen „Zeitschr. f. geschichtl. R.wissenschaft" 15. System des heut. röm. Rechts. Über diese histor. Rechtsschule vgl. Merkel in den „Fragmenten" S. 102 ff. Gierke, D. histor. R.schule u. die Germanisten 03.

Vgl. ferner Windscheid, Aufgaben der R.wissenschaft 84. Bekker, Über den Streit der histor. u. philosoph. Rechtsschulen 86. Jhering, Geist. Arnold, Kultur u. R.leben. Dilthey, Einleitung in die Geisteswissenschaften 83.

§ 361.

Für die Lösung dieser Aufgabe sind vor allem rechtsgeschichtliche und rechtsvergleichende Arbeiten wichtig. Zugleich sieht sich die Rechtswissenschaft hierbei auf eine Unterstützung durch andere Wissenschaften — Volkswirtschaft, Ethik, allgemeine Völkerkunde, allgemeine Geschichte usw. — hingewiesen.

Die hier besprochene Dreiteilung der wissenschaftlichen Aufgaben hat zu der Unterscheidung der allgemeinen Rechtslehre von den juristischen Spezialwissenschaften kein näheres Verhältnis. Die erstere umfaßt die allgemeinsten Ergebnisse sowohl der Arbeiten, welche auf die zweite, wie derjenigen, welche auf die dritte Aufgabe Bezug haben. Zugleich kommt in ihrem Bereiche der innere Zusammenhang, welcher zwischen diesen Arbeiten besteht (§ 360 Anm.) in greifbarster Weise zum Vorschein.

§ 362.

Die Arbeiten, welche unter diesen Gesichtspunkt fallen, haben zugleich eine Bedeutung für die Fortbildung des Rechts.

Die sachgemäße Entscheidung der Frage, wie das Recht zu reformieren sei, damit es den Veränderungen der gesellschaftlichen Zustände gegenüber seiner sich gleichbleibenden Aufgabe fort und fort entsprechen könne, ist davon abhängig, daß einerseits ein Verständnis des Rechts überhaupt und des zu reformierenden Rechts insbesondere nach seinen Ursachen und Wirkungen gewonnen ist, und andererseits ein Verständnis der gesellschaftlichen Zustände und der sich darin vollziehenden Veränderungen. Das erstere soll uns die Rechtswissenschaft verschaffen, das zweite die Gesamtheit der Wissenschaften, welche das gesellschaftliche Leben zum Gegenstande haben.

*§ 363.

Der hier charakterisierten, dem wirklichen Rechte in Gegenwart und Vergangenheit zugewendeten Rechtswissenschaft stellt sich geschichtlich eine Disziplin zur Seite, welche nicht jenes wirkliche, sondern ein ideales Recht zum Gegenstande hat, und welche den Namen der Rechtsphilosophie für sich in Anspruch nimmt.

Dies ideale Recht, das sogen. „Naturrecht", stellt sich als ein Inbegriff von Normen dar, für welche auf Grund ihrer Übereinstimmung mit gewissen logischen oder ethischen Postulaten eine allgemeine, von positiver Satzung unabhängige Gültigkeit behauptet wird (welche jedoch die Gerichte nach Ansicht der neueren Vertreter dieser Disziplin nichts angehen soll).

Die Mehrzahl der hierher gehörigen Arbeiten gibt uns, wenn wir sie auf ihren wirklichen Gehalt ansehen, lediglich Auskunft darüber, wie die Verhältnisse sich ordnen müßten, um den zu einer gegebenen Zeit überhaupt, oder bei einem bestimmten Volke oder Gesellschaftskreise, oder auch nur bei den Autoren selbst dominierenden ethischen Gefühlen und Anschauungen zu entsprechen: also eine subjektiv gefärbte Lehre vom Gerechten.

Hierbei wird in der Regel verkannt:

1. die subjektive Natur des angelegten Wertmaßes und die Ab-

hängigkeit seiner Bedeutung von geschichtlich bestimmten Verhältnissen,

2. das Verhältnis der am Leben des Rechts teilhabenden ethischen Faktoren zu den sonstigen bestimmenden Faktoren, und was damit zusammenhängt, das Verhältnis der Lehre vom Gerechten zur Lehre vom Rechte,
3. die Kompromißnatur des Rechts.

Die in dem „Allgem. Teile“ dieser Enzyklopädie gezogenen Grundlinien einer „positivistischen Rechtsphilosophie“ hat A. Merkel in den „Elementen“ und den anderen zit. Arbeiten weiter ausgeführt. S. auch seinen Aufsatz über „Rechtsphilosophie“ in dem (für die Weltausstellung in Chikago bestimmten) Werke „Die deutschen Universitäten“. Ferner seine Zusätze zu Geyers „Geschichte der Rechts- und Staatsphilosophie“ in Holtzendorffs Encykl. 5. A.; insb. §§ 25—27 über Utilitarismus (Hauptvertreter in Deutschland Ihering, „Zweck im Recht“; dazu speziell Merkel „R. v. Ihering“, Sammlung 749ff.; auch „D. Rundschau“ Nov. 93), Sozialismus, Zukunft der R.philosophie.

Diese positivistische R.philosophie stellt sich dar als die Wissenschaft von den Grundgedanken des Rechts und den Gesetzen ihrer geschichtlichen Entfaltung. Sie will die juristischen Spezialwissenschaften als ein homogenes Glied ergänzen und sie umfassen, nicht wie eine von Außen angelegte Klammer, sondern wie die Rinde den Baum umschließt, aus dessen Säften sie gebildet ist. (Besprechung von Bergbohm, s. u.) Zu dieser allgemeinen Rechtslehre, wie sie Merkel aufgefaßt und angebaut hat, verhält sich jene naturrechtliche R.philosophie wie die Legende zur Geschichte (Besprechung von Schuppe, Slg. S. 666).

Zur Geschichte der letzteren, für die Entwicklung des Staats- und Rechtslebens höchst einflußreich gewordenen Lehre, zu deren Begründern Hugo Grotius (de jure belli et pacis 1625) gehört, vgl. die § 21 zit. Schriften von Stahl, Trendelenburg, Ahrens, Geyer. — Fichte, System der Ethik 50. Bluntschli, Gesch. des allgem. Staatsrechts 3. 81. Rehm, Gesch. der Staatsrechtswissensch. 96. Bergbohm, Das Naturrecht der Gegenwart 92 (dazu Merkel, im Archiv f. öffentl. Recht Bd. 8 und Sammlung S. 727). Snell, Vorlesungen über Naturrecht (dazu Sammlung S. 535). Hildenbrand, Gesch. u. Syst. der R. u. Staatsphil. I. Klass. Altertum 60. Gierke, Genossenschaftsrecht III. Althusius und d. Entwicklung der naturrechtl. Staatstheorien 2. A. 02. Naturrecht u. deutsches R. 83. Baumann, Staatslehre des hl. Thomas von Aquino. Hoff, Staatslehre Spinozas 92. Liepmann, Rechtsphilosophie Rousseaus 98. — Stintzing-Landsberg, Gesch. der d. R.wissenschaft (§ 358). S. auch Taine, Gesch. d. französ. Revolution I. v. Eötvös, Einfluß der herrschenden Ideen des 19. Jahrh. auf den Staat 54. Vorländer, Gesch. der philos. Moral-, R.- u. Staatslehre der Engländer u. Franzosen 55.

Besonderer Teil.

Die juristischen Spezialwissenschaften.

Vorbemerkung.

§ 364.

Wir wenden uns im Besonderen Teile zunächst dem Rechte der staatlichen Gemeinschaft zu. Eine Betrachtung des Kirchenrechts sowie des die zivilisierten Völker verbindenden Völkerrechts wird sich anschließen.

Ein System des Rechts der staatlichen Gemeinschaft wird sich ergeben aus der Betrachtung des Staates selbst und seiner Wirksamkeit, welche deshalb hier vorangehen soll. Hierbei hat das im Allgemeinen Teile (§ 60 ff.) hierüber Beigebrachte seine Ergänzung zu finden.

A. Das Recht der staatlichen Gemeinschaft.

Einleitung. Der Staat selbst.

*§ 365.

Der Staat ist der Träger der Ordnung, in welcher die Lebensgemeinschaft eines Volkes sich verwirklicht.

Zur allgemeinen Lehre vom Staate: Merkel, Elemente §§ 15 ff. (Über Natur u. Entstehung des Staats). Fragmente zur Sozialwissenschaft. Die Litt. zum Naturrecht § 363. (Die naturrechtl. Theorie wollte den Staat zurückführen auf einen Vertrag der in ihm vereinigten Individuen. Besonders einflußreich Rousseau, Du contrat social 1752. Im Gegensatz hierzu die „organische" Staatsansicht, über u. gegen welche „Elemente" § 18 f.) v. Mohl, Gesch. u. Litt. der Staatswissenschaften 55 ff.

Enzyklopädie derselben, 2. A. 72. Staatsrecht, Völkerrecht, Politik 60ff. Bluntschli, Lehre vom modernen Staat, 6. A. 85f. Held, Staat und Gesellschaft 61ff. Dahlmann, Die Politik auf Grund u. Maß der gegeb. Zustände zurückgeführt, 2. A. 47. Waitz, Grundzüge der Politik 62. v. Holtzendorff, Prinzipien der Politik 69. v. Stein, Gesch. der sozialen Bewegung in Frankreich 50. Die Verwaltungslehre 69ff. Frantz, Naturlehre des Staats als Grundlage der St.wissenschaft 70. Lindgren, Grundbegriffe des Staates 68. (Dazu „Sammlung" 304.) B. Schmidt, Der Staat 96. Gumplowicz, Rechtsstaat u. Sozialismus 81. Grundriß der Soziologie 85. Soziologie u. Politik 93 (die drei Schriften bespr. in „Sammlung" Bd. II.) Allgem. Staatsrecht 97. W. v. Humboldt, Ideen zu e. Versuche, die Grenzen d. Wirksamkeit d. Staates zu best. 51. J. St. Mill, Über die Freiheit, deutsch v. Pickford, 60. Über die Repräsentativverfassung, d. v. Wille, 62. Laboulaye, L'État et ses limites. 5. A. Paris 71. Lieber, Über bürgerl. Freiheit u. Selbstverwaltung, d. v. Mittermaier, 60. Political ethics, 2. A., Philadelphia 76. Dupont White, L'individu et l'état, 2. A. Paris 58. Tocqueville, L'ancien régime et la révolution, 6. A. Paris 66. Perthes, Das deutsche Staatsleben vor der Revolution 45. — Ed. Meyer, Gesch. des Altertums 84/02. Mommsen, Römisches Staatsrecht 3. A. 87f., Abriß 93. — Roscher, Politik 2. A. 93. v. Treitschke, Politik (hrsg. v. Cornicelius 97f. — Deutsches Staatswörterbuch 57/70. Handbuch des öffentl. Rechts der Gegenwart in Monogr., begr. v. Marquardsen 87ff, z. T. in 2. u. 3. A. 96ff. Darin: Allgem. Staatsrecht von Gareis 87. Rehm, Gesch. der Staatsrechtswissenschaft 96. Handwörterbuch der Staatswissenschaften von Conrad u. a. 2. A. 96. Zeitschr. f. d. gesamte Staatswissenschaft seit 44. Archiv f. öffentl. Recht seit 86.

*§ 366.

Er kann dies sein, sofern er bei diesem Volke die höchste Macht besitzt.

Diesen Besitz bezeichnet man als „Souveränität", den Staat selbst in seiner Eigenschaft als Inhaber derselben als die „souveräne" Gemeinschaft.

Man spricht auch von „halbsouveränen" Staaten, wobei man das Wort Staat auf Gemeinwesen anwendet, welche nicht für sich allein, sondern nur im Zusammenhange mit und bezw. in Abhängigkeit von anderen Mächten das Ganze der staatlichen Aufgaben und somit den vollen Begriff des Staates erfüllen. Man rechnet hierher u. a. Bulgarien und Ägypten als „Vasallenstaaten" unter der Oberherrlichkeit (Suzeränität) der Türkei, Tunis im Verhältnis zu Frankreich. S. 874.

§ 367.

Die Souveränität des Staates läßt sich in zwei Merkmale zerlegen. Sie begreift nämlich:

1. die Unabhängigkeit von anderen, sei es außerhalb sei es innerhalb der Gemeinschaft und ihres Gebietes existierenden, Mächten;
2. eine beherrschende Gewalt in bezug auf die Glieder der Gemeinschaft und alles, was innerhalb ihres Gebietes sich befindet.

§ 368.*

Der Staat ist eine juristische Person (§ 189). Als solche Träger von subjektiven Rechten und Rechtspflichten. Seinen Angehörigen und deren besonderen Verbänden gegenüber bestimmt und begrenzt er selbst diese Rechte und Pflichten.

Über die irrige Ansicht, daß der Staat keine subj. Rechte haben könne, weil er identisch sei mit dem objektiven Rechtswillen: Elemente § 17. Darüber, daß diese Identifizierung unhaltbar, weil die Tätigkeit des Staates sich nicht erschöpft in der Aufstellung und Anwendung von Rechtsnormen, s. auch § 80 Z. 4.

§ 369.

Gleich jeder juristischen Person bedarf der Staat einer Organisation, mittels welcher der in ihm herrschende Wille und die ihm anvertrauten Interessen sich betätigen und seine Rechte zur Ausübung gelangen können.

§ 370.

Diese Organisation ist ihm in Personen und Personenverbindungen gegeben, welche in festen Verhältnissen der Über- und Unterordnung und bzw. der Koordination für ihn zu handeln berufen sind.

Die in ihrer Wirksamkeit sich kund gebende Macht heißt die Staatsgewalt.

§ 371.

Für diese Wirksamkeit ist gegenüber der Wirksamkeit anderer juristischer Personen und anderer Gemeinwesen charakteristisch:

1. ihr universeller Charakter,
2. ihr veränderlicher Charakter.

§ 372.

Ihr universeller Charakter, weil alle menschlichen Interessen in den Umkreis dieser Wirksamkeit eintreten, sofern und soweit ihre Befriedigung als von ihr abhängig betrachtet wird und sie sich als gemeinsame geltend zu machen vermögen.

§ 373.

Ihr veränderlicher Charakter, weil die angegebenen Voraussetzungen bezüglich bestimmter Interessen bald zutreffen, bald ermangeln, und bald in weiterem, bald in engerem Umfange gegeben sein können.

So hat das Verhältnis staatlicher Wirksamkeit zu Religion und Kirche, Kunst und Wissenschaft, Unterricht und gewerblicher Tätigkeit sich vielfach geändert und zeigt sich in verschiedenen Ländern verschieden bestimmt.

§ 374.

Doch lassen sich gewisse stabile Elemente in dieser Wirksamkeit erkennen und gewisse Hauptrichtungen derselben überall unterscheiden.

§ 375.

Der wichtigste bezüglich dieser Richtungen bestehende Gegensatz ist derjenige zwischen der Rechtspflege und der Wohlfahrtspflege, da es dem Staate einerseits obliegt, für die Existenz einer rechtlichen Ordnung innerhalb seines Gebietes zu sorgen und andererseits eine über diese Sorge hinausgehende schöpferische Tätigkeit zugunsten gemeinsamer Interessen zu entfalten.

§ 376.

Die Rechtspflege in dem hier angenommenen weiteren Sinne des Wortes, d. h. die Sorge für den Bestand einer rechtlichen Ordnung begreift die Herstellung und Erhaltung der erforderlichen Organe (Justizverwaltung), die Schaffung der auf diese Organe und ihre Wirksamkeit bezüglichen Rechtssätze (Justizgesetzgebung) und diese Wirksamkeit selbst, d. h. die Anwendung gegebener Rechtssätze auf gegebene Verhältnisse (Justiz im e. S.)

§ 377.

Die **Wohlfahrtspflege** läßt sich scheiden in

a) die dem Auslande zugewendete, d. i. die Vertretung der gemeinsamen Interessen fremden Mächten gegenüber und in fremden Machtgebieten,

b) die dem inneren Staatsleben zugewendete Wohlfahrtspflege.

In beidem ist einbegriffen die Sorge für die Existenz der erforderlichen Organe und Gesetze und die Wirksamkeit dieser Organe.

§ 378.

Der Tätigkeit, welche unmittelbar den Begriffen der Rechtspflege und der Wohlfahrtspflege sich subsumiert, läßt sich die Sorge für die Machtmittel zur Seite stellen, deren der Staat bedarf, um die ihm in jenen beiden Richtungen gestellten Aufgaben lösen zu können.

Es gehört dahin

a) die Sorge für die Wehrkraft des Staates,

b) die Sorge für die Beschaffung, Verwaltung und Verwendung der erforderlichen Geldmittel.

§ 379.

Den verschiedenen Richtungen der Staatstätigkeit entsprechend unterscheidet man verschiedene Seiten der in ihr sich äußernden Gewalt — Justiz-, Polizei-, Militär-, Finanzgewalt — sowie verschiedene Seiten des zur Ausübung kommenden staatlichen Herrschafts- oder Hoheitsrechtes — Justizhoheit, Polizeihoheit usw.

§ 380.

Den Stamm des Rechts, welches die in den bezeichneten Richtungen sich äußernde Herrschaft des Staates über Land und Leute zum Gegenstande hat, bildet das Staatsrecht i. e. S.

§ 381.

Das **Staatsrecht** (auch Verfassungsrecht genannt) bezeichnet die höchsten Träger und die Grenzen dieser Herrschaft, sowie die allgemeinen Formen, Richtungen und Schranken ihrer Betätigung.

Sein hauptsächlichster Inhalt pflegt in besonderen Urkunden — den Verfassungsurkunden — dargestellt, und hinsichtlich seiner Abänderung unter besondere, ebenfalls zum Verfassungsrecht gehörige Normen gestellt zu sein

Über die Verfassung des d. Reiches § 461, deren Änderung § 493. Die Verfassungen der d. Einzelstaaten § 504; zu deren Änderung ist meist eine ²/₃ Mehrheit erforderlich.

§ 382.

Demselben reiht sich das **Verwaltungsrecht** an. Dieses umfaßt das Detail der für die Ordnung der Staatstätigkeit und die Gestaltung ihrer Organe bestimmenden Rechtsgrundsätze, mit Ausscheidung des Inhalts der Justizgesetzgebung.

Über den Begriff der Verwaltung im Gegensatz zu Gesetzgebung und Justiz §§ 415, 421 ff.; über Verwaltungsgerichte § 425. Hinsichtlich des Verwaltungsrechts vgl. E v. **Meier**, in Holtzendorffs Encykl. G. **Meyer**, Lehrbuch 2. A. 93 f. E. **Löning**, Lehrb. 84. **Otto Mayer**, Deutsches V.recht 95 f. (Edition française 03). Theorie des franzöf. V.rechts 86. **Gneist**, D. englische V.recht im Vergleich mit den d. V.systemen 83. v. **Stengel**, Begriff ꝛc. des V.rechts in Ztschr. f. ges. Staatsw. 38, 221. **Wörterbuch** des d. V.rechts 90 f. — „**Verwaltungsarchiv**" seit 93.

†§ 383.

Das Verwaltungsrech tkann seines spezielleren Inhalts wegen hier nicht näher behandelt werden. Hervorhebung verlangt jedoch die vorbildlich gewordene sozialpolitische Gesetzgebung des Deutschen Reichs über die zwangsweise Arbeiterversicherung seit 1883 und den Arbeiterschutz.

Auch das praktisch so bedeutsame, vielverästete Gewerberecht, in der Hauptsache in der Reichsgewerbeordnung von 1869 mit ihren zahlreichen Nachträgen enthalten, bedarf der Erwähnung.

Welche wirtschaftliche und soziale Bedeutung der (durch die Botschaft Kaiser Wilhelms I. v. 17. Nov. 81 eingeleiteten) Arbeiterversicherung —

Kranken-, Unfall-, Invaliditäts- u. Altersvers. — zukommt, erhellt aus ff. Tatsachen: auf Grund derselben sind von 85—99 rund 2,4 Milliarden Mk. Entschädigung bezahlt worden. (Die Beiträge leisten bei Unfallv. d. Unternehmer allein; bei Krankenv. zu $^1/_3$; bei Invalv. 2c. sie $^1/_2$, d. Arb. $^1/_2$, u. Reichszuschuß). 85—97: Entsch. für 32,7 Millionen Erkrankungen u. 616100 Unfälle; 91—98: 381000 Invalid. u. 337000 Altersrenten. Gegenwärtig wird täglich über 1 Million Mk. für diese Vers. ausgegeben.

Zum Arb.schutz gehören u. a. die Verpflichtung der Arbeitgeber zu Vorkehrungen für Gesundheit u. Sittlichkeit ihrer Arb.; Beschränkung der Beschäftigung u. Arbeitszeit („Maximalarbeitstag") von jugendl. u. weibl. Personen, besonders neuestens (Kinderschutzges. 1903) von Kindern (bis 13 J.); Verbot den Arbeitslohn anders als durch Barzahlung u. an einen andern als den Arb. selbst zu leisten; Arbeitsruhe an Sonntagen und bei Nacht. Notw. von Arbeitsordnungen für Fabriken, Koalitionsfreiheit der Arbeiter.

Leitfaden zur Arb.V. zus.gestellt v. Reichsvers.amt. Laß, Grd.riß 03 und in Holtzend. Enc. Rosin, Recht d. Arb.versicherung I 90f., II ersch. demnächst. Ausg. der Ges. v. Piloty 04. Rechtsprechg. des R.vers.amtes. — Über Arb.schutz Hdwörterb. d. Staatswiss. I, 470ff.; Gewerbegesetzgebg IV, 440ff.; Kom. zur R.G.O. von Landmann, 4. A. 03.

§ 384.

Zum Inhalte der Justizgesetzgebung (§ 376) gehört:

1. Das Zivil- und Strafprozeßrecht, welches die für die Rechtspflege wichtigsten Organe und die Formen ihrer Tätigkeit betrifft.
2. Das materielle Zivil-(Privat-)Recht und Strafrecht, welches für den Inhalt dieser Tätigkeit maßgebend ist.

§ 385.

Dem Gesagten gemäß wird im weiteren gehandelt werden:

1. vom Staatsrechte;
2. vom Privatrechte;
3. vom Strafrechte;
4. vom Zivil- und Strafprozeßrechte.

Dieses ist hier dem materiellen Rechte nachgestellt, weil es mehr von diesem abhängt als das materielle Recht von ihm.

Alle diese Rechtsteile sind mit besonderer Beziehung auf das in Deutschland geltende Recht zu behandeln.

Erstes Kapitel.

Das Staatsrecht.

Erster Abschnitt.

Im allgemeinen.

I. Die Organisation der Staaten.

§ 386.

Bei der wissenschaftlichen Behandlung des Staatsrechts lassen sich wie bei der Behandlung jedes Rechtsteils Lehren von allgemeinerem Inhalte, welchen zugleich eine über das Recht des einzelnen Volkes und einer gegebenen Zeit hinausgreifende Bedeutung zukommt, von spezielleren Lehren und bezw. von solchen unterscheiden, welche ausschließlich einem konkreten Rechtssysteme zugewendet sind und nur diesem gegenüber Geltung haben. Den Inbegriff der ersteren hat man häufig, in nicht glücklicher Weise, als „Allgemeines Staatsrecht" bezeichnet.

Im folgenden sind einige Hauptpunkte dieser allgemeineren Staatsrechtslehre zu berühren.

Es gibt ein allgemeines Staatsrecht so wenig, wie es ein allgemeines Recht gibt; wohl aber eine allgemeine Staatsrechtslehre in demselben Sinne, in welchem es eine allgemeine Rechtslehre gibt (§ 2). Hinsichtlich der in ihr Bereich fallenden Grundbegriffe des Staatsrechts vgl. v. Gerber, Grundz. e. Syst. des deutschen Staatsrechts, 3. A. 80. Meyer, Einleitg. in das d. St. 2. A. 84. Schulze, desgl. 2. A. 67. Seydel, Grundzüge e. allgem. St.lehre 73. Vorträge 03. „Allgem. St.lehre" von Bornhak 96, von Rehm 99, von Jellinek 00, von

Richard Schmidt I, 01. II, 03. Laband, Staatsrecht d. D. Reiches 4. A. 01. Gierke, deutsches Genossenschaftsrecht l. c. Die Grundbegriffe des St.r. und die neuesten St.rechtstheorien, in Zeitschr. f. d. ges. St.wiss. 30, 173. Labands St.recht und die deutsche R.wissenschaft in Schmollers Jahrb. f. Gesetzg. 7. Rosin, Souveränität, Staat, Gemeinde, Selbstverwaltg. 83. Recht der öffentl. Genossenschaft 86. Grundz. e. allgem. St.lehre nach d. polit. Reden u. Schriftst. Bismarcks 98. Anschütz, Bismarck u. d. Reichsverfassg. 99. Preuß, Gemeinde, Staat, Reich 89. Jellinek, Lehre v. d. Staatenverbindungen 82. System der subj. öffentl. Rechte 92. Über Staatsfragmente 96. Brie, Staatenverbindungen 86. Bernatzik, Republik u. Monarchie 92.

§ 387.

Unter den Organen des Staates muß zum mindesten eines sein, von welchem letzte Entscheidungen ausgehen, gegen welche es keine Berufung gibt, und dessen Willensäußerungen in gewissen Grenzen unmittelbar als Äußerungen des Staatswillens selbst gelten.

*§ 388.

Möglicherweise existiert in einem Staate nur ein derartiges unmittelbares Organ des staatlichen Willens, welches neben sich nur Organe seines Willens hat, die in seinem Auftrage und nach Maßgabe seiner Befehle von ihm hergeleitete Rechte ausüben.

Eine derartige Stellung hat insbesondere der Monarch in der unbeschränkten oder absoluten Monarchie. Seine Gewalt ist hier identisch mit der Staatsgewalt.

§ 389.

Die Einheit des Staatswillens, seiner Gewalt und seines Rechts findet hier in der Einheit seines unmittelbaren Organes einen einfachen und greifbaren Ausdruck.

Eine solche Organisation entspricht indessen im allgemeinen nur einer niederen Entwicklungsstufe des staatlichen Lebens, sowie Zeiten nationalen Niedergangs, schwerer Gefährdung des Staates oder revolutionärer Neubildungen.

§ 390.*

Von solchen Zeiten und Zuständen abgesehen stellt sich uns eine mehr gegliederte Organisation vor Augen. Für verschiedene Richtungen der Staatstätigkeit sind hier verschiedene voneinander unabhängige Organe vorhanden, von welchen letzte Entscheidungen ausgehen und welche den Staatswillen zum unmittelbaren Ausdruck bringen oder doch auf diesen Ausdruck maßgebenden Einfluß äußern. In bezug auf gewisse Akte von allgemeinerer Bedeutung findet ein Zusammenwirken mehrerer solcher Organe statt, welche in dem gleichen unmittelbaren Verhältnisse zum Verfassungsrechte und dem in ihm sich äußernden Gemeinwillen stehen.

§ 391.*

Eine solche Staatsform hat das Deutsche Reich. Dasselbe besitzt eine Mehrzahl von Organen, welche ihr Recht nicht voneinander ableiten, sondern gleicherweise unmittelbar von dem in der Reichsverfassung zu seinem höchsten Ausdruck gelangten nationalen Willen.

So ist der Kaiser zweifellos ein Organ des Reichswillens kraft eigenen, d. h. von keinem anderen Organe abgeleiteten, sondern unmittelbar auf die Verfassung gestützten Rechtes. Ebenso aber auch Bundesrat und Reichstag (§ 495 ff.)

Das Entsprechende gilt für die sog. konstitutionellen Monarchien (§ 513 ff.).

§ 392.

Eine solche Organisation pflegt wieder in einer Person oder Personenverbindung zu gipfeln, welche die größte Fülle der Macht besitzt und welcher es an höchster Stelle obliegt, für die Einheit und Stetigkeit in der Führung der Staatsgeschäfte Sorge zu tragen.

Eine derartige Stellung hat z. B. der Monarch in der beschränkten Monarchie (s. § 399 ff.).

Es ist indessen keineswegs „begrifflich notwendig", daß unter den Organen des Staates eines in der bezeichneten Weise alle anderen überrage. Vgl. § 501 bez. des D. Reiches.

§ 393.*

Die Person oder Personenverbindung (Körperschaft), welche entweder das einzige (§ 388) oder das höchste (§ 392) unmittelbare Organ des staatlichen Willens darstellt, heißt „der Souverän“; ihre Macht „die souveräne Gewalt“.

Diese Gewalt begreift im ersten Falle die gesamte Staatsgewalt, im zweiten nur die höchste unter den Gewalten, in deren einheitlicher Wirksamkeit der staatliche Wille zur Erscheinung kommt.

Die Souveränität in diesem Sinne einer Eigenschaft bestimmter Personen 2c. ist wohl zu unterscheiden — aber oft nicht genügend getrennt worden — von der S. als Eigenschaft des Staates selbst, worüber § 366. —

In der Doktrin ist eine Auffassung dieser Verhältnisse verbreitet, welche von der hier zum Ausdruck gebrachten abweicht, und welche mit den Tatsachen nicht in Einklang zu bringen ist. Man lehrt (insb. Laband), daß die gesamte Staatsgewalt als eine an sich einheitliche und unteilbare auch nur ein unmittelbares Organ haben könne, welches Organ in dem Souverän gegeben sei. Was im Texte von der unbeschränkten Monarchie gesagt worden ist, das wird hiermit als das für alle Staaten stets und notwendig Gültige hingestellt.

Die Argumentation, auf welche diese Theorie sich stützt — Einheit der Staatsgewalt, folglich Einheit ihres Organs — ist indessen ein bloßes Sophisma. Man könnte ebensogut aus der Einheit des tierischen Organismus die Unmöglichkeit folgern, daß derselbe mehrere Organe habe, oder aus der Einheit des individuellen Willens, daß derselbe nur ein mit ihm in unmittelbarer Beziehung stehendes Organ besitzen könne! Ehe man aus der Einheit des Staates, seines Willens und seiner Gewalt Folgerungen ableitet, sollte man sich bestimmtere Rechenschaft darüber geben, welche Art der Einheit auf Grund der Tatsachen jenen zuzuerkennen sei.

Unter den Schriftstellern, welche sich mit dieser Frage beschäftigt haben, sind diejenigen, auf welche jene Einheit den größten Eindruck hervorgebracht hat, dahin gelangt, den Staat als eine große, der Einzelpersönlichkeit verwandte, in sich selbst ruhende Persönlichkeit vorzustellen. Gesetzt aber auch (was dem Sachverhalt nicht entspricht), der Staat sei dies, eine Persönlichkeit mit eigener Seele, und besitze dieselbe Harmonie der geistigen Kräfte, dieselbe Einheitlichkeit der Zwecke und des Handelns, welche die vollkommenste Einzelpersönlichkeit charakterisieren, so stünde es um jene Theorie nicht im geringsten besser. Denn es würde damit nicht ausgeschlossen sein, daß diese Seele sich durch eine Vielheit verschiedenartiger, mit verschiedenen Leistungen betrauter, und unter sich in einem Gleichgewichtszustande erhaltener Kräfte wirksam zeigte. Vgl. auch § 412 Anm.

Zu den bedenklichsten Konseqenzen führt jene Theorie in ihrer Anwendung auf die modernen konstitutionellen Staaten (§ 401). Das Bild derselben wird unter ihrem Einflusse durchaus verzeichnet. Speziell kommt die Stellung der Volksvertretung zu keiner richtigen Würdigung. Da die gesamte ungeteilte Staatsgewalt bei dem Souverän, also in den Monarchien in den Händen des Monarchen ruhen soll, so ergibt sich bezüglich der Volksvertretung die Alternative, sie entweder als ein abhängiges Organ des königlichen (nicht unmittelbar des staatlichen) Willens zu betrachten, oder die in ihrer Wirksamkeit sich äußernde Macht als eine außerstaatliche anzusehen. Die eine Annahme aber ist so unhaltbar wie die andere. Jene Macht selbst wird unten charakterisiert werden (§ 400 f., 500 ff., 522 ff.). — Die eigentümlichsten Konsequenzen würden sich aber aus jener Theorie bei ihrer Anwendung auf das Deutsche Reich ergeben. Da dem Kaiser die souveräne Gewalt im Reich zweifellos nicht zusteht, so würde er jener Theorie zufolge an der Reichsgewalt überhaupt keinen selbständigen Anteil haben, was den Tatsachen aufs handgreiflichste widerstreitet (§ 505). In der Organisation der „Bundesstaaten" (§ 405), zu welchen das D. Reich gehört, zeigt sich überhaupt besonders klar, wie wenig dem Staate die von jener Lehre geforderte Einheit wesentlich ist.

Die gewöhnliche Lehre von der Souveränität weist in dem hervorgehobenen Punkte auf den Ursprung zurück, welchen sie in der Zeit des absoluten Königtums gefunden hat (zumal in Frankreich durch Bodin, De la république 1576). Dessen Verhältnissen entspricht sie. Den Formen der beschränkten Monarchie aber sucht sie durch Fiktionen gerecht zu werden.

Hancke, Bodin. Studie über d. Begriff der S. 94. Dock, Der S.Begriff von Bodin bis Friedrich d. Großen 97. Übrige Lit. bei Laband § 7.

§ 394.

Man teilt die Staaten nach verschiedenen Gesichtspunkten ein, welche zum Teil mit der verschiedenen Art, wie die unmittelbaren Organe des Staatswillens bzw. die höchsten derselben sich bestimmen, zum Teil mit der verschiedenen Rechtsstellung dieser Organe zusammenhängen. Die wichtigsten dieser Einteilungen sind:

1. die Einteilung der Staaten in Monarchien, Aristokratien, Demokratien;
2. diejenige in Bundes- und Einheitsstaaten;
3. diejenige in Rechts- und Autoritätsstaaten.

*§ 395.

1. Mit Rücksicht auf die verschiedene Weise, wie der Träger der höchsten Gewalt sich bestimmt, teilt man die Staaten in: a) Monarchien, b) Aristokratien, c) Demokratien oder Republiken.

Häufig (und wohl zutreffender) unterscheidet man mit Beziehung auf denselben Einteilungsgrund bloß Monarchien und Republiken und teilt die letzteren in aristokratische und demokratische Republiken.

Jene Dreiteilung findet sich schon bei Aristoteles, „Politik" III, 5.

§ 396.

a) Die **Monarchie** charakterisiert es, daß **eine** Person, der Monarch, die höchste Gewalt hat, das oberste Willensorgan des Staates darstellt.

§ 397.

Mit dem Besitze der obersten „souveränen" Gewalt verbindet der Monarch die persönliche Repräsentation des Volksganzen und seiner Einheit.

Damit hängen besondere Rechte des Monarchen — Ehrenrechte, Majestätsrechte — zusammen.

§ 398.

Man unterscheidet verschiedene Arten der Monarchie mit Rücksicht α) auf den Umfang der monarchischen Gewalt, β) die Art, wie der Monarch zu seiner Herrscherstellung berufen wird.

§ 399.

α) Dem ersten Einteilungsgrunde entspricht die Unterscheidung der unbeschränkten oder absoluten von der beschränkten Monarchie. Vgl. hinsichtlich jener § 388, hinsichtlich dieser § 392.

*§ 400.

In den **beschränkten** Monarchien stehen dem Herrscher Organe mit eigener nicht von ihm abgeleiteter Gewalt in gewissen politischen Körperschaften zur Seite: den Landständen, Landtagen, Kammern. Diesen kommt hier ein selbständiger Anteil an der Lösung bestimmter Aufgaben zu, speziell an der Fortbildung des objektiven Rechts und an der Ordnung des Staatshaushaltes.

*§ 401.

Eine besondere Bedeutung kommt diesen politischen Körperschaften in der sog. **konstitutionellen** Monarchie zu, der für die Gegenwart wichtigsten Unterart der beschränkten Monarchie. Sie stellen hier eine Volksvertretung von besonderer Natur dar, welcher in den Ministern die verantwortlichen Ratgeber des Monarchen gegenüberstehen. (Spezielleres hierüber in § 522 ff.)

Die älteste Form dieser konstitutionellen Monarchie ist im englischen Staate gegeben, dessen Grundformen bei ihrer Einführung auf dem Kontinente als Vorbild wirkten, wenn dasselbe auch nirgends genau kopiert wurde.

Ein Beispiel einer beschränkten, aber nicht konstitut. Monarchie bieten die beiden Mecklenburg.

*§ 402.

β) Dem zweiten Einteilungsgrunde entspricht die Unterscheidung der erblichen von der Wahlmonarchie.

Bei ersterer entscheidet über die Thronberechtigung die Verwandtschaft mit dem Vorgänger in der Herrschaft nach Maßgabe der Hausgesetze bzw. der Verfassung; bei letzterer wird der Thronfolger durch Wahl bestimmt, wobei der Kreis der zum Wählen Berechtigten verschieden gezogen sein kann.

Über die Thronfolgeordnung in den deutschen Erbmonarchien § 521.

§ 403

b) In der Aristokratie hat eine Personenverbindung, welche eine Minderheit unter den vollberechtigten Bürgern darstellt und die Häupter bestimmter vornehmer Geschlechter oder die (männlichen) Angehörigen eines bestimmten Standes begreift, die höchste Gewalt.

§ 404.

c) In der Demokratie oder Republik ist die höchste Gewalt bei der Gesamtheit der in bestimmten verfassungsmäßigen Formen tätigen vollberechtigten Bürger.

*§ 405.

2. In der Gegenwart kommt der komplizierten Organisation des „Bundesstaates“ eine besondere Bedeutung zu.

Der Bundesstaat ist ein gegliedertes Staatswesen, in welchem der Staatswille und die Staatsgewalt von verschiedenen Punkten aus durch eigenberechtigte Organe in einer unmittelbaren Weise zur Betätigung gelangen, nämlich einerseits durch die Zentralorgane des Ganzen, andrerseits durch diejenigen der Glieder.

Beide bringen hier staatliche Gewalt und Herrschaft über Land und Leute in unmittelbarer Weise zur Ausübung.

Über die verschiedene rechtliche Auffassung des Bundesstaates und spez. des d. Reiches, je nachdem man insb. die Souveränität für ein wesentliches Merkmal des Staates ansieht: G. Meyer, Erörterungen über die R.verfassg. 72. Seydel, in Ztschr. f. ges. Staatsw. 28, 185. Zorn, eod. l. 37, 292. v. Stengel, in Schmollers Jahrb. 22, 707. Laband, § 7ff.

§ 406.

Die Voraussetzung dieser Organisation bildet ein öffentliches Recht, welches für die Wirksamkeit der gemeinsamen Organe und der Organe der Glieder in ihrem Verhältnisse zueinander bestimmte Grenzen zieht.

Beispiele einer solchen Organisation bieten das Deutsche Reich, die Schweiz, die Nordamerikanische Union.

*§ 407.

Der Bundesstaat ist durch die bezeichneten Merkmale in einen Gegensatz gestellt:

a) zu völkerrechtlichen Verbindungen selbständiger Staaten, wie sie in den verschiedensten Formen vorkommen, als „Allianzen" zu einzelnen bestimmten Zwecken, als „Personal"- oder „Realunionen" d. h. Verbindungen unter demselben Herrscher (sei es zufällig, insbes. durch Erbgang — so Holland und Luxemburg bis 1893 — sei es auf dauernder Rechtsgrundlage — so Schweden und Norwegen), oder als „Staatenbünde", „Konföderationen" (so der ehemal., 1815 gegründete „Deutsche Bund", § 448).

Auch derartige Verbindungen können eine juristische Person darstellen und eigene Organe haben. Aber die letzteren üben nur abgeleitete Rechte und keine unmittelbare Herrschaft über Land und Leute aus.

§ 408.

Der Bundesstaat bildet andrerseits einen Gegensatz

b) zum „Einheitsstaate" (Frankreich, Italien, Spanien).

Dieser kann zwar in Provinzen gegliedert sein, welche auch juristische Persönlichkeit und eigene Organe haben, allein diese

Provinzen üben nicht wie die Glieder des Bundesstaates eine staatliche Herrschaft kraft eigenen Rechtes aus.

§ 409.*

Der Begriff des Staates gelangt im Bundesstaate nur einmal, nämlich durch das gegliederte Ganze, zu seiner vollen Verwirklichung, da die dem Staate gesetzte Aufgabe nur durch die sich ergänzende Wirksamkeit der gemeinsamen Organe und der besonderen Organe der Glieder in ihrem ganzen Umfange gelöst wird, während die gemeinsamen Einrichtungen sowohl wie diejenigen der Glieder, für sich betrachtet, nur Bruchstücke eines Staates darstellen; nur in ihrer Verbindung erfüllen sie dessen Begriff.

Der eingebürgerte Sprachgebrauch, welcher das Wort Staat sowohl auf das Ganze wie auf die Glieder anwendet, ist deshalb juristisch inkorrekt.

Auch hier aber sollen die Glieder, diesem Gebrauche gemäß, „Glied-, Einzel- oder Bundesstaaten" heißen.

§ 410.

3. Bei verschiedenartigster Bestimmung seiner höchsten Willensorgane kann ein Staat den Charakter eines „Rechtsstaates" haben in dem besonderen Sinne, welcher sich mit diesem Namen in neuester Zeit verbunden hat, oder den Charakter eines reinen „Autoritätsstaates".

Mit dem Worte „Rechtsstaat" sind verschiedene Begriffe verbunden worden. Für die Gegenwart kann nur der im flg. § bestimmte eine Bedeutung (welche sich indessen nicht auf die Gegenwart beschränkt) in Anspruch nehmen.

§ 411.*

Den „Rechtsstaat" charakterisiert ein ausgebildetes und in gesicherter Wirksamkeit stehendes öffentliches Recht, ein öffentliches Recht, welches:

a) für die Gesamtordnung des staatlichen Lebens das oberste Maß an die Hand gibt, derart, daß Willensäußerungen der Gewalthaber nur insofern eine verpflichtende Kraft besitzen, als sie in den von diesem öffentlichen Rechte bestimmten Schranken und

Formen erfolgen, und niemand eine Gewalt besitzt, welche nicht an solche Schranken und Formen gebunden wäre, und welches:

b) Organe besitzt, die im Falle von Überschreitungen jener Schranken angerufen werden können und die nach ihrer Zusammensetzung und Stellung Garantie für eine unparteiliche Rechtsprechung darbieten.

R. v. Gneist, Der Rechtsstaat 2. A. 79. Verwaltung, Justiz, Rechtsweg 69. Selfgovernment, Kommunalverf. u. Verwaltungsgerichte in England 3. A. 71. Engl. Verfassungsgeschichte 82. Bähr, Der Rechtsstaat 64.

§ 412.

In dem reinen Autoritätsstaate bildet dagegen der Wille eines Einzelnen oder einer Mehrheit, der Wille des Souveräns, das schlechthin maßgebende Prinzip in der Ordnung des öffentlichen Lebens, derart, daß ihm gegenüber kein objektives und kein subjektives Recht existiert, dem die Bedeutung einer Schranke zuerkannt wäre.

Der speziellere Charakter dieses Staates ist von der besonderen Natur der Quellen und Stützen der Autorität des herrschenden Willens abhängig. Der geschichtlich bedeutsamste Fall ist der, wo die Herrscher diese Autorität als unmittelbare Organe des göttlichen Willens in Anspruch nehmen.

Manche betrachten den in § 411 charakterisierten „Rechtsstaat" als eine bloße Chimäre. Die mit Händen zu greifende Tatsache, daß in den höchststehenden Staaten der Vergangenheit und Gegenwart das Recht sich auch in bezug auf die Verhältnisse zwischen den Organen des Staates selbst und zwischen diesen und den Einzelnen als eine regulierende, einerseits Schranken setzende, andrerseits schützende, Macht in höherem oder geringerem Maße bewährt hat und bewährt, wird um gewisser doktrinärer Begriffe willen, mit welchen sie sich nicht verträgt, bestritten.

Es ist die oben (§ 393) charakterisierte Lehre von der souveränen Gewalt, auf welche man sich dabei stützt.

Wäre die souveräne Gewalt, z. B. die Gewalt des Königs in der beschränkten Monarchie, wie jene Lehre postuliert, überall identisch mit der gesamten unteilbaren und unbeschränkten Staatsgewalt, so hätte es freilich keinen Sinn, ihr gegenüber von einer beschränkenden staatlichen Macht — und um eine solche handelt es sich doch beim öffentlichen Rechte eines Staates — zu reden! Ist die königliche Gewalt durch den im öffentlichen Rechte sich äußernden Staatswillen beschränkt, so kann sie nicht als identisch mit der Gewalt dieses Willens gedacht werden; ist sie dagegen identisch mit dieser Gewalt, so hängt Kraft und Geltung des öffentlichen Rechts in jedem Moment seiner Existenz von ihr ab, und kann dasselbe sich folglich nicht gegen sie selbst, nicht als eine Schranke ihr gegenüber geltend machen!

Aber die Hinfälligkeit jener Lehre ist bereits dargelegt worden. In dem Rechtsstaate äußert sich der Wille und die Macht des Staates nicht bloß in einer Form und an einem Punkte in unmittelbarer Weise, sondern durch eine Mehrzahl von Organen und zugleich durch das diese Organe mit Schranken umgebende öffentliche Recht. Der Einheit der Staatspersönlichkeit widerstreitet die selbständige Bedeutung und beschränkende Macht dieses Faktors nicht, so gewiß als diese Persönlichkeit nicht identisch ist mit einem ihrer Organe. Sie widerstreitet der Einheit dieser Gesamtperson so wenig, wie die maßbestimmende, hier drängende, dort hemmende Wirksamkeit des individuellen Gewissens der Einheit der Einzelpersönlichkeit widerstreitet.

Es erledigt sich damit die in der Wissenschaft oft erörterte Frage, wie es begreiflich zu machen sei, daß der Staatswille durch das von ihm selbst ausgehende Recht als gebunden erscheine. Gebunden durch dieses Recht sind die abhängigen Organe und Glieder des Ganzen, nicht dieses selbst. Indem der Staatswille nicht willkürlich das von ihm geschaffene Recht und die unter dessen Einfluß entstandenen Rechtsverhältnisse ignoriert, sondern diese seine Wirksamkeit gelten läßt und so sich selbst und den ihm gestellten Aufgaben getreu bleibt, erscheint er nicht in anderem Sinne als gebunden, als in welchem der Einzelne, der sich selbst und seinen dauernden Interessen treu bleibt, sich hierbei als unfrei darstellt.

§ 413.

Einen Gegensatz zu den bisher in Betracht gezogenen Organen des Staates bilden die Staats-Behörden. Dieselben haben staatliche Geschäfte kraft eines von jenen höheren Organen abgeleiteten Rechtes zu besorgen.

In den größeren Staaten sind für die verschiedenen Richtungen der Staatstätigkeit (§ 375 ff.) besondere Systeme solcher Behörden vorhanden (s. § 533).

§ 414.

Änderungen der staatlichen Organisation, auch solche, welche sich auf den Inhaber der höchsten Gewalt beziehen — man denke an die Verdrängung der monarchischen durch die republikanische Staatsform oder den umgekehrten Vorgang (wie beide sich in Frankreich wiederholt abgespielt haben) — berühren die Identität des Staates und die Fortdauer seiner Rechte und Pflichten Dritten gegenüber nicht.

II. Formen und Richtungen der Staatstätigkeit.

*§ 415.

Die Staatsgewalt betätigt sich in allen früher genannten Richtungen (§ 375 ff.) in verschiedenen Grundformen. Die Hauptformen sind:

1. Die Aufstellung, Änderung und Aufhebung abstrakter Rechtssätze durch Gesetze und Verordnungen, § 419 f., 423,
2 die Anwendung gegebener Rechtssätze auf gegebene Verhältnisse durch die staatlichen Gerichte in den Formen der „Justiz" (§ 376, 427),
3 die Erledigung konkreter Angelegenheiten in den Formen der „Regierung" oder „Verwaltung" (§ 422).

*§ 416.

Mit dieser Unterscheidung steht in einem Zusammenhange, ohne jedoch mit ihr zusammenzufallen, die Unterscheidung von:

a) Gesetzgebung, b) Justiz, c) Regierung oder Verwaltung;

und bzw. von:

gesetzgebender Gewalt,
richterlicher Gewalt,
vollziehender, verwaltender, Regierungsgewalt.

Von nachhaltigem Einfluß war die Lehre Montesquieu's (Esprit des lois 1748 l. XI) von der „Teilung der Staatsgewalten" in pouvoir législatif, judiciaire et exécutif, welche im Interesse der Freiheit der Individuen an selbständige und voneinander unabhängige Personen oder Körperschaften übertragen sein sollen, damit „le pouvoir arrête le p., pour qu'on ne puisse abuser du p." — Eine solche Dreiteilung kommt in allen heutigen deutschen Verfassungen zum Ausdruck, besonders scharf in der preußischen (§ 518). Es handelt sich hierbei aber nur um die Funktionen bzw. Äußerungsformen der einheitlichen Staatsgewalt; auch sind Justiz und Verwaltung der Gesetzgebung nicht gleich- sondern untergeordnet (§ 425, 429).

§ 417.

Das Besondere dieser Dreiteilung (gegenüber der in § 415 erwähnten) begründet sich in ihren Beziehungen zu den Einrichtungen des modernen Rechtsstaats und speziell desjenigen, in welchem eine Volksvertretung einen maßgebenden Anteil an der Erledigung wichtigster staatlicher Angelegenheiten hat.

Ihre Bedeutung ist hier näher darzulegen.

*§ 418.

a) Bei dieser Dreiteilung ist das Wort „Gesetzgebung" in einem besonderen, auf ein Zusammenwirken von Regierung und Volksvertretung hinweisenden Sinne genommen, und begreift teils mehr, teils weniger als: Bildung von „Gesetzesrecht" und als: Aufstellung und Aufhebung von Rechtssätzen (§ 102 ff.).

Laband, § 54 ff. Jellinek, Gesetz und Verordnung 87. Rosin, Polizeiverordnungsrecht in Preußen. 2. A. 95. Anschütz, Die Theorien über den Begriff der gesetzgebenden Gewalt 2. A. 01. — Hänel, Gesetz im formellen u. materiellen Sinne 88. v. Martitz, Über den konstitutionellen Begriff des Ges., in Ztschr. f. ges. St. 36, 241. Arndt, Verordnungsrecht des d. R. 84. Das selbständige V.recht 02.

§ 419.

Die Gesetzgebung in diesem (formalen) Sinne des Wortes umfaßt nämlich nur diejenige Bildung von Rechtssätzen, zu welcher verfassungsmäßig die Zustimmung der Volksvertretung (der formelle „Weg der Gesetzgebung") erforderlich ist, umfaßt aber andrerseits zugleich die Regelung gewisser konkreter Angelegenheiten (z. B. die Bewilligung einer Aussteuer für eine Prinzessin), derjenigen nämlich, bezüglich welcher die Verfassung ebenfalls eine Mitwirkung der Volksvertretung fordert.

§ 420.

b) Die „Justiz" begreift im Sinne dieser Dreiteilung die Funktionen des Rechts in hypothesi, d. i. die Anwendung gegebener Rechtssätze auf gegebene Verhältnisse in den Formen richterlicher Entscheidungen und Vollstreckungen von solchen.

§ 421.

c) Die „Regierung" oder „Verwaltung" umfaßt im Sinne dieser Dreiteilung das gesamte Gebiet der Staatstätigkeit, welches nicht von den näher bestimmten Begriffen der Gesetzgebung und

Justiz umspannt ist. Es gehört dahin also auch die Aufstellung gewisser Rechtssätze, solcher nämlich, bezüglich welcher eine Mitwirkung der Volksvertretung nicht erfordert wird.

†§ 422.

Rechtssätze, welche auf Grund einer, in der Verfassung oder in Spezialgesetzen enthaltenen, Ermächtigung ohne Zustimmung der Volksvertretung ergehen dürfen, nennt man Verordnungen oder näher „Rechtsverordnungen". Die wichtigsten Arten sind die zur Ergänzung der Gesetze dienenden Ausführungsverordnungen (§ 501), die Polizeiverordnungen und die für dringende Fälle zugelassenen interimistischen Notverordnungen.

Diesen Rechtsverordnungen stellt man gegenüber die „Verwaltungsverordnungen" (oder „Instruktionen"), welche allgemeine Anweisungen des Staatsoberhauptes oder der höheren Behörden an die unteren über die zweckmäßigste Art und die Organisation der Verwaltung (§ 415 Z. 3) innerhalb der Rechtsgrenzen enthalten, und zu deren Erlaß es keiner gesetzlichen Ermächtigung bedarf.

*§ 423.

Die Regierungs- oder Verwaltungstätigkeit hat zum Teile den Charakter der Ausführung bestimmter Gesetze, z. B. der Schul-, Post-, Gewerbe-, Steuergesetze, aber sie ist keineswegs bloß eine die Gesetze „vollziehende" Gewalt, vielmehr bewegt sie sich, wenn auch innerhalb bestimmter gesetzlicher Schranken, so doch in weit bemessenem Spielraum frei in der Verfolgung staatlicher Aufgaben. Letzteres gilt z. B. in der Hauptsache von der äußeren Politik.

*§ 424.

Dieser Tätigkeit gegenüber lassen sich regelmäßig Zweckmäßigkeitsfragen und Rechtsfragen unterscheiden.

Die ersteren können das Ganze einer Unternehmung betreffen, oder, wo jene sich als Ausführung eines Gesetzes darstellt, die Art und Weise seiner Durchführung.

Die letzteren gehen darauf, ob die gesetzlichen Schranken

nicht überschritten und nicht bestehende öffentliche oder private Rechte verletzt worden sind. Wo dies behauptet wird, da ist ein Anlaß für Entscheidungen richterlicher Natur gegeben. Dem Rechtsstaate (§ 411) ist es allein entsprechend, daß für derartige Fälle ein Verfahren vorgesehen ist, welches dem Geiste der Justiz entspricht.

†§ 425.

Gemäß der neueren Rechtsentwicklung finden Streitigkeiten über diese wie über manche andere dem öffentlichen Rechte angehörige Fragen ihre Entscheidung durch „Verwaltungsgerichte", welche mit der Garantie richterlicher Unabhängigkeit umgeben als Organe der Rechtskontrolle innerhalb der Verwaltung dienen.

In Preußen fungiert als oberste Instanz der Verwaltungsrechtspflege das Oberverwaltungsgericht seit 75; die unteren Instanzen (§ 807) fallen hier wie meist zusammen mit den „reinen" (Exekutiv-) V.behörden (Kreis-Bezirksausschuß). Während z. B. Baden einen V.gerichtshof seit 63 besitzt, hat in Sachsen ein solcher bis 1900 gefehlt u. noch jetzt entbehrt ihn Elsaß-Lothringen (interess. Verhandlungen darüber im dort. „Landesausschuß"). — Gegenstand dieser „Administrativjustiz" sind u. a. Klagen gegen Polizeiverfügungen seitens der durch sie Betroffenen, Steuerfragen, Wahlstreitigkeiten, Ansprüche auf Ortsbürgerrecht 2c. — Bei der nicht einfachen Abgrenzung der Zuständigkeit der gewöhnlichen Gerichte (der „Zulässigkeit des Rechtsweges"), der vollziehenden V.behörden und der V.gerichte entstehen nicht selten „Kompetenzkonflikte", für deren Entscheidung in den größeren deutschen Staaten besondere Gerichtshöfe bestimmt sind.

v. Sarwey, Das öffentl. Recht u. die V.rechtspflege 80. Über englisches Recht Gneists Schriften § 411. Löning, Die französ. V.gerichtsbarkeit, in Hartmanns Zeitschr. 5 u. 6. Anschütz, Rechtsprechung des preuß. Oberverwaltungsgerichts 00.

*§ 426.

Für das Verhältnis von Justiz und Verwaltung zueinander sind die im § 424 bezeichneten Fragen kennzeichnend. Für die Justiz existieren nur Rechtsfragen, während bezüglich der Verwaltung die Zweckmäßigkeitsfragen zwar nicht allein maßgebend sein dürfen, aber doch im Vordergrund stehen.

Dieser Gegensatz hängt mit der doppelten Aufgabe des

Staates zusammen: einerseits gegebene Verhältnisse in der Weise des Rechts zu ordnen, andererseits den gemeinsamen Interessen gemäß neue Verhältnisse zu schaffen und die gegebenen fortzubilden (§ 375).

§ 427.

Die erste Aufgabe fordert im allgemeinen keine schöpferische Tätigkeit. Vor allem keine im einzelnen Fall, wo irgend ein Rechtsstreit durch richterlichen Spruch Erledigung sucht. Ihr ist es vielmehr gemäß, daß für solche Fälle ein objektiver, ausreichender und ausschließender Maßstab in einem Systeme von Rechtsbestimmungen gegeben sei, und ohne Zutun und Wegnehmen seitens der mit dieser Funktion Betrauten im Wege bloßer Subsumtion der gegebenen Tatsachen unter diese Rechtsbestimmungen zur Anwendung gelange. (§ 342 ff.).

Das der zweiten Aufgabe Entsprechende kann dagegen nur in einem beschränkten Umfange seinen Ausdruck in abstrakten Normen finden. Diese fordern hier eine Ergänzung in einer Wirksamkeit, für welche unmittelbar die staatlichen Zwecke selbst bestimmend sind, nicht lediglich die zwischen ihnen und den Behörden stehenden Normen. So ist die Aufgabe, welche der Regierung in bezug auf Beförderung von Handel und Verkehr gestellt ist, nur in einem beschränkten Maße zu einer Verkörperung in abstrakten Bestimmungen gelangt und kann im Wege bloßer Subsumtion gegebener Tatsachen unter solche Bestimmungen ihre Erledigung niemals finden.

*§ 428.

Die Verschiedenheit dieser Aufgaben und der Bedingungen ihrer Lösung hat im modernen Staate einen Ausdruck in einer Sonderung und verschiedenen Stellung der wichtigsten Justiz- und der Verwaltungsbehörden gefunden. Hierbei ist bezüglich der ersteren besonderes Gewicht auf die Bedingungen einer unparteilichen Anwendung der Gesetze, bei den letzteren auf die

Bedingungen einer energischen und einheitlichen Verfolgung der staatlichen Zwecke gelegt.

Der Grundsatz der „Trennung von Justiz und Verwaltung" ist in Frankreich schon durch Ges. v. 16. Aug. 1790 zu scharfem Ausdruck gekommen: „les fonctions judiciaires sont distinctes et demeureront toujours separées des f. administratives." Die deutsche Gerichtsverfassung proklamiert ihn in den Sätzen: „Gegenstände der (scil. „reinen", § 425) Verwaltung können den Gerichten nicht übertragen werden;" und: „die richterl. Gewalt wird durch unabhängige, nur dem Gesetze unterworfene Gerichte ausgeübt".

III. Das staatliche Herrschaftsbereich.

§ 429.

Der Umfang des staatlichen Herrschaftsbereichs wird bestimmt:

1. durch das Staatsgebiet,
2. durch die Staatsangehörigkeit,

und bzw. durch die Prinzipien der Territorialität und der Personalität (§§ 62 ff., 335 ff., Lit. zu § 326).

§ 430.

1. Das Territorialitätsprinzip bestimmt sich genauer dahin, daß jeder Staat als berechtigt gilt, innerhalb seines Gebietes Hoheitsrechte in freier Selbstbestimmung und mit Ausschluß jeder anderen Macht auszuüben, insoweit nicht aus besonderen Rechtsgründen Beschränkungen dieses Rechts sich ergeben.

*§ 431.

Diesem Grundsatze zufolge unterliegen Ausländer, solange sie sich in dem Gebiete eines Staates aufhalten, den Einwirkungen seiner Herrschaft nach Maßgabe seiner eigenen Gesetze; quod est in territorio, est de territorio.

§ 432.

2. Diejenigen, welche zu einem bestimmten Staate in einem festen persönlichen Verhältnisse als dessen Glieder stehen: die „Staatsangehörigen", unterliegen den Einwirkungen seiner Herrschaft unabhängig von ihrem jeweiligen Aufenthaltsorte,

sofern und soweit die Gesetze dieses Staates dies bestimmen (§ 326 ff.).

*§ 433.

Begründet wird dieses Verhältnis vornehmlich durch Abstammung von einem Staatsangehörigen, Verheiratung mit einem solchen für die Frau, Verleihung durch die Staatsgewalt (in bezug auf Ausländer „Naturalisation" genannt), Anstellung im öffentlichen Dienst. Aufgehoben wird es durch Entlassung auf Antrag, Entziehung wegen Nichterfüllung bestimmter Pflichten (z. B. Fernbleiben im Kriegsfalle) und unter bestimmten Voraussetzungen (§ 228) durch Auswanderung.

Für Deutschland maßgebend Reichsges. über Erwerbung u. Verlust der Bundes- u. Staatsangehörigkeit v. 1. Juni 70.

*§ 434.

Im Bundesstaate (§ 405 ff.) gestaltet sich die Staatsangehörigkeit einmal als Zugehörigkeit zum Ganzen, dann als Zugehörigkeit zu einem (oder in Deutschland möglicherweise auch mehreren) der Gliedstaaten, da regelmäßig niemand dem Ganzen angehören kann, ohne zugleich Bürger eines Gliedstaates zu sein und umgekehrt.

Eine Ausnahme von diesem Grundsatz ist für Deutschland durch ein Reichsgesetz von 1888 zugunsten der in den Schutzgebieten angestellten Ausländer begründet, welche die Reichsangehörigkeit erlangen ohne die Angehörigkeit eines Gliedstaates.

*§ 435.

Vom Standpunkte des einzelnen Gliedstaates aus sind hier drei Kategorien von Personen zu unterscheiden, nämlich:

a) seine Angehörigen,
b) die Angehörigen anderer Gliedstaaten des nämlichen Bundesstaates: die „Bundesverwandten",
c) die Ausländer.

Das Verhältnis des Gliedstaates zur Kategorie pflegt b in einzelnen Beziehungen so geordnet zu sein wie zu seinen Angehörigen, in anderen so wie zu Ausländern.

Für Deutschland besteht nach der Reichsverfassung ein „gemeinsames Indigenat“ mit der Wirkung, daß jeder Bundesverwandte in zahlreichen Beziehungen (nicht in allen, s. § 527) wie ein Angehöriger des betreff. Gliedstaates behandelt wird.

IV. Die Rechtsstellung des Einzelnen.

§ 436.

Wo ein ausgebildetes öffentliches Recht existiert (§ 411), da sind auch die Verhältnisse der Einzelnen und der besonderen Verbände von Einzelnen zum Staate und dessen Organen in der Weise des Rechts geordnet. Dieselben erscheinen hier einerseits als Subjekte bestimmter und abgegrenzter Pflichten, andrerseits als Inhaber einer rechtlichen Macht, welche in bestimmten Beziehungen die Form des subjektiven Rechts (§ 153 ff.) angenommen hat.

§ 437.

Für die Bedeutung und den Umfang jener rechtlichen Macht ist der Inhalt und die Kraft des gesamten in einem Staate geltenden öffentlichen Rechts bestimmend.

Von besonderer Wichtigkeit aber sind für sie die im folgenden unterschiedenen drei Gruppen von Rechtsbestimmungen.

§ 438.

1. Eine rechtliche Macht erwächst den Einzelnen aus denjenigen Bestimmungen des Staatsrechts (und der dasselbe ergänzenden Teile des öffentlichen Rechts), welche die Schranken und Formen feststellen, in welchen die Organe des Staates seine Herrschaft über die Einzelnen auszuüben haben (§ 381), sowie diejenigen, welche Garantien für die Beobachtung dieser Schranken und Formen darbieten.

§ 439.

Hierher gehören z. B. die gesetzlichen Bestimmungen über die Schranken und Formen, in welchen dem Einzelnen durch die staatlichen Organe die persönliche Freiheit oder Vermögensrechte im öffentlichen Interesse entzogen werden dürfen; diejenigen, nach welchen ihm die freie Wahl seines Aufenthaltes innerhalb des Staatsgebietes, die freie Geltendmachung seiner religiösen und wissenschaftlichen Überzeugungen, die freie Verwertung seiner Arbeitskraft innerhalb gewisser Grenzen nicht verwehrt werden darf; überhaupt alle jene Bestimmungen, welche dem Individuum ein Gebiet sichern, in dem es das Leben nach eigenem Maße gestalten mag, und in welchen die moderne Anschauung (im Gegensatz zu derjenigen der antiken Welt) einen Ausdruck findet, daß der Mensch nicht berufen sei, im Bürger aufzugehen.

Die rechtliche Macht, welche den Einzelnen aus derartigen Gesetzen den staatlichen Organen gegenüber erwächst, ist in der Litteratur häufig ein Gegenstand von Mißverständnissen gewesen. Man nahm an, daß in ihr individuelle Interessen den staatlichen gegenüber geschützt seien, und in ihrer Gewährung eine Beschränkung der Willensmacht Aller zugunsten der Willensmacht Einzelner enthalten sei, und man wußte sich damit nicht zurecht zu finden gegenüber dem mit Recht vertretenen Satze, daß Einzelinteressen als solche den allgemeinen Interessen zu weichen hätten. In Wahrheit sind für die hier fraglichen Gesetze (wie für jedes Gesetz und für die Schaffung aller Teile des objektiven Rechts) öffentliche Interessen entscheidend gewesen, so gewiß das Interesse an einer der Idee des Rechts entsprechenden Ordnung der Verhältnisse, sowohl des öffentlichen wie des Privatlebens, ein öffentliches ist. Und zwar ein Interesse, als dessen vornehmstes Organ der Staat erscheint.

Wenn der Staat in dieser Eigenschaft derartige Rechte gewährt und schützt, so liegt darin nicht eine Selbstbeschränkung im Dienste des Individuums, diese Rechte bezeichnen keine Schranke seiner Macht, sondern ihre Betätigung im Dienste seiner eigensten Aufgabe, und wie dieselben sich herleiten aus den staatlichen Normen, so können sie durch diese beseitigt werden (§ 368). Der moderne Staat, gleich demjenigen des klassischen Altertums, erkennt sich in bezug auf die Ordnung innerhalb seines Gebietes eine formell unbeschränkte rechtliche Macht zu (in diesem Sinne „Omnipotenz" des Staates). Zwar bestehen auch für ihn tatsächlich gewisse Grenzen, welche durch den Staatszweck gegeben sind, allein diese sind an sich nicht rechtlicher Natur.

*§ 440.

2. Eine rechtliche Macht erwächst dem Einzelnen staatlichen Organen gegenüber durch die Bestimmungen, welche ihm in bestimmten Richtungen einen Anteil an dem, was der Staat zugunsten seiner Angehörigen und Schutzbefohlenen zu leisten berufen ist, zusichern. Hierher gehört z. B. der den Einzelnen

gewährte Anspruch auf Rechtsschutz im Inneren wie auf Schutz gegen fremde Staaten.

*§ 441.

3. Eine rechtliche Macht erwächst Einzelnen in ihrem Verhältnis zum Staate endlich aus Bestimmungen, welche sie zu einer unmittelbaren und aktiven Teilnahme am Leben des Staates berufen, oder doch mit der Fähigkeit zu solcher Teilnahme ausstatten. Dahin gehören Bestimmungen, welche Einzelne direkt zu Organen des Staates erheben (z. B. den männlichen Staatsangehörigen bestimmten Alters das Wahlrecht in bezug auf die Volksvertretung einräumen); ferner solche, welche Einzelnen unter bestimmten Voraussetzungen (z. B. einer Wahl oder Ernennung) eine solche Stellung, z. B. eines Abgeordneten, eines Schöffen (§ 846), oder ein Selbstverwaltungsamt (§ 535) gewähren.

*§ 442.

Die rechtliche Macht, welche dem Einzelnen unter den bezeichneten Gesichtspunkten eingeräumt wird, nimmt die Gestalt eines **subjektiven Rechts** vornehmlich in Fällen an, wo dem Einzelnen die Möglichkeit eines bestimmt charakterisierten Handelns (z. B. einer bestimmt gestalteten Beteiligung an der Vornahme gewisser Wahlen) gewährleistet wird. Ferner dort, wo ihm ein Anspruch auf ein derart bestimmtes Handeln gewisser Behörden (Anspruch auf Rechtshilfe) durch die Gerichte eingeräumt ist.

Man hat dem Worte „Recht" in diesem Bereiche häufig eine mißbräuchliche Anwendung gegeben, insbesondere von „Grund-", „Freiheits-" und „Menschenrechten" mit Rücksicht auf Verhältnisse gesprochen, wo weder die hier bezeichneten spezielleren, noch die in den § 153ff. bestimmten allgemeinen Merkmale eines subjektiven Rechts gegeben sind (s. § 158). So in bezug auf Schutz der persönl. Freiheit, Gleichheit aller vor dem Gesetz, Unverletzlichkeit des Eigentums (über seine ausnahmsweise Entziehung § 706), freie Religionsausübung, Freizügigkeit (im Inneren Deutschlands seit 67 gewährleistet), Auswanderungs-, Verehelichungs-, Preß-, Lehr-, Vereinsfreiheit, Briefgeheimnis, oder gar in bezug auf die Existenz von Schwurgerichten (§ 846) oder die beschränkte Anwendbarkeit der Todesstrafe (§ 788). (Vgl. Reichsverfassung von 1849 (§ 455) über „die Grundrechte des d. Volkes" § 130—89; auch Preuß. Verf. „Von den Rechten der Preußen" a. 4ff.). — Es ist zu wünschen, daß dergleichen künftig vermieden werde.

*§ 443.

Diese Rechte pflegt man in bürgerliche und staatsbürgerliche oder politische zu scheiden.

Die ersteren begreifen die Rechte, welche unter die zwei zuerst charakterisierten Gesichtspunkte (§§ 438—40), die letzteren diejenigen, welche unter den dritten Gesichtspunkt (§ 441) fallen.

Dieser übliche Sprachgebrauch hat das Bedenken gegen sich, daß „bürgerliche Rechte“ auf das „bürgerliche Recht“, d. i. auf das Privatrecht hinweisen, während hier doch aus dem öffentl. Rechte abgeleitete Rechte in Frage stehen. Es kann sich aber offenbar nicht empfehlen, die Worte „bürgerliches Recht“ und „Privatrecht“ auf das nämliche, die Worte „bürgerliche Rechte“ und „Privatrechte“ auf Gegensätze zu beziehen, sondern es wäre richtiger, den Gegensatz durch „staatsbürgerliche“ und „politische“ Rechte zu bezeichnen. Übrigens umfaßt der Ausdruck „bürgerliche Rechte“ in unseren Gesetzen zuweilen auch das Privatrecht mit (so in der in § 435 Akg. zit. Bestimmung der Verf.). Der Sprachgebrauch hat sich hier eben nicht scharf fixiert.

§ 444.

„Politische“ Rechte stehen nur den Staatsangehörigen zu, „bürgerliche“ Rechte in gewissem Umfange auch im Inlande befindlichen Ausländern, in weiterem Umfange den „Bundesverwandten“ (§ 435).

Zweiter Abschnitt.

Das deutsche Staatsrecht.

I. Zur Vorgeschichte desselben.

§ 445.

Das alte Deutsche Reich, ehedem Einheitsstaat unter einem gewählten Monarchen, büßte im Laufe der Jahrhunderte — eine Folge und zugleich eine Ursache nationalen Mißgeschicks — allmählich den Charakter eines wirklichen Staates ein.

Seit dem Abschluß der Religionskriege gestaltete es sich dem Wesen nach zu einer Konföderation, welche an gewissen Namen und Gebräuchen des alten Gemeinwesens festhielt, und in welcher gewisse Einrichtungen aus der staatlichen Zeit ein mehr und mehr bedeutungslos werdendes Dasein fristeten.

Zur Geschichte des deutschen Staatsrechts: Die Lehrbücher des d. Staatsrechts (s. § 462). Eichhorn, Deutsche Staats- u. Rechtsgeschichte, 5. A. 44f. Walter, D. R.gesch., 2. A. 57. Zöpfl, desgl., 4. A. 72. v. Schulte, Lehrb. der d. Reichs- u. R.gesch., 6. A. 92. Brunner, D. R.gesch. 87, 92. Grundzüge der d. R.gesch. 2. A. 03. und in Holtzend. Encykl. R. Schröder, D. R.gesch. 4. A. 02. v. Amira, Grundriß des german. R., 2. A. 97. Siegel, D. R.gesch., 3. A. 95. Waitz, D. Verfassungsgesch. 8 Bde., 1 u. 2 in 3. A. 80f. Sohm, Fränkische Reichs- u. Gerichtsverf. 71. Fränk. R. u. röm. R. 80. Sickel, Gesch. der d. Staatsverf. 79. Bornhak, Preuß. Staats- u. R.gesch. 03. — Klöppel, 30 Jahre d. Verf.gesch. 00. v. Sybel, Die Begründung des D. Reichs durch Wilhelm I., 4. A. 93.f. Treitschke, D. Geschichte im 19. Jahrh. 79/90. Lamprecht, D. Geschichte, 3. A. 91/5. Friedjung, Kampf um die Vorherrschaft in D. 59/66. 5. A. 01. — v. Bismarck, Gedanken und Erinnerungen 98.

§ 446.

Gleichzeitig mit dem Niedergang des Reiches entwickelte sich in den einzelnen Territorien die „Landeshoheit“, die ursprünglich nur ein Komplex einzelner Rechte war, zu einer wirklichen Staatsgewalt, welche nach völliger Unabhängigkeit vom Reiche strebte und dieselbe zuletzt errang.

*§ 447.

In der Kette von Ereignissen, welche die Erreichung dieses Zieles vermittelten, bildete die Gründung des „Rheinbundes“ im Juli 1806 durch Bayern, Württemberg, Baden, Hessen und einige kleinere deutsche Staaten das Schlußglied. Dieser Bund stellte ein Schutz- und Trutzbündnis unter dem Protektorate Napoleons im Machtinteresse des letzteren wie der beteiligten Fürsten dar. Seiner Gründung folgte die Niederlegung der Kaiserwürde durch Kaiser Franz II., sowie die förmliche Erklärung der Auflösung des Reiches am 6. August 1806.

*§ 448.

Unter den Nachwirkungen der Herrschaft Napoleons und der sie beseitigenden Freiheitskriege kam im Jahre 1815 eine neue Verbindung aller deutschen Staaten, der „Deutsche Bund“, zustande.

Sein Hauptzweck lag in der Wahrung der Unabhängigkeit dieser Staaten dem Auslande gegenüber und im Verhältnis zueinander und in der Sicherung der Machtstellung der herrschenden Dynastien innerhalb ihrer Staaten.

*§ 449.

Die für seine Organisation bestimmenden Grundgesetze waren:

die auf dem Wiener Kongreß nach langwierigen Verhandlungen zustande gekommene Bundesakte vom 8. Juni 1815 und

die Wiener Schlußakte vom 15. Mai 1820.

Auf Grund derselben stellte sich dieser Bund als ein völkerrechtlicher Vertrag der deutschen souveränen Fürsten und freien Städte, als eine Konföderation oder ein Staatenbund (§ 407) dar.

Die Grundgesetze (ebenso die Rheinbundakte) bei Binding, D. Staatsgrundgesetze Bd. 3. — Zachariä, D. Staats- u. Bundesrecht 3. A. 65.

§ 450.

Die Rechte des Bundes, nach dem angegebenen Zwecke seiner Existenz bemessen, schlossen gegenüber dem Auslande die Befugnis ein, Krieg zu führen und Frieden zu schließen, Verträge und Bündnisse einzugehen, Gesandte zu schicken und zu empfangen; den verbündeten Staaten gegenüber beschränkte Gewalten. Zu den einzelnen Deutschen stand er in keinem direkten Herrschaftsverhältnis.

§ 451.

Ein besonderes Organ hatte er lediglich in dem sog. „Bundestag", einer permanenten Vereinigung von Bevollmächtigten der verbündeten Fürsten und freien Städte unter dem Vorsitz des österreichischen Gesandten in Frankfurt a. M.

§ 452.

Der Bundestag ward in verschiedenen Formen wirksam, nämlich:

1. in den Formen des engeren Rats,
2. in den Formen des Plenums.

§ 453.

Der engere Rat zählte 17 Stimmen. Hierbei waren die kleineren Staaten in Gruppen vereinigt, welche je eine Stimme führten. Für seine Beschlüsse war einfache Mehrheit der Stimmen entscheidend.

§ 454.

Im Plenum hatte jedes Mitglied des Bundes mindestens eine Stimme. Die größeren Staaten verfügten über eine Mehrzahl von Stimmen (4, 3, 2). Seine Beschlüsse setzten zumeist Einstimmigkeit voraus.

§ 455.

Der nationale Drang nach einer einheitlicheren Gestaltung der politischen Verhältnisse Deutschlands fand in den Jahren 1848 bis 1850 einen Ausdruck in ephemeren Schöpfungen.

Die unmittelbar aus dem Volke hervorgehenden Einheitsbestrebungen, welche in der Frankfurter Nationalversammlung 48 und der von ihr beschlossenen Reichsverfassung vom März 49 (s. dieselbe bei Binding, l. c. Bd. 2) ihren bedeutsamsten Ausdruck fanden, scheiterten ebenso wie die von den Regierungen (speziell von der preußischen) ausgehenden, deren bemerkenswerteste Verkörperung in der Erfurter Unionsverfassung (50) gegeben war.

§ 456.

Das hauptsächlichste Hindernis für ein Gelingen dieser Bestrebungen, welches in dem Verhältnis der beiden Großmächte Österreich und Preußen zueinander lag, ward durch den Krieg von 1866 beseitigt.

Derselbe führte zur Auflösung des Deutschen Bundes und zur Errichtung eines neuen engeren Bundes von wesentlich anderem staatsrechtlichen Charakter.

*§ 457.

Der neue Bund, d. i. der „Norddeutsche Bund", vereinigte unter dem Präsidium der Krone Preußens die Staaten nördlich von der Mainlinie (mit Einschluß der nördlichen Provinz des Großherzogtums Hessen).

Bayern, Württemberg, Baden und Hessen (bezüglich seiner südlich vom Main gelegenen Provinzen) gingen mit Preußen Schutz- und Trutzbündnisse ein.

§ 458.

Die Verfassung des neuen Bundes ward unter den Regierungen vereinbart, von einem speziell hierzu berufenen Reichstage gut geheißen und von den Volksvertretungen der beteiligten Länder genehmigt.

Ihre Publikation erfolgte in diesen Ländern im Juni 1867. Der 1. Juli des gleichen Jahres bezeichnet den Beginn ihrer Wirksamkeit, den Tag zugleich, an welchem die Schöpfung des neuen Staatswesens ihren Abschluß gefunden hat.

Es ist nicht ein einzelner Akt, auf welchen diese Schöpfung zurückgeführt werden kann. Die hierher gehörigen Akte lassen sich ferner nicht einfach als eine Ausübung bestimmter, schon vorher dagewesener, Rechte charakterisieren. Die Bildung eines neuen Staatswesens enthält stets ein Stück originärer, die Kontinuität der Rechtsentwicklung an einem bestimmten Punkte aufhebender, Rechtsschöpfung, für deren Bedeutung und bindende Kraft die dabei zugleich zur Ausübung kommenden subjektiven Rechte nicht allein und nicht an höchster Stelle entscheidend sind, bezüglich welcher vielmehr zurückzugehen ist auf die allgemeinen Quellen des Rechts und seiner verbindlichen Kraft. Mit einem Ignorieren dieses Sachverhaltes hängt die irrige Ansicht zusammen, daß die Mitwirkung des konstituierenden Norddeutschen Reichstags bei der Gründung des neuen Bundes juristisch gleich Null zu setzen, der letztere im Sinne des Rechts lediglich als ein Werk der beteiligten Regierungen anzusehen sei. — Binding, Gründung des Nordd. Bundes 89. Martitz, Betrachtungen über dessen Verfassung 68.

§ 459.

Der Norddeutsche Bund hatte den Charakter eines Bundesstaates (§ 405 ff.). Das Präsidium des Bundes war mit der Krone Preußens verbunden.

§ 460.

Unter dem Einfluß des Krieges gegen Frankreich 1870/71 erfolgte die Erweiterung und Umgestaltung des Norddeutschen Bundes zum Deutschen Reiche.

Entscheidend hierfür waren Verträge zwischen dem Bunde und den süddeutschen Staaten, kraft deren die letzteren dem Bunde beitraten. (S. diese „November-Verträge" bei Binding l. c. Bd. 4.) Dem Bundespräsidenten ward der Titel „Deutscher Kaiser" beigelegt. (Kaiser-Proklamation zu Versailles 18. Januar 71.)

§ 461.

Die Verträge traten in Wirksamkeit mit dem 1. Januar 1871. Die auf Grund derselben neu redigierte Bundesverfassung ward am 16. April dieses Jahres als „Verfassung des Deutschen Reiches" publiziert.

II. Das Reich in seinem Verhältnis zu den Bundesstaaten.

§ 462.

Das Wort „Reich" wird in der Regel nicht auf das Ganze des deutschen Gemeinwesens: den gegliederten Bundesstaat, sondern allein auf den Inbegriff der gemeinsamen Organe im Gegensatze zu den Organisationen der Glieder: den Glied-, Einzel- oder Bundesstaaten bezogen. In diesem Sinne wird es auch in der Folge angewendet werden.

Laband, Staatsrecht des Deutschen Reichs, 4. A. 01. und in Marquardsens Handbuch 3. A. 02. Wandlungen der Reichsverf. 95. G. Meyer, Lehrb. des d. Staatsrechts 5. A. 99. Staatsrechtl. Erörterungen über die R.verf. 72. Die R.gründung u. Baden. Das parlamentar. Wahlrecht 01. Seydel, Kommentar zur Verf.urkunde 2. A. 97. Zorn, Reichsstaatsrecht 2. A. 95, 97. Hänel, Studien zum d. St. 73 ff. D. Staatsrecht I 92. v. Kirchenheim, Lehrb. des St. 87. Arndt, Komm. zur Verf. 95. D. Staatsrecht 00 und in Birkmeyers Encykl. Holtzendorff in der 5. und Anschütz in der 6. A. von Holtzend. Encykl. Trieps, D. d. Reich u. die Bundesstaaten 90. Binding, Rechtl. Stellung des Kaisers 98. Rehm, Unitarismus u. Föderalismus in der R.verf. 98. Geffcken, Vorträge über die Verf. d. d. R. 01. — Triepel, Quellensammlung.

*§ 463.

Das Reich besitzt staatliche Gewalten und Hoheitsrechte

1. neben den Bundesstaaten,
2. den Bundesstaaten gegenüber kraft eines Beherrschungsverhältnisses, in welchem es zu ihnen steht.

Es besteht also eine Teilung der Gewalten.

§ 464.

1. Das Reich besitzt neben den Bundesstaaten eine gesetzgebende, eine Regierungs- und eine richterliche Gewalt (§ 415 ff.) und übt diese Gewalten, ebenso wie es seitens der Bundesstaaten geschieht, in eigenem Namen und kraft eigenen Rechtes aus.

*§ 465.

Hinsichtlich gewisser Gebiete des staatlichen Lebens besitzt das Reich diese Gewalten in einer ausschließenden Weise.

So die gesetzgebende Gewalt in bezug auf das Heerwesen, die Kriegsmarine, das Post- und Telegraphenwesen, die Zölle und Verbrauchssteuern, das Konsulatwesen, den Schutz der deutschen Handelsmarine, die Organisation der Reichsbehörden.

So die Regierungsgewalt in bezug auf die Entscheidung über Krieg und Frieden, in bezug auf das Marinewesen, die deutschen Konsulate im Auslande, das Post- und Telegraphenwesen (abgesehen von Bayern und Württemberg).

So die richterliche Gewalt in bezug auf die Marine-Strafrechtspflege, das Konsular- und Kolonialgerichtswesen, die Behandlung der gegen Kaiser und Reich gerichteten Delikte.

*§ 466.

Hinsichtlich der meisten Gebiete des staatlichen Lebens treffen dagegen die Gewalten des Reichs in verschiedener Weise mit denjenigen der Bundesstaaten zusammen.

So, was die gesetzgebende Gewalt betrifft, besonders hinsichtlich des Privat-, Straf- und Prozeßrechts; was die Regierungsgewalt betrifft, bezüglich des Heerwesens; was die richterliche Gewalt betrifft, auf dem Gebiete der Zivil- und Strafrechtspflege (abgesehen von den in § 465 i. f. erwähnten Delikten), der Militärstrafjustiz, und in gewissen Zweigen der Verwaltungsgerichtsbarkeit (z. B. im Heimats-, Armen-, öffentlichen Versicherungswesen), insofern, als hier überall dem Reiche die höchste Instanz zusteht.

§ 467.

Rechte, welche nicht durch die Reichsverfassung oder durch Verträge dem Reiche zugewiesen worden sind, stehen den Bundesstaaten zu.

*§ 468.

Hinsichtlich derjenigen Angelegenheiten, bezüglich welcher sowohl das Reich wie die Bundesstaaten eine gesetzgebende Gewalt besitzen, gehen nach der Reichsverfassung die vom Reiche gegebenen Gesetze den von den Bundesstaaten gegebenen — den „Landesgesetzen" — vor. „Reichsrecht bricht Landesrecht".

Auch partikuläres Gewohnheitsrecht kann Reichsrecht nicht ändern (§ 115).

§ 469.

Fragen der Abgrenzung der Rechte des Reichs im Verhältnis zu den Rechten der Bundesstaaten sind durch das Reich zu entscheiden.

§ 470.

2. Das Reich stellt in der Gesamtorganisation des gegliederten Gemeinwesens den beherrschenden Teil dar. Es besitzt eine gesetzgebende, Regierungs- und richterliche Gewalt in gewissen Grenzen nicht bloß neben den Bundesstaaten, sondern zugleich über ihnen (§ 463).

*§ 471.

Am ausgedehntesten ist die gesetzgebende Gewalt des Reichs den Bundesstaaten gegenüber.

Das Reich kann ihnen durch seine Gesetze finanzielle und andere Lasten zu seinen Gunsten auferlegen, sie zu einer bestimmten Wirksamkeit verpflichten, so im Bereiche der Rechtspflege, sowie zur Herstellung und Erhaltung bestimmter Organe hierfür, z. B. bestimmter Gerichte, ihren Regierungen den eigenen Untertanen und den Bundesverwandten gegenüber Schranken ziehen, endlich die Grenzen seiner eigenen Gewalten im Verhältnis zu den Gewalten der Bundesstaaten abändern.

In bezug auf den letzten Punkt spricht man von der „Kompetenz-

kompetenz", welche dem Reich zusteht, weil es seine Zuständigkeit gegenüber den Bundesstaaten im allgemeinen selbst ändern kann, da sein Verhältnis zu ihnen auf der Verfassung beruht, diese aber durch die Organe des Reichs geändert werden kann (Beispiel s. § 562). In dieser Fähigkeit zur Erweiterung seiner Kompetenz sieht man heute überwiegend einen Beweis für die Souveränität des Reichs bzw. überhaupt das Wesen der Souveränität eines Staates.

§ 472.

Das Reich besitzt eine beschränkte Regierungsgewalt den Bundesstaaten gegenüber, insofern die letzteren unter seiner Oberaufsicht bezüglich der ihnen obliegenden Ausführung von Reichsgesetzen stehen, insofern es befugt ist, wegen verweigerter oder gehemmter Justiz in den Bundesstaaten einzuschreiten und Zwangsmaßregeln gegen solche Bundesstaaten zu verhängen, welche ihren Verpflichtungen gegen das Reich nicht nachkommen sollten.

*§ 473.

Das Reich besitzt endlich eine beschränkte richterliche Gewalt den Bundesstaaten gegenüber, insofern es Streitigkeiten privatrechtlicher Natur unter den Bundesstaaten sowie Verfassungsstreitigkeiten in solchen, welche kein verfassungsmäßiges Organ zu deren Entscheidung besitzen, zu erledigen berufen ist. Auch setzt das Einschreiten wegen verweigerter Justiz, sowie die Verhängung einer Bundesexekution (§ 472) eine maßgebende richterliche Wirksamkeit voraus.

†§ 474.

Auch in finanzieller Beziehung äußert sich ein Herrschaftsrecht des Reiches, indem es den Bundesstaaten Steuern auferlegen kann in der Gestalt der „Matrikularbeiträge". Diese werden in ihrem Höchstbetrage jährlich durch das Gesetz über den Reichshaushalt (§ 496) festgestellt und in dem nach Beendigung des Etatsjahres sich als notwendig ergebenden Betrage von den Bundesstaaten nach Verhältnis ihrer Bevölkerungsziffer erhoben.

Im übrigen fließen in die Reichskasse die Zölle (welche an die Einfuhr von Waren geknüpft sind) und die wichtigsten indirekten Steuern — Verbrauchssteuern von inländ. Salz, Tabak, Zucker, Branntwein, Bier, ferner Stempelabgaben auf Wechsel, Spielkarten rc. (Außerdem u. a. die Einnahmen aus dem Postwesen.) Dagegen die direkten Steuern, wie Einkommen-, Grund- u. Häuser-, Vermögenssteuer, sind ganz den Bundesstaaten überlassen.

*§ 475.

Diesen Herrschaftsrechten des Reichs stehen gewisse Ansprüche der Bundesstaaten gegenüber. Jeder von ihnen hat Anspruch darauf, daß das Reich ihm erforderlichenfalls diplomatischen und militärischen Schutz gewährt, und daß es ihn an den Gütern teilnehmen läßt, welche aus der Wirksamkeit des Reichs hervorgehen. Auch finanzielle Ansprüche stehen ihnen zu auf gewisse Überweisungen aus der Reichskasse, insbesondere des Ertrages der Zölle und der Tabaksteuer, soweit dieser in einem Jahre 130 Millionen Mk. übersteigt.

III. Das Reich in seinem Verhältnis zu den Einzelnen.

§ 476.

Das Reich steht in einem unmittelbaren staatsrechtlichen Verhältnisse zu den einzelnen Deutschen. Jeder Deutsche ist „reichsunmittelbar". Er steht:

1. unmittelbar unter der Herrschaft des Reichs, und leitet
2. aus den Gesetzen und der Wirksamkeit des Reichs unmittelbar eine rechtliche Macht, speziell bestimmten staatlichen Organen gegenüber, für sich her.

§ 477.

1. Die einzelnen Deutschen stehen unmittelbar unter der Herrschaft des Reichs, sind „Reichsuntertanen". Die gesetzgebende, Regierungs- und richterliche Gewalt, welche das Reich neben den Bundesstaaten besitzt, treffen in ihren Äußerungen die Einzelnen und für diese leiten sich Verpflichtungen von mannigfacher Art und weitem Umfange in unmittelbarer Weise aus diesen Äußerungen her.

*§ 478.

Dieses Untertanenverhältnis kommt u. a. darin zum Ausdruck, daß die Einzelnen:

a) ihre Verhältnisse zueinander in weitem Umfang durch Reichsgesetze (so jetzt durch das B., z. B. dessen Bestimmungen über die Eheschließung) geordnet finden, welche eine unmittelbar verpflichtende Kraft ihnen gegenüber in Anspruch nehmen,

b) sich dem Reiche gegenüber kraft Reichsgesetzes zu Leistungen verpflichtet sehen (so in bezug auf den Militärdienst, Geschworenendienst, in bezug auf Abgaben),

c) in einem Treueverhältnis zum Reiche stehen, das durch Reichsgesetze (Strafbestimmungen gegen Hochverrat und Landesverrat gegen das Reich) unter besondere Garantien gestellt ist.

§ 479.

2. Das Reich gewährt den einzelnen Deutschen ein Reichsbürgerrecht.

Dasselbe begreift das Recht des freien Aufenthaltes innerhalb des Reichs, sowie den Anspruch auf einen Anteil an den Leistungen des Reichs nach Maßgabe seiner Gesetze in sich.

Die rechtliche Macht, welche den Reichsangehörigen aus Bestimmungen des Reichsrechts erwächst (§ 436 ff.) fällt mit diesem Reichsbürgerrecht nicht zusammen. Neben den Bestimmungen, welche den Einzelnen direkt gewisse Ansprüche zuerkennen, sind hierfür solche entscheidend, welche der partikulären Staatsgewalt Schranken ziehen, z. B. die Bestimmungen über die Gleichberechtigung der Konfessionen in bürgerlicher und staatsbürgerlicher Beziehung (Gesetz vom 3. Juli 1869).

IV. Die Organe des Reichs.

§ 480.

Organe des Reichs, durch welche dessen staatliche Rechte zur Ausübung gelangen, sind:

1. der Kaiser,
2. der Bundesrat,

3. der Reichstag.

Diese drei sind Willensorgane des Reichs, kraft eigenen unmittelbar in der Verfassung begründeten, Rechts;

4. die Reichsbehörden.

§ 481.

Als Organe des Reichs sind ferner anzusehen:

1. die Regierungen der Gliedstaaten in der Ausübung des ihnen durch die Reichsverfassung zuerkannten Rechtes, die Mitglieder des Bundesrats zu bestimmen und zu instruieren;
2. die Wähler der Mitglieder des Reichstags.

Auch diese beiden sind Organe des Reichs kraft eigenen, unmittelbar aus der Verfassung abgeleiteten, Rechts.

Im weiteren genüge es, dieser Organe bei Besprechung des Bundesrats und des Reichstags zu gedenken.

§ 482.

1. Der Kaiser ist Inhaber der Präsidialgewalt im Reiche und zwar kraft eigenen Rechts (§ 391).

Dieses Recht ist erblich mit der Krone Preußens verbunden.

§ 483.

In der Ausübung dieser Gewalt ist der Kaiser unverantwortlich.

Die Verantwortlichkeit für sie trägt der Reichskanzler (§ 507 ff.).

§ 484.

Mit dieser Gewalt ist die persönliche Repräsentation des Reichs verknüpft.

Als Repräsentant desselben ist der Kaiser im Besitze bestimmter Ehrenrechte und eines besonderen Rechtsschutzes (§ 788). Seiner Gewalt ist damit ein wesentlich monarchisches Element eingefügt, das in dem Kaisertitel seinen Ausdruck findet.

*§ 485.

Die einzelnen Befugnisse, welche im übrigen zur kaiserlichen Präsidialgewalt gehören, fallen zumeist unter den Begriff der Regierungsgewalt.

Der Kaiser steht an der Spitze der Reichsregierung.

§ 486.

Zu den Rechten, in welchen die letztere Eigenschaft sich begründet, gehört das Recht des Kaisers, dem Auslande gegenüber für das Reich zu handeln, im Namen desselben Krieg zu erklären und Frieden zu schließen, Bündnisse und andere Verträge mit fremden Staaten einzugehen, Gesandte zu beglaubigen und zu empfangen.

§ 487.

Hierher gehört ferner die Stellung des Kaisers als Oberbefehlshaber der deutschen Armee im Kriege und (abgesehen von Bayern) im Frieden, sowie der Kriegsmarine. — Die Truppen verpflichten sich im Fahneneide zum Gehorsam gegen den Kaiser.

§ 488.

Hierher gehört ferner das Recht des Kaisers, die gesetzgebenden Körperschaften: Bundesrat und Reichstag zu berufen, zu eröffnen und zu schließen, die Ausführung der Reichsgesetze zu überwachen, Ausführungsverordnungen zu denselben zu erlassen (soweit er durch Verfassung oder Reichsgesetz dazu ermächtigt ist), die meisten Reichsbeamten zu ernennen; sein Begnadigungsrecht in bezug auf die in § 465 i. f. genannten Delikte.

*§ 489.

Hinsichtlich der Gesetzgebung steht dem Kaiser als solchem (zu unterscheiden der Einfluß des Königs von Preußen im Bundesrat) im allgemeinen nur die urkundliche Ausfertigung und Publikation zu.

Dagegen hat er nicht das Recht der Sanktion (wie der Monarch in den Einzelstaaten, § 518), sondern er ist verpflichtet, übereinstimmende verfassungsmäßige Beschlüsse vom Bundesrat und Reichstag zu publizieren.

Jedoch bei der Gesetzgebung über das Heer und die Kriegsmarine, sowie über Zölle und die wichtigsten Verbrauchssteuern, (§ 465), hat das Präsidium Beschlüssen gegenüber, welche eine Abänderung der bestehenden Verhältnisse bezwecken, ein Veto.

*§ 490.

Eine besondere Stellung hat der Kaiser zu Elsaß-Lothringen. Die souveräne Gewalt über dieses „Reichsland" ist durch den Friedensvertrag von 1871 auf das Reich, die Ausübung derselben aber durch das Reich (Gesetz vom 9. Juni 1871) auf den Kaiser übertragen worden.

Ihm danach zustehende landesherrliche Befugnisse kann der Kaiser (seit Ges. von 79) auf einen von ihm zu ernennenden Statthalter in Straßburg als seinen Stellvertreter persönlich delegieren. Über dessen Doppelstellung § 509.

Laband, l. c. § 67 ff. Leoni, Staatsrecht der Reichslande E.-L., in Marq. Handb. II; und Verfassungsrecht 92. Rosenberg, Staatsrechtl. Stellung E.-L.'s 96.

†§ 491.

Der Kaiser übt ferner die dem Reiche zustehenden Hoheitsrechte, die „Schutzgewalt" über die sog. Schutzgebiete aus (die überseeischen Kolonien, seit 1884 in Afrika und auf der Inselwelt der Südsee, dazu 1898 Kiautschou).

Schutzgebietsgesetz von 86, jetzt 25. Juli 1900. Laband, l. c. § 70. G. Meyer, Staatsrechtl. Stellung der d. Sch 88. v. Stengel, Rechtsverhältnisse der d. Sch. 01. Jellinek, d. Rechtsstellung von Ki., in Juristenzeitung 3, 253.

§ 492.

2. Der Bundesrat ist eine Versammlung von Vertretern der deutschen Landesherren und der Senate der freien Städte.

Bei seinen Beschlüssen können im ganzen 58 Stimmen abgegeben werden. Davon entfallen auf Preußen 17, Bayern 6, Sachsen und Württemberg je 4, Baden und Hessen je 3 Stimmen, das letzte ca. $^1/_3$ der Stimmen auf die Kleinstaaten.

*§ 493.

Die Mitglieder dieser Versammlung handeln auf Grund von Instruktionen, welche sie von ihren Regierungen erhalten. Sie sind Organe dieser Regierungen und also der Einzelstaaten, während die Versammlung als Ganzes ein Organ des Reiches darstellt.

Als ein „Staatenhaus“ bezeichnete Bismarck den Bundesrat, in welchem „nicht der Frhr. v. Friesen stimme, sondern das Königreich Sachsen durch ihn“.

*§ 494.

Der Bundesrat faßt seine Beschlüsse unter dem Vorsitz des Reichskanzlers, der zugleich Vertreter Preußens ist, nach einfacher Stimmenmehrheit. Ausgenommen wenn es sich handelt um Verfassungsänderungen, gegen welche 14 Stimmen im Bundesrat ein Vetorecht haben; oder um Sonderrechte der Einzelstaaten („Reservatrechte“ insbes. Bayerns, z. B. § 465, 487), welche nicht ohne Zustimmung des berechtigten Staats geändert werden können; oder um die im § 489 bezeichneten, dem Vetorecht des Präsidiums unterworfenen Angelegenheiten.

§ 495.

Der Bundesrat ist ein Organ der gesetzgebenden, der Regierungs- und der richterlichen Gewalt des Reichs.

*§ 496.

Ohne die Zustimmung des Bundesrats kann kein Reichsgesetz — mit Einschluß der Feststellung des Reichshaushaltes — zustande kommen.

Auch internationale Verträge bedürfen, wenn ihre Erfüllung in den Bereich der (Reichs-) Gesetzgebung eingreift — z. B. das Zollwesen — zur Vollziehbarkeit seiner Zustimmung (s. § 872).

§ 497.

Als ein Organ der Regierung hat der Bundesrat das Recht, Ausführungsverordnungen zu den Reichsgesetzen zu erlassen, soweit nicht anderen Faktoren eine Befugnis hierzu eingeräumt ist; ferner das Recht, einen Einfluß auf die Verwaltung des Finanz-, Bank-,

Eisenbahn-, Post- und Telegraphenwesens auszuüben; Vorschläge in bezug auf die Besetzung gewisser Reichsämter zu machen rc.

Eine Kriegserklärung ist an seine Zustimmung gebunden (außer wenn ein Angriff auf das Bundesgebiet erfolgt ist), ebenso eine Bundesexekution.

§ 498.

Organ einer richterlichen Gewalt ist der Bundesrat den Bundesstaaten gegenüber, soweit dem Reich eine solche Gewalt zusteht (§ 473).

§ 499.

Der Bundesrat wird teils durch Plenarversammlungen, teils durch Vermittelung von Ausschüssen tätig.

Er besitzt eine Anzahl ständiger Ausschüsse. So einen solchen für das Heer und die Marine, einen für das Zoll- und Steuerwesen, einen für das Eisenbahn-, Post- und Telegraphenwesen, einen für die auswärtigen Angelegenheiten rc.

Diesen Ausschüssen liegt teils die Vorbereitung der Arbeiten des Plenums, teils eine selbständige Ausübung von Befugnissen des Bundesrates ob.

*§ 500.

3. Der **Reichstag** ist gleich dem Bundesrate ein Organ der gesetzgebenden Gewalt des Reiches.

Auch von **seiner** Zustimmung ist das Zustandekommen aller Reichsgesetze — mit Einschluß der Feststellung des Reichshaushalts — abhängig. (Ebenso die Vollziehung der in § 496 bezeichneten Verträge) Der Gesetzesvorschlag (die „Initiative") kann ebensowohl vom Reichstag wie vom Bundesrat ausgehen.

Für die Fortbildung des Rechts im Reiche ist sonach das Zusammenwirken des Bundesrats und des Reichstags (und bzw. in der mehr formellen Kompetenz gemäß § 489 auch des Kaisers) entscheidend.

*§ 501.

Der Reichstag besitzt ferner das Recht der Kontrolle über die Reichsregierung, insbes. die Finanzverwaltung des Reiches;

das Recht zur Entgegennahme und Überweisung von Petitionen an Bundesrat bzw. Reichskanzler, zur Interpellation des ihm verantwortlichen Reichskanzlers, zu Adressen und Resolutionen.

*§ 502.

Der Reichstag geht aus allgemeinen gleichen direkten Wahlen aller über 25 Jahre alten männlichen und im Vollbesitz der bürgerlichen Ehrenrechte befindlichen Deutschen hervor.

Die Wahl der 397 Abgeordneten erfolgt nach Wahlkreisen, die unter Berücksichtigung der Grenzen der Einzelstaaten und unter Zugrundelegung einer Normalgröße von 100 000 Einwohnern gebildet sind, in geheimer Abstimmung durch absolute Mehrheit der abgegebenen Stimmen. Das „passive Wahlrecht" besitzt jeder, dem das aktive zusteht und der seit 1 Jahr einem Einzelstaate angehört.

*§ 503.

Die Reichstagsmitglieder handeln als Vertreter des gesamten Volkes und sind an etwaige Aufträge und Instruktionen seitens ihrer Wähler nicht gebunden. Wegen ihrer Abstimmungen und Äußerungen in Ausübung ihres Berufes dürfen sie nicht zur Verantwortung gezogen werden, wie sie auch sonstige Privilegien genießen.

§ 504.

In der Bildung des Reichstags kommt die Einheit des Reichs zum Ausdruck; in derjenigen des Bundesrats das selbständige Leben der Glieder des Reichs: der Einzelstaaten.

§ 505.*

Keines der bisher betrachteten unmittelbaren Organe des staatlichen Willens ist Inhaberin der gesamten ungeteilten Reichsgewalt. Und ferner überragt auch keines Gewalt diejenige der anderen in dem Maße, daß sie sich als die souveräne Gewalt bezeichnen ließe.

Als Souverän des Reichs läßt sich daher nur der Wille betrachten, welcher in der einheitlichen Wirksamkeit dieser Organe seinen Ausdruck findet. Die Bürgschaft für die Einheit und Stetigkeit der Äußerungen dieses Willens und seiner Gewalt liegt nicht wie in Monarchien in der Einheit eines obersten Organs, sondern lediglich in der einheitlichen Verfassung und dem Geiste, dessen Ausdruck sie ist.

Der Bundesrat hat eine gewisse zentrale Stellung, insofern seine Rechte sich gleichmäßiger als die der beiden anderen Faktoren über alle Gebiete des Staatslebens erstrecken. Aber dies rechtfertigt es nicht, ihn dem Kaiser und dem Reichstag als „Souverän" gegenüber zu stellen. Vielmehr würde in solcher Bezeichnung des Bundesrates eine Verkennung der Stellung des Kaisers an der Spitze der Reichsregierung und als persönlichen Repräsentanten des Ganzen liegen, ebenso wie eine solche des Reichstages als eines dem Bundesrate ebenbürtig koordinierten Faktors der Gesetzgebung.

Die meisten sehen den Souverän des Reiches in der zur Einheit verbundenen Gesamtheit der deutschen Landesherren und Senate der freien Städte. Aber diese werden als Einheit nur wirksam vermittels des Bundesrates. Daher die Rechte des letzteren für die Rechtsstellung jener Einheit entscheidend sind. Diese Rechte aber sind, wie ausgeführt wurde, nicht von solcher Art, daß sie die Anwendung des Souveränitätsbegriffs rechtfertigten.

Wenn man, wie geschehen ist, zu diesen Rechten diejenigen des Kaisers hinzurechnet, weil der Kaiser als König von Preußen ja auch zu jenen Landesherrn gehört, so liegt darin eine weder logische noch juristische Addition ungleichartiger Größen. Denn die kaiserlichen Rechte sind nicht Rechte, welche dem Landesherrn von Preußen als Landesherrn, d. i. als einem Gliede jener Gesamtheit, zustehen. Diese und der Kaiser zusammen bilden keine juristische Einheit. Wendet man daher auf beide zusammen oder auf deren Rechte zusammen den Begriff der Souveränität an, so verliert derselbe jede Bestimmtheit und jeden juristischen Wert. Wenn man gar, wie es oft geschieht (§ 393), unter Souveränität den Besitz der gesamten Staatsgewalt versteht, und jener Gesamtheit der Landesherren in diesem Sinne die Souveränität zuerkennt, so behandelt man ihr gegenüber die rechtliche Macht der vollberechtigten deutschen Bürger und des Reichstags (und von jener Addition abgesehen auch des Kaisers) entweder als etwas der Staatsgewalt Fremdes oder als Null, und verliert sich damit auf das Gebiet der reinen Fiktionen. Die abgelehnte Auffassung führt bei konsequenter Durchführung zu der unhaltbaren Ansicht jener, (insbes. Seydels), welche dem Reiche den staatlichen Charakter und jede beherrschende Stellung abstreiten und in ihm nur ein völkerrechtliches Vertragsverhältnis, einen Verein der deutschen Souveräne sehen wollen.

§ 506.

4. Die **Reichsbehörden** haben Geschäfte des Reichs kraft eines von seinen vorgenannten Organen abgeleiteten Rechtes zu besorgen.

Trotz dieser abgeleiteten Natur ihrer Rechte haben gewisse Reichsbehörden, wie z. B. das Reichsgericht, in bezug auf bestimmte Angelegenheiten eine unabhängige Wirksamkeit zu entfalten, welche letzte Entscheidungen in sich schließt und den Gemeinwillen unmittelbar zum Ausdruck bringt.

§ 507.

An der Spitze der Reichsbehörden steht der Reichskanzler. Er ist der „Minister" (§ 520, 29) des Reichs.

*§ 508.

Gesetze und Verordnungen, welche vom Kaiser kraft der ihm zustehenden Rechte publiziert werden, wie überhaupt seine Anordnungen und Verfügungen (ausgenommen solche der militärischen Kommandogewalt) bedürfen, um zu rechtlicher Wirksamkeit zu gelangen, der Gegenzeichnung seitens des Reichskanzlers.

Durch diese Gegenzeichnung übernimmt derselbe die Verantwortlichkeit für die kaiserlichen Akte, sowohl hinsichtlich ihrer Gesetzmäßigkeit wie hinsichtlich ihrer Zweckmäßigkeit.

*§ 509.

Dem Reichskanzler liegt es ob, dafür zu sorgen, daß die übrigen Reichsbehörden die ihnen aufgetragenen Geschäfte im Einklang mit den Gesetzen und Zwecken des Reiches führen.

Die ihm in elsaß-lothr. Angelegenheiten ursprünglich zugewiesenen Befugnisse (einschl. der Gegenzeichnung) sind seit 1879 auf den Statthalter übergegangen, der dadurch neben seiner in § 490 charakterisierten Rechtsstellung zugleich diejenige eines Ministers des Reiches (eines „Spezialreichskanzlers") erhalten hat.

§ 510.

Diese Reichsbehörden scheiden sich in Regierungs- (Verwaltungs-) Behörden und Justizbehörden.

*§ 511.

Zu den Verwaltungsbehörden des Reichs gehören das Reichsamt des Innern (früher Reichskanzleramt), das Auswärtige Amt, das Reichsmarineamt, R.justizamt, R.postamt, R.schatzamt, R.eisenbahnamt, die R.bankbehörden (Bankkuratorium und -direktorium), die R.schuldenverwaltung, der Rechnungshof des D. Reiches.

An der Spitze der Reichsämter stehen Staatssekretäre, welche (seit Gesetz von 1878) auch mit der Stellvertretung des Reichskanzlers einschl. der Gegenzeichnung beauftragt werden können.

*§ 512.

Justizbehörden des Reichs sind: das Reichsgericht (§ 806), die Konsular- und Schutzgebietsgerichte, die Marinegerichte und neuerdings das durch die Militärstrafgerichtsordnung (§ 801) geschaffene oberste Militärgericht. Ferner fungieren einige Reichsverwaltungsbehörden zugleich als Verwaltungsgerichte (so R.versicherungsamt als höchste Instanz für Streitigkeiten aus der Arbeiterversicherung; R.patentamt, Bundesamt für das Heimatwesen ꝛc.). Schließlich Disziplinargerichte für Reichsbeamte.

V. Die Organisation der deutschen Bundesstaaten.

*§ 513.

Die meisten Einzelstaaten sind Monarchien.

Ausnahmen bilden die „Freien Städte" Hamburg, Bremen, Lübeck, in welchen die Staatsgewalt dem Senat und der (aus Wahlen der Bevölkerung hervorgegangenen) Bürgerschaft zusteht.

Die Monarchien sind sämtlich Erbmonarchien, ferner sämtlich beschränkte Monarchien und, abgesehen von den beiden Mecklenburg, konstitutionelle Monarchien.

Zum partikulären Staatsrecht: v. Rönne, Staatsrecht d. preußischen Monarchie, 5. A., bearb. v. Zorn 99f. H. Schulze, D. preuß. St. 2. A. 88f. Bornhak, Preuß. St. 88f. Schwartz, Verfassungsurkunde f. d. preuß. Staat 96. Seydel, Bayrisches St., 2. A. 96f. Opitz, St. des K. Sachsen 84, 87. v. Sarwey, St. des K. Württemberg 83. Wielandt, St. des Großh. Baden 95. (In Marquardsens Handbuch Bd. II, III das Staatsr. der anderen d. Einzelstaaten, vgl. insb. über die mittelalterlich-ständische Verf. Mecklenburgs Büsing; in Bd. IV. dasj. der außerd. Staaten.) — Störk, Handb. der deutschen Verfassungen.

*§ 514.

Den konstitutionellen Einrichtungen gingen in diesen Staaten diejenigen der absoluten Monarchie voraus. Jene haben sich hier im Laufe des 19. Jahrhunderts unter dem Einfluß der in Frankreich und England gegebenen Vorbilder eingebürgert und entwickelt (§ 401).

Charte constitutionelle Ludwigs XVIII, 1814. — In Deutschland konstitutionelle Verfassungen bereits in der Bundesakte in Aussicht gestellt, zuerst in Bayern und Baden 1818, Württemb. 1819. — Preuß. Verf. 50.

§ 515.

Diese deutschen **konstitutionellen Monarchien** sind durch die Stellung des Monarchen, der Minister und der in den Landtagen gegebenen Volksvertretung charakterisiert.

§ 516.

Der **Monarch** ist als oberstes Willensorgan und höchster Repräsentant des Staates (§§ 396 f.) unverantwortlich und im Besitze bestimmter Ehren-(Majestäts-)rechte.

§ 517.

Derselbe herrscht kraft eigenen Rechtes, ist aber in der Ausübung dieser Herrschaft durch die Verfassung beschränkt. Er unterliegt auf Grund derselben materiellen und formellen Beschränkungen.

*§ 518.

Materiell beschränkt ist der Monarch hinsichtlich der Gesetzgebung (§ 418 ff.), insofern das Zustandekommen von Gesetzen von der Zustimmung der Volksvertretung abhängt. Jedoch wird der zwischen ihm und der Volksvertretung vereinbarte Entwurf (Gesetzesinhalt) zum Gesetz erst durch die ihm vorbehaltene Sanktion (Gesetzesbefehl, vgl. § 58 A.), woran sich die Publikation als Voraussetzung der verbindlichen Kraft des Gesetzes anschließt.

Ferner ist er beschränkt hinsichtlich der Justiz, insofern die Gerichte bei ihren Entscheidungen von ihm unabhängig sind; sie urteilen zwar in seinem Namen, aber nicht nach seinen Weisungen.

*§ 519.

Auch hinsichtlich der Regierung ist er materiell beschränkt, einmal durch den Grundsatz, daß die Regierung nach Maßgabe der

Gesetze erfolgen muß; andrerseits dadurch, daß die Einnahmen und Ausgaben des Staates (der Staatshaushalt, das Budget) im Wege der Gesetzgebung festgestellt werden müssen („Budgetrecht" der Volksvertretung).

*§ 520.

Formell beschränkt ist er insofern, als die rechtliche Wirksamkeit der von ihm als Herrscher ausgehenden Akte (abgesehen von Äußerungen der militärischen Kommandogewalt) von der Beobachtung bestimmter Formen abhängt, insbesondere von der Gegenzeichnung eines die Verantwortlichkeit für diese Akte übernehmenden Ministers.

v. Frisch, Verantwortlichkeit der Monarchen u. höchsten Magistrate 04.

*§ 521.

Die Thronfolgeordnung in den deutschen Monarchien beruht auf dem Vorzug der agnatischen, d. h. durch Männer vermittelten (ehel., leibl., ebenbürtigen) Abstammung vom 1. Inhaber des Throns, während die weiblichen Linien (Kognaten) nicht oder nur subsidiär succedieren können; innerhalb des Mannesstammes der älteren Linie, innerhalb dieser auf dem Recht der Erstgeburt: es wird stets der älteste Sohn bzw. dessen Nachkommenschaft berufen (Primogeniturordnung).

*§ 522.

Die Landtage (auch noch „Stände" genannt, s. aber § 527 f.; Kammern, Parlamente) wirken einerseits als beschränkende und kontrollierende Faktoren dem Monarchen und dessen Vertretern gegenüber, andrerseits sind sie aber auch berufen, in positiver und schöpferischer Weise sich an der Lösung staatlicher Aufgaben im Vereine mit den Vertretern der Krone zu beteiligen.

Häufig weist man den Landtagen nur eine kontrollierende und beschränkende Wirksamkeit der Krone gegenüber zu. Aber dies entspricht nicht den Tatsachen, da sie einen positiven Einfluß auf den Inhalt der Gesetze zu nehmen berufen sind und wirklich ausüben. Jene Auffassung hängt historisch damit zusammen, daß die königliche Macht in Deutschland das Ursprüngliche ist, und daß die Landstände als beschränkende Faktoren, berufen, die rechtlichen Interessen der Untertanen jener gegenüber zu wahren, sich einführten. Aber die Rechte, welche sie erlangten, gingen alsbald über das Maß dessen hinaus, was einer bloß kontrollierenden und hemmenden Wirksamkeit entsprechend wäre.

*§ 523.

Die Rechte, welche ihnen, der bezeichneten Aufgabe gemäß, bezüglich der Angelegenheiten ihres Staates eingeräumt sind, entsprechen im allgemeinen denjenigen, welche der Reichstag in bezug auf die Angelegenheiten des Reichs besitzt (§ 500 f.).

Die Landtage sind daher in demselben Sinne Willensorgane des Gliedstaates, wie jener ein Willensorgan des Reichs, und sie haben an der partikulären Staatsgewalt in demselben Sinne teil, wie der Reichstag an der Reichsgewalt (§ 505).

U. a. behauptet Ricker, Rechtl. Natur der mod. Volksvertretung 93, dieselbe sei kein Organ des Staates. Aber die Ansicht, welche ihr jeden Anteil an der Staatsgewalt abstreitet und den Monarchen als deren alleinigen Träger ansieht, erledigt sich durch folgende einfache Erwägung: die oberste Machtäußerung des Staates liegt in der Gestaltung des Rechts; an dieser Gestaltung haben die Landtage einen entscheidenden Anteil; folglich haben sie einen entscheidenden Anteil an den Machtäußerungen des Staates.

*§ 524.

In den größeren und mittleren Staaten besteht das sog. Zweikammersystem, d. h. die Landtage setzen sich aus zwei voneinander unabhängigen politischen Körperschaften zusammen, die im allgemeinen getrennt beraten und beschließen — so in Preußen aus Herrenhaus und Abgeordnetenhaus, in anderen Ländern aus erster und zweiter Kammer.

*§ 525.

Hinsichtlich ihrer Rechte sind die beiden Körperschaften im allgemeinen gleichgestellt und entsprechen dieselben im wesentlichen denjenigen des Reichstages im Reiche (§ 501). Insbesondere bedarf es der Zustimmung beider zum Zustandekommen eines Gesetzes.

Jedoch hinsichtlich der Feststellung des Staatshaushaltes (Etats, Budgets) und sonstiger Finanzgesetze sind der zweiten Kammer gewisse Vorrechte eingeräumt: erste Beratung derselben und Befugnis, im einzelnen Änderungen vorzuschlagen (zu „amendieren"), während die erste Kammer sie nur im ganzen annehmen oder ablehnen darf.

*§ 526.

Die Mitglieder der ersten Kammer sind teils durch die Verfassung bezeichnet (so die volljährigen Prinzen des regierenden Hauses), teils — jedoch meist nur in beschränkter Zahl — vom Monarchen auf Lebenszeit oder erblich ernannt, teils von gewissen privilegierten Körperschaften (Vertretung größerer Städte, Universitäten ꝛc.) gewählt. Besondere Berücksichtigung bei ihrer Bildung hat meist der grundbesitzende Adel gefunden.

†§ 527.

Die Mitglieder der zweiten Kammer gehen aus der nach Wahlkreisen eingeteilten Bevölkerung durch Wahlen hervor. Und zwar fast durchweg durch indirekte Wahlen, indem die „Urwähler" zunächst „Wahlmänner", und diese erst den Abgeordneten wählen.

Gegenwärtig (1904) Gesetzentwürfe in Bayern, Baden und Hessen, welche das direkte Wahlrecht einführen wollen; in Württemberg gilt dieses seit 1868, hier stehen aber daneben singulärerweise Repräsentanten einzelner Stände. Das Wahlrecht ist in verschiedener Weise eingeschränkt. Außer einem gewissen Alter, männl. Geschlecht, Besitz der bürgerl. Ehrenrechte finden sich als Erfordernisse aufgestellt: Staatsangehörigkeit, Wohnsitz von gewisser Dauer, eigener Hausstand, Zahlung einer direkten Steuer. In Preußen u. Sachsen sind die Wähler nach 3 Steuerklassen eingeteilt, deren jede $1/3$ der Wahlmänner wählt („Dreiklassenwahlsystem"). Die Abstimmung ist z. T. geheim wie beim Reichstag, z. T. öffentlich (Preußen). — Einen ganz anderen Charakter hat die aus Vertretern der Ritterschaft und der Städte zusammengesetzte gemeinschaftliche Ständeversammlung der beiden Mecklenburg (§ 513).

*§ 528.

Die Mitglieder beider Kammern handeln als Vertreter der gesamten Bevölkerung des Landes — nicht einzelner Klassen und Stände, wie diejenigen der vorkonstitutionellen Landstände — und sind gleich den Mitgliedern des Reichstages an etwa empfangene Instruktionen und Aufträge nicht gebunden.

§ 529.

Die Mitglieder der Landtage sind gleich denjenigen des Reichstages im Besitze gewisser Privilegien, welche ihnen eine freie Wirksamkeit sichern sollen (s. § 503).

*§ 530.

Die Verantwortlichkeit der Minister begreift folgendes:

1. Die Minister haben den Landtagen auf Verlangen Rechenschaft in bezug auf die Regierungsakte zu geben und dieselben in bezug auf ihre Gesetzmäßigkeit und Zweckmäßigkeit zu vertreten.

2. Hinsichtlich bestimmt gearteter Pflichtverletzungen, in der Regel Rechts- und Verfassungsverletzungen, ist in den meisten Staaten (jedoch nicht in Preußen; auch nicht im Reich) durch Bestimmungen über eine von den Kammern zu erhebende Minister-Anklage vor einem speziellen Staatsgerichtshofe eine besondere Verantwortlichkeit der Minister begründet.

*§ 531.

Von dieser besonderen Ministerverantwortlichkeit ist zu unterscheiden die Verantwortlichkeit der Minister wie anderer Beamte in bezug auf die Gesetzmäßigkeit ihrer amtlichen Handlungen nach Maßgabe der allgemeinen Gesetze.

§ 532.

Hinsichtlich der übrigen Organe staatlicher Wirksamkeit sind die in einem engeren Sinne sogenannten staatlichen von den kommunalen Organen zu unterscheiden.

§ 533.

Die ersteren bilden ein die Einheit des Staates und seiner Interessen repräsentierendes Behördensystem, das in dem, die sämtlichen Minister und deren Räte umfassenden, Ministerium sein zentrales Organ besitzt und dessen Gliederung derjenigen der staatlichen Aufgaben, Gewalten und Hoheitsrechte entspricht.

*§ 534.

Die kommunalen Organe repräsentieren die Glieder des Staates: Stadt- und Landgemeinden, Kreise, Bezirke, Provinzen, und empfangen die Impulse und das Maß ihrer Wirksamkeit durch die in den Grenzen dieser Glieder sich geltend machenden Aufgaben und Bedürfnisse.

Zu diesen Organen gehören Bürgermeister mit Gemeinderat (bzw. Stadtrat, Magistrat) und Bürgerausschuß (Stadtverordnetenversammlung), Kreis-, Bezirks-, Provinzialausschüsse, Provinziallandtage.

†§ 535

Die kommunalen Organe sind Organe der „Selbstverwaltung" (im Gegensatz zur Staatsverwaltung), welche jenen Kommunalverbänden zusteht (deshalb „Selbstverwaltungskörper" gen.), insofern dieselben an der Verwaltung ihrer Angelegenheiten selbst Anteil nehmen durch die Wahl von Verwaltern aus ihren Angehörigen. So wählt die Bürgerschaft einer Stadt die Stadtverordneten, diese wieder den Stadtrat und Bürgermeister.

Steins Preuß. Städteordnung 1808, auch für die meisten anderen D. Staaten maßgebend; Ausdehnung der Selbstv. auf das platte Land und die größeren Bezirke des Staates durch die preuß. Reformgesetzgebung seit der Kreisordnung von 1872. — Gneist, Selfgovernment ꝛc. 71. Schön, Recht der Kom.Verbände in Preußen 97. Hatschek, D. Selbstverw. 01.

*§ 536.

Diese kommunalen Organe werden unter der Kontrolle und vielfach im Vereine mit Organen des erstgenannten Systems tätig. Häufig, zumal auf den unteren Stufen der Verwaltung, gehören aber auch dieselben Organe dem kommunalen und zugleich, mit Rücksicht auf bestimmte Angelegenheiten, dem spezifisch staatlichen Systeme an.

So sind die preuß. Kreisausschüsse Kommunalorgane zur Erledigung von Kreisangelegenheiten und zugleich Organe der Staatsgewalt zur Besorgung allgem. Landesangelegenh., in reinen Verwaltungssachen und (§ 424) als V.gerichte.

*§ 537.

Die Mitglieder des staatlichen Systems sind in der Regel besoldete Berufsbeamte; die Mitglieder des kommunalen Systems dagegen häufig unbesoldete Inhaber von Ehrenämtern, welche sie nur neben ihrem eigentlichen Berufe versehen.

Über andere Fälle von Ehrenämtern (Schöffe, Handelsrichter) s. § 846.

†§ 538.

Die Ersteren, welche auf Grund ihrer Anstellung (in der Regel durch den Monarchen) zum Staat in dem dauernden Verhältnisse eines Staatsbeamten oder „Staatsdieners" stehen, sind nicht bloß zur gewissenhaften Besorgung der übernommenen staatlichen Geschäfte nach Maßgabe der Gesetze (§ 531) verpflichtet, sondern allgemein zur Treue gegen den Staat sowie zu einem achtungswürdigen Verhalten. Jede Verletzung ihrer Dienstpflichten kann eine Disziplinarstrafe (von Warnung bis Entlassung) zur Folge haben, unabhängig vom Vorliegen einer strafbaren Handlung bzw. neben einem Strafprozeß vor dem ordentlichen Gericht.

Dem Beamten steht neben persönlichen Ehrenrechten ein Anspruch gegen den Staat auf standesgemäßen Unterhalt durch Gewährung von Gehalt und Pension zu, bei dessen Verletzung er Klage bei Gericht erheben kann.

Zweites Kapitel.

Das Privatrecht.

Erster Abschnitt.

Im allgemeinen.

I. Die Teile des Privatrechts.

§ 539.

Die Hauptteile des Privatrechts (bürgerlichen Rechts, Zivilrechts) sind Vermögensrecht und Familienrecht.

Jenes hat die Vermögensverhältnisse privatrechtlicher Natur (§ 85 ff.), dieses die persönlichen Verhältnisse der Familienglieder zueinander zu seinem Gegenstande.

Hinsichtlich der allgm. Begriffe des Privatrechts s. die Cit. zu § 146, 185, 244.

Zeitschriften von Bedeutung für die Privatrechtswissenschaft: Archiv f. d. zivilistische Praxis, seit 14. Jherings „Jahrbücher für die Dogmatik des bürgerl. Rechts", seit 57. Gruchots „Beiträge zur Erläut. des deutschen R., in besond. Bez. auf d. Preuß. R.", seit 57. Grünhuts „Zeitschr. für d. Privat- u. öffentl. R. d. Gegenwart", Wien, seit 74. „Zeitschr. f. R.geschichte" seit 61 (seit 80 Zeitschr. der Savigny-Stift. f. R.geschichte, germanist. und romanist. Abteil.). „Zeitschr. f. das ges. Handelsrecht", seit 58. „Archiv für bürgerl. R.", seit 89. „Deutsche Juristenzeitung", seit 96. „Das Recht." „Jur. Litteraturblatt." „Krit. Vierteljahresschr. f. Gesetzg. u. R.wissenschaft." „Jur. Wochenschrift." „Zentralblatt f. R.wissenschaft." — Spruchsammlungen: Seuffert, Archiv f. Entsch. der obersten Gerichte seit 47. Entsch. des Reichsgerichts in Zivils. Rechtsprechg. d. Oberlandesger. auf d. Geb. d. Zivilr.

*§ 540.

Vermögensrecht und Familienrecht umfassen freilich nicht alle privatrechtlichen Verhältnisse und Rechte. Das Recht der Ehre z. B. ist, sofern es im Verhältnis der Individuen zueinander einen Rechtsschutz findet, ein Privatrecht, und gehört doch weder dem Vermögensrecht noch dem Familienrecht an.

Für die Existenz und die Grenzen dieses Rechts, wie für eine ganze Reihe anderer Rechte, waren lange Zeit wesentlich Bestimmungen der Strafgesetze entscheidend, daher sie früher hauptsächlich im Bereich der Strafrechtslitteratur Berücksichtigung fanden. B. schützt die Geschäftsehre (s. § 695 Abs. 2) und die weibliche Geschlechtsehre durch Aufstellung einer Ersatzpflicht für den Fall ihrer Verletzung. Desgleichen das Recht auf körperliche Unversehrtheit und Freiheit. Allgemein ist heute das Namenrecht als ein mit Klage (gegen Bestreitung wie gegen unbefugten Gebrauch) ausgestattetes Privatrecht anerkannt. Speziell auch das Recht am Handelsnamen, der Firma, unter welcher der Kaufmann seine Geschäfte schließt und Prozesse führt, und welche er zusammen mit dem Geschäft veräußern kann. Die erwähnten und verwandten Fälle faßt die neuere Theorie meist zusammen als **Persönlichkeitsrechte** (R. an der eigenen Person) oder „Individualrechte“. Dahin werden noch gezählt: Das Urheberrecht (Befugnis des Urhebers eines Geistesproduktes, es mit Ausschluß anderer zu vervielfältigen u. in den Handel zu bringen; § 563); Erfinderrecht; Recht an Marken u. Warenzeichen, an Wappen. Dieselben gehören zu den „absoluten“ Rechten im Sinne des § 202. — **Kohler**, Jher. Jahrb. 18. Autorrecht. Autor- und industrierechtl. Studien. R. des Markenschutzes. Handb. des Patentrechts. D. Eigenbild im Rechte 03. **Rietschel**, R. am eig Bilde 03. (Diese Frage, wie weit ein R. am eigenen Bilde anzuerkennen sei, steht auch auf der Tagesordnung des 27. Juristentages, 1904). **Opet**, Namenrecht des B. 97. **Cohn**, Neue Rechtsgüter 02. **Maschke**, Die Persönlichkeitsrechte 02. **Gierke**, D. Privatrecht § 81 ff.

§ 541.

Die Vermögensverhältnisse und die Rechte, welche hinsichtlich ihrer gewährt werden, haben eine direkte oder indirekte Beziehung auf **Sachen**, d. h. irgendwie begrenzte Teile der außermenschlichen Natur.

§ 542.

Sachen kommen im Rechte in Betracht, sofern sie geeignet sind, menschlichen Interessen zu dienen und einer ausschließlichen Willensherrschaft unterworfen zu werden.

Sie kommen speziell im Vermögensrechte in Betracht, sofern

der im Rechte sich äußernde Wille es als angemessen erachtet, daß sie in den Dienst der Interessen des Einzelnen gestellt und seiner privaten Willensherrschaft im Sinne der privatrechtlichen Grundsätze unterworfen seien. Die Beziehung der Vermögensverhältnisse und Vermögensrechte zu Sachen aber kann vierfacher Art sein.

*§ 543.

1. Diese Beziehung kann in einer unmittelbaren Herrschaft über Sachen gegeben sein, oder auch in einer solchen über Rechte, welche eine Herrschaft über Sachen gewähren. Hierher gehört die Herrschaft des Eigentümers eines Grundstücks, Geldstücks rc. über diese Sachen.

Die betreffenden Rechte heißen „Sachenrechte", „dingliche" Rechte. Sie gehören zu den „absoluten" Rechten (§ 202).

*§ 544.

2. Diese Beziehung kann ferner gegeben sein in einem Anspruch auf Leistungen andrer, welche für die Begründung, Erhaltung oder Nutzbarmachung einer Herrschaft über Sachen bedeutsam sind.

Hierher gehört der Anspruch jemandes gegen einen bestimmten anderen: ihm ein Haus zu erbauen oder ein erbautes in seine Herrschaft zu übergeben oder die Bewohnung eines solchen gestattet zu bekommen.

*§ 545.

3. Ferner kommen hier Ansprüche in Betracht, welche zwar nicht selbst auf Leistungen der vorgenannten Art gerichtet sind, aber mit solchen in einem Bedingungs- bzw. Äquivalenzverhältnis stehen.

Hierher gehört es z. B., wenn jemand einen Anspruch gegen eine Sängerin hat, daß dieselbe bei einem von ihm veranstalteten Konzert mitwirke, sofern dieser Anspruch durch eine Leistung der sub 2 genannten Art erworben wurde (die Sängerin hatte im voraus Bezahlung erhalten), oder sofern die Verletzung des Anspruchs eine Verpflichtung zu einer solchen Leistung (zur Zahlung einer vereinbarten Strafe) bei der Sängerin hervorbringen würde. —

Die Rechte, welche die sub 2 oder sub 3 erwähnten Merkmale haben, heißen „Forderungsrechte", „obligatorische" Rechte. Sie gehören zu den „persönlichen" oder „relativen" Rechten gemäß § 201.

*§ 546.

4. Die Beziehung auf Sachen kann schließlich gegeben sein in einer ausschließlichen Befugnis zur Erlangung einer rechtlichen Herrschaft über bestimmte Sachen, resp. zur ausschließlichen Benutzung gewisser Mittel und Wege zur Erlangung derselben, oder zur ausschließlichen Begründung gewisser obligatorischer Verhältnisse in bezug auf bestimmte Sachen.

Dahin gehört die ausschließliche Befugnis des Jagdberechtigten, sich innerhalb eines bestimmten Reviers die jagdbaren Tiere, sowie nach B. die ausschließliche Befugnis des Fiskus, sich ein vom bisherigen Eigentümer aufgegebenes Grundstück anzueignen; ferner die „Baunrechte" des älteren Rechts, kraft deren der Berechtigte ein ausschließliches Recht auf die Kundschaft in einem Bezirke hatte (z. B. der Mahlzwang).

Solche Rechte kann man als vermögensrechtliche „Monopolrechte" zusammenfassen. Sie reihen sich den absoluten Rechten ein.

Vielfach werden auch sie zu den „Persönlichkeitsrechten" (§ 540) gerechnet; sie haben aber einen überwiegend vermögensrechtlichen Charakter.

*§ 547.

Der auf die Sachenrechte bezügliche Teil des Privatrechts heißt Sachenrecht, der auf die Forderungsrechte bezügliche Obligationenrecht oder Recht der Schuldverhältnisse.

Die „Monopolrechte" finden ihre Behandlung teils (z. B. das Aneignungsrecht des Jagdberechtigten) im Zusammenhange mit Sachenrechten, teils mit Forderungsrechten, je nachdem ihre unmittelbare Bedeutung in der Begründung von Rechten der ersteren Art (z. B. des Eigentums) oder der letzteren wurzelt.

§ 548.

Gewisse Bestandteile des Sachen- und des Obligationenrechts hat man unter besonderen Gesichtspunkten von jenen ausgeschieden und einer gesonderten Behandlung unterzogen. Hierher gehören die Rechtssätze des Familiengüterrechts und diejenigen des Erbrechts.

§ 549.

Das Familiengüterrecht ordnet die Vermögensverhältnisse der Familienglieder, insoweit bei deren Ordnung der Familienzusammenhang sich geltend macht und dieselben nicht ihre Regelung durch das Erbrecht empfangen (insbes. das eheliche Güterrecht).

Dieses Familiengüterrecht pflegt in engerer Verbindung mit dem die persönlichen Verhältnisse der Familienglieder ordnenden Rechtsteile zur Darstellung zu kommen. Das Wort „Familienrecht" begreift, in einem weiteren Sinne genommen, auch jenes.

§ 550.

Das Erbrecht ordnet die Verhältnisse, welche sich hinsichtlich des Nachlasses eines Menschen ergeben können.

*§ 551.

Eine gesonderte Stellung nimmt ferner in Gesetzgebung und Litteratur das Handelsrecht ein, welches zum Gegenstand gewisse, in der Gesetzgebung verschieden abgegrenzte, Vermögensverhältnisse hat, die aus dem Handel hervorgehen. Die Grundlage für diese Abgrenzung bilden die positiv verschieden normierten Begriffe des „Kaufmanns" (d. i. nach jetzigem deutschen Handelsgesetzbuch „wer ein Handelsgewerbe treibt") und der „Handelsgeschäfte" (das sind Geschäfte eines Kaufmanns, die zum Betriebe seines Handelsgewerbes gehören, außerdem gewisse im Gesetze aufgezählte Geschäfte, auch wenn sie nicht zu seinem Handelsgewerbe gehören). — S. § 566.

II. Die Vermögensrechte und ihre Objekte.

§ 552.

Sachen und Leistungen, sowie die Rechte, deren Gegenstand sie bilden, besitzen einen bestimmten Wert, der sich in ihrem Verhältnis zu den Interessen begründet, denen sie zu dienen bestimmt sind.

*§ 553.

Der Wert einer Sache kann solcher Art sein, daß kein anderer Träger desselben außer ihr vorhanden ist, derart, daß bei Verlust der Sache kein Ersatz für diesen Wert geboten werden kann (individueller Sachwert).

Dieser Wert kann zugleich ausschließlich in den Beziehungen der Sache zu einer bestimmten Persönlichkeit wurzeln, derart, daß er nur für diese vorhanden ist (höchstpersönlicher oder Affektionswert der Sache). Ein solcher kommt jedoch für das Recht regelmäßig nicht in Betracht.

Einen solchen individuellen und zugleich höchstpersönlichen Wert würde z. B. ein von einem Verstorbenen herrührender Brief besitzen, welcher dem Adressaten als Andenken an den Verstorbenen teuer ist.

§ 554.

Der Wert einer Sache kann aber auch in ihrem Verhältnis zu Interessen wurzeln, für welche andere Sachen eine gleiche oder ähnliche Bedeutung haben (genereller Wert).

Die betreffenden Interessen können allgemeiner Natur, und der Wert der Sache für sie kann im Verhältnis zu dem Werte anderer Sachen für die gleichen Interessen Gegenstand einer gesellschaftlichen Schätzung sein.

Für diese Schätzung ist ein Maßstab im Gelde gegeben. Betreffende Sachen repräsentieren einen in Geld ausdrückbaren Wert.

§ 555.

Was bezüglich des Wertes der Sachen, das gilt auch bezüglich der Leistungen und sonstigen Gegenstände von Vermögensrechten sowie von diesen Rechten selbst.

§ 556

Hinsichtlich des in Geld ausdrückbaren Wertes besteht im allgemeinen eine Ersetzbarkeit der Gegenstände. An die Stelle einer Sache oder Leistung kann gegebenenfalls der Geldbetrag treten, der diesem Werte entspricht, oder eine andere Sache oder Leistung, welche den gleichen Wert repräsentiert.

§ 557.

Die bezeichnete Ersetzbarkeit ist für die Gestaltung der vermögensrechtlichen Verhältnisse von weitreichendster Bedeutung. Zwar hängt von ihr die Existenz weder der Sachenrechte noch der Forderungsrechte ab, wohl aber die Anwendbarkeit zahlreicher Bestimmungen der Vermögensrechte und die Möglichkeit, jenen Rechten einen ausreichenden privatrechtlichen Schutz zuzusichern.

*§ 558.

Jemandes Sachenrechte, Forderungsrechte und etwaige Monopolrechte bilden im Zusammenhange mit seinen obligatorischen Verpflichtungen (seinen „Schulden") sein „Vermögen" im juristischen Sinne des Worts.

Das Vermögen jemandes repräsentiert als Ganzes einen bestimmten (positiven oder negativen) Geldwert. Dasselbe kann ferner als Ganzes einen Gegenstand von Rechtsansprüchen (insbes. von Erbansprüchen) bilden.

§ 559.

Bei der Ordnung der Vermögensverhältnisse erweisen sich mancherlei Verschiedenheiten der Sachen als einflußreich.

Insbesondere hat der Unterschied zwischen beweglichen und unbeweglichen Sachen eine große Bedeutung im Bereiche des Vermögensrechts, wie auch im Bereiche anderer Teile des Rechts erlangt. Es bestehen aber bezüglich dieser Bedeutung Verschiedenheiten zwischen verschiedenen Rechtssystemen.

*§ 560.

Im modernen Recht kommt diesem Unterschiede zwischen beweglichen und unbeweglichen Sachen eine größere Bedeutung zu als im römischen Rechte; welches grundsätzlich beide den gleichen Regeln unterwarf, dagegen eine geringere als im älteren deutschen Rechte.

Nach dem letzteren war die Rechtsstellung des Mannes in privatrechtlicher und öffentlich-rechtlicher Hinsicht davon abhängig, ob und bzw. welcherlei Rechte er an Grund und Boden hatte. Diese Rechte an „Liegenschaften" waren demgemäß in wichtigen Punkten anders geordnet als diejenigen an beweglichen Sachen („fahrender Habe", „Fahrnis"), und entsprach diese Ordnung der zentralen Bedeutung des Grundbesitzes für das gesamte Rechtsleben.

Auch B. stellt in vielen Beziehungen verschiedene Regeln für beide Klassen von Sachen auf, so hinsichtlich des Eigentumserwerbs (§ 601 f.) und im Pfandrecht (§ 643 f.)

§ 561.

Die Grenzen zwischen beweglichen und unbeweglichen Sachen werden übrigens in den verschiedenen Gesetzgebungen in einer positiven Weise gezogen, welche von den allgemeinen Begriffen der Beweglichkeit und der Unbeweglichkeit mehrfach abweicht.

Zweiter Abschnitt.

Das deutsche Privatrecht hinsichtlich seiner Quellen.

I. Übersicht.

*§ 562.

Die Reichsverfassung in der erweiterten Fassung, welche der Art. 4 Ziff. 13 durch ein besonderes Reichsgesetz 1873 erhalten, ermächtigte das Reich, die gesamten Privatrechtsverhältnisse (nicht bloß Obligationen- und Handelsrecht, wie ursprünglich vorgesehen war) von sich aus zu ordnen.

† § 563.

Lange Zeit hindurch war jedoch von dieser Ermächtigung nur in bescheidenem Umfang durch einzelne Reichsgesetze Gebrauch gemacht, während in der Hauptsache das Privatrecht — abgesehen vom Handelsrecht § 566 — Landesrecht (partikuläres Recht § 83) geblieben war.

Unter den älteren Reichsgesetzen privatrechtlichen Inhalts seien folgende hervorgehoben. Diejenigen zum Schutze der nach Kohlers Vorgang sog. „Immaterialgüterrechte“: des litterarischen und künstlerischen Urheberrechts (in der Regel bis 30 Jahre nach dem Tode des Urhebers, Hauptgesetz 70, jetzt ersetzt durch Ges. v. 01), ebenso des photograph. und gewerbl. Urheberrechts; ferner des R. an technisch verwertbaren neuen Erfindungen nach Erteilung eines Patentes durch das Patentamt (Patentges. 91); des R. an den in der öffentlichen „Zeichenrolle“ eingetragenen Warenzeichen (Ursprungszeichen zur Unterscheidg. der Waren eines Gewerbetreibenden; Ges. 94); sodann das Haftpflichtges. 71, welches eine strengere Haftung der Eisenbahn- und anderer Betriebsunternehmer festsetzte (§ 703); das Personenstandsges. 75 (§ 712); Ges. betr. Anfechtung gewisser Rechtshandlungen (insb. Schenkungen) eines Schuldners seitens seiner Gläubiger 79; Gesetze gegen den Wucher (§ 254) von 80 und 93; gegen unlauteren Wettbewerb (concurrence déloyale; durch schwindelhafte Reklame 2c.) 96. — Mandry-Geib, Zivilrechtl. Inhalt der Reichsgesetze 4. A. 98.

† § 564.

Dieser Rechtszustand hat sich geändert mit dem Inkrafttreten des „bürgerlichen Gesetzbuches“ am 1. Januar 1900. Dasselbe ist seinem Grundgedanken nach eine Kodifikation des Privatrechts, so daß seitdem das Privatrecht im wesentlichen „gemeines“ deutsches Recht, Reichsrecht, bildet, dagegen das Landesrecht privatrechtlichen Inhalts grundsätzlich beseitigt ist.

Jedoch will diese Kodifikation keine erschöpfende sein; nicht bloß ist das bisher schon geltende Reichszivilrecht grundsätzlich daneben aufrecht erhalten, sondern eine Reihe von Materien ist auch künftig dem Landesrecht überlassen geblieben (im Reichs-Einführungsgesetz zum B. z. B. Berg-, Jagd-, Fischerei-, Wasserrecht 2c.), und hinsichtlich anderer Materien ist dem Landesrecht die Ausgestaltung oder Ergänzung vorbehalten (Grundbuchwesen — Beschränkungen des Grundeigentums).

Dieses verbleibende partikuläre Privatrecht ist z. T. in älteren Landesgesetzen, z. T. in den Ausführungsgesetzen der einzelnen Bundesstaaten zum B. enthalten. — Sammlung aller Ausführungsges. von Becher. Zum Grenzstreit zwischen Reichs- u. Landesrecht Zitelmann, 02.

† § 565.

Im Jahre 1874 in Angriff genommen, wurde der erste Entwurf des B. 1888 veröffentlicht. Der von einer anderen Kommission umgearbeitete zweite Entwurf wurde Ende 1895 dem Bundesrat und mit einigen Veränderungen im Jahre 1896 dem Reichstag vorgelegt, welcher denselben nach vorheriger Kommissionsberatung mit gewaltiger Mehrheit annahm. Nach erfolgter Sanktion durch den Bundesrat, erfolgte am 18. August 1896 die Kaiserliche Ausfertigung (§ 489) und am 24. die Publikation im Reichsanzeiger.

Das Gesetzbuch zerfällt in fünf Bücher: Allgemeiner Teil, Recht der Schuldverhältnisse, Sachenrecht, Familienrecht, Erbrecht. Das umfangreiche Reichs-Einführungsgesetz enthält die Regelung des „internationalen Privatrechts" (§ 326), des Verhältnisses des B. zum sonstigen Reichs- und zum Landesrecht (s. vor. §), sowie Übergangsbestimmungen (§ 317 f).

„Motive" zum 1 Entwurf in 5 Bänden. „Protokolle" zur 2. Lesung. Die „Denkschrift", welche die Vorlage an den Reichtstag begleitete. „Zusammenstellung der gutachtl. Äußerungen" zum 1. Entwurf, gefertigt vom Reichsjustizamt. 90. Die Berichte der Reichstagskommission (ersch. bei Guttentag 96) Mugdan, Die gesamten Materialien zum B. Lehrbücher von Cosack, Crome, Dernburg, Endemann, Enneccerus-Lehmann, Kohler, Landsberg, Matthiaß. Kommentare u. a. von Planck, Staudinger, Rehbein; speziell zum Allgem. Teil: Hölder, Gareis, Leonhard, Vorträge von Eck, Hachenburg; zum Einf.ges. Niedner 2. A. 01. Textausg mit Anmerk. von Fischer-Henle, Achilles 2c. Gradenwitz, Wortverzeichnis zum B.

*§ 566.

Schon früher bildete das **Handels- und Wechselrecht** (s. § 551) gemeines deutsches Recht.

Die Deutsche Wechselordnung und das ursprüngliche Deutsche Handelsgesetzbuch sind bereits zur Zeit des Deutschen Bundes (§ 448) in den Jahren 1847 bzw. 61 durch Kommissionen aus

Vertretern der deutschen Staaten geschaffen und zunächst als (sachlich zwar übereinstimmendes, aber) formell partikuläres Recht durch Einführungsgesetze der einzelnen Staaten in ihren Ländern in Kraft gesetzt. Inhaltlich war damit auf diesem Gebiete zuerst eine deutsche Rechtseinheit verwirklicht. Durch Gesetz des Norddeutschen Bundes vom 5. Juni 1869 (später zum Reichsgesetz erhoben) ist der Inhalt beider Gesetze auch formell gemeines Recht geworden.

† § 567.

Mit dem 1. Januar 1900 ist ein neues, 1897 fertiggestelltes Handelsgesetzbuch in Kraft getreten. Dasselbe will nicht an den bewährten Grundlagen seines Vorgängers rütteln, sondern wurde veranlaßt durch die Notwendigkeit, das Handelsrecht in Einklang mit dem neuen bürgerlichen Recht zu setzen, bei welcher Gelegenheit zugleich einige weitere Änderungen und Ergänzungen vorgenommen wurden.

Dasselbe ist keineswegs eine erschöpfende Kodifikation des Handelsrechts. Neben ihm bestehen vielmehr außer der Wechselordnung noch zahlreiche andere Reichsgesetze handelsrechtl. Inhalts, und subsidiär gilt auch in Handelssachen das B. Spezialgesetze regeln z. B. verschiedene Gesellschaftsformen (Erwerbs- u. Wirtschaftsgenossenschaften, Gesellschaften mit beschränkter Haftung); ferner wichtig u. a. das Bankgesetz 75, Börsenges. 96, Ges. über Pflichten der Kaufl. bei Aufbewahrung fremder Wertpapiere 96. Nachdem 1901 auch das Verlagsrecht, die Staatskontrolle über die privaten Versicherungsunternehmen u. die Versicherungsvereine auf Gegenseitigkeit reichsrechtlich geregelt worden sind und gegenwärtig ein Entw. e. Reichsges. über den Versicherungsvertrag vorliegt (s. darüber Schneider, Jur.zeitg. 03, 351), sind nur noch wenige handelsrechtl. Materien dem Landesrecht vorbehalten, so das Scheckwesen (besond. Ges. nur in Elsaß-Lothr. das französ. v. 65; Entw. e. Reichsges. 92. Vhdlgen. des 1. Bankiertages 02).

Goldschmidt, Handb. d. Handelsrechts I, 3. A. 91; II, 2. A. 83. System des H. im Grdriß 4. A. 92. Vermischte Schriften 02. Thöl, H. 6. A. 79. Behrend, Lehrb. 80ff. Handb. des H.-, See- u. Wechselr., hrsg. v. W. Endemann. Cosack, Lehrb. 6. A. 03. Gareis, H. 7. A. 03. Komm. u. a. v. Makower, 12. A. 01. Staub, 7. A. 00. (bes. Ausg. f. Österr. 02), v. Hahn, Düringer-Hachenburg, K. Lehmann-Ring. Koch, Vorträge u. Aufsätze 92. Rießer, Zur Revis. des H. 87f. Gierke, D. Entw. des neuen H.gesetzb. 97. Friedberg, H.gesetzgeb. d. d. Reiches 6. A. 01. Formelbuch, 2. A. 01. Borchard, D. Handelsgesetze des Erdballs 84ff. Entscheidgen d. R.oberhandelsgerichts (begr. 69 vom Nordd. Bund, 79 ersetzt durch d. Reichsgericht).

Eisenbahnrecht: Außer H.gesetzb. § 453ff.: Verkehrsordnung f. die Eisenb. D. 99 (erlassen v. Bundesrat; Charakter einer „Rechtsordnung", s. § 422), erl. v. Eger 2. A. 01. Berner Konvention 90.

Wechselrecht: Thöl, H. II. Kuntze 62. Renaud 68. Lehmann 86. Grünhut, W. 2 Bde. 97. Lehrb. 00. v. Canstein 03. Komm. v. Rehbein, 7. A. 04. Staub, 4. A. 01.

Seerecht: H.gesetzb. Buch IV. Über d. privatrechtl. Verh. der Binnenschiffahrt u. Flößerei Ges. 95. Brodmann, Seegesetzgebg. d. d. R. 03. Boyens 97. Pappenheim, Revis.bedürftigkeit des d. Seehandelsr. 01.

*§ 568.

Bezüglich des vor Inkrafttreten des B. in Deutschland geltenden partikulären Privatrechts sind drei Hauptgebiete zu unterscheiden, nämlich:

I. die Gebiete, in welchen das ehemalige gemeine deutsche Privatrecht in Geltung stand,

II. die Gebiete der deutschen Kodifikationen, welche jenes ausschlossen,

III. die Gebiete, in welchen französisches Privatrecht galt.

*§ 569.

I. Zu den Gebieten des ehemals gemeinen Rechts gehörten alle nicht unter II und III zu nennenden Länder, so das rechtsrheinische Bayern und Hessen, Württemberg, die beiden Mecklenburg, die Hansestädte, von preußischen Landesteilen Schleswig-Holstein, Hannover, Hessen-Nassau, Frankfurt a. M., und einige kleinere Bezirke.

Auch in diesen Gebieten kam ihm aber nur subsidiäre Geltung zu, hinter und zur Ergänzung von etwaigen partikulären Rechtsnormen (z. B. dem Codex Maximilianeus in Bayern 1756), im Gegensatz zum heutigen gemeinen Recht, welches widersprechendes Partikularrecht ausschließt (§ 564, 468). — Aus der Litt. zum Partikularrechte dieser Gebiete: Roth, Bayr. Zivilrecht 2. A. 81ff. Örtmann, Bayr. Ldesprivatr. 03. Wächter, Württemb. Privatr. 39f. Mandry, desgl. 01. Roth u. Meibom, Kurhess. Privatr. 58. Böhlau, Mecklenb. Landr. 71ff.

§ 570.

Dieses vormals gemeine Privatrecht setzte sich aus ursprünglich deutschem und ursprünglich fremdem, seit dem 15. Jahrhundert in Deutschland auf gewohnheitsrechtlichem Wege zur Rezeption gelangtem Recht zusammen.

*§ 571.

Das ursprünglich deutsche Recht ist als Gewohnheitsrecht teils entstanden, teils zu höherer Ausbildung gelangt; seit dem 13. Jahrhundert in privaten Rechtsbüchern aufgezeichnet worden, welche zum Teil gesetzliches Ansehen gewannen, wie insbesondere der vom Schöffen Eike von Repkow verfaßte „Sachsenspiegel“ und der ca. 1274 entstandene sog. „Schwabenspiegel“; weiterhin in den einzelnen Territorien seinem hauptsächlichsten Gehalte nach in zahllosen partikulären Gesetzen von verschiedenstem Umfang und Geltungsgebiete zu einem vielgestaltigen Ausdruck gelangt. In den hier fraglichen Gebieten hatte es neben dem fremden Rechte zumeist in dieser Form eines partikulären Gesetzesrechts ein mehr oder minder ausgedehntes Herrschaftsgebiet behauptet.

Über dieses ursprünglich deutsche Recht vgl. die Lehrb. der deutschen R.geschichte (cit. bei § 445), sowie des deutschen Privatrechts. v. Gerber, System des d. Privatr., 17. A. bearb. von Cosack 95. Stobbe, Handb. d. d. Privatr., 3. A. bearb. v. Lehmann 96. (Letzterer auch in Birkm. Enc.) Beseler, Syst. d. d. P. 4. A. 85. Gengler, D. P. 4. A. 92. v. Roth, System 80ff. Gierke, D. Privatr. I, 95. u. in Holtzend. Enc. Auch „Der Entw. eines B. u. das deutsche R.“ 89. Huber, Syst. u. Gesch. des schweiz. Privatr. 94. Heusler, Institutionen des d. P. 85f. (rein histor.). Kraut, Grdriß zu Vorl. über d. P. 6. A. 86. (enth. zahlr. Quellenstellen). J. Grimm, D. Rechtsaltertümer 4. A. 99. Ausgabe des Sachsensp. (der in „Landrecht“ und „Lehnrecht“ zerfällt) v. Homeyer; Dresdener Bilderhandschr. v. Amira.

§ 572.

2. Das rezipierte fremde Recht bestand aus römischem Recht, kanonischem, d. i. durch Organe der Kirche zur Ausbildung und durch geistliche Gerichte zuerst zur Anwendung gelangtem Rechte, und aus longobardischem Rechte.

*§ 573.

Das römische Recht, welches den Kern des gesamten vormals gemeinen Rechts bildete, ward in der Gestalt rezipiert, welche es durch die Gesetzgebung des Kaisers Justinian und seines Justizministers Tribonian im 6. Jahrh. n. Chr. erhalten hatte Doch gelangte der Inhalt dieser Gesetzgebung nur soweit zur Geltung, als er von der Rechtsschule zu Bologna (den „Glossatoren") im 12. und 13. Jahrh. wissenschaftlich bearbeitet und in dem von Accursius aus den Schriften dieser Schule hergestellten Kommentare (glossa ordinaria) berücksichtigt worden war: quod non agnoscit glossa, nec agnoscit forum.

Zur Gesch. d. röm. Rechts: Puchta, Kursus der Institutionen, 10. A. bes. von Krüger 92. Walter, Gesch. 3. A. 60. Rudorff, desgl. 57f. Karlowa, desgl. 85, 01. Esmarch, desgl. 3. A. 88. Krüger, Gesch. der Quellen u. Litt. 88. Schulin, Lehrb. 89. Voigt, Röm. R.gesch. 92 02. Keller, D. röm. Zivilprozeß u. die Aktionen, 6. A. bearb. v. Wach 83. Pernice, Labeo, D. röm. Privatr. im 1. Jahrh. der Kaiserzt. 73ff. Mitteis, Reichs- und Volksrecht 91. Bruns-Lenel, Gesch. u. Quellen in Holtzend. Enc. Kipp, Gesch. der Quellen 03. Bruns, Fontes iuris R. antiqui. Dernburg, Die Institutionen des Gaius, e. Kollegienheft 69. Gai. instit. ed. Seckel, 03. Jhering, Geist des r. R. Savigny, Gesch. des r. R. im Mittelalter, 2. A. 34ff. Arnold, Kultur u. Rleben d. Römer 68. Mommsen, Röm. Geschichte.

*§ 571.

Das Justinianeische Recht ist in vier Rechtsbüchern enthalten. Es sind dies:

1. die Institutionen, ein zum Studium für Anfänger entworfener, jedoch mit voller Gesetzeskraft versehener, Auszug aus den Hauptteilen des römischen Privatrechts unter Zugrundelegung der Institutionen des Juristen Gaius (publiziert Nov. 533);
2. die Pandekten oder Digesten, das wichtigste unter diesen Rechtsbüchern, eine als Gesetz publizierte Sammlung von Auszügen aus den rechtswissenschaftlichen Schriften der hervorragendsten römischen Juristen — im ganzen 39, besonders Ulpians, Papinians, Paulus (publiz. Dez. 533);
3. der Kodex, eine Sammlung von kaiserlichen Verordnungen (constitutiones) aus der Zeit von Hadrian bis Justinian (publiz. Dez. 534);

4. die Novellen, eine Sammlung von kaiserlichen Verordnungen, welche nach der Publikation der vorgenannten Rechtsbücher erlassen worden sind (publiz. 535—65).

Die Gesamtheit dieser Rechtsbücher bezeichnet man als das corpus juris civilis (romani).

Vollst. Ausg. von Mommsen-Krüger-Schöll; daneben kürzere Handausgabe. Die Bruchstücke der Pand. nach Verf. und Schr. geord. bei Lenel, Palingenesia iuris civ. Glück, Erläut. der Pand. (Diese werden zitiert: l.(ex) 3 § 2 D.(igest.) de usufructu (liber) 7 (tit.) 1.)

1. Institutionenlehrbücher (Darstellungen des „reinen" röm. Privatr. z. Zt. Justinians). Puchta, s. vor. §. Sohm, Institutionen, 11. A. 03. Salkowski, Lehrb. 8. A. 02. Czyhlarz, 5. A. 02. Hölder, 2. A. 83. Scheurl, 8. A. 83. Leonhard 94. Müller 58.

2. Pandektenlehrbücher (Darst. des röm. Privatr. in s. späteren fortgebildeten Gestalt, oder anders ausgedrückt: des „gemeinen deutschen Privatrechts", soweit es röm. Ursprungs ist): Puchta, Lehrb. der Pand. 12. A. 77. Vangerow, Leitf. f. Pand. Vorles. 7. A. 63. Wächter, Pand. 80f. Arndts, Lehrb. 14. A. 89. Brinz, Lehrb. 2. A. hrsg. v. Lotmar 73/95. Baron, Pand. 9. A. 96. Bekker, Syst. des heut. Pand.R. 86. 89. Regelsberger I. 93. Wendt, 88. Hölder, Allgem. Teil 91. Die weiteste Verbreitung fanden in neuerer Zeit: Windscheid, Lehrb. 8. A. bearb. von Kipp 00. u. Dernburg, 7. A. (mit Biermann) 03. Dazu noch Savigny, Syst. des heut. röm. R. 40ff. Holzschuher, Theorie u. Kasuistik 63. Seuffert, Pand. 60ff. Sintenis, Prakt. gem. Zivilr. 68. — Guter Überblick von Bruns-Mitteis in Holtzend. Enc.

*§ 575.

Die rezipierten Bestimmungen des kanonischen Rechts sind in dem corpus juris canonici enthalten. Dasselbe besteht aus dem decretum Gratiani, einer Privatarbeit eines Mönches aus der Mitte des 12. Jahrhunderts, welche neben Konzilbeschlüssen, päpstlichen Verordnungen und Entscheidungen (Dekretalen) auch römisch- und deutsch-rechtliche Bestimmungen, Aussprüche der Kirchenväter u. a. enthält, sowie aus mehreren Sammlungen päpstlicher Dekretalen aus den Jahren 1234 (publiziert durch Gregor VII., liber extra scil. decretum, abgekürzt X) 1298 (publiz. d. Bonifaz VIII., „liber sextus"), und 1317 (veranstaltet von Clemens V, daher „Clementinen" gen., publiz. nach dessen Tode durch Johann XXII.).

Maaßen, Gesch. der Quellen u. Lit. des kanon. R. 70. Schulte desgl. 75ff. Muther, Röm. u. kanon. R. im Mittelalter 71. Seckel, Beitr. zur. Gesch. beider im M. 98. Hinschius, Gesch. u. Quellen d. kanon. R., in Holtzend. Enc. 5. A.

*§ 576.

Die rezipierten Bestimmungen des langobardischen Rechts behandeln das Lehnrecht (§ 632ff.). Sie sind enthalten in den libri feudorum, einer im 12. Jahrh. zusammengestellten Kompilation.

Diese Sammlung wurde von den Glossatoren als „decima collatio" novellarum in das corpus iuris civ. aufgenommen und mit diesem rezipiert. — Laspeyres, Über Entstehg. u. älteste Bearbeitg. der l. f. 30. K. Lehmann, D. langob. Lehnrecht 96.

§ 577.

II. Das fremde Recht war in Preußen für die altländischen Provinzen (außer Neuvorpommern und Rügen), für Westfalen und gewisse Teile von Hannover durch ein umfassendes Gesetzeswerk außer Geltung gesetzt worden. Es geschah dies durch das „Allgemeine Landrecht für die preußischen Staaten" vom 1. Juni 1794.

Dernburg, Lehrb. des preuß. Privatr. u. der Privatr.normen des Reichs, 5. A. 94ff. Förster, Theorie und Praxis des preuß. Privatr., 7. A., bearb. v. Eccius 96f. Engelmann, Lehrb. 6. A. 96. Stölzel, Suarez (Hauptverfasser des Landrechts) 85. Brandenburg-Preußens R.verwaltung u. R.verfassg. 88. Übersicht über die ges. „neueren Privatrechtskodifikationen" in D. u. Österr. von Behrend in Holtzend. Enc. 5. A.

*§ 578.

Neben dem Allgemeinen Landrecht galt in den einzelnen Provinzen vielfach besonderes Recht zumeist einheimischen Ursprungs. Zu diesem stand das „Landrecht" in demselben bloß subsidiären Verhältnis, wie in den in § 569 genannten Gebieten das gemeine Recht zum partikulären.

§ 579.

Auch im Königreich Sachsen war das fremde Recht durch ein bürgerliches Gesetzbuch verdrängt worden, welches in Wirksamkeit war seit 1. März 1865.

Unger, D. revid. Entw. e. bürgerl. Gesetzb. f. Sachsen 68. Grützmann, Lehrb. 87.

*§ 580.

III. Das französische Zivilrecht hatte in Gestalt des Code civil oder C. Napoléon vom Jahre 1804 infolge der Napoleonischen Eroberungen in mehreren deutschen Ländern Eingang gefunden und seine Geltung in dem gesamten linksrheinischen Deutschland, in Baden (in Übersetzung mit Zusätzen als „Badisches Landrecht" seit 1. I. 1810), im größten Teile der preußischen Rheinprovinz und im oldenburg. Birkenfeld behauptet.

Der Code civil, aus einer glücklichen Mischung von germanischen Rechtselementen (Gewohnheitsr., droit coutumier, im nördl. Frankreich) und römischen (dr. écrit im Süden) hervorgegangen und von den Grundsätzen der Revolutionszeit beherrscht, entspricht unter den Gesetzgebungen seiner Zeit am meisten modernen Anschauungen und Bedürfnissen. Ein weites Gebiet hat er sich erobert; ist er doch, sei es direkt eingeführt, sei es mehr oder minder nachgebildet in Belgien, Holland, zahlr. Schweizerkantonen, Italien, Spanien, Rumänien, Griechenland, Ägypten, auch mehreren amerikanischen Staaten.

Zachariä, Handb. des französ. Zivilr., 8. A. bearb. v. Crome, 94f. Behaghel, D. badische bürgerl. R. 3. A. 92. Stabel, Institut. des französ. Zivilr. 71f. Crome, in Holtz. Enc. 6. A. Zeitschr. für französ. Zivilr. begr. von Puchelt seit 70. Demolombe, Cours de c. c. Marcadé, Eléments du dr. fr. Laurent, Principes de dr. c. Aubry et Rau, Cours de dr. c. d'après la méthode de Zachariä. S. auch Pothier, Traité des obligations 1781.

*§ 581.

Neben den genannten umfassenden Gesetzbüchern verdient das österreichische allgemeine bürgerliche Gesetzbuch hervorgehoben zu werden. Dasselbe trat am 1. Januar 1812 in Wirksamkeit und gilt noch gegenwärtig in dem gesamten cisleithanischen Österreich.

Unger, Syst. des österreich. allgem. Privatr. 56ff., Bd. 1 u. 2 in 5. A. 92. Krainz, desgl. 3. A. hrsg. v. Pfaff 99f. Pfaff u. Hofmann, Komm. zum österreich. allgem. bürgerl. Gesetzb. 77ff. —

In der Schweiz (wo eine Rezeption röm. Rechts nur sehr beschränkt stattf.) ist bisher hauptsächlich nur das Obligationen-, Handels- u. Mobiliarsachenrecht einheitlich geregelt durch Bundesges. v. 81. Jetzt „Vorentwurf" eines vollst. Zivilgesetzb. (00), dazu „Erläuterungen" (02).

II. Die Rezeption des römischen Rechtes insbesondere.

§ 582.

Die bemerkenswerteste und auffallendste Tatsache in der Geschichte des Privatrechts in Deutschland ist die Rezeption des römischen Rechts, die sich auf gewohnheitsrechtlichem Wege vollzog.

Ihre Bedeutung für die Entwicklung unseres Rechtslebens läßt sich der Bedeutung vergleichen, welche die Annahme einer fremden Sprache seitens eines Volkes für die Entwicklung seines geistigen Lebens haben würde.

Stobbe, Gesch. d. deutschen Rechtsquellen 60ff. K. A. Schmidt, Rezeption des röm. Rechts in Deutschland 68. Franklin, Beitr. zur Gesch. der Rez. in D. 63. R. Stintzing, Gesch. d. d. R.wissenschaft I. 80. Ulrich Zasius, Beitr. zur Gesch. d. R.wissensch. im Zt.alter d. Reform. 57. Gesch. der populären Lit. des röm. kanon. R. in D. 67. Stölzel, Entwicklung des gelehrten Richtertums in d. deutschen Territorien 72. Sohm, D. deutsche R.entwicklung u. d. Kodifikationsfrage, in Grünhuts Zeitschr. I, 245. Boretius, Die Rezeption, Rektoratsrede. Moddermann, de receptic, deutsch v. Schulz 75.

§ 583.

Für die Rezeption war entscheidend die Vielgestaltigkeit und vielfache Unbestimmtheit des heimischen Rechts; die Unfähigkeit der Organe dieses Rechts, der Schöffen, dasselbe in einer den Bedürfnissen eines entwickelteren Rechtslebens entsprechenden Weise zu handhaben und fortzubilden; die Schwäche des deutschen Gemeinwesens, welches dem heimischen Rechte keine Stütze zu bieten vermochte gegenüber den an der Aufnahme des fremden Rechts interessierten Elementen, speziell einem mit höfischen Interessen vielfach verbündeten gelehrten Juristentume, und schließlich die technischen Vorzüge (§ 38, 138ff.) des fremden Rechts.

§ 584.

Begünstigt ward die Rezeption in Deutschland durch die Vorstellung, daß „das Römische Reich Deutscher Nation" dem Rechte nach eine Fortsetzung des alten Römischen Reichs bilde, und daß daher die Gesetze der römischen Kaiser auch in Deutschland als gültig zu betrachten seien; ferner durch die Meinung, daß im römischen Rechte im Grunde nicht ein positives Recht neben anderen positiven Rechten, sondern im wesentlichen das Richtige in bezug auf die Fragen des Rechtslebens, die „ratio scripta" einer rechtlichen Lebensordnung gegeben sei; endlich durch die Anwendung römischer Rechtsbestimmungen seitens der einflußreichen kirchlichen Gerichte und überhaupt die Anlehnung des von der Kirche ausgehenden Rechts an das römische.

§ 585.

Auch das Recht anderer abendländischer Völker nahm in weiterem oder engerem Umfange Bestandteile des römischen Rechts in sich auf. Die Rezeption stellt, obgleich nicht überall in gleichem Maße und in gleicher Weise durchgeführt, einen Vorgang von universalgeschichtlicher Bedeutung dar. Sie gehört zu der Kette von Ereignissen, durch welche die geistige Macht des Altertums das Kulturleben der modernen Völker ihrem Einfluß unterworfen hat.

*§ 586.

Der unvergleichliche Wert des römischen Rechts in betreff logischer Durchbildung und sachgemäßer Behandlung zahlreicher Gruppen von Lebensverhältnissen läßt dasselbe in der Entwicklungsgeschichte des modernen Rechts im ganzen als ein Ferment des Fortschritts erscheinen und sichert ihm eine dauernde Bedeutung auch in Gebieten, wo es seine praktische Geltung verloren hat, wie seit Inkrafttreten des B. in Deutschland.

Speziell für Deutschland bezeichnete die Rezeption einen Fortschritt in bezug auf die Gewinnung eines einheitlichen und nach seiner technischen Seite ausgebildeten Rechts.

§ 587.

Die Rezeption war jedoch in Deutschland zugleich mit tiefgreifenden Schädigungen des nationalen Lebens verbunden.

Dahin gehörte die mit der Rezeption verknüpfte Beseitigung

mancher wertvollen Bestandteile des einheimischen Rechts; eine häufig verständnislose und zu Ungerechtigkeiten führende Anwendung römischer Rechtssätze auf Verhältnisse, auf welche sie nicht paßten, insbesondere eine derartige Anwendung zugunsten der in Staat und Gesellschaft Mächtigen auf Kosten der Schwachen; die Begünstigung einer Entwicklung der Rechtspflege in einer Richtung, in welcher sie mehr und mehr einen volkstümlichen Charakter einbüßte.

Dritter Abschnitt.

Das Sachenrecht.

I. Das Eigentum.

*§ 588.

Unter den eine unmittelbare Herrschaft über Sachen gewährleistenden „Sachenrechten" oder „dinglichen Rechten" (§ 543) ist das Eigentum das wichtigste. Es ist das typische Sachenrecht.

Die übrigen Sachenrechte gruppieren sich um dieses. Sie lassen sich zum Teil als Herrschaftsverhältnisse betrachten, welche in ihrer Entwicklung den im Eigentum erreichten Höhepunkt nicht erreicht haben (§ 610 ff.), zum Teil als Herrschaftsverhältnisse, welche, normalerweise in der rechtlichen Macht des Eigentümers eingeschlossen, von dieser auf Grund besonderer Verhältnisse abgezweigt und ihr gegenüber zu einer selbständigen Existenz gelangt sind (§ 621 ff.).

Pagenstecher, Die römische Lehre vom E. in ihrer mod. Anwendbarkeit 57 ff. Randa, Das E.recht 2. A. 93. Pininski, Begriff u. Grenzen des E.rechts nach röm. R. 02. Exner, Lehre v. Rechtserwerb durch Tradition 67. H. Meyer, Entwerung und E. im deutschen Fahrnisrecht 02. Biermann, Komm. z. Sachenrecht des B. 2. A. 03.

*§ 589.

Das Eigentum an einer Sache enthält:
innerhalb bestimmter gesetzlicher Grenzen,
im Zweifel und seiner Tendenz nach,
eine (zeitlich und inhaltlich) umfassende, ausschließende und unbedingte rechtliche Macht über die Sache.

Betrachten wir diese Macht zunächst mit Abstraktion von den Schranken, auf welche die Definition hinweist.

Bisweilen, zumal in der romanistischen Litteratur, wird das Eigentum als „begrifflich unbeschränkte Macht über die Sache" definiert und behauptet, das Eigentum „als solches" sei „schrankenlos". Wenn man dann aber von den Beschränkungen handelt, welchen die Macht des Eigentümers über seine Sache unterliegt, und zwar nach allen Rechtsordnungen, wenn auch in verschiedenem Grade (speziell nach römischem Recht ist seine Macht besonders stark ausgeprägt), so gelangt man damit zu einem Eigentum, welches seinem Begriff widerstreitet — einem Nonsense. Der letztere wird nicht dadurch vermieden, daß man sagt, die fraglichen Schranken seien nur Schranken der Ausübung, nicht Schranken des Rechts selbst. Denn jenseits dieser Schranken ist dem Eigentümer eine rechtliche Macht überhaupt nicht zuerkannt, der Begriff seines Rechts würde daher, wenn man ihn in der angegebenen Weise bestimmte, jenseits dieser Schranken ein bloßes Nichts umfassen.

B. zieht dem Eigentum mannigfache Schranken. Zum Teil aber bringt es in seiner Fassung die eben zurückgewiesene Auffassung zum Ausdruck, als ob es sich lediglich um Schranken der Ausübung handle, z. B. in der Formulierung des (sachlich sehr zu begrüßenden) „Chikaneverbotes": „Die Ausübung eines Rechts ist unzulässig, wenn sie nur den Zweck haben kann, einem anderen Schaden zuzufügen". Die „Ausübung eines Rechts" kann doch nicht Unrecht sein! In Wahrheit handelt es sich auch hierbei um Schranken des Rechts (insbesondere des Eigentums) selber.

*§ 590.

Die rechtliche Macht des Eigentümers ist eine umfassende, insofern sie die Befugnis einschließt die Sache zu besitzen, zu benutzen und zu genießen, sie nach Belieben faktischen Einwirkungen zu unterwerfen und rechtliche Verfügungen über sie zu treffen, und zwar ohne zeitliche Beschränkung.

*§ 591.

Diese Macht ist eine ausschließende, insofern sie die Befugnis in sich begreift, alle anderen von der Sache in allen hervorgehobenen Beziehungen auszuschließen.

Gegen jeden, der sein Eigentum beeinträchtigt, steht dem Eigentümer eine Klage zu auf Beseitigung der Beeinträchtigung und Unterlassung weiterer Störung (actio negatoria, Eigentumsfreiheitsklage).

*§ 592.

Diese Macht ist eine unbedingte, d. h. sie ist unabhängig von bestehenden faktischen Verhältnissen, speziell von tatsächlicher Innehabung der Sache, und es ist kein stärkeres Recht vorhanden, dem das Eigentum weichen müßte.

Gegen denjenigen, der ihm den Besitz seiner Sache vorenthält, steht dem Eigentümer eine Klage auf deren Herausgabe zu (rei vindicatio, „ordentliche Eigentumsklage"). Vgl. jedoch § 608f.

§ 593.

Dem Eigentümer ist die bezeichnete Macht jedoch nur innerhalb der durch allgemeine Rechtsregeln gezogenen Grenzen gewährt.

Diese Grenzen sind nicht bei allen Sachen die nämlichen. Insbesondere gelten bezüglich des Eigentums an Grund und Boden Grenzbestimmungen, welche auf das Eigentum an beweglichen Sachen keine Anwendung finden.

§ 594.

Bei der Ziehung dieser Grenzen machen sich:

1. in einer unmittelbaren Weise allgemeinere staatliche und gesellschaftliche Interessen,
2. Nachbarinteressen,
3. Familieninteressen bestimmter Art geltend.

*§ 595.

1. In allgemeineren Interessen findet es z. B. seine Begründung, daß die Eigentümer bestimmter Grundstücke sich unter gewissen Voraussetzungen Nachgrabungen nach Mineralien auf ihrem Grunde gefallen lassen, bei städtischen Grundstücken Beerdigungen in deren Bereich unterlassen, bei Errichtung eines Gebäudes auf solchen sich nach den Bestimmungen einer etwaigen Bauordnung richten, die an einen öffentlichen Fluß angrenzenden Eigentümer den Leinpfad dulden müssen.

Im allgemeinen gesellschaftlichen Interesse liegt es insbes. auch, daß ein nach der sozialen Wertung höheres Interesse im Fall eines Notstands, d. h. bei einer Gefährdung, der gegenüber es sich anders nicht behaupten kann, auf Kosten eines geringer gewerteten Interesses sich soll erhalten dürfen (so das Interesse an Erhaltung des Lebens auf Kosten fremden Vermögens). Dieser Gedanke hat im B. (Revision des 2. Entw., Protok. VI, 212 ff.) einen, freilich unvollkommenen, Ausdruck dahin gefunden, daß der Eigentümer „die Einwirkung eines andern auf seine Sache nicht verbieten darf, wenn dieselbe zur Abwendung einer gegenwärtigen Gefahr notwendig und der drohende Schaden gegenüber dem dem Eigentümer entstehenden unverhältnismäßig groß ist". Vgl. § 707.

*§ 596.

2. Die Nachbarinteressen finden beim Grundeigentum einen Ausdruck darin, daß der Eigentümer nicht durch eine ungewöhnliche Benutzung seines Bodens die Nachbarn schädigen noch überhaupt ihnen die Benutznng ihrer eigenen Grundstücke (z. B. durch Rauch, Lärm, Gerüche, Erschütterung ꝛc.) wesentlich beeinträchtigen darf.

*§ 597.

3. Mit dem Interesse an der Erhaltung einer glänzenden sozialen Stellung für bestimmte (in der Regel adelige) Familien hängen die Beschränkungen zusammen, welchen das Grundeigentum in Gestalt der Familienfideikommisse und Stammgüter unterliegt.

Dieses nämlich sind Güter, welchen mit Rücksicht auf das bezeichnete Interesse die im Rechte anerkannte Bestimmung gegeben ist, unveräußerlich auf alle Geschlechtsfolger eines bestimmten Individuums überzugehen.

Ihre Regelung überläßt B. dem Landesrecht (Preuß. Gesetzentw. 03). Zur Neuerrichtung bedarf es regelmäßig staatlicher Genehmigung. — Ähnliche Beschränkungen in bezug auf Veräußerlichkeit und Teilbarkeit bestehen landesgesetzlich auch für gewisse Bauerngüter, um eine wirtschaftlich schädliche Zersplitterung zu verhüten und das Gut ungeteilt in der Hand eines Erben (des „Anerben", meist des jüngsten Sohnes) zu erhalten (z. B. bad. Ges. über „geschlossene Hofgüter" 98). Frommhold, Deutsches Anerbenrecht 96. — In beiden Fällen steht übrigens hinter den „Familieninteressen" ein allgemeineres staatliches Interesse.

§ 598.

Der Eigentümer hat die oben bezeichnete rechtliche Macht über die Sache ferner nur insoweit, als sich nicht im einzelnen

Fall aus Verträgen oder anderen rechtlich bedeutsamen Vorgängen oder Verhältnissen Beschränkungen derselben herleiten.

Durch solche Vorgänge kann insbesondere ein Teil jener Macht auf andere in der Form beschränkter dinglicher Rechte (§ 621) übertragen sein.

Unberücksichtigt bleiben hier die Fälle, wo Recht und Ausübung des Rechts auseinanderfallen, und die Beschränkungen, welchen diese hier unterliegt; hierüber § 171 ff.

*§ 599.

Die beschränkenden Tatsachen müssen jedoch im allgemeinen von denjenigen, welche sie geltend machen, bewiesen werden. Und die rechtliche Macht des Eigentümers vervollständigt sich von selbst wieder, sobald die beschränkenden Rechte wegfallen. Sie ist daher „im Zweifel" und „ihrer Tendenz nach" (§ 589) von solchen Beschränkungen frei.

Der erste Satz erleidet freilich im B. eine praktisch erhebliche Modifikation durch die mit dem Besitz bei Mobilien und mit der Eintragung im Grundbuch bei Grundstücken verbundene Vermutung der Berechtigung, worüber § 620.

Eine, übrigens mehr formelle, Modifikation des Satzes von der elastischen Natur des Eigentums, vermöge derer es sich bei Wegfall des beschränkenden Rechts ipso iure wieder konsolidiert, wird bewirkt durch die Rechte an eigener Sache im neueren Recht, worüber § 621.

†§ 600.

Der Eigentümer kann auch dadurch beschränkt sein, daß ihm die Sache nur gemeinschaftlich mit anderen gehört (Miteigentum). Hier kann er nur über seinen Eigentumsanteil frei verfügen, während er in bezug auf die Sache im ganzen an die Mitwirkung der anderen gebunden ist. Dafür steht ihm das Recht zu, stets die Auflösung der Gemeinschaft zu verlangen.

Das deutsche Recht hat für bestimmte Verhältnisse eine andere Gestaltung der Gemeinschaft herausgebildet, wonach der einzelne Teilhaber auch nicht über einen bestimmten Anteil verfügen kann, auch eine Teilungsklage ausgeschlossen ist. B. nimmt diese Gemeinschaft „zur gesamten Hand" (im Gegensatz zur römisch gestalteten Gemeinschaft „nach Bruchteilen") an bei dem Rechtsverhältnis der Gesellschafter am Vermögen einer vertragsmäßigen Gesellschaft (societas), der Eheleute am Gemeinschaftsgut bei den Systemen der Gütergemeinschaft (§ 724) und modifiziert bei dem Verhältnis von Miterben (§ 736).

§ 601.

Das Eigentum an einer Sache kann für eine bestimmte Person erworben werden:

1. im Wege der Succession (§ 205) in das bisher bestandene Eigentum eines anderen — abgeleiteter (derivativer) Eigentumserwerb. Das Eigentum geht hier auf den Erwerber in der Gestalt über, in welcher es bei dem Vorgänger (dem Autor) existiert hatte;
2. ohne Succession in das Recht eines anderen — ursprünglicher (originärer) Erwerb.

*§ 602.

1. Die Hauptarten des abgeleiteten Erwerbs sind:

a) Erwerb inter vivos. Dieser vollzieht sich in der Regel nicht durch bloßen Vertrag, sondern (um die Eigentumsveränderung für dritte Personen erkennbar zu machen) nur durch die vertragsmäßige Hingabe (Tradition) der Sache von dem bisherigen Eigentümer in die Herrschaft des Erwerbers, mit dem Willen auf Seite des ersteren: Eigentum zu übertragen, auf Seite des letzteren: Eigentum zu erwerben (Traditionsprinzip).

b) Erwerb im Wege der Erbfolge (s. Erbrecht).

*§ 603.

Bei unbeweglichen Sachen tritt an die Stelle der Tradition nach B. — wie schon vorher nach manchen Partikularrechten, insbes. nach dem Preuß. Gesetz über den Eigentumserwerb 2c. der Grundstücke v. 5. Mai 1872 — die Überschreibung des Eigentums auf den Namen des Erwerbers in öffentlichen Büchern, den „Grundbüchern", welche zu der Einigung der Parteien über die Eigentumsübertragung (der „Auflassung" vor dem Grundbuchamt) notwendig hinzutreten muß, um den Eigentumsübergang zu bewirken.

Dieses „Eintragungsprinzip" ist im B. grundsätzlich für alle Änderungen im dinglichen Rechtszustand von Grundstücken (Begründung, Veränderung, Aufhebung dinglicher Rechte, § 543) durchgeführt. Neben B. greift hier die Reichsgrundbuchordnung v. 24. März 97 ein.

§ 604.

2. Originärer Erwerb des Eigentums kann stattfinden:

a) an bisher eigentumsfreien, herrenlosen Sachen,

b) an erst entstehenden Sachen,

c) mit Verdrängung des bisher bestandenen Eigentums.

*§ 605.

a) An eigentumsfreien Sachen kann Eigentum dadurch erlangt werden, daß man sie mit dem auf solchen Erwerb gerichteten Willen in seine faktische Herrschaft bringt (Okkupation, Aneignung).

Vorausgesetzt ist hierbei, daß nicht ein ausschließliches Aneignungsrecht eines anderen hinsichtlich der Sache besteht (§ 546) oder die Aneignung gesetzlich verboten ist. Zur Aneignung eines Grundstücks durch den Fiskus (§ 546) muß wieder die Eintragung hinzutreten. — Beisp. Meeresprodukte; vom Eigentümer preisgegebene (derelinquierte) Sachen.

*§ 606.

b) Der Eigentümer einer fruchttragenden Sache erwirbt an den sich von ihr lösenden Früchten von selbst kraft gesetzlicher Bestimmung das Eigentum. Befindet sich die fruchttragende Sache jedoch im Besitz eines Dritten, der Eigentum an ihr erworben zu haben glaubt (bonae fidei possesor), so erwirbt dieser das Eigentum an den Früchten mit deren Trennung.

*§ 607.

c) Mit Verdrängung des bisherigen Eigentums kann unter gewissen Voraussetzungen Eigentum erworben werden durch gutgläubigen, mehrjährigen Besitz der Sache d. i. durch Ersitzung (worüber § 617 f.); ferner durch Verarbeitung eines fremden Stoffes zu einer nach der Verkehrsauffassung neuen Sache („Spezifikation"; aus fremdem Leder werden Stiefel hergestellt); oder durch eine solche Verbindung einer fremden Sache mit einer eigenen (fremden Baumaterials mit einem Hause), daß jene sich fortan als wesentlicher Bestandteil der letzteren als der Hauptsache darstellt.

†§ 608.

Nach römischem Recht konnte durch Tradition das Eigentum an einer Sache nur erworben werden, wenn die Übertragung durch ihren wahren Eigentümer erfolgte, andernfalls konnte dieser sie kraft seines Eigentums stets vom Besitzer herausverlangen. Im Gegensatz hierzu gewährte das altdeutsche Recht zwar bei unfreiwilligem Besitzverlust dem früheren Besitzer eine Klage gegen jeden Dritten; bei freiwilliger Aufgabe aber verwies es ihn auf denjenigen, dem er die Sache anvertraut hatte, verweigerte ihm dagegen ihre Verfolgung gegen einen redlichen späteren Erwerber („Wo man seinen Glauben gelassen hat, da muß man ihn suchen“; „Hand muß Hand wahren“).

Im Einklang mit dieser älteren deutschen Rechtsanschauung erwarb schon nach dem früheren Handelsgesetzbuch der redliche Erwerber, dem eine bewegliche Sache von einem Kaufmann in dessen Handelsbetrieb veräußert und übergeben war, deren Eigentum, auch wenn der Veräußerer gar nicht Eigentümer war, vorausgesetzt, daß die Sache dem wahren Eigentümer nicht gestohlen oder von ihm verloren war.

B. hat diesen deutschrechtlichen Grundsatz zur allgemeinen Regel erhoben, indem es jeden gutgläubigen Erwerber beweglicher Sachen mit deren Übergabe das Eigentum erlangen läßt auch bei Veräußerung seitens eines Nichteigentümers, wenn die Sache nur nicht dem Eigentümer ohne seinen Willen abhanden gekommen war. Mit Erlangung des Eigentums durch den gutgläubigen Erwerber wird das bisherige Eigentum verdrängt.

Diese Fälle sind wohl nicht als „abgeleiteter“ Erwerb aufzufassen, denn auch heute gilt: nemo plus iuris transferre potest quam ipse habet, sondern als originärer Erwerb auf Grund gutgläubig erlangten Besitzes. Deshalb geht hier das Eigentum auf den Erwerber auch nicht in der Gestalt über, wie es beim früheren Eigentümer existiert hatte (s. § 601 Z. 1), sondern er erhält die Sache in der Rechtslage, welche ihm bei seinem Erwerb bekannt oder doch bei einiger Aufmerksamkeit erkennbar war. (Deshalb erlischt z. B. ein ihm unbekanntes Pfandrecht eines Dritten an der Sache.) Nun durfte das Gesetz aber denjenigen, der eine Sache vom Nichteigentümer erlangt, offenbar nicht günstiger stellen als denjenigen, der sie vom wirklichen Eigentümer erwirbt; deshalb mußte es auch im letzteren normalen Falle das Erlöschen der dem Erwerber unbekannten Rechte Dritter an der Sache anordnen. Insofern kann man sagen, daß nach B. bei beweglichen Sachen, streng genommen, überhaupt kein abgeleiteter Eigentumserwerb gemäß § 601 Z. 1 mehr vorkomme.

†§ 609.

In ähnlicher Weise ist heute auch der Eigentumserwerb an Grundstücken seitens eines gutgläubigen Erwerbers unabhängig vom Eigentum des Veräußerers, nur daß hier der gute Glaube sich stützen muß auf den Inhalt des Grundbuchs: Hat jemand im Vertrauen hierauf sich ein Grundstück von dem im Grundbuch als Eigentümer Eingetragenen übertragen lassen, so läßt das Gesetz zu seinem Schutz den Buchinhalt als richtig gelten, weil im Interesse der Verkehrssicherheit das Publikum sich auf dessen Richtigkeit soll verlassen dürfen. (Grundsatz des „öffentlichen Glaubens" des Grundbuchs).

Folglich wird der gutgläubige Erwerber (der seine eigene Eintragung bewirkt hat gemäß § 603) Eigentümer, auch wenn der Veräußerer zu Unrecht eingetragen, in Wahrheit aber (weil seine Eintragung nur versehentlich erfolgt oder die ihr zugrunde liegende Auflassung ungültig ist) überhaupt nicht Eigentümer war. Das bisherige Eigentum aber wird damit auch hier verdrängt.

Dem bisherigen Eigentümer bleibt als unvollkommener Ausgleich für sein verlorenes Eigentum lediglich ein persönliches Forderungsrecht (§ 647 ff.) auf Herausgabe der ungerechtfertigten Bereicherung oder event. auf Schadensersatz. Gegen diese mit dem öffentl. Glauben des Grundbuchs verbundene Gefahr kann der wahre Eigentümer sich aber schützen durch Eintragung eines „Widerspruchs" gegen die Richtigkeit seines Inhalts: dann kann ein späterer Erwerber sich nicht mehr auf diesen Inhalt berufen.

II. Der Besitz.

*§ 610.

Die Herrschaft einer Person über eine Sache kann eine rechtliche Bedeutung auch in Verhältnissen gewinnen, wo jene sich nicht als Eigentümer der Sache legitimieren, ja überhaupt zugunsten dieser Herrschaft nichts geltend machen kann, als die Tatsache ihres Bestandes zu einer gegebenen Zeit.

Ein Beispiel: Es hat jemand eine Sache im Besitz, die er kürzlich gefunden oder die ein anderer, unbekannt wer, bei ihm liegen gelassen hat. Hier kann zugunsten der Herrschaft über die Sache nicht auf deren Entstehung hingewiesen werden, da diese ihr einen rechtlichen Charakter nicht zu verleihen vermag; nur die nackte Tatsache ihres Bestandes läßt sich für sie geltend machen. Gleichwohl kann zu ihren Gunsten das Recht angerufen werden.

Savigny, D. Recht des Besitzes 1803, 7. A. bes. v. Rudorff 65. Bruns, D. Recht des B. im Mittelalter u. in d. Gegenwart 48. D. B.klagen des röm. u. heut. R. 74. Albrecht, Die Gewere als Grd.lage des ält. deutsch. Sachenrechts 28. Huber, Bedeutg. der Gewere im d. Sachenr. 94. Randa, B. nach österreich. R., 4. A. 95. v. Canstein, in Grünhuts Zeitschr. 5, 719 u. 6, 122. Jhering, Über den Grund des Besitzesschutzes, 2. A. 69; Der Besitzwille 89; in seinen Jahrb. 9, 1 u. 32, 41. Meischeider, B. u. B.schutz 76. Bekker, Das Recht des B. bei den Römern 80; in Jher. Jahrb. 30 u. 34. Goldschmidt in der Festg. der Berl. Fak. für Gneist 88. Pininski, Tatbestand des Sachbesitzerwerbs 85 f. Klein, Sachbes. u. Ersitzg. 91. Gierke, Bedeutg. des Fahrnisbesitzes f. streit. R. nach B. 97. Strohal, Sukzession in den B. 85; in Jher. Jahrb. 29 u. 31; Der Sachbesitz nach B. 97. Kniep, Der B. des B. gegenübergest. d. röm. u. gem. R. 00. Wolff, Das R. zum B. 03.

*§ 611.

Das Recht legt Dritten unter gewissen Voraussetzungen die Pflicht auf, eine solche Herrschaft zu respektieren, gewährt für ihre Verteidigung gegen eigenmächtige Störungen und für ihre Wiedergewinnung eigentümliche Schutzmittel (ein Selbsthilferecht über den im § 170 bezeichneten Rahmen hinaus sowie besondere „Besitzklagen"); es beantwortet die Frage, wann eine solche zu respektierende Herrschaft in seinem Sinne als gegeben, wann als aufgehoben zu betrachten sei, und unterwirft dieselbe so einer individualisierenden Behandlung der in den § 151 ff. bezeichneten Art, wodurch diese Herrschaft die Merkmale eines (wenn auch unvollkommenen) subjektiven Rechts gewinnt.

Ob der Besitz ein „Recht" sei, ist eine alte Streitfrage, welche zusammenhängt mit dem Streit über die Abgrenzung des subjektiven Rechts überhaupt, worüber § 158. Daß er kein „bloßes factum" ist, beweist besonders deutlich seine im B. ausgesprochene Vererblichkeit, ohne daß es der Erlangung tatsächlicher Gewalt seitens des Erben bedarf.

*§ 612.

Unterschieden vom Besitz werden Verhältnisse einer unselbständigen Innehabung der Sache, welche das Recht zum Gegenstande eines selbständigen Schutzes und individualisierender privatrechtlicher Behandlung zu machen keinen Anlaß gefunden hat.

Im Sinne des römischen Rechts spricht man hier von einer bloßen „detentio“ (alieno nomine) im Gegensatz zu der „possessio“ oder (in der gemeinrechtlichen Doktrin) dem „juristischen Besitz“.

Die Grenzen, welche sich im römischen Recht zwischen possessio und bloßer detentio gezogen finden, sind in manchen Beziehungen überhaupt nicht prinzipiell zu begründen, sondern nur geschichtlich aus den sozialen Verhältnissen zu erklären. So insbesondere die Erscheinung, daß bei dem Pächter eines Grundstücks, dem Mieter einer Wohnung, nur eine detentio angenommen wurde. Schon die meisten Partikularrechte sprachen dagegen ihnen (wie anderen „selbstnützigen“ Inhabern, im Gegensatz zu den bloß „prokuratorischen“) Besitz zu.

†§ 613.

B. erkennt überhaupt jede selbständige Innehabung einer Sache als „Besitz“ an. Den Gegensatz bilden solche Verhältnisse, in denen jemand die tatsächliche Gewalt für einen anderen in Abhängigkeit von dessen Weisungen hinsichtlich der Sache ausübt.

In der Litteratur zum B. hat sich für solchen unselbständigen Inhaber die Bezeichnung als bloßer „Besitzdiener“ oder „Besitzgehilfe“ eingebürgert, während Besitzer hier lediglich derjenige ist, dessen auf die Sache bezüglichen Weisungen der andere Folge zu leisten hat.

Dahin gehört es, wenn Dienstboten oder das Ladenpersonal bei Ausführung der ihnen aufgetragenen Geschäfte Sachen der Dienstherrschaft oder des Geschäftsherrn in Händen haben; wenn Bücher vom Buchhändler dem Austräger zur Überbringung an die Kunden übergeben sind.

†§ 614.

Der Besitzer kann den Besitz an einer Sache als an seiner eigenen ausüben, mit dem „animus domini“, als „Eigenbesitzer“ (wobei es auf seine Redlichkeit nicht ankommt, auch der Dieb ist Eigenbesitzer) — oder als an einer fremden, an welcher er aber doch zugleich auch für sich eine gewisse zeitliche Mitherrschaft beansprucht (als „Fremdbesitzer“): so als Pfandgläubiger, Nießbraucher, unter Voraussetzung einer gewissen Selbständigkeit auch als Mieter, Entleiher, Verwahrer.

Während der Besitzzeit eines solchen Fremdbesitzers ist aber dem Verpfänder rc. der Besitz nicht verloren, weil und sofern jener über seiner eigenen Herrschaft eine fremde tatsächlich anerkennt. Folglich besteht hier ein gleichzeitiger, mehrfacher Besitz an derselben Sache: Der Pfandgläubiger rc. hat ihren „unmittelbaren" Besitz und vermittelt zugleich dem Verpfänder rc. als „mittelbarem" Besitzer (oder Oberbesitzer) den Besitz. Und beide Besitzer genießen einen Schutz.

§ 615.

Die rechtliche Macht, welche der Besitz einschließt, ist nur beschränkt. Im allgemeinen bleibt sie abhängig von dem tatsächlichen Bestand der Herrschaft und muß besser fundierten Rechten an der Sache weichen.

Sie kann sich aber erhöhen mit Rücksicht auf Tatsachen, welche der faktischen Herrschaft im Sinne des Rechts einen höheren Wert verleihen.

*§ 616.

So gewährte das römische Recht einen umfassenderen Schutz, wenn der Besitzer zugunsten seiner Herrschaft geltend machen konnte, daß er die Sache in gutem Glauben und auf Grund eines zum Eigentumserwerb an sich geeigneten Titels (etwa durch Kauf vom vermeintlichen Eigentümer) erworben habe. Hier wurde das Recht des Besitzers unabhängiger vom Fortbestand des tatsächlichen Machtverhältnisses: Geriet die Sache in die Herrschaft eines anderen, so konnte es sich diesem gegenüber mit Erfolg geltend machen (mittels der a. Publiciana), außer wenn der andere Tatsachen von gleichem Gewicht zugunsten seiner Herrschaft zu beweisen vermochte.

Nach B. wird im bezeichneten Fall der Erwerber regelmäßig Eigentümer (§ 608 f.) und hat folglich die Eigentumsklage. Unabhängig aber von der Eigentumsfrage gewährt B. bei Mobilien dem bisherigen Besitzer bei unfreiwilligem Verluste eine Klage gegen den schlechteren Besitzer, welche (anders wie die a. Publiciana) jedem gutgläubigen früheren Besitzer ohne Rücksicht auf seinen Besitztitel zusteht.

*§ 617.

Wenn sich ein gemäß § 616 Abs. 1 begründeter Besitz während bestimmter Zeit behauptete, so wuchs er nach römischem Recht zu Eigentum empor: Eigentumserwerb durch Ersitzung, § 607. Eine solche fand in gleicher Weise bei Mobilien wie bei Grundstücken statt, nur die für den Erwerb maßgebenden Zeiträume waren verschieden bestimmt.

Konnte der Besitzer bloß seinen guten Glauben, Eigentum erworben zu haben, dartun, nicht aber einen „justus titulus", d. h. Tatsachen, aus welchen er füglich einen solchen Erwerb herleiten konnte, so mußte eine längere Dauer seines Besitzes diesen Mangel ausgleichen („außerordentliche" Ersitzung im Gegensatz zur „ordentlichen").

†§ 618.

Unter der Herrschaft des B. spielt die Ersitzung nur noch eine bescheidene Rolle. Für eine solche an Grundstücken ist neben dem Grundbuchsystem und dem Grundsatz des öffentlichen Glaubens des Grundbuchs im allgemeinen kein Raum mehr. Nur wenn sich der Besitz mit der Eintragung des Besitzers als Eigentümers 30 Jahre lang verbindet, dann verschafft ihm solche „Tabular-Ersitzung" das Eigentum, und zwar ohne daß es hier auf seinen guten Glauben ankommt.

Auch bei Mobilien hat die Ersitzung nur noch ein engeres Anwendungsgebiet, weil zugunsten des gutgläubigen Erwerbers in der Regel ja unmittelbar mit deren Übergabe Eigentum entsteht trotz fehlenden Eigentums des Veräußerers. Ein Bedürfnis für die Möglichkeit einer Ersitzung bleibt somit hauptsächlich für solche Fälle, wo die Sache dem Eigentümer ohne seinen Willen abhanden gekommen war und deshalb der sofortige Eigentumserwerb ausgeschlossen ist (§ 608). Soweit danach hier eine Ersitzung noch vorkommt, erfordert sie keinen Nachweis eines Titels mehr, sondern lediglich guten Glauben des Ersitzenden während der zehnjährigen Dauer seines Eigenbesitzes.

*§ 619.

Innerhalb eines befestigten Rechtszustandes spricht die Wahrscheinlichkeit dafür, daß die faktische Herrschaft, wenn nicht alsbald eine rechtswidrige Begründung derselben nachgewiesen werden kann, in wohlerworbenem Rechte wurzele. Der Schutz, welcher dieser Herrschaft gegen eigenmächtige Störungen gewährt wird, kommt hier daher in der Regel der Fälle dem Berechtigten (insbes. dem Eigentümer) selbst zu gut. Er überhebt denselben solchen Störungen gegenüber der Notwendigkeit, den häufig schwierigen und kostspieligen, häufig wegen Verlustes der Beweismittel sogar unmöglich gewordenen Eigentumsbeweis zu führen.

Das Besitzesrecht stellt sich in diesem Zusammenhange, um ein Bild zu gebrauchen, als ein Element dar in der Befestigung des Eigentums, als ein vorgeschobenes Werk, welches den Angreifer hindert, sich in bedrohlicher Nähe zu entwickeln. Daß seine Bedeutung indessen hierin nicht erschöpft ist, ergibt sich aus dem in §§ 221 ff. Bemerkten.

†§ 620.

B. hat diese faktische Vermutung in bezug auf Mobilien zu einer Rechtsvermutung erhoben, so daß ihr Besitzer bis zum Beweis des Gegenteils als ihr Eigentümer gilt bzw. als Inhaber des von ihm beanspruchten sonstigen (§ 619) dinglichen Rechts. (Jedoch versagt diese Vermutung gegenüber einem früheren Besitzer, der seinen unfreiwilligen Besitzverlust nachweist.)

Dagegen ist bei Grundstücken die Bedeutung des Besitzes jetzt abgeschwächt durch die Tragweite, welche der Eintragung in das Grundbuch zukommt. Ist im Grundbuch ein Recht für jemand eingetragen, so wird bis zum Gegenbeweis vermutet, daß es ihm wirklich zusteht. An diese Eintragung knüpft sich also die entsprechende Vermutung der Übereinstimmung mit der wahren (dinglichen) Rechtslage, welche bei Mobilien mit deren Besitz verknüpft ist.

III. Die beschränkten dinglichen Rechte.

*§ 621.

Dem Eigentum stellen sich Rechte zur Seite, welche nur eine beschränkte, aber gleichfalls allseitig und unbedingt geschützte, Herrschaft an einer Sache gewähren.

Nach römischer Rechtsanschauung waren solche Rechte nur an einer fremden, d. h. im Eigentum eines anderen stehenden Sache möglich — daher ihre Bezeichnung als „iura in re aliena“ — und mußten sie deshalb bei Vereinigung mit dem Eigentum notwendig untergehen.

Die neuere Rechtsentwicklung hat im B. zu dem umgekehrten Satze geführt, daß diese Rechte trotz ihrer Vereinigung mit dem Eigentum in derselben Person bestehen bleiben können. Vom Standpunkt des B. kann man deshalb nur von „beschränkten“ dinglichen Rechten sprechen. Dieselben scheiden sich in Nutzungsrechte im e. S. und Sicherungsrechte, technisch Pfandrechte.

Speziell über die Bedeutung der „Eigentümerhypothek“ § 646. Über das Eintragungsprinzip, soweit diese Rechte Grundstücke zum Gegenstande haben, § 603. Der gutgläubige Erwerber findet bei ihnen grundsätzlich den entsprechenden Schutz wie beim Eigentum, § 608 f.

1. Die Nutzungsrechte.

§ 622.

Die Nutzungsrechte i. e. S. haben den Gebrauch oder den Genuß der Sache (die Fruchtziehung) oder beides zum Gegenstande. Zum Teile schließen sie in diesen Beziehungen den Eigentümer aus, zum Teile beschränken sie ihn bloß.

Die für die Gegenwart wichtigste Art dieser Nutzungsrechte ist in den Servituten oder Dienstbarkeiten gegeben.

Elvers, Röm. Servit.lehre 54 f. Schönemann, D. Servituten 66. Kohler, Beitr. z. Servit.r., Arch. f. zivil. Pr. Bd. 87. Naendrup, Gesch. der d. Grddienstb. 00.

§ 623.

Die Servituten sind dingliche Nutzungsrechte, welche unlösbar mit einem bestimmten Subjekte verbunden sind, also weder durch Veräußerung noch im Wege der Erbfolge auf andere Subjekte übertragen werden können.

§ 624.

Das Subjekt, mit welchem die Servitut verbunden ist, kann ein individuell bestimmter Mensch sein. (Personal-Servituten.)

Bei anderen Servituten ist das berechtigte Subjekt in dem Eigentümer eines bestimmten Grundstücks als solchem gegeben. (Real-Servituten oder Grunddienstbarkeiten)

*§ 625.

Unter den Personalservituten steht der Nießbrauch (ususfructus) an Bedeutung voran. Er umfaßt den gesamten Gebrauch und Genuß einer (beweglichen oder unbeweglichen) Sache, wobei aber ihre Substanz und Bestimmung gewahrt bleiben müssen. Er ist übrigens auch auf andere Vermögensobjekte als Sachen (z. B. Forderungsrechte) ausgedehnt. Ein wichtiges Anwendungsgebiet hat er im Bereich der Familienverhältnisse.

Ein Beispiel: Eine Witwe erhält durch letztwillige Verfügung (§ 747) den lebenslänglichen Nießbrauch an einem Gute des verstorbenen Mannes, während das Eigentum an dem Gute nach gesetzlichem Erbrechte auf die Kinder des Verstorbenen übergeht.

§ 626.

Personalservituten können auch auf einzelne Nutzungen oder auf das Maß des persönlichen Bedürfnisses des Berechtigten beschränkt sein.

*§ 627.

Die Grunddienstbarkeiten haben auf die Verhältnisse benachbarter Grundstücke zu einander Bezug. Sie beschränken den Eigentümer eines Grundstücks (des praedium serviens) zugunsten eines anderen (des praed. dominans) mit Rücksicht auf die volle Auswertung des letzteren.

Die Beschränkung des Eigentümers des dienenden Grundstücks besteht entweder darin, daß er gewisse Handlungen des Eigentümers des herrschenden dulden, oder darin, daß er selbst gewisse Handlungen unterlassen muß, zu denen er an und für sich als Eigentümer befugt wäre. Dagegen „servitus in faciendo (scil. seitens des Eigentümers des dienenden Grundstücks) consistere nequit“.

*§ 628.

Hierher gehört die Servitut eines Grundeigentümers, über den Acker eines Nachbars zu gehen, zu reiten oder zu fahren; die Servitut eines Hauseigentümers, die Mauer eines Nachbars als Stütze zu benutzen; die Servitut, kraft deren er dem Nachbar das Höherbauen verbieten darf (serv. altius non tollendi).

*§ 629.

Nutzungsrechte, welche im Gegensatz zu den Servituten von dem ursprünglich Berechtigten auf andere, sei es nur im Wege der Erbfolge oder auch durch Veräußerung unter Lebenden, übertragen werden können, sind wesentlich in bezug auf Grundstücke zur Ausbildung gelangt und zwar in dem Sinne, daß sie meist ähnlich dem Nießbrauche Genuß und Gebrauch vollständig umfassen.

*§ 630.

Es gehört dahin die Erbpacht, welche sowohl dem einheimischen Rechte, und zwar in vielerlei Formen, wie dem römischen (als Emphyteusis) bekannt ist. Sie beschränkt den Eigentümer auf eine indirekte, durch bestimmte Leistungen des Erbpächters vermittelte Nutzung seines Eigentums.

In das B. ist sie nicht aufgenommen, weil sie unseren wirtschaftlichen Verhältnissen nicht mehr entspricht; landesrechtliche Bestimmungen sind jedoch aufrecht erhalten.

†§ 631.

Dagegen ist das Erbbaurecht (die römische superficies, Platzrecht) im B. normiert: als ein vererbliches und veräußerliches Recht, auf oder unter der Oberfläche eines Grundstücks ein Bauwerk zu haben. Auch der Erbbauberechtigte vereinigt wirtschaftlich die Machtbefugnisse eines Eigentümers in sich.

Ein bekanntes Beispiel bietet das E. an dem Krollschen Etablissement im Berliner Tiergarten. — Die Bodenreformer wollen das E. bei Lösung der Wohnungsfrage verwerten; s. Grünberg, Bauten auf fremdem Boden 03.

*§ 632.

Ein erbliches Nutzungsrecht ist ferner das Lehn.

Der Umfang, in welchem dasselbe den praktischen Gehalt des

Eigentums geradezu absorbierte, hat dasselbe ehedem vielfach (in der Litteratur wie z. T. auch in der Gesetzgebung) selbst als eine Art des Eigentums betrachten lassen (als „Untereigentum", dominium utile, im Gegensatz zum „Obereigentum", d. directum; Theorie vom „geteilten" Eigentum).

Charakteristisch anderen erblichen Nutzungsrechten gegenüber ist vornehmlich das persönliche Treueverhältnis, welches zwischen den Beteiligten: dem Eigentümer als „Lehnsherrn" und dem Nutzungsberechtigten als „Vasallen" besteht. Die inhaltvollere Treuepflicht des letzteren schloß ursprünglich die Leistung von Ritter- und Kriegsdiensten ein, was für die rechtliche Gestaltung des Instituts bedeutsam wurde.

§ 633.

Das Lehnrecht hat abweichend von anderen erblichen Nutzungsrechten nicht notwendig Grundstücke, überhaupt nicht notwendig Sachen zum Gegenstande; vielmehr können auch Rechte privatrechtlicher oder öffentlich-rechtlicher Natur zu Lehen gegeben sein.

§ 634.

Dieses Recht gehört seiner Ausbildung und geschichtlichen Bedeutung nach einer Zeit an, in welcher öffentlich-rechtliche und privatrechtliche Verhältnisse in der Volksauffassung und in der Praxis des Rechtslebens nicht scharf geschieden erscheinen, und zeigt auch dort, wo es nicht schon seinem Gegenstande nach dem öffentlichen Rechte angehört, in der Gestaltung des Verhältnisses zwischen Lehnsherrn und Vasallen eine öffentlich-rechtliche Seite.

In der Blütezeit des Lehnwesens betätigt sich die Herrschaft des Staates über Land und Leute vornehmlich in dessen Formen.

*§ 635.

In der Gegenwart hat das Lehnrecht seine praktische Bedeutung wesentlich eingebüßt. Die moderne Gesetzgebung hat die Neuerrichtung von Lehen im allgemeinen verboten, und die bestehenden meist „allodifiziert", d. h. den Nutzungsberechtigten zum

Eigentümer gemacht. Die landesrechtlichen Reste des Lehnswesens werden durch B. nicht berührt.

†§ 636.

Eine besondere Stellung nimmt das deutsch-rechtliche Institut der **Reallast** ein, deren Inhalt (im Gegensatz zur Grunddienstbarkeit) wiederkehrende, positive Leistungen aus dem belasteten Grundstück bilden: im neueren Recht meist Geldzahlungen (Geldrenten), früher vorzugsweise Lieferung von Naturalien („Zehnt") oder Arbeitsleistungen („Frohnden"). Bei ihnen verbindet sich in eigentümlicher Weise mit der dinglichen Belastung des Grundstücks eine persönliche Verpflichtung des jeweiligen Eigentümers für die während seiner Eigentumszeit fällig werdenden Leistungen.

Im deutschen Mittelalter spielten sie eine große Rolle sowohl im privaten Verkehr wie ganz besonders auch in öffentlichen Verhältnissen. Dagegen hat man sie im 19. Jahrhundert zur Entlastung des bäuerlichen Grundbesitzes abzulösen gestrebt (Preuß. Ges. v. 2. März 50). Eine neueste Entwicklung sucht sie freilich zur Beförderung eines mittleren Bauernstandes in bestimmten Formen wieder zu beleben (Preuß. Rentengüter-Gesetzgebung 90 ff). B. regelt sie zwar, läßt es aber bei etwaigen landesgesetzlichen Verboten (z. B. in Baden) bewenden. — **Stobbe-Lehmann**, Handb. d. d. Privatr. II, § 137 ff., 195 ff. v. **Schwind**, Die R.frage, in Iher. Jahrb. 94.

§ 637.

Bei der Mehrzahl der Nutzungsrechte kannte das ältere gemeine und partikuläre Recht ein Analogon zum Besitze, indem die tatsächliche Ausübung einer diesen Rechten entsprechenden Herrschaft (als sogen. „Rechtsbesitz", iuris quasi possessio) in ähnlicher Weise wie jener „Sachbesitz" mit beschränkten rechtlichen Wirkungen ausgestattet war.

Nach der Regelung des B. ist für einen besonderen Rechtsbesitz Raum wesentlich nur noch in bezug auf die Ausübung von (eingetragenen) Grunddienstbarkeiten, da die Ausübung solcher Rechte an einer Sache, welche mit deren Besitz verbunden sind (des Nießbrauchs, des Erbbaurechts, auch des Pfandrechts), unter seinen allgemeinen weiten Besitzbegriff (§ 614) fällt.

2. Das Pfandrecht.

§ 638.

Sachen können einem Gläubiger in verschiedener Weise Sicherheit für seine Befriedigung bieten. Der Hauptfall ist, daß demselben eine fremde Sache zu seiner Sicherheit „verpfändet", d. i., daß ein „Pfandrecht" an ihr für seine Forderung bestellt ist.

Dernburg, D. Pfandrecht nach d. Grundsätzen des heut. röm. R. 60/64. Exner, Kritik des Pfandrechtsbegriffes 63. Pfaff, desgl. in Grünh. Zeitschr. I, 41. Sohm, Lehre vom subpignus 64. Bremer, Pfandrecht und Pfandobjekte 67. „Deutsches Hypothekenrecht", (die bisher. partikul. Hyp.rechte) hrsg. v. Meibom 71ff. Kohler, Pfandrechtl. Forschungen 82. Hachenburg, Beitr. zum Hyp.recht 95. Mittelstein, Hyp.recht 98. Demelius, Pfandr. an bewegl. Sachen nach österr. R. 98. v. Schwind, Wesen und Inhalt des Pfandr. 99. Kritik des röm. Pfandr. von Bruns in Holtz. Enc.

*§ 639.

Das Pfandrecht ist ein dingliches Recht auf die Verwertung eines Vermögensobjektes (einer Sache oder eines Rechtes) zugunsten einer Forderung.

Hierbei ist vornehmlich an den Verkauf desselben (meist gerichtlich oder doch in öffentl. Versteigerung) zur Befriedigung des Gläubigers aus dem Erlöse zu denken, wenn seine Forderung nicht rechtzeitig vom Schuldner berichtigt wird.

*§ 640.

Die Übertragung des Eigentums an der gepfändeten Sache vom Schuldner auf einen anderen berührt die Existenz und Wirksamkeit des Pfandrechts als eines dinglichen Rechts nicht.

Übrigens braucht der Eigentümer der Pfandsache gar nicht identisch zu sein mit dem Schuldner, da jemand seine Sache auch für eine fremde Schuld verpfänden kann, ebenso wie er sich für eine solche verbürgen kann.

†§ 641.

Nach römischem Recht existierte das Pfandrecht lediglich der Forderung zuliebe, zu welcher es als Sicherungsmittel hinzutrat, und war deshalb in Entstehung und Fortbestand abhängig von dieser. Insbesondere ging es notwendig unter, sobald der Gläubiger Befriedigung für seine Forderung erlangte.

In bezug auf Mobilien hat das moderne Recht an diesem accessorischen Verhältnis des Pfandrechts zu einer Forderung festgehalten.

†§ 642.

An Grundstücken dagegen entwickelte sich partikularrechtlich, z. T. neben einem solchen accessorischen Pfandrecht, der „Hypothek" (so das cit. preuß. Ges. v. 72), z. T. sogar an dessen Stelle (so in Mecklenburg), eine selbständige Belastung eines Grundstücks mit einer aus ihm zu entrichtenden Geldsumme ohne jenes Abhängigkeitsverhältnis von einer Forderung, eine „abstrakte Hypothek": die Grundschuld.

B. hat beide Formen des Grundstückspfandrechts aufgenommen, jedoch auch bei der Hypothek den Zusammenhang mit der Forderung erheblich gelockert. So läßt es bei Bezahlung oder sonstigem Erlöschen der Forderung die Hypothek nicht mehr mit dieser untergehen, sondern vom Gläubiger auf den Grundeigentümer übergehen, sie von Rechts wegen zur „Eigentümerhypothek" werden (s. § 645).

*§ 643.

Zugunsten mancher Forderungen ist unmittelbar durch die Gesetze ein Pfandrecht an bestimmten Gegenständen begründet.

So haften dem Vermieter einer Wohnung die eingebrachten Möbel des Mieters kraft Gesetzes für richtige Zahlung des Mietzinses; ebenso dem Gastwirt für seine Forderungen die eingebrachten Sachen des Gastes.

Wichtige gesetzliche Pfandrechte verleiht auch das Handelsgesetzbuch, z. B. zugunsten des Frachtführers am Frachtgut. — Dagegen gesetzliche „Generalpfandrechte" am ganzen Vermögen, wie sie das röm. Recht u. a. der Ehefrau am Vermögen des Mannes einräumte, kennt das heutige Recht nicht mehr.

*§ 644.

Unter den sonstigen Begründungsarten steht die vertragsmäßige voran. Hierbei treten aber im modernen Recht für bewegliche und für unbewegliche Sachen in analoger Weise verschiedene Grundsätze ein wie beim Eigentumserwerb. (§ 602 f.)

An beweglichen Sachen kennt das heutige Recht (im Gegensatz zum römischen) bloß ein „Faustpfand“, bei welchem das Pfandobjekt in den Besitz des Gläubigers (in seine „Faust“) übergeben und dadurch die Verpfändung äußerlich erkennbar gemacht ist.

*§ 645.

Dagegen die Entstehung eines Pfandrechts an Grundstücken ist nach der (an ältere deutsche Rechtsgedanken anknüpfenden, dagegen zum römischen Recht mit seinen wirtschaftlich schädlichen geheimen Pfandrechten im Gegensatz stehenden) modernen Rechtsentwicklung durchweg abhängig von seiner Eintragung in bestimmte öffentliche Bücher: partikularrechtlich z. T. in besondere „Hypothekenbücher“, jetzt nach B. in die „Grundbücher“, in welche auch Eigentumswechsel wie grundsätzlich alle dinglichen Rechtsänderungen aufgenommen werden (§ 603, 621).

Hierdurch ist die Möglichkeit geboten, stets zuverlässig festzustellen, ob und in welchem Umfang ein Grundstück (welches man kaufen oder gegen dessen Verpfändung man ein Darlehn geben will) bereits mit Pfandrechten belastet ist.

Beim Erwerb eines Pfandrechts hat also gerade so wie beim Eigentumserwerb die Besitzübergabe bei Mobilien (vor. §) eine parallele Bedeutung wie bei Grundstücken die Eintragung.

*§ 646.

An demselben Grundstück können mehrere Pfandrechte bestellt sein, unter denen dann eine Rangordnung besteht. Und zwar geht im allgemeinen das früher eingetragene dem später eingetragenen vor (prior tempore potior iure), derart, daß das letztere nur denjenigen Wert der Sache ergreift, welchen das erstere frei läßt.

Aus dieser Rangordnung folgt, daß der Wegfall eines vorgehenden Pfandrechts den nachstehenden zugute kommen müßte. Darin liegt nun gerade die praktische Bedeutung der „Eigentümerhypothek“ (§ 642), daß durch die Erhaltung des Pfandrechts in der Hand des Eigentümers trotz Erlöschens der Forderung ein Vorrücken der nachstehenden Pfandrechte verhindert wird, und der Eigentümer dieses vorgehende Pfandrecht einem neuen Gläubiger übertragen oder, wenn ein anderer Gläubiger die Zwangsversteigerung des Grundstücks veranlaßt, den nach seinem Rang auf dasselbe entfallenden Wertbetrag aus dem Erlöse für sich in Anspruch nehmen kann.

Vierter Abschnitt.

Das Recht der Schuldverhältnisse oder Obligationenrecht.

I. Im allgemeinen.

*§ 647.

Die obligatorischen Verhältnisse oder Schuldverhältnisse, welche in diesem Rechtsteile ihre Ordnung empfangen, sind Verhältnisse zwischen zwei Parteien, von welchen die eine der anderen zu einer (positiven oder negativen) Leistung von vermögensrechtlichem Charakter verbunden ist. (§ 544 f.)

Der zur Leistung Verpflichtete heißt der Schuldner, der zur Forderung der Leistung Berechtigte der Gläubiger.

Aus § 545 ergibt sich, in welchem Sinne die Leistung einen „vermögensrechtlichen Charakter" haben muß, um ein klagbares Schuldverhältnis zu begründen: Eine an sich nicht geldwerte Leistung (s. das Beispiel § 545) bekommt einen vermögensrechtlichen Charakter dadurch, daß ihr im gegebenen Fall eine Vermögensleistung als Äquivalent gegenübersteht, mit welcher sie (von der einen oder der anderen Partei) in ein Bedingungsverhältnis gesetzt ist.

Unterholzner, Lehre des röm. R. von d. Schuldverhältnissen 40. Savigny, Obligationenr. als Teil d. heut. röm. R. 51/3 (unvoll.). Koch, R. der Forderungen nach gem. u. preuß. R., 2. A. 59. Brinz, Begriff obligatio in Grünh. Zeitschr. 1, 11. Sohm, Begriff des Forderungsrechts eod. l. 4, 57. Hartmann, Die Obligation 75. Kuntze, D. Obligationen im röm. u. heut. R. 86. Ryck, Lehre v. d. Schuldverhältnissen 83/9. Delbrück, Übernahme fremder Schulden 53. G. Rümelin im Arch. f. civ. Pr. Bd. 68. Laband, eod. l. 73 f. Jhering, in s. Jahrb. Bd. 18. (gegen d. Erford. des Vermögenswertes d. Oblig.). Crome, Grundlehren d. franz. Oblig.r. 94. Stammler, R. der Schuldverh. in s. allgem. Lehren 97. Petrazycki, Lehre vom Einkommen 93. Komm. zum B. von Örtmann; Schollmeyer.

*§ 648.

In der Regel stehen sich in einem obligatorischen Verhältnisse nur zwei Subjekte gegenüber. So bei einem Darlehnsverhältnis derjenige, der das Darlehen gegeben und derjenige, der es empfangen, zu verzinsen und demnächst zurückzuzahlen hat.

Möglicherweise ist in einem solchen Verhältnisse jedes der beiden Subjekte sowohl Gläubiger wie Schuldner, z. B. beim Mietverhältnis (§ 148).

*§ 649.

Ausnahmsweise stehen sich in dem nämlichen obligatorischen Verhältnisse mehr als zwei Subjekte gegenüber, indem mehrere Gläubiger oder mehrere Schuldner vorhanden sind.

Ist die Leistung ohne Beeinträchtigung ihres Wesens und Wertes teilbar, so spaltet sich grundsätzlich die Forderung bzw. Schuld in mehrere Teile. Die Beteiligten können aber auch vereinbaren, daß jeder der mehreren Schuldner für die ganze Schuld soll haften müssen, bzw. jeder der mehreren Gläubiger die ganze Leistung soll fordern können, obgleich die Leistung im ganzen nur einmal zu bewirken ist (aktive bzw. passive „Solidarobligation", oder „Gesamtschuldverhältnis"). Dann befreit die Leistung eines Schuldners auch die anderen (von welchen der Zahlende dann verhältnismäßige Erstattung des Gezahlten fordern kann), bzw. die Leistung an einen Gläubiger auch gegenüber den anderen.

Für manche Verhältnisse findet sich kraft Gesetzes ein solches (passives) Gesamtschuldverhältnis angeordnet: so schon nach röm. R. bei gemeinschaftlichen unerlaubten Handlungen in bezug auf den Ersatz des angerichteten Schadens; nach B. im Zweifel auch bei jeder gemeinschaftlichen vertragsmäßigen Verpflichtung. Dieselbe Rechtslage ergibt sich, wenn mehrere eine unteilbare Leistung schulden.

Als weitere Form der Mitberechtigung oder Mitverpflichtung kommt die im § 600 erwähnte Gemeinschaft „zur gesamten Hand" hinzu, bei welcher kein Gläubiger (z. B. Gesellschafter) für sich allein die Leistung einfordern darf, bzw. der Gläubiger gegen alle Schuldner (alle Gesellschafter) gemeinsam vorgehen muß. — Wieder anders gelagert ist der Fall, daß jemand für eine fremde (etwa Darlehns-) Schuld sich verbürgt: der Bürge haftet an für sich nur subsidiär, wenn der Gläubiger vom Empfänger des Darlehns als seinem „Hauptschuldner" keine Befriedigung erlangen kann.

*§ 650.

Die beteiligten Subjekte sind in der Regel persönlich bestimmte Menschen oder individuell bestimmte juristische Personen. Sie können aber auch in anderer Weise charakterisiert sein.

So kann eine Leistung demjenigen geschuldet sein, der sich, gleichviel wer er im übrigen sei, als verfügungsberechtigter Besitzer einer bestimmten Urkunde (einer auf den Inhaber lautenden Schuldverschreibung) zu legitimieren vermag. So kann ferner eine Leistung von demjenigen geschuldet sein, dem ein bestimmtes Grundstück gehört (so bei der Reallast, § 636).

*§ 651.

Bei den meisten obligatorischen Verhältnissen kann nach heutigem Rechte eine Übertragung des Forderungsrechts durch Rechtsgeschäft unter Lebenden — eine „Zession" desselben — auf andere Subjekte stattfinden. So kann ein Gläubiger seine Forderung auf Rückzahlung eines Darlehns auf einen anderen übertragen.

Die Lage des Schuldners darf aber hierdurch rechtlich nicht verschlechtert werden, deshalb bleiben ihm seine Einreden gegen die Forderung auch gegenüber deren Erwerber.

Das röm. R. hielt im Grundsatz fest an der Auffassung der Obligation als eines „vinculum iuris" von Person zu Person (s. § 653) u. ließ deshalb nur eine Übertragung ihrer Ausübung zu.

†§ 652.

Zuweilen gewährt das Gesetz einer Person das Recht, vom bisherigen Gläubiger eine solche Zession zu verlangen, oder aber das Gesetz bestimmt direkt von sich aus unter bestimmten Voraussetzungen den Übergang eines Forderungsrechts vom ursprünglich Berechtigten auf ein anderes Subjekt (cessio legis).

So konnte nach röm. R. der Bürge, welcher den Gläubiger befriedigt hatte, von diesem die Übertragung der Forderung gegen den Hauptschuldner verlangen; B. läßt im gleichen Fall die Forderung des Gläubigers ohne weiteres von Rechts wegen auf den Bürgen übergehen. — Durch Erbgang gehen grundsätzlich alle Forderungen auf den Erben über mit Ausnahme bestimmter, einen höchstpersönlichen Charakter tragender (z. B. des im B. der deflorierten Braut gewährten Entschädigungsanspr.).

† § 653.

Einen Übergang der obligatorischen Verpflichtung durch Rechtsgeschäft ließ das römische Recht nur auf dem Umweg zu, daß an Stelle der getilgten alten Schuld eine neue mit dem gleichen Inhalt für den neuen Schuldner begründet wurde (novatio).

Dagegen hat die moderne Rechtsentwicklung (im Anschluß an altdeutsches Recht) im B. zur allgemeinen Anerkennung der direkten Übernahme der ursprünglichen Schuld als solcher durch einen neuen Schuldner geführt. Dieser „Schuldübernahmevertrag" wird vom neuen Schuldner entweder mit dem Gläubiger oder mit dem alten Schuldner abgeschlossen, letzterenfalls bedarf er jedoch zur Wirksamkeit der Genehmigung des Gläubigers.

Über den Übergang der Schulden durch Erbgang s. das Erbrecht.

*§ 654.

Der nächste Zweck der Obligationen liegt in der Herbeiführung bestimmter Wirkungen resp. eines bestimmten Zustandes in der Rechtssphäre der einen Partei, oder ausnahmsweise (bei den „Verträgen zu Gunsten Dritter," § 666) eines bestimmten Dritten.

Dem Endzweck nach kann es dabei abgesehen sein:

1. auf die Vermittlung eines Austausches von Gütern oder Leistungen (Austausch von Ware gegen Preis beim Kauf § 671),
2. auf einseitige Zuwendungen, welche sich weder als Äquivalente eines erlittenen Schadens, noch einer erfolgten oder in Aussicht gestellten Gegenleistung darstellen (Schenkung),
3. auf die Ausgleichung oder die Verhütung von Rechtsstörungen (Obligation auf Schadensersatz, § 691 — Versprechen einer Strafe für den Fall der Verletzung einer bestehenden Verbindlichkeit).

Bei demselben obligatorischen Verhältnisse können mehrere dieser Zwecke in Betracht kommen.

§ 655.

Die Obligationen tragen ihre Bedeutung im allgemeinen nicht in sich und sind demgemäß nicht zu einer dauernden Existenz bestimmt. Der Regel nach erfüllen sie ihren Zweck, indem sie untergehen. So geht die Forderung des Verkäufers einer Sache auf den ausbedungenen Kaufpreis unter, sobald die Zahlung erfolgt ist. Die Handlung, auf deren Herbeiführung sie gerichtet war, zerstört ihre Existenz.

§ 656.

Die Obligationen bilden in dieser Hinsicht einen Gegensatz zu den Sachenrechten (von dem Pfandrechte abgesehen). Diese sind ihrer Natur nach auf eine relative Dauer angelegt, und sind wertvoll durch das, was sie dem Berechtigten während ihres Bestandes gewähren.

Doch gibt es gewisse obligatorische Verhältnisse, welche darin den sachenrechtlichen Verhältnissen verwandt sind, daß sie auf eine relative oder eine unbegrenzte Dauer angelegt sind. Hierher gehören Obligationen, welche auf periodische Leistungen bestimmter Art, z. B. auf jährliche Zahlung einer bestimmten Unterhaltssumme, gerichtet sind.

In den letzteren Fällen gelangt das obligatorische Verhältnis zur Wirksamkeit in der Form periodisch hervortretender Ansprüche, von welchen keiner den Inhalt des Verhältnisses erschöpft. Der einzelne Anspruch erfüllt seine Bestimmung, indem er untergeht, aber das zugrunde liegende Verhältnis besteht fort wie der Baum, nachdem die Früchte eines Jahres gebrochen worden sind.

*§ 657.

Mit dem erwähnten Gegensatze zwischen Sachenrechten und Obligationen hängt ein weiterer zusammen.

Bei den Sachenrechten wendet sich das Interesse in erster Linie dem Inhalte des Rechts zu, der seinen Zweck in sich trägt (§ 543), der sich ohne jede Bezugnahme auf die Entstehungsgründe des Rechts bestimmen läßt und welcher der nämliche ist, mögen auch diese Entstehungsgründe Verschiedenheiten zeigen; in zweiter Linie erst diesen Entstehungsgründen.

Bei den Obligationen dagegen haftet das Interesse vor allem an den für ihre Entstehung entscheidenden Tatsachen, an den Vorgängen, welche das ephemere Dasein der Obligationen hervorrufen, und welche, selbst von unendlicher Mannigfaltigkeit, für einen ebenso mannigfaltigen Inhalt und Zweck der Obligationen bestimmend sind (alia causa, alia est obligatio).

§ 658.

Mit diesem Gegensatze wieder hängt es zusammen, daß für das System des Sachenrechts überall der Inhalt der Rechte entscheidend ist (§ 588 ff.), während bei dem Aufbau des Obligationenrechts in Lehrsystemen und Gesetzgebungen den Entstehungsgründen die Hauptrolle zufällt. Dort haben wir ein System der Rechtswirkungen, hier der Tatbestände vor uns.

*§ 659.

Die Entstehungsgründe der Obligationen sind ebenso mannigfaltig, wie die Entstehungsgründe von Rechtsverhältnissen überhaupt, daher kommen als solche in Betracht: sowohl Handlungen der Beteiligten — Rechtsgeschäfte, Rechtsverletzungen und andere Handlungen (z. B. § 214, 701 ff.; auftragslose Geschäftsbesorgung § 698) — ferner obrigkeitliche Handlungen sowie anderweitige Tatsachen (so Tatsache der Bereicherung auf Kosten eines anderen ohne rechtlichen Grund, die Anlaß zu einer condictio sine causa auf Herausgabe der Bereicherung gibt).

Die größte Bedeutung nehmen darunter die zweiseitigen Rechtsgeschäfte (die „obligatorischen Verträge" oder „Schuldverträge") und die Rechtsverletzungen in Anspruch (obligationes ex contractu und ex delicto).

Von dem obligatorischen Vertrag als Entstehungsgrund der Obligation (z. B. dem Kaufvertrag als Entstehungsgrund der obligatorischen Verpflichtung des Verkäufers zur Bewirkung des Eigentumsübergangs s. § 682) unterscheidet B. scharf den dinglichen Vertrag, welcher erst die dingliche Rechtsänderung bewirkt (z. B. die Auflassung, welche — in Verbindung mit der Eintragung des Erwerbers im Grundbuch — erst den Eigentumsübergang am Grundstück herbeiführt (§ 603).

Den gerade entgegengesetzten Standpunkt nimmt das französische Recht ein, in welchem obligatorischer und dinglicher Vertrag zusammenfallen: der perfekte Kaufvertrag nicht bloß obligatorische Verpflichtungen, sondern zugleich sofort die dingliche Rechtsänderung (z. B. den Eigentumsübergang) bewirkt.

*§ 660.

1. Zu den obligatorischen **Verträgen** gehört ein, auf eine Leistung von vermögensrechtlichem Charakter gerichtetes, Versprechen von einer Seite und dessen Annahme von der anderen Seite (z. B. ein Schenkungsversprechen und dessen Annahme), oder ein Versprechen von beiden Seiten und die Annahme jedes derselben von der anderen Seite: einseitige — zweiseitige obligatorische Verträge.

Unter letzteren nehmen eine besondere Stellung die „gegenseitigen" oder „synallagmatischen" Verträge ein, bei denen jede der versprochenen Leistungen das Äquivalent der Gegenleistung bildet: jede Partei ihr Versprechen gerade deshalb abgibt, um das Versprechen der anderen zu erhalten (so der Käufer das Versprechen, einen bestimmten Preis zu zahlen, um das Versprechen der Lieferung dieser Ware zu erhalten, und umgekehrt), und deshalb eine wechselseitige rechtliche Abhängigkeit beider Verpflichtungen eintritt. Insb. kann regelmäßig jede Partei ihre versprochene Leistung zurückhalten bis zum Empfang der Gegenleistung, und wenn sie auf ihre Leistung verklagt wird mittels des Einwandes „des nicht erfüllten Vertrags" verlangen, daß sie nur zur Erfüllung „Zug um Zug" gegen Empfang der Gegenleistung verurteilt werde. — Dagegen z. B. beim Auftragsvertrag erscheint die event. Verpflichtung des Mandanten zum Ersatz der Aufwendungen u. des Schadens des Mandatars nicht als Äquivalent für die eigentlich wesentliche Verpflichtung des letzteren zur unentgeltlichen Ausführung des angenommenen Auftrags. (Man spricht hier wohl von „unvollkommen gegenseitigen Verträgen").

† § 661.

Man unterscheidet die obligatorischen Verträge in **kausale** (oder materielle), deren Wirksamkeit abhängt von der Erreichung eines rechtlich zulässigen Zwecks, welcher für den Schuldner den Verpflichtungsgrund (die causa debendi) bildet — und **abstrakte** (oder formale), deren Wirksamkeit in gewissem Maße vom Verpflichtungsgrund losgelöst und von der Erreichung eines (natürlich auch hier verfolgten) Zweckes unabhängig ist, so daß dem Gläubiger die Beweislast hinsichtlich desselben erspart und die Geltendmachung des Mangels oder der Ungültigkeit der causa dem Schuldner überlassen ist.

Musterfall für einen abstrakten Vertrag bildet im römischen Recht die stipulatio (spondesne mihi centum dare? spondeo); im modernen Recht der Wechselvertrag („Am . . . zahle ich für diesen meinen Wechsel an . . . die Summe von 100 M.“).

Vor B. war es eine lebhafte Streitfrage, ob die Parteien beliebig durch ein nacktes, auf keinen Verpflichtungsgrund hinweisendes (von der anderen Seite angenommenes) Schuldversprechen oder Schuldanerkenntnis eine klagbare Verpflichtung ins Leben rufen können. Im Gegensatz zum älteren gemeinen Recht neigte die spätere Theorie (Bähr, „Die Anerkennung als — scil. selbständiger — Verpflichtungsgrund“ 2. A. 67) und Praxis wenigstens bei bestimmter Form (Schriftlichkeit) des Vertrages zur Bejahung der Frage. B. sanktioniert diese Entwicklung (§ 664). — Die dinglichen Verträge des B. (§ 659 A.) können ebenfalls abstrakt sein, ja die Auflassung eines Grundstücks ist dies sogar notwendig, weil sie von der Erreichung irgend eines rechtlichen Zweckes überhaupt nicht abhängig gemacht werden kann.

*§ 662.

Man unterscheidet ferner **förmliche** obligatorische Verträge, welche ein klagbares Forderungsrecht nur erzeugen, sofern gewisse gesetzlich vorgeschriebene Formen beobachtet sind, und **formlose**, bei welchen es hierauf nicht ankommt.

*§ 663.

Nach römischem Recht erzeugte der formlose, nicht in die Form der Stipulation eingekleidete Vertrag, sofern nicht bestimmte Leistungen von einer Seite hinzukamen (insb. Hingabe einer Sache, „re contrahitur oblig.“, Realkontrakte), nur ausnahmsweise ein klagbares Forderungsrecht.

Die vier „Konsensualkontrakte“ (weil hier lediglich „consensu contrahitur“): Kauf (emtio venditio), Miete (locatio conductio rei, operarum, operis), Gesellschaftsvertrag (societas), Auftragsvertrag (mandatum § 660); grundsätzlich dagegen: ex nudo pacto actio non nascitur.

Im gemeinen Recht hat sich die entgegengesetzte Regel herausgebildet: daß grundsätzlich durch formlose Willensübereinstimmung (nudo consensu) beliebige Schuldverpflichtungen begründet werden können.

†§ 664.

Jedoch knüpft auch das heutige Recht manche Verträge an bestimmte Formen.

So ist der abstrakte Wechselvertrag zugleich ein streng förmlicher. B. enthält sogar recht zahlreiche Formvorschriften, wesentlich mit der Tendenz, die Parteien vor übereiltem Abschluß bedeutungsvoller Geschäfte zu behüten (s. § 249). So verlangt es öfters die Schriftform (z. B. für eine Bürgschaftserklärung; in der Regel für ein abstraktes Schuldversprechen); für andere Geschäfte (Verkauf eines Grundstücks, Schenkungsversprechen) eine gerichtliche oder notarielle Beurkundung ꝛc.

Diese Einteilung gilt auch für dingliche Verträge. So ist die Auflassung ein förmlicher Vertrag, da sie der mündlichen Erklärung bei gleichzeitiger Anwesenheit beider Parteien vor dem Grundbuchamt bedarf.

†§ 665.

Nach römischem Recht erzeugte der formlose Vertrag zwar regelmäßig keine klagbare Obligation, wohl aber eine „naturalis obligatio“, die in beschränkterer Weise eine rechtliche Berücksichtigung fand, indem es bei der aus freien Stücken erfolgten Erfüllung sein Bewenden hatte.

Diese Erscheinung einer zwar nicht klagbaren Obligation, deren freiwillige Erfüllung aber nicht zurückverlangt werden kann, kennt auch das moderne Recht, wenngleich in geringerem Umfang.

So läßt B. aus Spiel und Wette zwar keine Klage zu, aber das auf Grund derselben Geleistete kann nicht zurückgefordert werden mit der Begründung, es habe keine Verpflichtung zur Leistung bestanden.

†§ 666.

Nach römischem Recht konnten Verträge im allgemeinen nur auf Leistungen der Vertragschließenden aneinander selber gerichtet sein; dagegen einem Versprechen einer Partei zugunsten eines Dritten war die Gültigkeit versagt.

Anders Theorie und Praxis des gemeinen Rechts (wie schon das ältere deutsche R.), welche mindestens ein Klagerecht des Empfängers des Versprechens auf Erfüllung der versprochenen Leistung an den 3., meist aber bereits ein selbständiges Klagerecht des 3. selbst annahmen (sei es unmittelbar mit Vertragsabschluß, sei es erst auf Grund seines „Beitritts“ zum Vertrage; letzteren verlangten auch viele Partikularrechte). B. anerkennt allgemein die Zulässigkeit eines Versprechens zugunsten eines 3. mit der Wirkung, daß dieser 3. unmittelbar das Recht erwirbt, die Leistung zu fordern („Verträge zugunsten Dritter").

†§ 667.

2. Das einseitige, nicht von der anderen Seite angenommene Versprechen erzeugt nur ausnahmsweise in gesetzlich bestimmten Fällen eine obligatorische Verpflichtung des Versprechenden. So die Auslobung (eine öffentliche Bekanntmachung einer Belohnung für Vornahme einer bestimmten Handlung); die Ausstellung einer Schuldverschreibung auf den Inhaber (§ 650).

*§ 668.

3. Hinsichtlich der Rechtsverletzungen ist zu unterscheiden, ob sie in bestehenden obligatorischen Verhältnissen vorkommen, in welchem Falle sie sich nach den hierfür maßgebenden Verpflichtungen beurteilen (§ 697), oder ob dies nicht der Fall ist (§ 694 f.).

Die ersteren modifizieren die bereits bestehenden Schuldverhältnisse; die letzteren (Delikte i. e. S., „unerlaubte Handlungen" B) bringen neue hervor.

†§ 669.

Der normale Erlöschungsgrund der Obligation, wie er sich aus ihrer Bestimmung (§ 655) ergibt, ist ihre Erfüllung (solutio), d. h. die Leistung dessen, was nach ihrem Inhalt geschuldet wird. Eine andere als die geschuldete Leistung tilgt dagegen die Obligation nur, wenn der Gläubiger sich mit ihr zufrieden gibt („Leistung an Erfüllungsstatt", datio in solutum). Weigert sich der Gläubiger ungerechtfertigt, die angebotene Erfüllung entgegenzunehmen, so kann der Schuldner sich durch ihre Hinterlegung befreien. Steht dem Schuldner eine fällige Gegenforderung auf eine gleichartige Leistung gegen seinen Gläubiger zu, so kann er die sich gegenüberstehenden Forderungen zum Erlöschen bringen durch ihre Aufrechnung (Kompensation).

Stets hat der Gläubiger es in der Hand, dem Schuldner durch Vertrag die Schuld zu erlassen. Notwendig geht die Obligation zugrunde, wenn berechtigtes und verpflichtetes Subjekt sich in derselben Person vereinigen, indem z. B. der Gläubiger den Schuldner beerbt (confusio). Auch die nachträgliche Unmöglichkeit der Erfüllung kann das Erlöschen bewirken, jedoch kommt es hier in erster Linie darauf an, ob eine Partei die Verantwortlichkeit für diese Unmöglichkeit trifft, in welchem Fall ihre Verpflichtung bestehen bleibt bzw. sich in eine Entschädigungspflicht umwandelt.

II. Das Kaufgeschäft.

§ 670.

Es soll am Kauf als einer Art der obligatorischen Verträge die Natur der letzteren spezieller zur Anschauung gebracht werden.

A. will mit dem Weinhändler B. einen Kaufvertrag über Wein abschließen. Betrachten wir:

1. die Voraussetzungen, unter welchen hier ein rechtswirksamer Vertrag zustande kommt, oder, was dasselbe ist. die Elemente seines Tatbestandes (§ 206);
2. die Wirkungen desselben.

*§ 671.

1. Voraussetzungen sind:
   a) ein Versprechen des Verkäufers, Wein von bestimmter Art und Quantität zu liefern;
   b) ein Versprechen des Käufers, einen in Geld bestimmten Preis für den Wein zu zahlen;
   c) die Annahme jedes dieser Versprechen durch die andere Partei.

Eine bestimmte Form ist für diese Willenserklärungen vom Gesetz nicht vorgeschrieben, während B. für den Verkauf eines Grundstücks wegen seiner wirtschaftlichen Tragweite gerichtliche oder notarielle Beurkundung verlangt.

*§ 672.

Der Gegenstand des Kaufs kann individuell bestimmt sein — z. B. „dieses Faß Geisenheimer" (Spezieskauf) —, oder bloß der Gattung nach, nach Art und Maß — z. B. „ein Hektoliter Geisenheimer 1874er" (Genuskauf).

Derselbe braucht im Momente des Vertragsabschlusses noch nicht zu existieren („der nächstjährige Ertrag des Weingutes N.").

*§ 673.

Der Preis muß in Geld bestehen. Die Festsetzung seiner Höhe ist im allgemeinen dem Belieben der Parteien überlassen, wenn sie nur nicht den Tatbestand des „Wuchers" (§ 254) darstellt.

Er kann auch in der Art vereinbart sein, daß die von einem bestimmten Dritten als angemessen erachtete Summe gezahlt werden soll.

Ältere Gesetzgebungen versuchten in verschiedener Weise auf ein „pretium justum" hinzuwirken; so durch Gewährung des Rechts, die Aufhebung des Vertrags zu verlangen bei „übermäßiger Verletzung", welche das röm. R. als vorliegend ansah, wenn der festgesetzte Preis nicht einmal die Hälfte der wahren Wertes der Sache erreichte oder das Doppelte ihres Wertes überstieg. B. sieht von solchen, praktisch nicht bewährten, Versuchen ab, kennt insbes. auch keine Anfechtung wegen laesio enormis mehr. Hat dagegen eine arglistige Täuschung hinsichtlich des Wertes der Sache stattgefunden, so ist aus diesem Grunde der Vertrag anfechtbar (s. § 675 A.).

*§ 674.

Versprechen und Annahme desselben müssen zusammenstimmen. Ein Mißverständnis, welches die Übereinstimmung des beiderseits erklärten Willens ausschließt, läßt daher einen gültigen Vertrag nicht zustande kommen.

Die beiderseitigen Erklärungen dürfen auch nicht auf einem nach Auffassung des Gesetzes wesentlichen Irrtum beruhen. Ein solcher liegt nach B. vor, wenn eine Partei ihre Erklärung in dieser Form überhaupt nicht abgeben wollte (z. B. sich verschrieben hat in bezug auf den Kaufpreis) oder über Sinn und Bedeutung ihrer Erklärung im Irrtum war (der Käufer verspricht „quatre-vingts francs" in der Meinung, quatre-vingt bedeute 24) oder über eine nach der Verkehrsanschauung wesentliche Eigenschaft der Gegenpartei oder der Sache sich täuschte (der Käufer hält den angebotenen Kunstwein für Naturwein). Hier überall kann der Irrende das Geschäft anfechten und damit dessen Wirkungen zerstören, wenn sein Irrtum so erheblich ist, daß er ohne denselben und bei verständiger Würdigung der Sachlage seine Erklärung nicht abgegeben hätte.

Unter den gleichen Voraussetzungen, wie die auf Irrtum beruhende, ist die etwa durch Boten oder Telegraphenamt unrichtig übermittelte Erklärung anfechtbar (wenn z. B. statt „verkaufen" übermittelt wird „kaufen"). — Den Irrenden bzw. die Erklärung Abgebenden trifft aber im Falle der Anfechtung eine Ersatzpflicht, § 704.

*§ 675.

Ein Irrtum dagegen, der eine nach der Verkehrsanschauung unwesentliche Eigenschaft von Sache oder Person oder sonstige Voraussetzungen des Geschäfts betrifft, hat keinen Einfluß auf dessen Bestand, mag er auch bei einer Partei den entscheidenden Beweggrund zum Abschluß gebildet haben. Z. B. der Käufer nimmt irrtümlich an, der betreffende Jahrgang sei durch besondere Güte ausgezeichnet oder er werde den Wein günstig weiterverkaufen und schließt deshalb den Vertrag ab, ohne jedoch bezüglich dieses Umstandes eine Bedingung (§ 678) in denselben aufzunehmen.

Ist jedoch der Irrtum, welcher eine Partei zum Geschäftsabschluß bestimmte, durch arglistige Täuschung (dolus) hervorgerufen worden, dann kann der Getäuschte ohne Rücksicht auf die Art seines Irrtums den Vertrag anfechten. Ebenso wenn eine Partei widerrechtlich durch Drohung zum Geschäftsabschluß gezwungen worden ist. (Dagegen bei physischer Überwältigung, vis absoluta — es wird jemandem zwangsweise die Hand geführt zur Unterzeichnung — kommt überhaupt kein Geschäft zustande; s. § 232.)

†§ 676.

Sind beide Teile darüber einig, daß sie ihre Erklärungen über den Verkauf nur zum Scheine abgeben (etwa um den Wein der drohenden Pfändung durch Gläubiger des Weinhändlers zu entziehen), so kommt kein gültiger Vertrag zustande (Nichtigkeit „simulierter" Geschäfte).

Schwierigkeiten macht die Behandlung einer nur im Scherz abgegebenen Erklärung, welche der Adressat für Ernst nimmt.

Hier (wie sonst) führt die „Willenstheorie“ zu anderem Ergebnis wie die „Erklärungs- (Vertrauens-) theorie“. Während erstere die Erklärung, weil sie dem Willen des Erklärenden nicht entspricht, nichtig sein läßt, betont letztere das Verkehrsinteresse und den Standpunkt des Empfängers der Erklärung und fragt danach, ob dieser sie als eine ernsthafte aufgefaßt hat und den Umständen nach so auffassen durfte: dann soll der Erklärende an sie gebunden sein. B. nähert sich in diesem Falle mehr der ersten Auffassung. Die Härte, welche in der Nichtigkeit der Erklärung für den Adressaten liegen kann, sucht es auszugleichen durch Zubilligung eines Anspruchs auf das „negative Vertragsinteresse“ (§ 677). — Über Mentalreservation § 257.

*§ 677.

Wenn die vom Verkäufer versprochene Leistung von Anfang an unmöglich war — es stellt sich heraus, daß der Wein bereits zur Zeit der Vertragsberedung ausgelaufen war — so kommt ein bindendes Geschäft überhaupt nicht zustande, der Kauf ist „nichtig“.

Es erhebt sich hier aber die Frage, ob nicht diejenige Partei, welche die Unmöglichkeit der Leistung hätte kennen sollen, den Schaden ersetzen muß, den die andere durch ihr Vertrauen auf die Gültigkeit des Geschäfts erleidet. Eine solche Haftung für das von Jhering sogen. „negative Vertragsinteresse“ (wegen „culpa in contrahendo“, s. § 696) ist im B. für diesen Fall ausdrücklich ausgesprochen.

*§ 678.

Das Zustandekommen eines gültigen Kaufs kann durch die Beteiligten an besondere Bedingungen geknüpft sein. So an die Bedingung einer schriftlichen Aufzeichnung des Vertrags. Oder an die Bedingung, daß der Käufer nach einer Probe den Wein billigen werde (Kauf „auf Probe“).

Solange solche Bedingungen nicht erfüllt sind, bleibt der Vertrag in der Schwebe; erst mit ihrem Eintritte wird er vollendet und äußert seine Wirkungen dann im allgemeinen so, als wäre er jetzt als unbedingter abgeschlossen; es sei denn, daß die Parteien der Erfüllung „rückwirkende Kraft“ (auf den Zeitpunkt des Abschlusses des bedingten Vertrags) verleihen wollten.

Ebenso wie eine solche aufschiebende (Suspensiv-) kann auch eine Resolutivbedingung vereinbart werden, bei deren Eintritte (z. B. bei nicht rechtzeitiger Zahlung des Kaufpreises) der Kaufvertrag wieder aufgelöst werden und das Kaufobjekt an den Verkäufer zurückfallen soll.

*§ 679.

Eine der Parteien kann gebunden sein, ehe noch ein gültiger Vertrag vorliegt. So der Verkäufer bei dem Kauf auf Probe. So ist vor allem jede Partei, welche einer abwesenden einen „Antrag" (eine „Offerte") zu einem Vertrag macht, gemäß der modernen Rechtsentwicklung (im Gegensatz zu dessen Widerruflichkeit nach röm. R.) an denselben so lange gebunden, bis unter normalen Verhältnissen eine Antwort des Empfängers bei ihr einlaufen kann, obgleich ein Vertragsschluß meist erst mit dem rechtzeitigen Eintreffen einer Annahmeerklärung zustande kommt.

Dagegen eine anwesende Partei — und das ist auch die durch Telephon angesprochene — muß sich auf einen Antrag sofort erklären. — Für die Wirksamkeit der Annahme- (wie überhaupt einer Willens-)Erklärung gegenüber einem Abwesenden ist also nicht der Zeitpunkt der Kenntnisnahme des Empfängers entscheidend (die ja beliebig verzögert werden könnte), sondern ihres „Zugehens". Vielfach bedarf es aber nach der Verkehrssitte zum Zustandekommen eines Vertrags gar keiner solchen Annahmeerklärung gegenüber dem Antragenden, sondern der Annahmewille kann sich durch konkludente (schlüssige) Handlungen äußern. So liegt im Aufschneiden des vom Buchhändler zur Ansicht zugesandten Buches ohne weiteres die Annahme des Verkaufsantrags; im Absenden der bestellten Waren die Annahme des Kaufantrags.

†§ 680.

Der Kaufvertrag kann auch von einem Stellvertreter der Partei auf Grund einer Vollmacht in ihrem Namen abgeschlossen werden (z. B. von einem Reisenden des Weinhändlers) mit der gleichen Wirkung, als habe die vertretene Partei selbst gehandelt, so daß sie unmittelbar und sie allein aus dem Vertrage berechtigt und verpflichtet wird.

Seit dem 17. Jahrh. steht die grundsätzliche Zulässigkeit der „direkten Stellvertretung" bei Rechtsgeschäften im gemeinen R. gewohnheitsrechtlich (unter Einfluß des kanon. R.) fest; ausgenommen sind nur bestimmte Geschäfte, namentlich des Familien- und Erbrechts. Dem röm. R. war sie dagegen im allgemeinen fremd (per liberam personam adquiri nobis non potest), weil infolge des Erwerbs durch Sklaven und Hauskinder eher entbehrlich. —

Hat jemand ohne Vollmacht für mich Wein bestellt, so werde ich nur im Falle nachträglicher Genehmigung dem Verkäufer verpflichtet, anderenfalls haftet diesem bloß der Handelnde selbst auf Erfüllung oder Ersatz. Zuweilen erlangt aber ein solcher Geschäftsführer ohne Auftrag (negotiorum gestor) Ersatzansprüche gegen denjenigen, dessen Interesse und mutmaßlichen Willen sein Handeln entsprach.

*§ 681.

2. Nach römischem Recht äußerte der zum Abschluß gebrachte, „perfekte" Vertrag sofort Wirkungen bezüglich der Frage, wer die Gefahr zufälligen Untergangs und zufälliger Verschlechterung des Gegenstandes zu tragen habe, indem diese beim Spezieskauf (§ 672) schon mit dem Vertragsschluß auf den Käufer überging, so daß er bei späterem Eintritte solcher Ereignisse doch den vollen Kaufpreis zahlen mußte.

B. dagegen läßt die Gefahr regelmäßig erst mit Übergabe des Gegenstandes übergehen. Bei Grundstücken jedoch schon mit der etwa vorhergehenden Umschreibung im Grundbuch, und bei Mobilien, welche der Verkäufer dem Käufer zuzusenden sich verpflichtet hat, mit deren Absendung bzw. Auslieferung an Spediteur oder Frachtführer.

Wenn also der abgesandte Wein unterwegs infolge unvorhersehbarer Zufälle liegen bleibt und unter der Einwirkung der Hitze verdirbt, so hat der Käufer diese „Transportgefahr" zu tragen, d. h. er muß trotzdem den vereinbarten Kaufpreis zahlen.

*§ 682.

War der Gegenstand des Kaufs nur nach Art und Maß bestimmt, so ist seine nachträgliche Individualisierung notwendig. Diese vollzieht sich aber gerade durch die in § 681 Abs. 2 bezeichneten Akte, so daß nach B. beim Genuskauf die Gefahr im gleichen Zeitpunkt übergeht wie beim Spezieskauf.

†§ 683.

Vom Zeitpunkte der Übergabe bzw. Eintragung ab gebühren dem Käufer die Nutzungen des Kaufgegenstandes — so daß in der Regel wenigstens periculum und commodum rei gleichzeitig auf ihn übergehen — wie ihm andrerseits die Lasten (z. B. Gebäudesteuern) jetzt obliegen.

†§ 684.

Das Eigentum am Kaufgegenstand ging auch nach römischem Recht noch nicht mit dem Vertragsschlusse über, sondern frühestens mit der Tradition.

Nach B. erwächst aus dem perfekten Kaufvertrag für den Verkäufer die Verpflichtung zur Übertragung des Besitzes wie zur Verschaffung des Eigentums und also zur Teilnahme an den hierzu erforderlichen Übereignungsakten (Auflassung und Umschreibung im Grundbuch bei Grundstücken § 603, Tradition bei Mobilien § 602, f. § 659 A.).

Nach römischem Recht mußte zur Tradition die Zahlung oder Kreditierung des Preises hinzukommen, damit das Eigentum überging. Nach B. ist ein Eigentumsvorbehalt des Verkäufers trotz Übergabe der Sache bis zur Zahlung des Preises bei Mobilien zulässig, muß aber besonders ausbedungen werden; die Auflassung dagegen kann nicht unter einer Bedingung erfolgen (§ 661 i. f.). — Gehört die Sache dem Verkäufer nicht, so ist nach B. der Verkauf deshalb nicht ungültig. Sofern der Käufer hier einer „Eviktion" (Entwehrung) der Sache durch deren wahren Eigentümer ausgesetzt ist (f. jedoch § 608 f.), haftet ihm der Verkäufer wegen des „Mangels im Rechte."

†§ 685.

Der Verkäufer hat dem Käufer das Eigentum auch frei von Lasten, wie Pfandrechten und Servituten, zu verschaffen und haftet deshalb ebenfalls, so oft (f. aber § 608 f., 621) ein Dritter an der Sache ein solches Recht gegen den Käufer geltend machen kann.

Desgleichen muß er Gewähr leisten wegen Mängel in der physischen Beschaffenheit der Sache, welche deren Wert oder Gebrauch wesentlich beeinträchtigen, außer wenn der Käufer diese beim Vertragsabschlusse kannte oder nur aus grober Unachtsamkeit übersah.

Andernfalls kann der Käufer ihretwegen Preisminderung oder „Wandelung" (Rückgängigmachung des Vertrages) oder beim Genus-Kauf eine mangelfreie andere Sache verlangen.

*§ 686.

Der Käufer hat den Kaufpreis zu zahlen und von dem Zeitpunkt an, wo ihm die Nutzungen des Kaufgegenstandes gebühren (§ 683), den noch nicht gezahlten zu verzinsen.

Ferner kann er nach B. auf Abnahme der vertragsmäßig beschaffenen Sache verklagt werden, woran der Verkäufer unter Umständen erhebliches Interesse hat, z. B. wegen Kostspieligkeit der Aufbewahrung (Tiere) oder Gefährlichkeit der Sache (Sprengstoffe).

So oft eine Schuld nach Gesetz (Abs. 1; § 689 i. f.) oder Vereinbarung zu verzinsen ist, beträgt nach B. der Zinsfuß 4%; nach gem. R. u. heute bei beiderseit. Handelsgeschäften 5%. Jedoch können höhere Zinsen bedungen werden, sofern nur nicht der Tatbestand des Wuchers (§ 254) vorliegt. (Grundsatz der „Zinsfreiheit" allgem. anerkannt seit Nordd. Bundesges. v. 67, im Gegensatz zu den früheren Zinsbeschränkungen oder gar dem kanon. Zinsverbote.)

*§ 687.

Die bezeichneten Wirkungen des Vertrags können infolge besonderer Abmachungen mannigfache Modifikationen erleiden.

So kann ausgemacht werden, daß der Verkäufer während des Transportes der Sache noch die Gefahr tragen, oder der Käufer die auf dem Grundstücke lastenden Hypotheken übernehmen soll; oder dem Käufer eine Zahlungsfrist bewilligt werden in dem Sinne, daß er den „gestundeten" Preis erst bestimmte Zeit nach Übergabe der Sache und dann ohne Zinsberechnung zu zahlen braucht.

*§ 688.

Die bezeichneten Wirkungen können ferner durch das Verhalten eines Beteiligten nach dem Vertragsschlusse modifiziert werden.

Wenn der Verkäufer den Wein zur vereinbarten Zeit oder trotz erfolgter Mahnung nicht liefert, so hat der Käufer — nach der gegenüber dem gem. R. strengeren Behandlung des in „Erfüllungsverzug" (mora solvendi) geratenen Schuldners im B. — ein dreifaches Wahlrecht: Er kann neben der nachträglichen Lieferung Schadensersatz wegen Verspätung verlangen, oder die verspätete Lieferung zurückweisen und statt ihrer Schadensersatz wegen Nichterfüllung fordern (dies aber in der Regel erst nach Ablauf einer dem Schuldner gewährten Nachfrist), oder schließlich (gleichfalls nach Gewährung einer billigen Nachfrist) vom Vertrag ganz zurücktreten.

Selbst unverschuldete nachträgliche Unmöglichkeit der Leistung befreit den in Verzug befindlichen Schuldner nicht mehr (perpetuatio obligationis, s. § 669 i. f.).

†§ 689.

Verweigert umgekehrt der Käufer die Annahme der rechtzeitig in vertragsmäßiger Beschaffenheit angebotenen Sache (mora accipiendi), so wird die Verantwortlichkeit des Verkäufers gemildert zur Haftung für dolus und lata culpa, die Gefahr zufälligen Verderbs geht auf den Käufer über und der Verkäufer darf den Wein für Rechnung desselben öffentlich versteigern lassen.

Mit dem Annahmeverzug des Käufers verbindet sich regelmäßig ein Erfüllungsverzug desselben in bezug auf seine Verpflichtungen (§ 686): dann erhält der Verkäufer zugleich das entsprechende Wahlrecht wie nach § 688 der Käufer. — Eine Geldschuld trägt kraft Gesetzes „Verzugszinsen".

*§ 690.

Ist der Käufer etwa ein Wirt, der den Wein zum Zweck des Weiterverkaufs erwirbt, so kommen die in mancher Richtung eigentümlichen Bestimmungen des Handelsgesetzbuchs über den „Handelskauf" zur Anwendung.

III. Die Verpflichtung zum Schadensersatz.

*§ 691.

Jemand kann verpflichtet sein, den Schaden, den ein anderer erlitten hat, zu ersetzen,

I. weil er dies vertragsmäßig übernommen hat (wie dies durch Abschluß eines Versicherungsvertrags geschieht),

II. unter gewissen Voraussetzungen, weil er den Schaden verursacht hat.

Die letzteren Fälle sind ihrer Bedeutung und der Schwierigkeiten wegen, die sich bei ihnen ergeben, hier näher zu betrachten.

Eine Ersatzpflicht in Geld ist in B. wie im gem. R. grundsätzlich nur in bezug auf Vermögensschaden anerkannt — aber nicht bloß für die positive Vermögenseinbuße, sondern auch für Vereitelung eines wahrscheinlichen Gewinns (damnum emergens und lucrum cessans) — nicht dagegen bei Verletzung anderer Lebensgüter, für immateriellen Schaden wie Ehrenkränkung, ausgestandene Schmerzen und Angst ꝛc. B. kennt von diesem Grundsatz nur einzelne bestimmte Ausnahmen: bei Körperverletzung, Freiheitsberaubung, qualifizierter Verführung kann eine billige Geldentschädigung auch für den „ideellen" Schaden zugesprochen werden. (S. außerdem über eine in gewissen Fällen im Strafprozeß zu erlangende „Buße" § 792.) Anders unbedenklich die französ. Praxis in bezug auf jeden „dommage moral" (vgl. Zink, Ermittlung des Sachverhalts im französ. Zivilprozeß 60).

*§ 692.

Derjenige, der den Schaden verursacht hat, kann zur Ersatzleistung verpflichtet sein:

1. weil er mit schuldhafter Verletzung von Rechtsvorschriften gehandelt, m. a. W. den Schaden verschuldet hat,
2. weil die Unternehmung, welche die Schädigung herbeiführte, seine Unternehmung war, deren Kosten (gleichviel bei wem sie zunächst zur Erscheinung kommen) im Ergebnis billigerweise auf seine Rechnung zu setzen sind.

*§ 693.

1. Bei der Frage, ob eine Schädigung verschuldet sei, kommt im allgemeinen sowohl Vorsatz wie Fahrlässigkeit in Betracht.

§ 262 ff. Grundsätzlich macht auch jeder Grad von Fahrlässigkeit verantwortlich (schon nach röm. R.: in lege Aquilia et levissima culpa venit); anders z. T. innerhalb bestehender Vertragsverhältnisse (§ 697). — Eine Abstufung der Ersatzpflicht je nach Art und Grad des Verschuldens (wofür Ihering „Schuldmoment", Degenkolb, Dernburg) lehnt B. (im Gegensatz z. preuß., französ., schweiz. R.) ab. Dagegen durch eigene Mitschuld des Geschädigten kann die Ersatzpflicht beschränkt oder aufgehoben werden.

*§ 694.

Es gibt jedoch Fälle, wo nur die vorsätzliche, nicht auch die fahrlässige Herbeiführung des Schadens verantwortlich macht.

Wenn z. B. jemand, in geschäftlichen Angelegenheiten um Rat gefragt, fahrlässigerweise einen schlechten Rat gibt und hierdurch den Fragenden in Schaden bringt, so entsteht hieraus in der Regel keine Ersatzpflicht. Eine derartige Fahrlässigkeit schließt kein Verschulden im Sinne des Rechts (keine Rechtsverletzung im

Sinne von § 260) in sich. Der Fragende mochte prüfen, welcher Wert dem Rate beizumessen sei. Anders, wenn der Befragte vorsätzlich den anderen irreführte und in Schaden brachte (etwa durch arglistige Empfehlung eines bankrotten Menschen zum Kassierer).

Auch für fahrlässig gegebenen schädlichen Rat kann sich jedoch eine Verantwortlichkeit aus dem zwischen den Beteiligten bestehenden Vertragsverhältnis ergeben, so wenn ein Rechtsanwalt oder ein Auskunftsbureau gegen Entgelt Rat oder Empfehlung erteilen. Hier erscheint eine Ersatzpflicht sachlich als wohl gerechtfertigt, weil Fragender und Ratgeber sich nicht in gleicher Lage befinden, sondern der erstere in einer geistigen Abhängigkeit erscheint, welche die Verantwortlichkeit des letzteren erhöht (s. § 698).

*§ 695.

Wer dagegen eine fremde Sache beschädigt oder zerstört, oder die Gesundheit eines anderen verletzt, der haftet für Ersatz sowohl bei Vorsatz wie bei Fahrlässigkeit.

Ebenso hat derjenige, der durch Verbreitung falscher Tatsachen den Kredit eines anderen schädigt, den nachweislich verursachten Schaden zu ersetzen, mag er die Unwahrheit wissend (vorsätzlich) oder in gutem Glauben (welcher Fahrlässigkeit nicht ausschließt) behauptet haben.

Bei bloßer Fahrlässigkeit in letzterem Falle nach B. freilich nicht unbedingt, nämlich dann nicht, wenn an der unrichtigen Mitteilung er oder der Empfänger ein „berechtigtes Interesse" hatte. Hier fordert eben eine Berücksichtigung einerseits das Interesse, welches der Verkehr speziell an der Lebensfähigkeit der Auskunftsbureaus hat, andererseits das Interesse des Einzelnen an einem Schutze gegen Schädigung durch unwahre Mitteilungen; vgl. darüber R. Merkel in der zu § 700 zit. Schrift S. 223 ff.

*§ 696.

Das Gleiche (Haftung für Fahrlässigkeit) gilt im allgemeinen in Vertragsverhältnissen, sowie bei der Begründung von solchen.

Wer in Vertragsverhältnissen steht, der soll zusehen, daß er nicht, sei es durch Nichterfüllung seiner Verbindlichkeiten, sei es durch die Art und Weise ihrer Erfüllung die Interessen der anderen Partei verletze; wer Verträge eingeht, daß nicht aus unbedachten Anerbietungen oder Aufforderungen oder aus ihrer mangelhaften Formulierung Verletzungen des anderen hervorgehen. Wer dies vorsätzlicher- oder fahrlässigerweise versäumt, der haftet für den dadurch verursachten Schaden.

Die Fälle einer Fahrlässigkeit bei Eingehung von Verträgen waren speziell dem römischen Recht gegenüber Gegenstand von Kontroversen. Weder bezüglich des Umfangs der Haftbarkeit noch hinsichtlich dieser selbst bestand Übereinstimmung. Auch B. enthält hierüber keine allgemeinen Vorschriften; über hierher gehörige Fälle s. § 676 f. Daß eine Haftung hier sachlich gerechtfertigt ist, wird sich nicht bestreiten lassen. — Ihering, culpa in contrahendo, in seinen Jahrb. IV, 1, aber auch „Schuldmoment" A. 73 über die beschränkte Anwendbarkeit der Theorie der c. in c. In der Tat läßt sich z. B. die Ersatzpflicht desjenigen, der eine unrichtig übermittelte Erklärung anficht (§ 674), nicht schlechthin auf eine c. in c. zurückführen, da ihm häufig gar kein Verschulden zur Last fällt. Dennoch ist eine Ersatzpflicht auch letzterenfalls wohl begründet, im B. auch allgemein anerkannt. Über das ihr zugrunde liegende „objektivere Prinzip" s. § 704 ff. R. Merkel in der zu § 700 zit. Schrift S. 170.

*§ 697.

In verschiedenen Vertragsverhältnissen ist jedoch Aufmerksamkeit und geistige Anspannung zugunsten der Interessen des anderen in verschiedenem Umfange gefordert, und demgemäß der Maßstab, nach welchem zu entscheiden ist, ob eine verantwortlich machende Fahrlässigkeit vorliege, ein verschiedener.

Ein höheres Maß von Aufmerksamkeit ist u. a. gefordert in Kauf- und Mietverhältnissen, von demjenigen, der eine fremde Sache geliehen, oder die Besorgung fremder Angelegenheiten freiwillig übernommen hat. Ein geringeres Maß (bloß diligentia quam suis rebus adhibere solet) von demjenigen, der aus Gefälligkeit unentgeltlich die Aufbewahrung einer fremden Sache übernommen hat, von Gesellschaftern im Verhältnis zueinander; nur für grobe Fahrlässigkeit (lata culpa) steht der Verleiher, der Schenker ein.

§ 698.

Bei der Abgrenzung dieses Maßes durch das objektive Recht machen sich folgende Gesichtspunkte geltend:

a) das Recht fordert eine größere Aufmerksamkeit dort, wo bei dem Handelnden ein eigenes Interesse an dem Geschäfte vorauszusetzen ist, sei es nach der allgemeinen

Natur des Geschäfts (Kauf, Miete, Leihe), sei es nach den Umständen des einzelnen Falls (der Betreffende hat sich z. B. zu dem Geschäfte gedrängt);

b) das Recht fordert eine größere Aufmerksamkeit dort, wo sie nach der allgemeinen Natur des Geschäfts oder nach den Umständen des einzelnen Falls konkludenterweise **in Aussicht gestellt** ist. Ersteres ist z. B. bei demjenigen anzunehmen, der einen Auftrag zur Besorgung fremder Geschäfte übernimmt, weshalb der Mandatar trotz Unentgeltlichkeit seiner Tätigkeit auch für levis culpa haftet.

In gleichem Umfange ist verpflichtet, wer **ohne** Auftrag (und ohne dringenden Anlaß) fremde Geschäfte führt (negotiorum gestor). Er verspricht zwar nichts, aber in seiner Handlung finden wir gleichwohl konkludenterweise den Willen zum Ausdruck gebracht, die der Natur des Geschäfts entsprechende Sorgfalt anzuwenden.

Bei der Frage, was in solchem Sinne in geschäftlichen Verhältnissen **als stillschweigend zugesagt** anzusehen sei, macht das in § 705 entwickelte Prinzip sich geltend. Es übernimmt z. B. jemand die Pflege eines Kranken, ohne daß speziellere Beredungen über die von ihm geforderte diligentia erfolgen. Hier kommt bezüglich der letzteren der Umfang in Betracht, in welchem der Handelnde das Wohl des Kranken erkennbarerweise von seiner diligentia abhängig gemacht hat. Als stillschweigend zugesagt gilt hier daher alle Sorgfalt, welche die Natur der Krankheit erfordert, und welche, wenn jener nicht als Pfleger eingetreten wäre, von anderen prästiert werden würde. Der entscheidende Grund seiner Verpflichtung zu dieser Sorgfalt liegt freilich nicht in dieser angenommenen (fingierten) Zusage, sondern in der realen Bedeutung der Handlung, mit Rücksicht auf welche wir eine solche Zusage annehmen.

§ 699.

2. Das Recht kann nicht alle Handlungen und Unternehmungen verbieten, welche mit Gefahren oder Nachteilen für andere verbunden sind, denn häufig überwiegt ihre positive Bedeutung für menschliche Interessen diese Übel.

An Stelle des Verbotes solcher Handlungen und Unternehmungen läßt das Recht in solchen Fällen vielfach ein Gebot nachträglicher Ausgleichung des etwa durch sie verursachten Schadens treten.

§ 700.

Der Verschiedenheit der in Betracht kommenden Fälle entsprechend zeigen die einschlagenden gesetzlichen Bestimmungen mannigfache Verschiedenheiten, sowohl hinsichtlich der spezielleren Voraussetzungen, wie hinsichtlich des Umfangs der Ersatzpflicht.

Zugleich aber macht das Recht in dieser Richtung in ungewöhnlichem Maße den Eindruck des Unfertigen. Und nicht minder gilt dies von der Wissenschaft in ihrer Beziehung auf diese Materie. Der einheitliche Gesichtspunkt, welcher allen jenen Fällen gegenüber trotz deren Verschiedenheit eine gleichmäßige Geltung in Anspruch nimmt (§ 692 sub 2, 705, 708), ringt in ihr noch um seine Anerkennung.

Seit Erscheinen der ersten Auflage dieses Buches (85) hat das bedeutsame Problem der Schadensersatzpflicht in der Litteratur lebhafte Beachtung gefunden. Vgl. insbes. Mataja, R. des Schadensersatzes v. Standp. d. Nationalökonomie 88 u. im Archiv f. b. R. I. Steinbach, Grundsätze des heut. R. über den Ersatz v. Vermögensschäden 88. Unger, Handeln auf eigene Gefahr, 2. A. 93. H. auf fremde Gefahr 94. Rudolf Merkel, Die Kollision rechtmäßiger Interessen u. die Schadensersatzpflicht bei rechtmäßigen Handlungen (im Hinblick auf den 2. Entw. des B.) 95. Sjögren in Jherings Jahrb. Bd. 35, 96. Max Rümelin, Gründe der Schadenszurechnung u. Stellung des B. zur obj. Schadensersatzpfl. 96 (dazu R. Merkel in d. Zeitschr. f. d. ges. Handelsrecht Bd. 47). Der Zufall im R. 96. Jung, Delikt u. Schadensverursachung 97. Endemann, Rechtswirkungen der Ablehnung e. Operation 93. Degenkolb, im Arch. f. d. civ. Pr. 76, 1. Neumann, Proleg. zu e. Syst. des Vermögensrechts 03 c. II. Sperl, Schadenersatzr. nach B., in Österr. Gerichtszeitung 02. Burckhardt, Revision des Schweizer. Schadensersatzr. 03. Trog, L. v. d. rechtswidrigen Handlung in d. nord. R.wissensch., in Liszts Zeitschr. 03, 150. — Litt. zu § 707.

§ 701.

Es kommen hierbei in Betracht:

a) Handlungen und Unternehmungen, welche ihrer allgemeinen Natur nach mit bestimmten Gefahren für andere verbunden sind (§ 702 ff.) und

b) bewußte Benachteiligungen anderer (§ 706 f.).

Beispiele sollen die Natur beider Kategorien veranschaulichen und auf den Grundgedanken hinführen, der bei ihrer Behandlung zur Anwendung kommt.

*§ 702.

ad a) Der Betrieb von Fabriken, Bergwerken und anderen industriellen Unternehmungen pflegt mit Gefahren nicht bloß für die Arbeiter, sondern häufig auch für die Nachbarschaft oder das Publikum überhaupt verbunden zu sein. Gleichwohl sind solche Betriebe erlaubt.

Es verknüpft sich jedoch mit ihnen unter bestimmten Voraussetzungen eine Haftpflicht für eingetretenen Schaden, ohne daß dem Unternehmer, welchem die Pflicht auferlegt wird, eine Verschuldung nachgewiesen zu werden braucht.

Insbesondere ist dies häufig der Fall, wo eine fahrlässige Handlung eines Angestellten die nächste Ursache des Schadens gebildet hat.

S. z. B. Reichs-Gewerbeordnung § 26; Haftpflichtges. § 2. — Man vergleiche die Haftpflicht des Reeders für Schaden, welchen eine Person der Schiffsbesatzung einem Dritten durch ihr Verschulden in Ausführung ihrer Dienstverrichtungen zufügt. — Ferner die Haftung des Herrn eines Tieres oder des Reiters für den Schaden, welchen das Tier anrichtet, wie solche im B. (wie schon vorher im französ. R.) ohne Rücksicht auf Verschulden ausgesprochen ist. (Auch die allgem. Ersatzpflicht des Jagdberechtigten für Wildschaden.) — Der Haftpflicht in diesen Fällen ist ihrer Begründung nach verwandt die weitgehende der Eltern, Lehrherrn, Erzieher, Irrenärzte, Dienstherrschaft für Handlungen der unter ihrer Aufsicht stehenden Personen, sowie des Geschäftsherrn (commettant) für Schaden, den seine Gehilfen in Ausführung der ihnen übertragenen geschäftl. Verrichtungen Dritten zufügen, nach französ. Recht. B. läßt diese Personen von ihrer Haftbarkeit sich befreien durch Nachweis ihrer Schuldlosigkeit (oder fehlenden Kausalzusammenhanges zwischen ihrem Verhalten u. dem Schaden); damit ist gegenüber dem gem. R., welches den Beweis eigenen Verschuldens des in Anspruch Genommenen (insbes. einer culpa in eligendo oder custodiendo) vom Geschädigten verlangte, wesentlich nur die Beweislast umgekehrt. Dagegen in Vertragsverhältnissen muß der Schuldner für Versehen der zugezogenen Hilfspersonen bei der Vertragserfüllung heute ebenso einstehen wie für eigene, unabhängig davon, ob ihn selbst ein Vorwurf trifft. —

Ebenso gehört hierher die Haftung juristischer Personen (§ 189) für Schädigungen Dritter durch ihre Vorstände und andere Vertreter innerhalb des diesen zustehenden Geschäftskreises, wie sie im B. Anerkennung gefunden hat. (Ob diese Haftung von den „Motiven" als mit dem „Verschuldungsprinzip" im Einklang stehend angesehen wurde u. deshalb keine bewußte Abweichung von demselben enthält, beweist nichts gegen ihre Unterordnung unter den hier bezeichneten Gesichtspunkt; dies gegen die Krit. in Gruch. Beitr. Bd. 45). Speziell auch die in manchen Gesetzgebungen statuierte Haftpflicht des Staates für eine durch seine Beamten rechtswidrig verhängte Gefangenschaft, Beschlagnahme von Preßerzeugnissen oder sonstige Fälle rechtswidriger Anwendung der vom Staate anvertrauten Machtmittel unter Verhältnissen, wo die betroffenen Personen durch die staatlichen Einrichtungen selbst sich außer Stand gesetzt sehen, die Verletzung ihrer Rechte abzuwehren. Diese Frage der Haftung des Staates für den durch seine Beamten in Ausübung einer ihnen anvertrauten öffentlichen Gewalt verursachten Schaden hat B. dem Landesrecht überlassen. Manche Ausführungsges. zum B. haben eine solche, z. T. primär (so in Baden), z. T. subsidiär hinter dem verantwortlichen Beamten (so in Elsaß-Lothr.), ausgesprochen.

*§ 703.

Ähnliches gilt von dem Betrieb einer Eisenbahn.

Wird durch den Betrieb jemand verletzt, so haftet der Unternehmer für den entstandenen Schaden, auch wenn weder ihm selbst noch einem Untergebenen ein Verschulden nachgewiesen werden kann; er beweise denn, daß „höhere Gewalt" (vis maior) oder eigenes Verschulden des Verletzten dessen Schädigung herbeigeführt habe. (Haftpflichtgesetz.)

In gleicher Weise haftet er für Verlust und Beschädigung von Frachtgut (Handelsgesetzb.); desgleichen die Post für Beschädigung eines Reisenden sowie Verlust von Einschreibsendungen, Briefen mit Wertangaben und Paketen (Postges. v. 71). — Die gleiche strenge Haftung bis zur höheren Gewalt kannte bereits das röm. R. für Gastwirte hinsichtlich der von den Gästen eingebrachten Sachen; ebenso B. — Entsprechend wie für die Eisenbahn sollte diese schärfere Haftung auch in bezug auf den in neuerer Zeit so häufig durch Automobile angerichteten Schaden gesetzlich festgesetzt werden. (Vhdlgen. des 25. Juristentages 03; des preuß. Herrenhauses 04). Über „höhere Gewalt" u. a. Goldschmidt in Zeitschr. f. Handelsr. 3, 79 u. 16, 328; objektive Auffassg.: Exner, Begriff der h. G. im röm. u. heut. Verkehrsrecht 83. Über die unsichere Abgrenzung u. praktische Unbrauchbarkeit des Begriffs: Vhdlgen. des 22. Juristentages, insb. IV, 93. R. Merkel, l. cit. 208 ff.— § 266, 704 i. f.

*§ 704.

Wer andere beauftragt, bestimmte Geschäfte für ihn zu besorgen, der müßte nach dem gleichen Gedanken den Schaden ersetzen, welchen jene durch die Ausführung des Auftrags erleiden, auch wenn die Schädigung nicht von ihm vorhergesehen wurde noch werden konnte, eine Verschuldung also nicht bei ihm vorliegt.

Gegenüber dem älteren Recht wie auch gegenüber dem B. macht freilich die Begründung der hier geforderten und (in der Beschränkung auf Fälle normalen, nicht rein singulären Zusammenhanges zwischen Auftrag und Schaden) sachlich wohl gerechtfertigten Ersatzpflicht Schwierigkeiten; vgl. hierüber R. Merkel, l. cit. 160 ff. Für eine Reihe anderweitiger Fälle im Bereiche des geschäftlichen Verkehrs hat eine Verantwortlichkeit von dem nämlichen Charakter in verschiedenartiger Gestaltung Anerkennung gefunden: So bei dem Verkäufer für verborgene Mängel der Kaufsache unter Umständen, wo ihm keinerlei Fahrlässigkeit nachgewiesen, auch eine vertragsmäßig übernommene Haftung nicht angenommen werden kann; jedoch nur in Gemäßheit des § 685 A., während eine Verpflichtung des Verkäufers (z. B. schadhafter Weinfässer oder eines mit ansteckender Krankheit behafteten Tieres) zu Schadensersatz sich nach B. nicht allgemein, jedenfalls nicht ohne Schuldnachweis, wird begründen lassen. Dagegen ein Vermieter haftet auf Ersatz für jeden bei Vertragsschluß vorhandenen Mangel des Mietobjektes, auch wenn ihn keine Schuld trifft.

Insbes. aber ist im B. demjenigen eine Ersatzpflicht unabhängig von einem Verschulden auferlegt, der wegen seines Irrtums ein Geschäft anficht (§ 674). Ebenso demjenigen, dessen Erklärung durch Versehen von Boten, Telegraphenbeamten oder anderen Mittelspersonen, oder aus beliebigen sonstigen Ursachen (während noch der 2. Entwurf die Fälle „höherer Gewalt" ausnehmen wollte) unrichtig übermittelt wurde, auch wenn ihn keinerlei Vorwurf dabei trifft. Bei allen derartigen Irrungen, bezüglich welcher eine Verschuldung nicht erwiesen werden kann, ergibt sich die Frage, wer ihr Risiko zu tragen habe, eine Frage, welche eine prinzipiell begründbare Antwort nur in dem Sinne finden kann, daß es derjenige sei, von welchem, was geschah, überhaupt und hinsichtlich der benutzten Mittel und etwaigen Gehilfen abhängig war.

§ 705.

In den hervorgehobenen Fällen bringt das Recht den Gedanken zum Ausdruck, daß derjenige, von welchem eine bestimmte Wirksamkeit ausgeht, und von dessen Willen und bzw. Interesse deren Gestaltung abhängt, dafür aufkommen soll, daß dieselbe sich mit dem Wohle der anderen vertrage, sei es durch Verwirklichung der Bedingungen, unter welchen eine Schädigung anderer als ausgeschlossen erscheint, sei es, wo dies nicht ausführbar ist, durch nachträgliche Ausgleichung eines entstandenen Schadens (vgl. § 243).

* Derjenige, von dem die Existenz eines Unternehmens, sowie der Geist und die Formen desselben abhängen, ist, soweit dies der Fall, naturgemäß dafür verantwortlich, daß dasselbe sich mit den legitimen, rechtmäßigen Interessen andrer vertrage, so gewiß jeder für seine Wirksamkeit und deren Einklang mit den vom Rechte geschützten Interessen einzustehen hat. Darin liegt, daß er einerseits auf die Vermeidung von Schädigungen Dritter durch das Unternehmen, und andrerseits auf eine

Ausgleichung dennoch eintretender Schädigungen bedacht sein soll. Vorbeugende und ausgleichende Maßregeln fallen hier durchaus unter den gleichen Gesichtspunkt, den Gesichtspunkt der Herstellung von Bedingungen, unter welchen das Unternehmen mit dem Wohle der anderen verträglich ist. Wem unter solchen Umständen das Risiko eines Unternehmens als zu hoch erscheint, der mag von demselben abstehen. Keinesfalls kann er die Gerechtigkeit dafür anrufen, daß dies mit seinem Unternehmen verknüpfte Risiko ihm von andern abgenommen und ihm so die Möglichkeit gesichert werde, seine Interessen auf Kosten anderer zur Geltung zu bringen. Wir bedürfen hiernach, um die Ersatzpflicht in den hervorgehobenen Fällen prinzipiell begründen zu können, weder einer wirklichen noch einer fingierten Verschuldung, genau so wenig wie für die Begründung der Forderung, daß als notwendig erkannte Vorsichtsmaßregeln von dem Unternehmer zur Ausführung gebracht und aus seiner Kasse bestritten werden. —

In der Wissenschaft hat man meist bezüglich dieser Ersatzpflicht den Gesichtspunkt einer Verschuldung festhalten zu müssen geglaubt und geradezu den Satz aufgestellt: „ohne Schuld keine zivilrechtliche Verantwortlichkeit", sich damit aber um die Möglichkeit gebracht, einerseits ein volles Verständnis der einschlagenden Rechtsbestimmungen zu gewinnen, andrerseits auf die Fortbildung dieser Seite des Rechts einen fördernden Einfluß auszuüben. Denn von diesem Gesichtspunkt aus ist ein richtiger Maßstab für die Feststellung der Voraussetzungen, sowie des Umfangs der Haftpflicht und überhaupt für eine richtige Normierung derselben nicht zu gewinnen. Und was hier die Annahme einer wirklichen Verschuldung nicht leistet, das ist selbstverständlich auch nicht mit der Krücke einer bloßen Schuldfiktion zu erreichen, „einer unwiderleglichen praesumtio culpae", mit welcher die Praxis sich häufig zu helfen gesucht hat. In den betreffenden Fällen ist nicht darauf zu achten, ob im einzelnen Falle die Schädigung des andern vorhergesehen und abgewendet werden konnte, sondern darauf, ob sie aus dem Unternehmen hervorging, und darauf, inwieweit das Unternehmen durch und für die betreffende Person existiert. —

In den betreffenden Fällen ist ferner mit der einfachen Bestimmung, daß die Haftpflicht den ganzen Schaden (das „Interesse") umfasse, nicht durchzukommen. Vielmehr sind hier wegen der Vielartigkeit und Kompliziertheit der in Betracht kommenden Kausalverhältnisse mannigfache Beschränkungen, Abstufungen und Teilungen der Haftpflicht gefordert. So haftet der Reeder in dem erwähnten Falle (§ 702) nur mit Schiff und Ladung; so ist die Haftpflicht der Post (§ 703) eine begrenzte. Ferner entspricht dem hier vertretenen Gesichtspunkte in manchen Verhältnissen eine bloß subsidiäre Haftbarkeit, wo von dem Gesichtspunkte der Verschuldung aus auch eine solche nicht zu begründen sein würde.

Als völlig unhaltbar hat sich die herrschende Auffassung insbesondere bezüglich der Frage der Haftpflicht juristischer Personen für schuldhafte Handlungen ihrer Vertreter erwiesen. Da bei diesen juristischen Personen die Möglichkeit einer Verschuldung verneint wird, so ergibt sich aus jener Ansicht die Konsequenz, daß eine Haftpflicht derselben hier überall zu verneinen sei, eine Konsequenz, deren man sich einerseits vergeblich zu erwehren gesucht hat, und welche man doch andrerseits als schlechthin unannehmbar erkennen mußte (s. § 702).

Wenn die Haftpflicht von einer Verschuldung in der Person eines Dritten abhängig gemacht wird (wie diejenige des Fabrikanten im Haftpflichtges. vom Verschulden einer Aufsichtsperson, wie diejenige des Reeders 2c.), so tritt darin das Bedürfnis nach einem für die Abgrenzung der Haftungsfälle brauchbaren bestimmten und allgemein verständlichen Merkmal hervor. Aber es sind damit keineswegs alle Fälle umfaßt, wo eine Haftpflicht sich nach dem hier aufgestellten Gesichtspunkte begründen läßt. Daher spielt denn auch bei den Erörterungen der Frage, inwieweit die Unternehmer als haftpflichtig in bezug auf die Unfälle in Fabriken zu behandeln seien, dies Merkmal gegenwärtig keine Rolle. (Vgl. die in den deutschen Arbeiterversicherungsgesetzen den Unternehmern auferlegten Leistungspflichten, § 384). Dagegen ist hierbei vielfach im Einklang mit dem im Texte entwickelten Gedanken die Ansicht vertreten worden, daß „das Risiko für die Unfälle . . die Industrie, d. i. der Unternehmer tragen" müsse, da der Arbeiter hier nur als abhängiges Glied eines großen Ganzen, „fast nur als ein Teil einer Maschine" erscheine. Und es bricht sich die Überzeugung Bahn, daß diese Haftpflicht völlig zu sondern sei von der auf eine Verschuldung sich gründenden, und neben dieser eine selbständige Behandlung zu finden habe.

Man hat das Prinzip, auf welches in den betrachteten Fällen die Haftpflicht zu gründen sei, in dem öffentlichen Interesse finden wollen und also der Haftung „aus Schuld" die Haftung „aus dem Gesamtinteresse" an die Seite gestellt. Darin aber liegt ein Mißverständnis. Ohne Zweifel ist hier das öffentliche Interesse im Spiele, aber nicht in andrer Weise als bei der auf eine Verschuldung gegründeten Haftpflicht. Das öffentliche Interesse steht hinter allen Rechtsbestimmungen. Die Frage ist, welche besonderen Gesichtspunkte den allgemeinen Interessen gemäß bei der Statuierung und Abgrenzung der Haftpflicht zur Anwendung kommen. Dies aber sind einerseits der Gesichtspunkt der Verschuldung, andrerseits der hier vertretene, den wir in Ermangelung einer besseren Bezeichnung den Gesichtspunkt der Kausalität (oder des „aktiven Interesses", s. u. § 708) nennen können.

§ 706.

ad b) **Eine wissentliche, gleichwohl aber erlaubte Schädigung fremder Güter liegt vor, wenn ein Schiffer in einer Seegefahr einen Teil der Schiffsladung über Bord wirft, um das Schiff und den Rest der Ladung zu retten.**

Aber mit der Handlung verknüpft sich eine (beschränkte) Ersatzpflicht auf der Seite derjenigen, als deren Vertreter der Schiffer gehandelt hat und deren Güter durch die Handlung gerettet worden sind.

* Diesen Bestimmungen des Seerechts sind ihrer Begründung nach verwandt die Landesgesetze über die Entziehung von Privateigentum im öffentlichen Interesse (Enteignung, Expropriation) gegen Entschädigung

des Expropriierten. Auch die Haftpflicht für Benachteiligungen von Grundeigentümern durch Benutzung ihrer Grundstücke zu Truppenübungen gehört hierher.

*§ 707.

Wer in einer Lebensgefahr (man denke an eine Überschwemmung oder Feuersbrunst) sich durch Handlungen rettet, welche eine Schädigung fremden Eigentums enthalten, begeht kein Unrecht. Das Recht kann uns vernünftigerweise nicht gebieten, den Tod einer Beschädigung fremder Sachen vorzuziehen. Aber die Umstände, welche hier eine Schuld ausschließen, sprechen keineswegs gegen die Entstehung einer Ersatzpflicht des Handelnden.

Dem römischen Recht gegenüber macht die Begründung einer Ersatzpflicht in Fällen eines solchen Notstands allerdings Schwierigkeiten. Daß aber ein Ausschluß der Ersatzpflicht hier sachlich unbefriedigend ist, darüber kann wohl kein Zweifel sein.

Im Einklang mit der im Text vertretenen Auffassung erklärt jetzt B. einen in derartiger Notlage erfolgenden Eingriff in eine fremde Vermögenssphäre für erlaubt (s. den Hauptfall ob. in § 595 Anm.), erkennt hier also ein Notrecht an, legt aber gleichwohl (wenigstens in gewissem Umfang in § 904, anders schon wieder in § 228) dem Handelnden eine Ersatzpflicht auf.

R. Merkel l. cit. v. Tuhr, Notstand im Zivilrecht 88. Moriaud, De la justification du délit par l'état de nécessité, Genève 89. Titze, Notstandsrechte im B. und ihre geschichtl. Entwicklung, 97 (dazu R. Merkel in d. Krit. Viertelj.schr. 41). Ötker, Über Notwehr und Notstand nach B. 03.

*§ 708.

In diesen sub b) erwähnten Fällen liegen Interessenkollisionen vor, bezüglich welcher sich folgende zwei Erwägungen geltend machen:

1. Es erscheint vom Standpunkte des Ganzen aus betrachtet als wünschenswert, daß das bedeutsamere Interesse triumphiere. Handlungen, durch welche dies bewirkt wird, können daher vernünftigerweise nicht im Namen dieses Ganzen verboten werden. [Dieser gleiche Gedanke liegt aber doch auch den Fällen sub a) in §§ 702, 703 zugrunde, während die Fälle in § 704 lediglich unter den Gesichtspunkt der Ziff. 2 fallen. Man kann diesen Gedanken wohl formulieren als den Gesichtspunkt des „**überwiegenden Interesses**", R. Merkel l. cit. 49 ff.]

2. Es entspricht der Gerechtigkeit, daß derjenige, dessen Interesse in solchen Fällen triumphiert, denjenigen, auf dessen Kosten dies geschieht, soweit möglich schadlos halte. Geben wir dieser Erwägung die allgemeinere Fassung, daß jeder die Kosten der Geltendmachung seiner Interessen tragen soll, so springt es in die Augen, daß sich ihr auch der in § 705 formulierte Gedanke und somit die Gesamtheit der in den §§ 701—707 in Betracht gezogenen Bestimmungen subsumiere (s. § 692 sub 2). [Haftungsprinzip des „aktiven Interesses", R. Merkel l. cit. 144 ff.] —

Der aufgestellte Gesichtspunkt hat eine Bedeutung für zahlreiche gesetzgeberische Probleme. Hier sei noch eines derselben hervorgehoben. Es betrifft die Entschädigung unschuldig verurteilter und bestrafter, sowie unschuldig während längerer Zeit in Untersuchungshaft gehaltener Personen. Daß eine solche Entschädigung dem Gerechtigkeitsgefühle des deutschen Volkes in der Gegenwart entspricht, und zwar auch in solchen Fällen, wo niemandem eine Verschuldung nachgewiesen werden kann, darüber ist wohl kein Zweifel möglich. Daß man gleichwohl solange gezögert hat, die Forderungen dieses Gefühles in Reichsgesetzen zu praktischem Ausdruck zu bringen, das hat seinen Grund teilweise (wenn auch keineswegs allein) darin, daß man dieselben dogmatisch-juristisch nicht zu begründen wußte. In der Tat ist von der bisher herrschend gewesenen Meinung aus, daß eine Entschädigungspflicht überall nur auf eine Verschuldung gegründet werden könne (§ 705 A.), zu keiner Rechtfertigung und zu keinem Verständnis jener Forderungen zu gelangen, während auf dem hier vertretenen Standpunkte beides uns von selbst zufällt. Der Staat kann die ihm in bezug auf Bestrafung der Verbrecher gestellte Aufgabe nicht lösen, ohne daß vielfach die gegen diese gewendeten Waffen Schuldlose treffen. Die letzteren tragen hier unfreiwillig einen Teil der Unkosten, von deren Bestreitung die Erreichung der staatlichen Zwecke abhängt. Ganz ähnlich wie derjenige, der sein Gut hergeben muß, weil der Staat es für seine Zwecke braucht (§ 706 A.). Nur daß im letzteren Falle der Eigentümer sofort schadlos gehalten werden kann (und nach posit. R. schon im voraus entschädigt werden muß), während dem unschuldig Verurteilten nur hinterdrein, nachdem eine günstige Fügung die Wahrheit ans Licht gebracht hat, eine Vergütung gewährt werden kann, welche überdies die wichtigeren in Betracht kommenden Güter (Gesundheit, Freiheit, Ehre) nie völlig auszugleichen vermag. In dieser ungünstigeren Lage des unschuldig Verurteilten ist aber doch wahrlich kein Grund dafür zu finden, ihn nicht in den Grenzen des Möglichen nach dem gleichen Maße zu behandeln, wie jenen Eigentümer, und nicht auch ihn für die Güter, welche er den staatlichen Interessen opfern mußte, zu entschädigen. Vgl. jetzt Reichsgesetz betr. die Entschädigung (freilich nur des Vermögensschadens, s. § 691 A.) von unschuldig verurteilten Personen v. 20. Mai 98. Neuestens (04) auch Gesetzentwurf über eine solche für unschuldig erlittene Untersuchungshaft.

Vgl. über die sub III behandelten Fragen außer der zu § 700, 707 zit. Litt.: E. Löning, Haftung des Staates aus rechtswidr. Handl. s. Beamten nach d. Privat- und Staatsrecht 79. Anschütz, Ersatzanspr. aus Vermögensbesch. durch rechtmäß. Hdhabg. der Staatsgewalt 97. Rupp, Modernes R. u. Verschuld. 80. Pfaff, Zur L. von Schadensersatz u. Genugtuung nach österr. R. 80. Ergänzung dazu 81. v. Weinrich, Haftg. wegen Körperverletzg. u. Tötung 2 A. 02. Feder, Verantwortlichk. f. fremdes Versch. nach B. 02. — G. Meyer, Recht der Expropriation 68. Grünhut, Enteignungsrecht 73. — Geyer, Über die den unschuldig Angeklagten od. Verurteilten gebühr. Entsch. 82. Vhdlgen des 16. Juristentages. A. Merkel, Referat auf dem 22. Juristentag (Sammlung 759).

Fünfter Abschnitt.

Das Familienrecht (Familienrecht im e. S. und Familiengüterrecht).

---

§ 709.

Das Familienrecht enthält zahlreiche Rechtssätze von schlechthin zwingender Natur (§ 99). Die Gründe davon sind zu suchen:

a) zum Teil in den Interessen der Familienglieder;

b) zum Teil in öffentlichen Interessen, welche bei der Ordnung der Familienverhältnisse als unmittelbar beteiligt erscheinen (§ 94).

Scheurl, Das gemeine d. Eherecht 81 f. Entwicklg. d. kirchl. Eheschließgsr. 77. Lehrbücher des Kirchenr. § 849. Sohm, R. der Eheschließg. 75. Trauung u. Verlobg. 76. Friedberg, Verlobg. u. Trauung 76. Bechmann, Röm. Dotalr. 63/7. Martitz, Ehel. Güterr. des Sachsenspiegels 67. R. Schröder, Gesch. des ehel. Güterrechts in D. 63/74. Ehel Güterr. des B. 3. A. 00. Hubrich, Ehescheidg. in D. 91. A. Schmidt, Ehescheidg. u. richterl. Ermessen 00. K. Lehmann, Elterl. Gewalt u. Vermögensr. des heut. Europa, in Iher. Jahrb. 25. Opet, Verwandtschaftsr. des B. 99. Kraut, D. Vormundschaft des deutschen R. 35/59. Dernburg-Schultzenstein, D. Vormundschaftsr. d. preuß. Monarchie 3. A. 86. Komm. zum B. von A. Schmidt; Opet-Blume.

§ 710.

ad a) Die Interessen der Beteiligten werden in diesen Verhältnissen in so umfassender und intensiver Weise berührt, die

Personen selbst erscheinen hierbei in so großer Abhängigkeit voneinander und sind zugleich in so verschiedenem Maße befähigt, ihre Interessen im Verhältnis zueinander zu wahren, daß ein schützendes Eingreifen mittels unbedingt zwingender Normen den Aufgaben entspricht, welche dem modernen Staate in bezug auf seine Angehörigen gestellt sind.

Manche Bestimmungen dieses Rechtsteils bezwecken teils allein, teils zugleich den Schutz der Schwächeren unter den Beteiligten, d. i. der Frauen und vornehmlich der Kinder. Indem das Recht dem Familienhaupte jenen gegenüber gemäß den natürlichen Verhältnissen eine gewisse Macht zuerkennt, sorgt es zugleich durch zwingende Normen dafür, daß diese Macht nicht mißbraucht werde.

Das moderne Recht bildet in diesem Punkte einen Gegensatz zu dem älteren germanischen und vollends dem römischen Rechte. Diese gewährten dem Familienhaupte eine nahezu unumschränkte Gewalt über seine Hausgenossen (die Munt, mundium; patria potestas, manus mariti).

Während der moderne Staat sich zu allen in das gleiche unmittelbare Verhältnis setzt, alle gleichmäßig unter seine Gewalt und Obsorge stellt, ist in dem älteren Staate ein Teil dieser jetzt staatlichen Gewalt und Obsorge bei der Familie und ihrem Haupte. Will man den hier bestehenden Gegensatz zu einem scharfen und freilich übertreibenden Ausdruck bringen, so kann man sagen, daß der moderne Staat sich aus Individuen, jener ältere Staat aus Familien und bzw. Familienverbänden zusammensetze.

§ 711.

ad b) Die Art, wie die Familienverhältnisse sich gestalten, berührt die Grundlagen des staatlichen Lebens, dessen Kraft und Einheit davon abhängig sind, daß ihre Ordnung im Einklang mit den sittlichen Volksanschauungen und den Bedürfnissen des Staates steht.

Mit dem Rechte konkurrieren in diesem Bereiche in besonders bedeutsamer Weise die übrigen ethischen Mächte, und die Grenzen, in welchen es sich diesen gegenüber hier bewegt, und bzw. in welchen es Sitte, Moral und Religion überläßt, ihre Macht bei der Gestaltung dieser Verhältnisse ohne Gewähr und ohne Kontrolle von seiner Seite zu betätigen, sind charakteristisch für die allgemeine Stellung des Rechts zu diesen Mächten. Speziell gilt dies für das Verhältnis des Rechts zur Religion und zu den kirchlichen Einrichtungen.

*§ 712.

Das Familienrecht war in Deutschland in manchen Beziehungen schon vor dem B. einheitlich geregelt (insbes. durch das

Reichsgesetz über die Beurkundung des Personenstandes und die Eheschließung vom 6. Februar 1875), während es zum größeren Teil dem Partikularrechte angehörte. Mit Inkrafttreten des B. ist es grundsätzlich gemeines Recht geworden.

*§ 713.

Dasselbe hat zu Gegenständen:

1. die Ehe,
2. die Verhältnisse zwischen Eltern und Kindern,
3. diejenigen zwischen Vormündern und Bevormundeten,
4. die Verhältnisse auf Grund von Verwandtschaft und Schwägerschaft als solcher.

*§ 714.

1. Das **Eherecht** hat die Begründung und die Auflösung der Ehe, sowie die Gestaltung der persönlichen und der Vermögensverhältnisse der Gatten während ihres Bestandes zum Gegenstande.

Die Ehe ist im Sinne des modernen Rechts eine Verbindung zweier Personen verschiedenen Geschlechts von ausschließendem Charakter, bei welcher die erklärte Absicht auf eine dauernde Lebensgemeinschaft gerichtet und welche der staatlichen Anerkennung teilhaftig ist.

Ein Verhältnis kann die übrigen Merkmale haben, aber der staatlichen Anerkennung entbehren. Man denke z. B. an ein Konkubinat, oder an eine nach dem staatlichen Rechte nichtige, von den Beteiligten aber für gültig angesehene Ehe.

†§ 715.

Vorbereitet wird die Ehe durch das Verlöbnis, einen Vertrag, welcher den künftigen Abschluß einer Ehe zum Inhalt hat. Nach B. ebenso wie nach römischem Recht kann aus ihm nicht auf Eingehung der Ehe geklagt werden, seine Erfüllung auch nicht durch das Versprechen einer Strafe indirekt erzwungen werden. Dagegen trifft denjenigen Verlobten, der ohne erweislich triftigen Grund das Verlöbnis löst, eine Ersatzpflicht.

*§ 716.

Vormals war die staatliche Anerkennung der Ehe von der Mitwirkung kirchlicher Organe bei deren Begründung abhängig. Bei Katholiken war (seit dem Tridentiner Konzil 1545/63) die Erklärung des Eheschließungswillens vor dem zuständigen Pfarrer und zwei Zeugen für die Entstehung der Ehe entscheidend; bei Protestanten die Zusammensprechung der Verlobten durch einen Geistlichen (zuerst als übliche, später als notwendige Form; letzteres u. a. nach preuß. Landrecht, hier aber auch für Katholiken). Kirchliche Trauung im Gegensatze zur Ziviltrauung.

Gegenwärtig ist in Deutschland die Mitwirkung der Kirche bei Begründung der Ehe, gemäß einer fortschreitenden Auseinandersetzung zwischen dem staatlichen Rechte und der Kirche, auf eine bloß kirchliche Bedeutung zurückgeführt.

*§ 717.

Jetzt muß die Erklärung des beiderseitigen Eheschließungswillens notwendig persönlich und bei gleichzeitiger Anwesenheit der Verlobten vor einem staatlichen Beamten, dem „Standesbeamten", erfolgen. (Grundsatz der „obligatorischen Zivilehe", durchgeführt zuerst in Frankreich, in Deutschland durch das zit. Reichsgesetz von 75 und aufrechterhalten im B.)

Vgl. Vhdlgen des Reichstags, Sten. Ber. Sess. 95/97 S. 2012 ff., 2870 ff. — „Obligatorische" Zivilehe genannt, weil sie die rechtlich allein verbindliche, ausschließliche gesetzliche Form ist, nicht bloß eine „fakultative Zivilehe", die den Brautleuten wahlweise an Stelle der kirchlichen zur Verfügung gestellt wäre.

Nach dem Personenstandsgesetz wurde die Ehe begründet durch den an die Erklärung der Verlobten sich anschließenden Ausspruch des Standesbeamten, daß sie nunmehr kraft Gesetzes rechtmäßig verbundene Eheleute seien. Nach Auffassung des B. dagegen kommt die Ehe bereits durch die Erklärungen der Verlobten selbst zustande, nur daß diese Erklärungen wesentlich „vor" einem Standesbeamten abgegeben werden müssen und dieser zu ihrer Entgegennahme „bereit" sein muß. Es genügt sonach nicht seine bloß passive Assistenz, wie nach dem Tridentiner Konzil diejenige des Geistlichen.

*§ 718.

Die Wirksamkeit der Eheschließung ist an besondere Bedingungen gebunden.

Die „Ehehindernisse" zerfallen ihrer rechtlichen Bedeutung nach in impedimenta „dirimentia", „trennende", welche die Unwirksamkeit der geschlossenen Ehe im Wege ihrer gerichtlichen Nichtigkeitserklärung auf erhobene Klage hin herbeiführen; und impedimenta „impedientia tantum", bei deren Vorliegen zwar eine Ehe nicht geschlossen werden soll, die trotzdem geschlossene aber gleichwohl wirksam ist.

Das kanon. R. hat eine Fülle von Ehehindernissen ausgebildet, von welchen aber z. gr. Teile Dispense zulässig sind. Das moderne staatliche R. erkennt nur eine eng begrenzte Zahl von solchen an; für einige sieht es ebenfalls eine Befreiung (durch staatliche Behörden) vor.

Beisp. von imp. dirimentia: nahe Verwandtschaft (aber nur noch in gerader Linie u. zw. Geschwistern); Bestehen einer älteren Ehe (Doppelehe, Bigamie, nichtig u. strafbar); ferner ist die Ehe zwischen Ehebrechern nichtig 2c. — Irrtum über die nach dem Wesen der Ehe erheblichen persönl. Eigenschaften des anderen Teils oder Betrug auch über sonstige erhebliche „Umstände" (ausgeschl. Vermögensverhältnisse).

Übrigens hat die Auffassung der Bedeutung mancher Ehehindernisse in der Gesetzgebung gewechselt. So bildete Eheunmündigkeit — beim männlichen Geschlecht jetzt bis zur Volljährigkeit (§ 728), beim weiblichen bis zum voll. 16. Lebensjahre — früher ein imp. dirimens, nach B. nur noch ein imp. impediens. Ein anderes imp. imp.: Die „Wartezeit" einer Frau 10 Monate lang nach Auflösung ihrer früheren Ehe.

*§ 719.

Der Bestand der Ehe ist heute (im Gegensatz zum alten R.) der Willkür der Ehegatten entzogen, vielmehr ihre Auflösung nur aus gesetzlich bestimmten Gründen zugelassen.

Diese Auflösungsgründe sind erst durch B. gemeinrechtlich geregelt worden, und zwar ist mit einziger Ausnahme der (3 jähr. unheilbaren) Geisteskrankheit eines Gatten stets ein schweres Verschulden auf einer Seite (insb. Ehebruch) Voraussetzung einer Scheidung.

In Frankreich ist 1816 die Scheidung ganz beseitigt worden. Aber die üblen Folgen dieses gesetzgeb. Experimentes führten 84 zu ihrer Wiedereinführung („loi Naquet". Naquet, le divorce. Avignon 82). Gegenwärtig wird ihre Zulässigkeit in Italien lebhaft erörtert.

†§ 720.

Neben der eigentlichen „Scheidung" der Ehe dem rechtlichen Bande nach sieht B. aus den gleichen Gründen eine bloße Aufhebung der ehelichen Gemeinschaft ohne gleichzeitige Lösung des rechtlichen Bandes vor, eine „Trennung von Tisch und Bett", während welcher die Eingehung einer neuen Ehe ausgeschlossen ist.

Hierin liegt ein Entgegenkommen gegenüber der Lehre der katholischen Kirche, welche eine Scheidung vom Bande der Ehe (wegen ihrer Sakramentsnatur) nicht zuläßt.

Die Trennung von Tisch und Bett darf aber nur mit beiderseitigem Einverständnis der Gatten an die Stelle der Scheidung treten und kann auch nachträglich auf Verlangen jedes Teiles in eine Scheidung umgewandelt werden.

†§ 721.

Scheidung wie Trennung von Tisch und Bett können heute nur auf Klage eines Gatten gegen den anderen hin durch gerichtliches Urteil ausgesprochen werden.

Dagegen eine Scheidung auf Grund gegenseitiger Einwilligung der Gatten, wie sie unter verschiedenartigen Förmlichkeiten und Einschränkungen besonders bei kinderlosen Ehen partikularrechtlich zugelassen war, hat die Mehrheit der beim B. mitwirkenden Gesetzgebungsfaktoren ausschließen zu sollen geglaubt. Ebenso ist ein landesherrliches Scheidungsrecht ausgeschlossen.

Das Scheidungsurteil muß sich stets über die Schuldfrage (§ 719) aussprechen, weil den schuldigen Gatten Rechtsnachteile treffen: Unterhaltspflicht gegenüber dem anderen, Verlust des Rechts auf den Namen des Mannes 2c.

*§ 722.

Bei der Ordnung der persönlichen Verhältnisse der Ehegatten geht das moderne Recht vom Grundsatz der Gleichberechtigung aus. Die Frau steht unter keiner Vormundschaft des Mannes oder eheherrlichen Gewalt mehr und wird in ihrer Geschäftsfähigkeit durch die Verheiratung nicht mehr (wie noch nach französ. R.) eingeschränkt. Andererseits ist aber auch die Frau gegenüber dem bedürftigen Mann unterhaltspflichtig.

Jedoch steht dem Mann in den Angelegenheiten des gemeinschaftlichen ehelichen Lebens (z. B. bei Bestimmung von Aufenthalt, Wohnung, Einrichtung des Haushaltes) die ausschlaggebende Stimme zu, sofern sich seine Entscheidung nur nicht als Mißbrauch seines Rechtes darstellt.

Eine allgemeine Vertretungsmacht ist im B. für keinen Gatten anerkannt, aber innerhalb ihres häuslichen Wirkungskreises verpflichtet die Frau kraft ihrer „Schlüsselgewalt" durch ihre Geschäfte den Mann.

Die Eheleute sind sich gegenseitig zur Lebensgemeinschaft verpflichtet.

*§ 723.

Die Rechtsbestimmungen, welche die Vermögensverhältnisse der Ehegatten betreffen, sind im Gegensatze zu den die persönlichen Verhältnisse regelnden bloß dispositiver Natur (§ 99), sie bestimmen lediglich, was in Ermangelung vertragsmäßiger Bestimmungen gelten soll, und wie die in einem etwaigen Ehevertrag getroffenen Vereinbarungen im Zweifel auszulegen und zu ergänzen sind.

In solchem Sinne kommen in Deutschland verschiedene Systeme eines ehelichen Güterrechts zur Anwendung.

*§ 724.

Die wichtigsten unter diesen Systemen sind:

1. Die bloße „Verwaltungsgemeinschaft", bei welcher das Vermögen der Gatten dem Rechte nach getrennt bleibt, aber der Verwaltung und Nutznießung des Mannes unterstellt wird, welcher dafür den ehelichen Aufwand zu tragen hat. Nach ihrer Beendigung hat der Mann die Substanz des Frauenguts herauszugeben und ist für dessen Verwaltung verantwortlich. Der Überschuß der ehelichen Wirtschaft gebührt dem Mann, wie er andererseits die Gefahr eines Defizits trägt, denn das Frauengut soll hier „weder wachsen noch schwinden".

B. hat diese sog. Verwaltungsgemeinschaft als „gesetzliches Güterrecht“ angenommen in dem Sinne, daß, wenn die Gatten nicht in einem Ehevertrag (vor oder auch noch während der Ehe) ein anderes System gewählt und auch durch Eintragung in das gerichtliche „Güterrechtsregister“ für jedermann erkennbar gemacht haben, dieses für die Regelung ihrer Güterverhältnisse eintritt. Dabei sind jedoch wichtige Bestandteile des Vermögens der Frau, insb. ihr selbständiger Erwerb, von der Verwaltung und Nutznießung des Mannes ausgeschlossen (ihr „Vorbehaltsgut“), und zu Verfügungen über das seiner Verwaltung unterliegende übrige Frauengut (ihr „Eingebrachtes“) bedarf der Mann meist ihrer Zustimmung.

2. Bei der allgemeinen Gütergemeinschaft wird das Vermögen der Ehegatten in allen Teilen gemeinschaftlich. Dieses „Gesamtgut“ steht unter Verwaltung des Mannes, welcher daraus den ehelichen Aufwand bestreitet. Nach ihrer Beendigung wird der etwaige Überschuß des Gesamtguts, welcher nach Bezahlung der gemeinschaftlichen Schulden verbleibt, hälftlich verteilt zwischen den Ehegatten (bzw. dem Überlebenden und den Erben des Verstorbenen).

Bei Vorhandensein gemeinschaftlicher Abkömmlinge besteht jedoch nach B. regelmäßig die Gemeinschaft zwischen diesen und dem überlebenden Gatten fort („fortgesetzte Gütergemeinschaft“).

3. Die Systeme der teilweisen Gütergemeinschaft, nach welchen nur gewisse Güter gemeinsam werden, entweder nur die während der Ehe erworbenen („Errungenschafts“-) oder nur die beweglichen („Fahrnisgemeinschaft“).

4. Bei der Gütertrennung bleibt das Vermögen beider Gatten nicht nur dem Rechte nach getrennt, sondern die Frau behält auch freie Verwaltung und Genuß des ihrigen; ihre Anteilnahme am ehelichen Aufwand beschränkt sich auf einen angemessenen Beitrag, den sie dem Mann aus ihren Einkünften und ihrem Arbeitsertrag zu leisten hat.

Letzteres System entspricht im Grundgedanken dem römischen Dotalsystem (dos = das von der Frau zur Bestreitung der Ehelasten dem Mann zugebrachte Gut), ohne jedoch dessen Eigentümlichkeiten übernommen zu haben. —

*§ 725.

2. Die Eltern stehen zu den Kindern in einem Verhältnis rechtlicher Überordnung. Hierbei hat der Vater die überwiegende Stellung.

Nach römischem Recht ist er im Besitz einer weitreichenden Gewalt über dieselben (der patria potestas). B. dagegen geht zwar von einer gemeinschaftlichen „elterlichen Gewalt" aus, deren Ausübung aber steht während der Ehe normalerweise dem Vater zu.

Bei Verhinderung des Vaters aber erhält die Mutter die Ausübung und nach seinem Tode die volle Gewalt selbst bis zur ev. Wiederverheiratung. Jedoch kann ihre Stellung durch Bestellung eines Beistandes eingeschränkt werden.

*§ 726.

Während die patria potestas wesentlich im Interesse des Hausvaters begründet war, liegen nach moderner Auffassung (§ 710) Grund und Maß der elterlichen Gewalt vorzugsweise in den Interessen der Kinder.

Demgemäß haben die in ihr enthaltenen Rechte zur Kehrseite entsprechende Pflichten. Der Vater macht sich verantwortlich, wenn er in seines Kindes Angelegenheiten nicht gleiche Sorgfalt anwendet, wie in seinen eigenen. Er steht unter einer gewissen Kontrolle des „Vormundschaftsgerichts" und bedarf dessen Genehmigung zu wichtigeren Rechtsgeschäften für das Kind. Bei Verwahrlosung des Kindes kann dessen Zwangserziehung angeordnet werden.

†§ 727.

Diese elterliche Gewalt umfaßt die Sorge für die Person des Kindes — insbesondere dessen Erziehung — und die Verwaltung und Nutznießung des etwaigen besonderen Kindesvermögens, sowie in beiden Richtungen die Vertretung des Kindes nach außen.

*§ 728.

Die verschiedene Auffassung dieser Gewalt hat zu einer verschiedenen Abgrenzung ihrer Dauer geführt: Die patria potestas erstreckte sich auf die ganze Lebenszeit des Vaters, wenn er das Kind nicht vorher aus dem Gewaltverhältnis zu entlassen (emancipatio) beliebte. Nach deutschrechtlicher Anschauung wird sie durch solche Tatsachen in Wegfall gebracht, welche ein Interesse an ihrem Bestand seitens der Kinder nicht mehr als vorhanden erscheinen lassen. (Anlegung eigenen Hausstandes, Verheiratung der Töchter: Heirat macht mündig.)

Nach B. dauert sie bis zur Volljährigkeit des Kindes, welche mit vollendetem 21. Jahre eintritt, falls nicht vorher eine „Volljährigkeitserklärung" durch das Vormundschaftsgericht erfolgt.

*§ 729.

Von solchen vermögensrechtlichen Beziehungen zwischen Eltern und Kindern, welche unabhängig von der elterlichen Gewalt sind, seien hervorgehoben die gegenseitigen Unterhaltsansprüche, das Recht der heiratenden Töchter auf eine angemessene Aussteuer und die gegenseitigen erbrechtlichen Ansprüche.

†§ 730.

Ein uneheliches Kind wird in den Gesetzgebungen in verschiedenem Grade gegenüber dem ehelichen zurückgesetzt. Nach B. erhält es gegenüber der Mutter und deren Familie im allgemeinen die gleiche Rechtsstellung wie ein eheliches; gegen den Erzeuger lediglich einen Unterhaltsanspruch (bis 16. J.). Dabei ist für die Frage der Vaterschaft eine gesetzliche Vermutung aufgestellt auf Grund der erfahrungsgemäßen Dauer der Empfängniszeit. (181. bis 302. Tag vor demjenigen der Geburt.)

Der Kreis der ehelichen Kinder ist positiv verschieden abgegrenzt: stets umfaßt er solche, deren Empfängnis in die Zeit der Ehe fällt (pater est quem nuptiae demonstrant), B. bezieht aber unter Voraussetzung einer Beiwohnung des Mannes während der Empf.zeit auch bereits vor der Eheschließung empfangene, wenn nur in der Ehe geborene Kinder in denselben ein.

Das unehelich geborene Kind kann nachträglich durch Verheiratung seiner Eltern oder Ehelichkeitserklärung seitens der Staatsbehörde (früher rescriptum principis) die Rechtsstellung eines ehelichen erlangen (Legitimation).

Auch ein beliebiges fremdes Kind kann die Rechtsstellung eines ehelichen Kindes einer bestimmten Person rechtsgeschäftlich erhalten durch die „Annahme an Kindesstatt“ (Adoption), welche jedoch, um Mißbräuchen vorzubeugen, an mannigfache erschwerende Voraussetzungen (Alter des Adoptanten von 50 J. rc.) geknüpft ist und der gerichtl. Bestätigung bedarf.

*§ 731.

3. Der elterlichen Gewalt ist, insoweit dieselbe Grund und Maß in den Interessen der ihr Unterworfenen hat, die vormundschaftliche verwandt. Diese wird für unselbständige, nicht bzw. nicht mehr unter elterlicher Gewalt stehende Personen vom Vormundschaftsgericht angeordnet: für eheliche Minderjährige insbes. nach dem Tode beider Eltern, und für Volljährige im Fall ihrer Entmündigung (welche wegen Geisteskrankheit, Verschwendung und Trunksucht vom Gericht auf Antrag ausgesprochen werden kann).

Den Vormund bestellt heute stets die Vormundschaftsbehörde, sie hat aber in der Regel sich an die durch letztwillige Anordnung der Eltern oder das Gesetz bezeichnete Person zu halten.

Die Tätigkeit des Vormunds unterliegt in noch höherem Maße wie diejenige des Trägers der elterl. Gewalt (§ 726) einer Überwachung und Beschränkung durch Staat oder Familie (Vormundschaftsgericht oder Familienrat unter Vorsitz des Amtsrichters; Obervormundschaft). —

Für verschiedenartige Fälle ist eine in die Selbständigkeit der ihr Unterworfenen weniger eingreifende Form der Fürsorge in dem Institut der „Pflegschaft“ vorgesehen, welche sowohl neben elterl. oder vormundschaftl. Gewalt bei Verhinderung ihres Inhabers für einzelne Angelegenheiten eingerichtet werden kann, wie bei Fehlen der Voraussetzungen für jene (so für gebrechliche Volljährige mit deren Einwilligung).

*§ 732.

4. Verhältnisse zwischen anderen Verwandten kommen im Rechte in Betracht teils als Gründe von (Unterhalts-, erbrechtlichen) Ansprüchen, teils als solche von Beschränkungen (so bezüglich Eingehung einer Ehe), teils endlich als Gründe von Begünstigungen bei prozeßrechtlichen Verpflichtungen (so entfällt die Pflicht, Zeugnis zu geben, gegenüber nahen Verwandten) und in bezug auf gewisse Strafgesetze (so bleibt die „Begünstigung“ § 782 straflos, wenn sie einen Verwandten der Strafe entziehen soll).

Eine ähnliche Berücksichtigung findet, jedoch in geringerem Umfange, die Schwägerschaft (d. i. das Verhältnis eines Ehegatten zu den Verwandten des anderen); so bildet die Schwägerschaft in gerader Linie ein Ehehindernis.

Für Berechnung der Nähe der Verwandtschaft gilt die römische Gradzählung nach der Zahl der sie vermittelnden Zeugungen (tot gradus quot generationes).

Sechster Abschnitt.

Das Erbrecht.

*§ 733.

Wenn der Eigentümer eines Grundstücks stirbt, so wird letzteres nicht etwa herrenloses Gut, welches der Okkupation eines jeden unterliegen würde. Vielmehr tritt ein anderer, bestimmten Rechtsgrundsätzen gemäß, an die Stelle des Verstorbenen, „succediert" in dessen Recht, und das letztere besteht in seiner Person in der bisherigen Weise fort.

Gleicherweise werden weitaus die meisten Vermögensrechte und ebenso die meisten vermögensrechtlichen Verpflichtungen durch den Tod des Berechtigten bzw. Verpflichteten nicht zerstört, vielmehr durch das geregelte Einrücken anderer an des Verstorbenen Stelle unverändert aufrecht erhalten. Hierdurch werden Ordnung und Kontinuität im Bereiche der Vermögensverhältnisse und des wirtschaftlichen Lebens begründet.

Köppen, Syst. des heut. röm. Erbrechts 62/4. Lehrbuch 86/95. Schirmer, Handb. des röm. Erbr. 63. Arndts, Zivil. Schriften II, 73. Tewes, Syst. 63f. Gans, Erbrecht in weltgeschichtl. Entwicklg. 24ff. Lasalle, Syst. der erworbenen Rechte 2. A. 80. Siegel, Deutsches Erbr. nach d. R.quellen des Mittelalters 53. Unger, Syst. des österr. allg. Privatr. VI, 4. A. 94. Gruchot, Preuß. Erbr. 65ff. Mommsen, Entw. e. d. Reichsges. über das Erbr. nebst Motiven 76. Strohal, Das deutsche Erbr. auf Grdlage des B. G. B. 3. A. 03. Bernhöft, Zur Reform des Erbr. 95. Miaskowski, Das Erbr. u. die Grdeigentumsverteilg. im D. Reich 82/4. Beseler L. v. d. Erbverträgen 35/40.

§ 734.

Bei Beantwortung der Frage, welche Personen in die Rechte Verstorbener succedieren sollen, zieht das Recht die Konsequenzen:
1. aus der Rechtsstellung, welche es dem Lebenden im Bereiche der Vermögensverhältnisse einräumt;
2. aus der von ihm vorausgesetzten und sanktionierten Gestaltung der Familienverhältnisse.

§ 735.

ad 1. Der Rechtsstellung, welche das moderne Recht dem Individuum einräumt, entspricht es, daß es ihm eine Verfügungsgewalt über seine Vermögensrechte, die ihm unter Lebenden in weitestem Umfange gewährt ist, auch für den Todesfall nicht versagt, ihm vielmehr einen maßgebenden Einfluß auf das Schicksal seiner Rechte für diesen Fall zuerkennt (§ 733 ff.).

Für die in Betracht kommenden Interessen besteht hier kein Gegensatz. Dieselben Gründe, welche dem Individuum unter Lebenden eine Herrschaft über Vermögensobjekte im Sinne unseres Privatrechts einräumen lassen, sprechen für die Erstreckung dieser Herrschaft auf den Todesfall. Das Interesse, das ich habe, für ein mir näher stehendes Individuum Sorge tragen, eine Dankesschuld abtragen, von mir errungenes Vermögen in den Dienst bestimmter humaner Interessen stellen zu können, bleibt das nämliche, mag es dabei auf eine schon jetzt eintretende oder eine erst später beginnende Wirksamkeit abgesehen sein, und mag im letzteren Fall der Termin hierfür nach dem Kalender fixiert oder mit dem Zeitpunkte meines Todes in Verbindung gebracht sein. Und die Gründe, welche dafür sprechen, daß derartigen Interessen die Möglichkeit der Befriedigung zugesichert werde, sind für diese Fälle durchaus die gleichen. — Man hat bezüglich der Begründung des Rechts, letztwillige Verfügungen zu treffen, viel Mühe an selbstgeschaffene Schwierigkeiten verschwendet, und sich mit „Konstruktionen“ geplagt, für welche nur ein imaginäres Bedürfnis vorliegt.

*§ 736.

ad 2. In den erbrechtlichen Bestimmungen finden ferner einen Ausdruck die Bedeutung, welche unter gegebenen Kulturverhältnissen dem die Glieder einer Familie und resp. die Verwandten verknüpfenden Bande zukommt, sowie die rechtlichen und moralischen Verpflichtungen des Lebenden gegen seine Angehörigen.

Die Verbindlichkeit, welche in der gegebenen Gesellschaft und gemäß den sie beherrschenden sittlichen Anschauungen den Eltern zufällt, mit ihren Mitteln und ihren Verhältnissen entsprechend für das Wohl ihrer Kinder zu sorgen, wird in ihrer Tragweite nicht durch den Tod der Eltern begrenzt. Die Form, in welcher die Interessen der Kinder diesen Mitteln gegenüber zur Geltung gelangen, wird durch dies Ereignis verändert, aber die Gründe dafür, daß sie zur Geltung gelangen, bleiben dieselben. In ähnlichem Sinne treten bei anderen Angehörigen an die Stelle von Ansprüchen (rechtlicher oder auch nur moralischer Natur: so haben Geschwister nach B. keinen rechtlichen, sicherlich aber doch einen moralischen Anspruch auf Unterhalt bei Bedürftigkeit), welche sie unter gegebenen Voraussetzungen gegen den Lebenden erheben können, in gewissen Fällen erbrechtliche Ansprüche (z. B. auch der Geschwister) gegen das Vermögen des Verstorbenen.

§ 737.

Unter denjenigen, welche im Todesfalle in Rechte des Verstorbenen (des „Erblassers") succedieren, ist der „Erbe" von den etwaigen „Vermächtnisnehmern" zu unterscheiden.

*§ 738.

Der „Erbe" ist nach römischer wie nach moderner Auffassung „Universalsuccessor" („Gesamtnachfolger"), d. h. er tritt in allgemeinerer Weise an die Stelle des Erblassers im Bereiche der Vermögensverhältnisse, indem dessen Vermögen, Rechte wie Schulden (sein „Nachlaß", Erbschaft, hereditas) in der Einheit, zu welcher es durch jenen zusammengehalten war („als Ganzes" sagt B., als unversitas) auf Grund einer einzigen Erwerbstatsache auf ihn übergeht.

Es sei denn, daß über einzelne Vermögensbestandteile anderweitige gültige Bestimmungen vom Erblasser getroffen sind.

Als Universalsuccessor steht dem Erben neben den vom Erblasser auf ihn übergegangenen Einzelklagen (wie Eigentums-, auch Besitzklagen § 611 A.) eine besondere universale Erbschaftsklage zu in der hereditatis petitio („Erbschaftsanspruch" des B.), gerichtet gegen solche Besitzer von Erbschaftsgegenständen, die ein Erbrecht für sich in Anspruch nehmen. — Mit dem Begriffe der Universalsuccession steht eine Mehrheit von Erben in bezug auf dieselbe Erbschaft nicht im Widerspruch und bildet tatsächlich die Regel. Hier wird der Nachlaß als ein zunächst ungeteiltes Ganzes den „Miterben" gemeinschaftlich „zur gesamten Hand"; jeder kann allein nur über eine Quote des Gesamtnachlasses verfügen (nicht über einzelne Nachlaßgegenstände noch über einen Anteil an ihnen), und jeder kann die Teilung der Gemeinschaft fordern.

Auch succesive nacheinander können nach heutigem Recht (im Gegensatz zum römischen Grundsatz: semel heres semper heres) kraft Verfügung des Erblassers mehrere Erben in derselben Erbschaft sich folgen als **Vor- und Nacherbe** (oder Nacherben), welch letzterer bei Eintritt eines bestimmten Zeitpunktes oder Ereignisses (meistens beim Tode des Vorerben) die Erbschaft ihrem Grundstocke nach erhalten soll. Die durch solche Anordnung bewirkte Bindung des Vermögens ist aber nicht auf unbegrenzte Zeit zulässig, sondern in der Regel wird die Erbschaft frei, wenn nach 30 Jahren die Nacherbfolge noch nicht eingetreten ist.

†§ 739.

Dieser Übergang des Vermögens als Ganzem auf den Erben vollzieht sich entweder erst auf Grund eines Willensaktes desselben, durch seine „Antretung" der ihm zunächst nur angebotenen, „deferierten" Erbschaft (in welchem Falle sich ein Zwischenstadium zwischen dem Tode des Erblassers und dem Eintritt des Erben ergibt, die Zeit der „ruhenden Erbschaft", hereditas jacens) — so in der Regel nach römischem Recht — oder auf Grund des Erbfalls als solchem ohne weiteres mit dem Tode des Erblassers ohne Wissen und Wollen des Erben (der Tote erbt den Lebendigen, le mort saisit le vif) — so nach deutschem Recht und B.

In letzterem Falle jedoch vorbehaltlich des Rechts des Erben, sich binnen bestimmter Frist dieser von Rechts wegen erworbenen Erbschaft mit rückwirkender Kraft wieder zu entledigen im Wege ihrer formellen „Ausschlagung". Eine (ausdrückliche oder konkludente) „Annahme" hat hier nur die Bedeutung eines Verzichts auf das Ausschlagungsrecht.

†§ 740.

Der Übergang der Schulden des Erblassers auf den Erben würde für diesen eine Härte sein, wenn er sie, gleichwie die von ihm selbst eingegangenen, stets mit seinem eigenen (nicht zum Nachlaß gehörigen) Vermögen über den aktiven Betrag des Nachlasses hinaus decken müßte. Dies war allerdings der Standpunkt des älteren römischen Rechts. Dagegen seit Justinian — und ähnlich nach den meisten neueren Partikularrechten — ist dem Erben die Möglichkeit gewährt (beneficium inventarii), durch rechtzeitige Errichtung eines getreuen Inventars über den Nachlaß (zur Sicherung der Gläubiger) seine Haftung zu beschränken auf dessen Aktivbestand oder Wert (Benefizial-, Vorbehalts-, Vorsichtserbe).

Nach der komplizierten Regelung des B. haftet er auch bei vorbehaltloser Annahme nicht endgültig unbeschränkt, wie andrerseits die Errichtung eines Inventars allein seine Haftung nicht beschränkt. Dagegen stehen ihm verschiedene andere Wege offen, um zu einer Beschränkung der Haftung auf den Nachlaß zu gelangen: Herbeiführung der amtlichen Nachlaßverwaltung zur Befriedigung der Gläubiger, des N.Konkurses oder des gerichtl. Aufgebots der Gläubiger (hier gegenüber den sich nicht Meldenden). Jede Möglichkeit der Beschränkung der Haftung verliert er aber zur Strafe bei Versäumung der auf Antrag eines Gläubigers vom Gericht ihm gesetzten Frist zur Inventarisierung und bei absichtlich bewirkter Unrichtigkeit des Inventars.

Von Miterben haftet grundsätzlich jeder für die gemeinschaftlichen Nachlaßschulden als Gesamtschuldner (§ 649).

†§ 741.

Der Vermächtnisnehmer (Legatar) ist bloßer „Singularsuccessor": er succediert lediglich in einzelne Rechte des Verstorbenen.

Er erwirbt entweder den Gegenstand des Vermächtnisses (z. B. das Eigentum der vermachten Villa) unmittelbar mit dem Erbfall — so bei dem legatum per vindicationem des römischen Rechts — oder seine Succession ist nur eine mittelbare, indem er zunächst bloß ein Forderungsrecht gegen den mit dem Vermächtnis Beschwerten (d. i. in der Regel den Erben) erwirbt auf Leistung dieses Gegenstandes (also auf Verschaffung des Eigentums an der vermachten Villa gemäß § 603) — so stets nach B.

*§ 742.

Der Erbe wird entweder unmittelbar durch das Gesetz bestimmt: gesetzliche Erbfolge, oder durch den im Leben in rechtswirksamer Weise in der Form einer „Verfügung von Todeswegen" (Testament oder Erbvertrag § 747 ff.) ausgesprochenen Willen des Erblassers: gewillkürte Erbfolge.

*§ 743.

Wo die gesetzliche Erbfolge platzgreift, da werden die nächsten Angehörigen des Erblassers nach einer bestimmten Rangordnung zur Erbschaft berufen. Hierbei gehen stets die Abkömmlinge (Descendenten) den anderen Verwandten vor. Im übrigen, so in bezug auf das Verhältnis zwischen Ascendenten und Seitenverwandten, besteht keine Übereinstimmung.

Die Erbfolgeordnung des B. beruht auf der Einteilung der Verwandten in „Ordnungen" (Parentelen, deshalb Parentelerbfolge), wobei unter einer Ordnung die durch einen gemeinsamen Stammvater verbundenen Personen verstanden sind. Auf die 1. Ordnung der Abkömmlinge folgen demnach als 2. Ordnung die Eltern des Erblassers und deren Abkömmlinge (also Geschwister, Neffen &c. des Erblassers), als 3. seine Großeltern und deren Abkömmlinge u. s. f., ohne (was nicht zu billigen) irgend eine Abgrenzung dieser Verwandtenerbfolge. Innerhalb der drei ersten Ordnungen treten die entfernteren Abkömmlinge an die Stelle ihres nicht zur Erbschaft gelangenden Vorfahren (Repräsentations- oder Eintrittsrecht) und erhalten insgesamt den Anteil, der diesem zugekommen wäre (Erbfolge nach Stämmen, nicht nach Köpfen; also drei Kinder des verstorbenen älteren Sohnes erben $^1/_2$ neben dem jüngeren Sohne). Dagegen innerhalb der späteren Ordnungen entscheidet zur Verhütung allzu großer Zersplitterung der Erbschaft (wie sie sich in Österreich ergeben hat) schlechthin die Nähe des Grades der Verwandtschaft mit dem Erblasser (§ 720 i. f.) —

Über die Besonderheiten bei Stammgütern und geschlossenen Hofgütern § 597.

†§ 744.

Sehr verschieden war früher die gesetzliche Behandlung des überlebenden Ehegatten bei der Erbfolge. Nach römisch-gemeinem (wie nach französischem) Recht trat er hinter alle erbfähigen Verwandten des verstorbenen Gatten zurück. Partikularrechtlich dagegen (deshalb portio „statutaria") war ihm ein Erbrecht auch neben Verwandten zuerkannt, häufig in Gestalt eines lebenslänglichen Nießbrauchs am Nachlaß oder einem Teile desselben.

B. gewährt ihm ein weitgehendes Erbrecht, und zwar dem Eigentum nach, auch neben den nächsten Verwandten und läßt ihn entferntere Verwandte ausschließen. —

Wenn Verwandte und Ehegatte fehlen oder wegfallen, so gehört die Erbschaft dem Staate (Fiskus).

*§ 745.

Der gesetzlichen Erbfolge geht in gewissen Grenzen die gewillkürte vor: Jene tritt im allgemeinen nur ein, sofern nicht seitens des Erblassers durch Testament oder Erbvertrag über die Erbschaft verfügt ist.

Das ältere germanische Recht kannte die gewillkürte Erbfolge überhaupt nicht. (heredes sui cuique liberi et nullum testamentum, berichtet Tacitus von den Germanen; deus solus heredes facit.) Sie vertrug sich nicht mit der Stellung, welche der Einzelne in seiner Familie und Sippe einnahm. Auch nach Rezeption des römischen Testamentes blieb für die deutsche Anschauung doch die gesetzliche Erbfolge die natürliche und regelmäßige. Umgekehrt stellte das römische Recht die testamentarische in den Vordergrund (uti legassit super pecunia tutelave suae rei, ita ius esto; Zwölfstafelgesetzgebung 450 v. Ch.) und ließ nur subsidiär, wenn der Erblasser nicht aus einem Testament beerbt wird (si intestatus moritur) die gesetzliche (deshalb „Intestat"-)Erbfolge zu, als Ersatz und beruhend auf seinem mutmaßlichen Willen. — Es schloß die letztere sogar schon dann aus, wenn testamentarisch nur über einen Teil des Nachlasses verfügt war, indem es hier den übrigen Nachlaß gleichfalls auf den testamentarisch Berufenen übergehen ließ. Nach B. dagegen vertragen sich testamentarische und gesetzliche Erbfolge, je auf einen Teil des Nachlasses, sehr wohl nebeneinander, wenn dieses Resultat dem Willen des Testators entspricht.

*§ 746.

Das Verfügungsrecht (insonderheit die „Testierfreiheit") des Erblassers ist indessen nicht unbeschränkt. Er kann nämlich seine nächsten Angehörigen nicht völlig von der Erbschaft ausschließen, außer bei schweren Verfehlungen derselben.

Ihre von der Willkür des Erblassers unabhängigen Ansprüche sind entweder auf den Eintritt als Erben gerichtet („Noterbrecht" i. e. S.) oder lediglich auf Zuwendung eines Mindestanteils am Nachlaß, ohne daß diese gerade in Form einer Erbeinsetzung zu erfolgen braucht („Pflichtteilsrecht").

B. sichert den Abkömmlingen, den Eltern und dem Ehegatten unterschiedslos die Hälfte des Wertes ihres gesetzlichen Erbteils (§ 743) als Pflichtteil, auf dessen Auszahlung sie ein nur aus gesetzlich bestimmten Gründen entziehbares Forderungsrecht gegen die Erben haben; der Pflichtteil ist danach heute kein Erbteil, sondern eine Erbschaftsschuld. (Auch durch Schenkungen des Erblassers in seinen letzten Lebensjahren an Dritte darf er nicht verkürzt werden.) Dagegen von der Erbfolge selbst dürfen auch diese Personen ausgeschlossen, also in diesem Sinne enterbt werden. — Vhdlgen des 14. Juristentages (Gutachten von Bruns). Schultzenstein in Gruchots Beitr. 23.

*§ 747.

Das Testament ist eine einseitige, letztwillige, d. h. vom Erblasser bis zu seinem Tode widerrufliche Verfügung.

Nach römischem Recht mußte dasselbe inhaltlich wesentlich eine (gültige) Erbeseinsetzung enthalten, während für andere letztwillige Anordnungen das weniger förmliche „Kodizill" diente. Manche Partikularrechte hielten diese Unterscheidung fest, obgleich sie deutscher Auffassung und deutschem Sprachgebrauch nicht entspricht. B. unterstellt jetzt alle letztwilligen Verfügungen ohne Rücksicht auf ihren Inhalt den gleichen Regeln, mögen sie Erbeseinsetzungen oder Enterbungen, Vermächtnisse oder Auflagen, eine Vormundsernennung oder andere familienrechtliche Bestimmungen rc. enthalten.

Auch einen „Testamentsvollstrecker" zur Durchführung seiner Anordnungen (z. B. Vollziehung der Vermächtnisse, Auseinandersetzung unter Miterben) kann der Erblasser im Testament ernennen. Dieses Institut ist eine Schöpfung des deutschen Rechts.

†§ 748.

Die Gültigkeit eines Testaments ist in allen Rechtsordnungen von der Beobachtung bestimmter Formen abhängig gemacht (Zuziehung von Zeugen oder Mitwirkung des Gerichts bzw. Notars durch protokollarische Aufzeichnung des letzten Willens oder Entgegennahme der vom Testator übergebenen Urkunde, die zuweilen von ihm selbst unterschrieben oder verschlossen übergeben werden muß).

B. hat neben dem öffentlichen, d. h. dem gerichtlichen oder notariellen Testament aus dem französischen Recht das eigenhändige Privattestament übernommen, zu dessen Gültigkeit die eigenhändige Niederschrift, Datierung (Tages- und Ortsangabe) und Unterschrift erforderlich und genügend ist.

Letzteres ist erst vom Reichstag aufgenommen; es ist bequem, geheim und kostenlos, unterliegt aber wegen des Mangels jedweder Mitwirkung von Obrigkeit oder Zeugen mancherlei Bedenken. Und „la date des t. olographes a donné lieu à des difficultés sans nombre" (Laurent). Streitig ist u. a., ob das Datum richtig sein muß? M. Er. ist die Frage zu bejahen.

*§ 749.

Im Gegensatz zum römischen Recht läßt das deutsche Recht und ihm folgend B. auch eine Regelung der Erbfolge durch einen bei Lebzeiten des Erblassers (gerichtlich oder notariell) geschlossenen Vertrag zu, in welchem der andere Kontrahent oder ein beliebiger Dritter in grundsätzlich unwiderruflicher Weise zum Erben eingesetzt oder als Vermächtnisnehmer bedacht wird (Erbvertrag). Im Gebrauch ist er vornehmlich unter Verlobten und Ehegatten.

Daneben kennt B. auch einen Erbverzichtsvertrag, in welchem ein Erbberechtigter gegenüber dem künftigen Erblasser auf sein Recht verzichtet.

†§ 750.

Kommen Abkömmlinge zur Erbfolge, so müssen sie vielfach, nach älteren Rechten wie nach B., wenn auch in verschiedenem Umfange, gewisse vom Erblasser bei dessen Lebzeiten erhaltene freigebige Zuwendungen in die gemeinschaftliche Erbmasse zurückbringen oder auf ihren Erbteil sich anrechnen lassen. (Einwerfungs-Kollationspflicht des röm. R. — Ausgleichungspflicht des B.).

Besonders gilt dies von einer Ausstattung mit Rücksicht auf Verheiratung oder Begründung einer selbständigen Lebensstellung. Diese Behandlung will dem mutmaßlichen Willen des Verstorbenen gerecht werden, da bei Fehlen einer abweichenden Willensäußerung angenommen werden darf, daß solche Vorempfänge von ihm als bloße Abschlagszahlungen auf den künftigen Erbteil gemeint waren, nicht als definitive Begünstigungen vor den ihm vermutlich ebenso nahstehenden anderen Abkömmlingen.

Drittes Kapitel.

Das Strafrecht.

Erster Abschnitt.

Im allgemeinen.

§ 751.

Das Strafrecht ist derjenige Zweig des materiellen Rechts (§ 84), welcher strafbare Handlungen und deren Ahndung zum Gegenstande hat.

A. Merkel, Lehrbuch des deutschen Strafrechts (Stuttgart, Enke) 89 (dazu O. Friedmann in Grünhuts Zeitschr. 21, 675). — Die zu § 144 und 789 cit. Schriften Merkels. — Merkel, Kriminalistische Abhandlungen 67 (Bd. I Gießen, Ricker; Bd. II Leipzig, Breitkopf). Liepmann, Bedeutung A. Merkels für Strafrecht u. Rechtsphilosophie, in Zeitschr. f. d. ges. Strafrechtswissensch. 17, 638. Handb. des d. Strafr. in Einzelbeiträgen (darunter mehrere von Merkel) hrsg. von Holtzendorff 71 ff. Berner, Lehrb., 18. A. 98. Schütze, Lehrb., 2. A. 74. H. Meyer, Lehrb., 5. A. 95 (dazu Merkel, Sammlung 361). v. Wächter, Vorles.gen 81. Hälschner, Das gem. d. Strafr., I 81, II 84/7. Merkel, Über d. Strafr. v. Hälschner u. den Idealismus in der Strafrechtswissensch. (Liszts Zeitschr. I u. Sammlung 429). v. Liszt, Lehrb. 12. A. 03 (dazu Sammlg 550; Lilienthal in krit. Viertj.schr. 35). Binding, Handb. des Strafr. I, 85 (dazu Merkel in Liszts Zeitschr. 6 und Sammlung 509). Grundriß zu Vorles.gen: Allgem. Teil 6. A. 02. Besond. Teil I 2. A. 02, II 01. Die Normen (zu § 21). Finger, Lehrb. I 04. Geyer, in Holtzend. Encykl. (in 5. A. bearb. von Merkel); Wachenfeld in 6. A. Birkmeyer, Grundriß und in s. Encykl. Grundrisse von Lilienthal, Beling. — Kommentare: Olshausen, 6. A. 00. Oppenhof, 14. A. 01. Frank, 3. A. 03. v. Schwarze, 5. A. 83. Rüdorff-Stenglein, 4. A. 92. — Zeitschr.: Goltdammers „Archiv für preuß.

(seit 71 s. gem. deutsches u. preuß.) Strafr.", seit 53. „Der Gerichtssaal", seit 49. „Zeitschr. für die ges. Strafrechtswissenschaft" hrsg. v. Liszt-Lilienthal, seit 81. — Entscheidungen des Reichsgerichts in Strafsachen. Stenglein, Lexikon d. d. Strafr., nach den Entsch. d. R.gerichts 00. — Die Strafgesetzgebg. d. Gegenwart in rechtsvergleich. Darstellg, hrsg. v. der Internat. kriminalist. Vereinigung 94/98 (darin Seuffert Strafr. des d. Reiches.) — Österreich.-Strafgesetzb. von 1852 (verbess. Ausl. desj. von 1803). Lehrb. von Finger 2. A. 02. Janka 4. A. 02. Lammasch, Grundriß 99. — Vorentwurf zu e. schweizerischen Strafgesetzb. v. Stoos mit Motiven 93 u. Berichten 99 (dazu Merkel, Sammlg. 802 u. in Ztschr. für Schweizer Strafr. 94, bzw. Sammlg. 815. Stoos, Grundz. des Schweizer Strafr. 92 f. — Ortolan, Elem. d. dr. pénal 86. Garraud, Précis d. dr. crim. 87. Traité th. et. pr. 97. — Schuster, Strafr. Englands 94. Wharton, Treatise on the Crim. law. of the United Staates, Phil. 96. — Merkel, Zum Entw. eines Strafgesetzb. für Rußland (Sammlg. 484.) — Teichmann, Die norweg. Strafgesetzgeb. des J. 02.

§ 752.

Dasselbe gehört seinem heutigen Inhalte nach zum öffentlichen Recht (§ 289).

§ 753.

Die wichtigsten Bestandteile des in Deutschland geltenden Strafrechts sind in Reichsgesetzen enthalten, also gemeines Recht.

Unter den Reichsgesetzen ist das bedeutendste das Strafgesetzbuch für das Deutsche Reich (nebst Einführungsgesetz), welches im Gesamtgebiete desselben in Geltung steht seit 1. Januar 1872.

Dasselbe hat seitdem durch verschiedene Novellen (besonders 76) Abänderungen erfahren. —

Merkel, Gutachten über den Entwurf eines Strafgesetzb. für Nordd. (für d. 9. Juristentag, Sammlung 162) 71.

*§ 754.

Neben dem genannten Hauptgesetze ist vor allem wichtig das Militärstrafgesetzbuch für das Deutsche Reich, welches „militärische Verbrechen und Vergehen" betrifft, und seit dem 1. Oktober 1872 Geltung hat.

Außerdem enthalten zahlreiche speziellere Reichsgesetze strafrechtliche Bestimmungen.

Z. B. das Preß-, Sprengstoff-, Nahrungsmittel-, Personenstandsgesetz, Konkursordnung, Ges. gegen Verrat militär. Geheimnisse. Stenglein, Strafrechtl. Nebengesetze 3. A. 03. Hecker, Lehrb. des d. Militärstrafr. 87. Birkmeyer, Militärstrafr. in s. Enc.

*§ 755.

Dem gemeinen Rechte steht ergänzend partikuläres, „Landesstrafrecht", zur Seite.

Dasselbe kann sich nur noch auf solche „Materien" erstrecken, auf welche das Reichsstrafrecht sich nicht bezieht. Auch ist es hinsichtlich der Strafmittel beschränkt.

Man vgl. z. B. die partikulären Forst- und Feldpolizeigesetze.

*§ 756.

Vor Schaffung des neuen gemeinen Rechts galten in den meisten deutschen Ländern besondere Strafgesetzbücher. Der Inhalt dieser letzteren war, soweit sich nicht ein Einfluß des französischen Rechtes (code pénal Napoleons I) geltend machte, einem älteren gemeinen Strafrecht entnommen.

Die Hauptquellen dieses ehemaligen gemeinen Rechts waren das römisch-kanonische Recht und die peinliche Gerichtsordnung Kaiser Karls V. von 1532.

Diese Constitutio Criminalis Carolina (C.C.C. — die „Karolina"), welche Strafrecht und Strafprozeß umfaßte und sich ihrerseits an die Bamberger Halsgerichtsordnung des Frhrn. von Schwarzenberg eng anschloß, enthielt eine Verbindung von Elementen des einheimischen mit solchen des rezipierten fremden Rechts, und hat dadurch (trotz ihrer nur subsidiären Geltung) eine entscheidende Bedeutung für die Entwicklung des Strafrechts gewonnen.

Unter den älteren partikulären Strafgesetzbüchern verdienen Hervorhebung das bayrische von 1813, ein Werk des hervorragenden Kriminalisten Feuerbach (das übrigens 61 ersetzt wurde), und das preußische von 51, welches dem Reichsstrafgesetzbuche zugrunde liegt. Berner, Strafgesetzgebg. in Deutschland v. 1755 bis zur Gegenwart 67. v. Bar, Geschichte des d. Strafr. 82. Feuerbach, Lehrb. des gem. in D. gültigen peinl. R. 01, 14 A. v. Mittermaier 47. Wächter, Gem. R. D.'s, insb. gem. d. Strafr. 44. Geib, Lehrb. 61 f. Heffter, 6. A. 57. Berner, 1. A. des cit. Lehrb. Hälschner, Gesch. des brandenb.-preuß. Strafr. 55. Wächter, D. sächsische u. thüring. Strafr. 57. Kohler-Scheel, Krit. Ausgabe der Carolina. (Besond. Ausg. f. Stud.) 00. John, Strafr. in Nordd. z. Z. der Rechtsbücher 58. Wilda, Strafr. der Germanen 42. Mommsen, Röm. Strafr. 99. München, Kanon. Gerichtsverf. u. Strafr. 74.

§ 757.

Wir betrachten im folgenden:

1. die strafbaren Handlungen oder „Delikte“ im strafrechtlichen Sinne;
2. deren Bestrafung.

Das Wort Handlung wird hier und im folgenden, wo nicht der Unterlassungen speziell gedacht ist, in dem weiteren Sinne genommen, in welchem es auch die letzteren begreift. — Für „strafbare Handlungen“ haben wir, von dem Fremdworte Delikte abgesehen, keinen zusammenfassenden Ausdruck, der sich, nachdem die Worte „Verbrechen“, „Vergehen“, „Übertretungen“ eine speziellere Verwendung im deutschen Strafrechte gefunden haben (§ 765), unbedenklich verwenden ließe.

Zweiter Abschnitt.

Die strafbaren Handlungen.

§ 758.

Für die Frage, welche Handlungen als strafbar zu betrachten seien, ist im modernen Staate nur der Inhalt der Gesetze maßgebend.

Ausgeschlossen ist hiernach u. a. die Bestrafung einer Handlung auf Grund eines Gewohnheitsrechts (§ 115), oder auf Grund analoger Anwendung eines Strafgesetzes (§ 110). „Nulla poena sine lege poenali.“

§ 759.

An den Handlungen, welche die Gesetze für strafbar erklären, können wir die allen gemeinsamen Merkmale unterscheiden von solchen, welche einer bestimmten Art dieser Handlungen eigentümlich sind.

Jene bilden den „allgemeinen Tatbestand“ der strafbaren Handlungen, diese den „besonderen Tatbestand“ der betreffenden Art.

Lehrbuch § 4 ff., Merkel, Kriminalist. Abhdlgen I (Z. Lehre v. d. Grundeinteilungen des Unrechts und seiner Rechtsfolgen). Bekker, Theorie d. D. Str.(afrechts) 59. Köstlin, Revision der Grdbegriffe 45. Abhdlgen 58.

Glaser, Abhdlgen aus d. österr. Str. 58. Kleine Schriften 2. A. 83. v. Bar, Grdlagen des Str. 69. Lehre v. Kausalzusammenhang 71. Die culpa, in Grünh. Ztschr. 4. Lucas, Subj. Verschuldung 84. v. Buri, Kausalität u. deren Verantwortg. 73. Kaus. u. deren strafrechtl. Beziehgen 85. Beitr. zur Theorie d. Str. 94. Lammasch, Handlung u. Erfolg, in Grünh. Ztschr. 9. Birkmeyer, Ursachenbegriff u. Kaus.zshg. 85. v. Kries, Begriff der objekt. Möglichkeit 88. v. Rohland, Die Gefahr im Str. 2. A. 88. Kausallehre des Str. 03. Kohler, Studien aus d. Str. 90f. Horn, Kausalbegriff 93. Oppenheim, Objekte des Verbrechens 94. Mayer, Kaus.zshg. zw. Handlung u. Erfolg 99. Die schuldhaften Hdlgen im Str. 01. Löffler, Die Schuldformen des Str. 95. Liepmann, Einleitung in d. Str. (Kritik d. Kriminal. Grundbegriffe) 00. Rümelin, Verwendg. der Kausalbegriffe 00. Hold v. Ferneck, Die Rechtswidrigkeit 03.

§ 760.

Gemeinsam sind allen strafbaren Handlungen die im allgemeinen Teil besprochenen Merkmale der Rechtsverletzungen (§§ 260 ff., 237).

Diese also bilden den allgemeinen Tatbestand der strafbaren Handlungen.

Der Begriff der Rechtsverletzungen bildet das Band, das die strafbaren Handlungen verknüpft, insofern dieselben einerseits sich sämtlich diesem Begriff subsumieren und andrerseits keinerlei Tatmerkmale gemeinsam haben, welche nicht zu diesem Begriff gehören. Z. B. haben Hochverrat, fahrlässige Verletzung der Gesundheit eines anderen, Nachdruck, Unterlassung polizeilich gebotenen Raupens die Merkmale dieses Begriffs und **lediglich** sie gemeinsam.

Zwar decken sich die Begriffe der Rechtsverletzungen und der strafbaren Handlungen nicht, da zahlreiche Rechtsverletzungen keine Strafen, manche überhaupt keine Rechtsfolgen, nach sich ziehen. Aber der Grund, weshalb der Gesetzgeber bei ihnen von Strafen absieht, liegt nicht darin, daß er bei ihnen Tatmerkmale nicht gegeben fände, welche ihm bei allen strafbaren Handlungen als wesentlich erscheinen würden, sondern in außerhalb der Tat selbst liegenden Umständen. Es gehören dahin die bereits in Betracht gezogenen Umstände: 1. daß mit der betreffenden Art von Rechtsverletzungen sich regelmäßig anderweitige Rechtsfolgen verbinden oder erforderlichenfalls verbinden können, welche nach ihrer unmittelbaren und mittelbaren Bedeutung die Anwendung weiterer Maßregeln, speziell des ultimum remedium der Strafe, als überflüssig erscheinen lassen (§§ 287, 305); und 2. daß die Verhängung von Strafen nach den gegebenen Verhältnissen mit überwiegenden Nachteilen verbunden sein würde, oder als undurchführbar erachtet wird (§ 306).

§ 761.

Bei der Unterscheidung der verschiedenen Arten strafbarer Handlungen macht sich in erster Linie die Natur der unter rechtlichem Schutze stehenden Interessen oder Güter geltend, auf welche diese Handlungen unmittelbar Bezug haben (§§ 268 ff., 766), sowie die Beschaffenheit dieser Beziehung: ob nämlich ein mit diesen Interessen oder Gütern unverträgliches aktives Verhalten oder lediglich die Unterlassung ihrer gebotenen Förderung für diese Handlungen charakteristisch ist (§ 261), und im ersteren Falle, ob ein erfolgreicher oder erfolgloser Angriff gegen diese Interessen oder Güter oder nur eine Gefährdung derselben vorliegt (§ 767).

In zweiter Linie finden Verschiedenheiten der inneren Tatseite eine Berücksichtigung, und hier vornehmlich die Verschiedenheit zwischen Vorsatz und Fahrlässigkeit (§§ 262 ff., 771), sowie Verschiedenheiten von Grund und Zweck der Begehung der betreffenden Handlungen.

So werden im übrigen gleichgeartete Handlungen mehrfach mit Rücksicht darauf unterschieden, ob sie um eigenen Vorteils willen begangen werden oder nicht. (So wird die Begünstigung, § 782, wenn ihr Eigennutz zugrunde liegt, zur „Hehlerei", die anders behandelt, z. B. auch bei Angehörigen bestraft wird, s. § 732.) Vgl. noch § 772.

Lehrb. § 13. Merkel, Die Lehre vom strafbaren Betruge, Kriminalist. Abhandlungen II, S. 68 ff.

§ 762.

Diese Gruppierung der strafbaren Handlungen und die Ausbildung der entsprechenden Artbegriffe war zu einem guten Teile durch das Volksurteil ausgeführt und in ihren Ergebnissen sprachlich fixiert, ehe eine Strafgesetzgebung existierte. Der letzteren lag und liegt noch immer eine Bearbeitung und Ergänzung dieser Ergebnisse ob, im Sinne einer konsequenten Durchführung der bezeichneten Gesichtspunkte und überhaupt einer Hervorhebung und tunlichst scharfen Bestimmung solcher Tatmerkmale, welche für die rechtliche Bedeutung der betreffenden Handlungen bestimmend sind und sich zugleich einer richterlichen Feststellung ihrer Natur nach nicht entziehen.

Diese geschichtliche Arbeit der Sonderung des Verschiedenartigen und der Zusammenfassung des Gleichartigen in einem Systeme scharf bestimmter Artbegriffe hat in bestimmten Richtungen früh zu relativ abgeschlossenen und nur geringen Änderungen noch unterliegenden Ergebnissen geführt, während in anderen Richtungen die Ergebnisse lange im Fluß geblieben sind und erst in neuester Zeit eine Form gewonnen haben, welche den aufgestellten Gesichtspunkten im wesentlichen entspricht. Das erstere gilt z. B. in Deutschland bezüglich des Diebstahls, das letztere in bezug auf Betrug, Unterschlagung, Urkundenfälschung. —

Die gesetzlichen Definitionen der verschiedenen Deliktsarten haben eine Bedeutung 1. in bezug auf die Abgrenzung der strafbaren von nicht strafbaren Handlungen, indem sie die Formen bezeichnen, in welchen gewisse allgemeine Deliktsmerkmale zur Erscheinung kommen; 2. in bezug auf die relative Bedeutung der betreffenden Deliktsarten und also für die Frage nach Art und Maß der erforderlichen Gegenwirkungen; 3. in bezug auf die Abgrenzung der „vollendeten" Delikte von bloßen „Deliktsversuchen", s. § 773.

§ 763.

Die schwerste Deliktsart, der **Mord**, mag uns bei der näheren Betrachtung sowohl der allgemeinen Deliktsmerkmale, wie der Gliederung der Delikte in Arten und Unterarten zum Ausgangspunkte dienen.

§ 211 unseres Strafgesetzbuchs definiert denselben als vorsätzliche, mit Überlegung ausgeführte Tötung eines Menschen.

*§ 764.

Diese Definition findet gleich den Definitionen der anderen Delikte in bezug auf die gemeinsamen Merkmale aller strafbaren Handlungen (§ 760) eine Ergänzung in allgemeinen Bestimmungen des Strafgesetzbuchs und in anderen Gesetzen (wie auch im Gewohnheitsrecht).

Hiernach liegt ein Mord trotz des Vorhandenseins der in jener Definition bezeichneten Merkmale nicht vor, wenn die Handlung den Charakter einer Pflichterfüllung hatte (wie bei dem Soldaten im Felde), oder der Ausübung eines Rechts (wie beim Arzt, der in pflichtmäßiger Berufserfüllung zur Erhaltung des Lebens der Mutter die Leibesfrucht tötet; wie im Falle der Notwehr § 170), oder auf Grund von Umständen begangen wurde (etwa zur Rettung aus einer sonst nicht abwendbaren Lebensgefahr; im „Notstande"), welche sie entschuldigen und ihr den Charakter einer Rechtsverletzung nehmen.

Durch Einwilligung des Getöteten verliert dagegen die Handlung nicht den Charakter einer Rechtsverletzung, sondern selbst sein ernstliches Verlangen führt nur zu einer milderen Bestrafung. In anderen Fällen schließt die Einwilligung freilich das Delikt aus, so im allgemeinen bei Eingriffen in fremde Vermögensrechte.

Lehrb. § 58 ff. v. Calker, Strafr. Verantwortlichkt. für auf Befehl begang. Handlgen 91. Oppenheim, Das ärztliche R. zum körperl. Eingriff 92. Stoos, Chirurg. Operation u. ärztl. Behandl. 98. Lilienthal, D. pflichtmäß. ärztl. Handlung 99. Rich. Schmidt, Strafr. Verantw. des Arztes ꝛc. 00. Keßler, Einwillig. des Verletzten in ihrer strafr. Bedeutg. 84. Pfersdorf, Straßb. Diss. 97.

*§ 765.

Der Mord gehört im Systeme unseres Strafrechts zu den „Verbrechen", d. h. den Deliktsarten, welche mit den strengsten Strafen bedroht sind: Todesstrafe, Zuchthaus (1—15 Jahre oder lebenslänglich), mehr als fünfjährige Festungshaft.

Diesen reihen sich die „Vergehen" an, d. h. die mit Strafen von mittlerer Schwere (Gefängnis, höhere Geldstrafen, minder ausgedehnte Festungshaft) bedrohten Delikte.

Auf der untersten Stufe stehen die „Übertretungen", d. i. die mit leichten Strafen (Haft oder Geldstrafe bis zu 150 Mark) bedrohten Delikte.

Zur ersten Kategorie gehören u. a. noch Totschlag (§ 772), Hochverrat (§ 773), Meineid (§ 773), Notzucht; Beisp. für „Vergehen": Diebstahl, Betrug, Körperverletzung; für die 3. Klasse: ruhestörender Lärm, Überschreitung der Polizeistunde, Landstreicherei. —

Eine Dreiteilung solcher Art hat in der modernen Strafgesetzgebung nach dem Vorgang des französischen Strafrechts (crimes, délits, contraventions) eine große Verbreitung gefunden. Kritik dieser Dreiteilung als „wertlosen Ballastes, der den Schein einer Bedeutung nur hat, solange das Schifflein der Legislation mit wirklichen Werten zu leicht befrachtet ist" bei Merkel, Gutachten f. d. 9. Juristentag (§ 753) und in den „Bemerkungen über den österr. Entw. e. Strafgesetzes" (Sammlung 16). Rosenberg, in Liszts Zeitschr. 04. — Der zugrunde gelegte Unterschied zwischen Zuchthaus- und Gefängnisstrafe aber wird in der praktischen Durchführung ziemlich verwischt, s. § 789.

§ 766.

Seinem unmittelbaren Angriffsobjekte nach gehört der Mord zu den gegen das Leben gerichteten Delikten. Diesen reihen sich andere gegen Güter und Interessen der Einzelpersönlichkeit gerichtete Delikte an, und zwar Delikte gegen die körperliche Integrität, die Freiheit, die Ehre und das Vermögen.

Allen diesen stellen sich gegenüber Delikte, welche in öffentlichen Interessen oder Einrichtungen ihr unmittelbares Angriffsobjekt haben, und welche sich wieder in zwei Gruppen scheiden, nämlich in Delikte, die unmittelbar gegen staatliche Interessen ꝛc. gerichtet sind (wie Hoch- und Landesverrat, Bestechung von Beamten, gewaltsame Widerstandsleistung gegen rechtmäßige Amtsausübung), und Delikte, welche eine unmittelbare Beziehung auf allgemeinere, jedoch nicht spezifisch staatliche Interessen haben (wie Gotteslästerung, Blutschande, Doppelehe, Urkundenfälschung).

§ 767.

Der Mord gehört zu denjenigen Delikten, bei welchen entweder eine Verletzung bestimmter Güter, oder ein Angriff gegen solche vorausgesetzt ist.

Einen Gegensatz zu diesen bilden Handlungen, welche vom Gesetzgeber als gefährlich für solche Güter erachtet und um dieser Eigenschaft willen, unabhängig von dem wirklichen Eintritte und von der Beabsichtigung schädlicher Folgen, verboten sind. Dahin gehört ein, polizeilichen Verordnungen widerstreitendes, im Einzelfalle nicht von schädlichen Folgen begleitetes, Gebahren mit Gift, explodierenden Stoffen oder Waffen.

Man pflegt bei der ersten Gruppe von „kriminellem Unrecht“, bei der zweiten von „polizeilichem Unrecht“ zu sprechen.

§ 768.

Der Mord gehört zu den sogenannten „Kommissivdelikten“ (Begehungsdelikten). Dieselben kennzeichnet eine vom Rechte verpönte Wirksamkeit.

Den Gegensatz hierzu bilden die „Omissivdelikte“ (Unterlassungsdelikte), welche darin sich begründen, daß eine vom Rechte geforderte Wirksamkeit nicht ausgeübt wird. Ein solches Omissivdelikt liegt nach unserem Strafgesetzbuch z. B. bei demjenigen vor, der die von anderen beabsichtigte Begehung eines Mordes nicht, wie er könnte, durch rechtzeitige Anzeige verhindert.

Das Kommissivdelikt widerstreitet (das gleiche anders ausgedrückt) einem Verbote, das Omissivdelikt einem Gebote.

Von den hier charakterisierten Omissivdelikten im eigentlichen Sinne unterscheiden sich die sog. „uneigentlichen Omissivdelikte", d. i. Kommissivdelikte, bei welchen Unterlassungen eine Rolle spielen, die ihre Bedeutung von einem vorausgehenden Handeln herleiten. Mancherlei Handlungen (man denke etwa an die Übernahme der Pflege eines Kranken, oder der Obsorge für ein Kind) vertragen sich mit der Rechtsordnung und den von ihr geschützten Interessen nur unter der Voraussetzung, daß ihnen ein bestimmt geartetes weiteres Handeln (die wirkliche Besorgung des Kranken oder Kindes) nachfolgt. Unterbleibt das letztere, so können sich mit dem vorausgehenden Handeln schädliche Folgen (z. B. der Tod des Kranken oder des Kindes) verbinden, welche unter bestimmten Voraussetzungen dem Handelnden im Sinne einer schuldhaften Verursachung derselben (Kommissivdelikt) zur Last zu legen sind. Jene Voraussetzungen sind: 1. daß die faktische und rechtliche Bedeutung und Tragweite der vorausgehenden Handlung erkennbar gewesen ist, 2. daß die Unterlassung vorsätzlich oder fahrlässig erfolgt ist.

Kriminalist. Abhandl. I b. (Von d. Unterlassungsverbrechen.) Lehrb. § 14, 36, 41. v. Rohland, Strafb. Unterlassg. 87. Landsberg, Kommissivdelikte durch Unterlassg. 90.

§ 769.

Beim Morde ist wie bei zahlreichen Kommissivdelikten ein nachweislich durch die Handlung bewirkter schädlicher Erfolg vorausgesetzt. Man spricht hier von „Erfolgsdelikten".

Einen Gegensatz dazu bilden Delikte, bezüglich welcher die gesetzliche Definition nur eine bestimmte Art des Handelns, nicht auch einen aus diesem Handeln hervorgegangenen Erfolg voraussetzt. Dahin gehört z. B. der Meineid.

§ 770.

Bei den Erfolgsdelikten ist im Einzelfalle der Beweis zu erbringen, daß in dem Verhalten des Schuldigen eine der Bedingungen gegeben war, von welchen der Eintritt des Übels unter den gegebenen Umständen abhängig war; es muß m. a. W. ein kausaler Zusammenhang zwischen diesem Übel und jenem Verhalten erweislich sein.

Von der Frage des Kausalzusammenhangs zwischen Tat und Erfolg ist die Frage nach den Bedingungen zu unterscheiden, unter welchen sich mit dem Erfolge psychische Wirkungen der für die Bestrafung maßgebenden Art verbinden (§ 302). Zu diesen letzteren gehört u. a. die Abwesenheit der in § 764 hervorgehobenen Momente (Pflichterfüllung, Notwehr, Notstand).

*§ 771.

Zur inneren Tatseite beim Morde gehört Wissen und Wollen, in bezug auf die Verwirklichung der äußeren (allgemeinen und besonderen) Merkmale — dolus, Vorsatz.

Ein Irrtum, welcher nicht erkennen ließ, daß die Handlung eine Richtung gegen das Leben des andern habe, oder welcher einen rechtfertigenden Umstand (§ 764) als vorliegend annehmen ließ, würde den Vorsatz ausschließen, aber die Möglichkeit einer fahrlässigen Tötung bestehen lassen.

Die Fälle der Fahrlässigkeit sind hier, wie in der Regel bei schwereren Rechtsverletzungen, als eine besondere und milder zu bestrafende Deliktsart behandelt (fahrlässige Tötung; fahrl. Körperverletzung 2c.).

Überwiegend wird jedoch die bloß fahrlässige Handlungsweise (culpa) überhaupt nicht bestraft, sondern führt nur zu einer Ersatzpflicht; so ist nur eine vorsätzliche, nicht (von besonderen Ausnahmen abgesehen) eine selbst noch so fahrlässige Sachbeschädigung strafbar (§ 304, 695).

§ 772.

Zur inneren Tatseite gehört bei diesem Delikte ferner die „Überlegung", und zwar muß die Ausführung desselben mit Überlegung (hier so viel wie: bei völliger Besinnung oder: nicht auf Grund eines ungewöhnlichen Erregungszustandes) erfolgt sein.

Dies Moment unterscheidet den Mord vom „Totschlag".

Bei anderen Delikten kommt dasselbe nur bei der Strafbemessung (§ 794), nicht als ein artunterscheidendes Merkmal in Betracht.

§ 773.

Sind die sämtlichen gesetzlichen Merkmale verwirklicht, so liegt ein „vollendeter" Mord vor.

Ob die Zwecke des Handelnden vollständig erreicht sind, ob

von dessen Standpunkte aus das verbrecherische Unternehmen sich als ein gelungenes oder vollendetes darstellt, ist hierfür gleichgültig. Der Begriff der Vollendung der Delikte ist technisch-juristischer Natur und bezieht sich lediglich auf die gesetzlichen Abgrenzungen der Tatbestände.

Das Maß dessen, was zu einem vollendeten Delikte gehört, wird bei verschiedenen Deliktsarten nicht gleichmäßig bestimmt. Im Verhältnis zu den rechtswidrigen Absichten der Schuldigen, sowie zu dem Gesamtumfange der mit der rechtswidrigen Handlung sich verknüpfenden und für die Rechtsordnung in Betracht kommenden Wirkungen wird bald mehr, bald weniger in die gesetzlichen Definitionen aufgenommen und damit zu einer Voraussetzung der „Vollendung" des Delikts gemacht. Hierbei kommt dem Gesichtspunkte eine entscheidende Bedeutung zu, daß in die Deliktsdefinitionen nur solche Merkmale aufzunehmen seien, welche in bezug auf ihren Beweis im Prozeß und die sichere und gleichmäßige Anwendung des Gesetzes ihrer Natur nach keine allzugroßen Schwierigkeiten bereiten, und welche zugleich der Tat, bei welcher sie vorliegen, ein charakteristisches Gepräge und eine zweifellose Bedeutung für die Rechtsordnung verleihen. Hier einige Beispiele. Die Bestechung ist vollendet, sobald dem Beamten ein Geschenk, wenn auch erfolglos, angeboten wurde; der Hochverrat alsbald mit dem Beginn des auf gewaltsame Verfassungs- oder Territorialänderungen gerichteten Unternehmens; die Brandstiftung, sobald das fremde Gut von dem Feuer ergriffen ward, mag auch ein Schaden hieraus nicht entstanden sein; der Meineid, sobald die eidliche Bekräftigung der Lüge vorhanden ist. Dagegen gehört zum vollendeten strafbaren Betruge der Eintritt eines Vermögensschadens bei anderen; zur Gotteslästerung, daß anderen Ärgernis gegeben ward; zur strafbaren Verletzung der auf künftige Verbrechen bezüglichen Anzeigepflicht, daß das Verbrechen oder ein Versuch desselben wirklich nachfolgte.

Diejenigen Elemente und Seiten der schuldhaften Wirksamkeit, auf welche die Strafe unmittelbar Bezug hat, sind in den gesetzlichen Definitionen regelmäßig gar nicht genannt. So bei der Beleidigung nicht die Wirkungen der Handlung auf das Gefühl des Beleidigten und die mit ihr verknüpfte Friedensgefährdung. So beim Meineid nicht der Einfluß solcher Handlungen auf die Beweiskraft der Eidesform und damit auf eine Grundlage der Rechtspflege. Statt dessen werden Merkmale bezeichnet, mit welchen sich diese Wirkungen erfahrungsgemäß und bzw. nach der Natur der menschlichen Dinge verbinden. Diese Beschaffenheit der gesetzlichen Definitionen ist in der Litteratur nicht überall erkannt und richtig gewürdigt worden und es haben im Zusammenhange damit verschiedene Lehren (u. a. diejenige vom Deliktsversuche) ihren Abschluß nicht finden können.

§ 774.

Handlungen, welche unmittelbar auf die Verwirklichung dieser Merkmale gerichtet sind, ohne jedoch die Vollendung herbeizuführen, enthalten einen Mordversuch. So das in mörderischer Absicht erfolgende, den Tod des Verletzten jedoch nicht herbeiführende, Beibringen von Gift oder das Abschießen eines Revolvers auf ihn.

§ 775.

Den Versuch der Delikte kennzeichnet also erstlich ein negatives Moment: daß nicht alle Merkmale eines beabsichtigten Delikts zur Verwirklichung gelangt sind; zweitens ein positives Moment: die unmittelbare Richtung einer Handlung auf diese Verwirklichung resp. auf die Verwirklichung zunächst wenigstens eines Merkmals, oder in der Sprache unseres Strafgesetzbuches: der „Anfang der Ausführung" des beabsichtigten Deliktes.

§ 778 Anm. Lehrb. § 42 ff.

*§ 776.

Bei schwereren Deliktsarten — nach deutschem Strafrecht bei den „Verbrechen" und einer Anzahl von „Vergehen" (so bei Diebstahl, Betrug, Sachbeschädigung, nicht bei Körperverletzung und Gesundheitsbeschädigung!) — ist auch der Versuch mit Strafe bedroht, sofern er nicht freiwillig aufgegeben oder vor der Entdeckung durch die Bemühungen des Schuldigen selbst unschädlich gemacht worden ist.

Er wird jedoch in diesen Fällen, entsprechend seiner geringeren Bedeutung für die Herrschaft des Rechts und deren Zwecke, milder bestraft als das im übrigen gleichgeartete vollendete Delikt.

§ 777.

Einen Gegensatz zum Versuch bilden Handlungen bloß vorbereitender Natur, welche noch keine unmittelbare Richtung auf die Verwirklichung eines Deliktsmerkmals haben.

Hierher gehört es, wenn jemand sich Gift oder einen Revolver zur Ausführung eines Mordes verschafft.

§ 778.*

Die Vorbereitungshandlungen enthalten an sich noch keinen Angriff gegen die Güter oder Interessen, welche bei der betreffenden

Deliktsart das Angriffsobjekt bilden, während der Versuch regelmäßig bereits einen solchen Angriff in sich schließt. So enthält der Kauf von Gift zum Behufe eines Mordes an sich noch keinen Angriff gegen das Leben des andern; wohl aber das, wenn auch erfolglose, Beibringen des Gifts.

Darin begründet es sich, daß die bloß vorbereitenden Handlungen als solche nicht mit Strafe bedroht zu sein pflegen.

Bei Handlungen, welche eine Verletzung fremder Interessen lediglich vorbereiten, nicht selbst enthalten, fehlen die Wirkungen, welche für die Strafen als für ihre Gegenwirkungen bestimmend sind. Sie rechtfertigen Maßregeln rein vorbeugender Natur, welche, soweit tunlich, verschieden von den Strafen zu gestalten sind (§ 276). Beim Versuche liegt dies anders. Mit dem Beginn der Ausführung eines beabsichtigten Delikts ist in der Regel bereits ein erkennbarer Angriff gegen das Objekt der betreffenden Deliktsart vorhanden, und (was hierin liegt) ein Angriff gegen die Rechtsordnung, welche dieses Objekt unter ihren Schutz nimmt, sowie ein erkennbarer Ausdruck von Mißachtung des etwa in Betracht kommenden subjektiven und des seine Quelle bildenden objektiven Rechts. Damit aber verknüpfen sich Wirkungen der für die Strafen maßgebenden Art, Wirkungen derselben Art, wie sie bei den vollendeten Delikten für die Bestrafung bestimmend sind. Der Unterschied zwischen Versuch und Vollendung ist nur in bezug auf den Umfang, nicht in bezug auf die Art dieser Wirkungen relevant. So ist die Bedeutung des Mordversuchs für die Rechtsordnung zwar im allgemeinen geringer als diejenige des vollendeten Mords, aber von gleicher Art. Selbst hinsichtlich des Maßes dieser Bedeutung besteht kein absoluter Unterschied zwischen Versuchshandlungen einerseits, vollendeten Delikten andererseits. Ein Deliktsversuch bestimmter Art kann weitaus bedeutsamer und strafbarer sein als ein vollendetes Delikt von anderer Art, oder auch als ein solches von gleicher Art, bei welchem gewichtige Milderungsgründe vorliegen. Ein Mordversuch ist z. B. strafbarer als eine vollendete Beleidigung, der Versuch eines schweren Diebstahls häufig strafbarer als ein vollendeter leichter Diebstahl rc. —

Mit dem Gesagten sind zwei extreme Ansichten über das Verhältnis von Versuch und Vollendung abgelehnt, welchen gleichmäßig eine Verkennung der allgemeinen Prinzipien des Strafrechts zugrunde liegt:

1. Die eine Ansicht betrachtet den Versuch und das im übrigen gleichgeartete vollendete Delikt den allgemeinen Prinzipien des Strafrechts gegenüber als gleichwertig. Die mildere Behandlung des ersteren im deutschen Strafrecht führt sie demgemäß auf außerhalb der Prinzipien des Strafrechts liegende, gleichviel wie bestimmte, Zweckmäßigkeitsrücksichten zurück. Sie geht hierbei davon aus, daß das Maß der Strafbarkeit überall in der Gesinnung oder dem bösen Willen liege, bezüglich welcher freilich Gleichheit zwischen Versuch und Vollendung existiert. Dabei verkennt sie den Standpunkt des Rechts, für welchen überall nicht an sich die Gesinnung entscheidend ist (cogitationis poenam nemo patitur), sondern

deren Betätigung, das praktische Verhalten des Menschen mit seinen in fremde Lebenssphären übergreifenden Wirkungen (§ 71 ff.). Diese Wirkungen aber sind bei dem Versuche regelmäßig geringer als bei dem sonst gleichgearteten vollendeten Delikte. Vgl. über die fragliche Ansicht § 310 sub 2.

2. Die zweite Ansicht statuiert einen Gegensatz zwischen Versuch und Vollendung, welchen sie nicht zu überbrücken weiß. Sie findet den Strafgrund für das vollendete Delikt in der schuldhaften Wirksamkeit (dem Eintritte eines „Verletzungserfolges"), während sie beim Versuche nur ein schuldhaftes Wollen gegeben findet. Verkannt ist hierbei u. a. die besprochene technische Natur des Begriffs eines vollendeten Delikts, und im Zusammenhange damit die Beschaffenheit der Grenzlinie zwischen Vollendung und Versuch, welche jede Möglichkeit ausschließt, die Gesamtgruppe der Versuchshandlungen in irgend einen prinzipiellen Gegensatz zu stellen zu der Gesamtgruppe der vollendeten Delikte. Es gibt kein sachliches Merkmal, welches allen vollendeten Delikten im Gegensatz zu sämtlichen Deliktsversuchen zukäme! (Vielmehr sind beide nur unterschieden durch das formale Merkmal, daß bei ersteren die gesetzlichen Merkmale einer Deliktsart vollständig zur Verwirklichung gelangt sind, bei letzteren nicht.) Die bekämpfte Ansicht hängt letztlich mit der in § 310 sub 3 charakterisierten Auffassung zusammen, d. i. mit einer Verwechslung der in die Sinne fallenden nächsten Wirkungen schuldhafter Handlungen, welche nach deren gesetzlichen Definitionen vielfach zum vollendeten Delikte gehören (Körperverletzung, Zerstörung fremder Sachen ꝛc.), mit denjenigen Seiten der schuldhaften Wirksamkeit, welche Gegenstand und Maß der strafrechtlichen Gegenwirkung bilden (§ 297 ff.). Weil bei Deliktsversuchen meist Wirkungen jener ersteren Art fehlen (was aber auch bei vollendeten Delikten häufig der Fall ist! so gehört zum Tatbestand der Vergiftung — „wer vorsätzlich einem andern, um dessen Gesundheit zu beschädigen, Stoffe beibringt, welche die Gesundheit zu zerstören geeignet sind" — keinerlei schädliche Folge der Handlung), so fand man bei ihnen überhaupt nichts von einer die Rechtsordnung berührenden Kausalität, und wußte daher ihre Bestrafung nur auf die innere Tatseite zu beziehen. Aber Handlungen, welche lediglich in der Meinung des Handelnden, nicht ihren objektiven Merkmalen nach einen „Anfang der Ausführung" im dargelegten Sinne enthalten, fehlen die objektiven Merkmale des Versuchs und damit diejenigen des allgemeinen Tatbestands der Delikte; es sind bloße „Putativdelikte", denn sie bedrohen nur in der Einbildung des Handelnden rechtlich geschützte Interessen. Deshalb erscheint die vom Reichsgericht auf Grund seines subjektiven Standpunktes ausgesprochene Strafbarkeit eines Versuchs „mit absolut untauglichen Mitteln" (Abtreibungsversuch mit völlig harmlosen Mitteln) oder „am untauglichen Objekte" (Tötungsversuch am totgeborenen Kinde) als unhaltbar.

§ 779.

Bei dem Morde kann, wie bei jedem Delikte, ein schuldhaftes Zusammenwirken mehrerer Personen stattfinden

Ein Beispiel: A führt den Mord aus, B hat ihm die Mittel zur Ausführung (Gift, Waffen, die Kenntnis von wichtigen Umständen) geliefert, C hat den A durch Geldversprechungen zur Ausführung des Verbrechens vorsätzlich bestimmt.

A ist hier der „Täter" im e. S. d. W., B „Gehilfe", C „Anstifter".

Lehrb. § 48 u. dort Zit. Auch „Bemerkungen zum Entw. eines Strafgesetzb. f. Rußland" (Sammlung 485). Ferner Birkmeyer, L. v d. Teilnahme 90 (dazu Merkel, D. Litt.ztg. 91, 709). Kohler, Studien I, 90.

§ 780.

Der „Täter" repräsentiert die wichtigste unter den möglichen Beteiligungsformen. Er nimmt die Handlung vor, welche nach dem Begriff der Deliktsart vorausgesetzt ist, während Beihilfe und Anstiftung diesem Begriff gegenüber als zufällig erscheinen.

Es gibt daher kein Delikt ohne einen Täter, wohl aber Delikte aller Art ohne Gehilfen und Anstifter.

§ 781.

Der „Anstifter" wird unter sonst gleichen Voraussetzungen ebenso bestraft wie der Täter.

Der „Gehilfe" dagegen, weil sein Anteil an der Verletzung der in Betracht kommenden Interessen ein minder selbständiger und im allgemeinen ein geringerer ist, unter sonst gleichen Voraussetzungen milder und nur in engeren Grenzen (bei Übertretungen nach deutschem Strafrecht überhaupt nicht).

Die Handlung des Gehilfen hat für die in Betracht kommenden Interessen eine Bedeutung nur unter der Voraussetzung der von ihm unabhängigen Handlung des Täters. So hat eine Lieferung von Mitteln zur Begehung eines Mords eine Bedeutung für das bedrohte Leben nur unter der Voraussetzung, daß sie bei einem Angriff gegen dieses Leben durch einen „Täter" zur Verwendung kommen. Auch ist die Gestalt, in welcher die Rechtsverletzung ins Leben tritt, in ihren (nach dem Gesetze) wesentlichen Momenten nicht durch den Gehilfen bestimmt, sondern durch den Täter, aus dessen Willen sie unmittelbar hervorgeht, und bzw. durch den Anstifter, der sich des Täters als eines geistigen Werkzeugs bedient. —

Ob übrigens eine bestimmte Handlung nach geltendem Strafrechte als Beihilfe zum Delikt eines andern oder als Ausführung eines selbständigen Delikts zu betrachten ist, das hängt von den gesetzlichen Definitionen ab. So läßt sich z. B. von der Beförderung der Desertion eines Soldaten oder der Befreiung eines Gefangenen, oder von dem Verkaufe von Abortivmitteln, nicht ohne Beziehung auf die Definitionen einer bestimmten Gesetzgebung angeben, ob sie als Beihilfe zum Delikt eines andern, oder als Ausführung eines selbständigen Delikts zu behandeln seien. Nach unseren Gesetzen ist letzteres der Fall.

Einige haben das Unterscheidungsmerkmal zwischen Täterschaft und Beihilfe ausschließlich auf der äußeren Tatseite, andere ausschließlich auf der inneren Tatseite finden zu können gemeint. Nach dem Gesagten gehört es, ebenso wie dasjenige zwischen Täterschaft und Anstiftung, beiden Tatseiten gleichmäßig an. —

§ 782.

Von den bei der Begehung eines Delikts Beteiligten unterscheidet sich der „Begünstiger", welcher jenen nach Begehung des Delikts (auch hier kommen nach deutschem Recht nur Verbrechen und Vergehen in Betracht) Beistand leistet, um sie der Bestrafung zu entziehen oder ihnen die Vorteile aus dem Delikte zu sichern, und auf diese Weise der rechtlichen Ausgleichung der Tat entgegenwirkt.

Dritter Abschnitt.

Die Bestrafung.

§ 783.

Eine Handlung, bei welcher die Merkmale des allgemeinen und eines besonderen Tatbestandes einer strafbaren Handlung gegeben sind, bringt regelmäßig ein Rechtsverhältnis zwischen dem Schuldigen und dem Staate hervor, kraft dessen der letztere als Subjekt eines Rechts auf Verhängung einer bestimmten Strafe gegen den Schuldigen, dieser als Subjekt einer Pflicht zur Erduldung der Strafe erscheint.

Lehrb. § 64: „Über den staatlichen Strafanspruch".

§ 784.

Die Entstehung dieses Rechtsverhältnisses kann jedoch an besondere, außerhalb der Tat selbst liegende, Bedingungen geknüpft sein, z. B. an die Stellung eines Antrags auf Bestrafung seitens des durch die Tat verletzten Privaten.

Unser Strafgesetzbuch stellt die bezeichnete Bedingung bei einer größeren Anzahl von Delikten auf (Beleidigungen, leichten und allen fahrlässigen

Körperverletzungen, Ehebruch rc.). Der Gesetzgeber nimmt bei diesen Delikts-arten (den sog. „Antragsdelikten") das Vorhandensein eines zureichenden Grundes zur Bestrafung nur an, sofern von der Seite des nächstbeteiligten Privaten ein Zeugnis für die Bedeutsamkeit des Geschehenen und resp. für die Unbedenklichkeit der Strafverfolgung in der Form eines Antrags auf diese Verfolgung vorliegt. — Lehrb. § 86 f.

Von diesem Strafantrage unterscheidet sich die Erhebung der Anklage, welche auch bei den meisten Antragsdelikten der staatlichen Anklagebehörde (dem Staatsanwalt) obliegt, nur ausnahmsweise den zum Antrag berechtigten Privaten (s. über diese ausnahmsweise zulässige „Privatklage" § 838).

*§ 785.

Das zur Entstehung gelangte Rechtsverhältnis kann, ehe der Staat sein Recht auf Bestrafung zur Ausübung zu bringen vermochte, durch den Tod des Schuldigen oder durch **Verjährung** wieder aufgehoben worden sein.

Die Strafverfolgung verjährt nach Ablauf bestimmter Fristen, welche um so länger sind, mit je schwererer Strafe das betreffende Delikt bedroht ist. Nach Ablauf längerer Fristen ist die Feststellung der Schuld erschwert, und eine so verspätete Strafe würde auch kein geeignetes Mittel zur Erreichung der Strafzwecke mehr sein. Aus letzterem Grunde kann sogar die Vollstreckung einer bereits gerichtlich zuerkannten Strafe (aber erst in noch ausgedehnteren Fristen) verjähren (s. auch § 228).

*§ 786.

Der Staat kann ferner auf sein Recht in der Form der **Begnadigung** des Schuldigen verzichten.

Die Ausübung der Begnadigung steht in Deutschland entweder dem Kaiser oder dem Landesherrn (bzw. Senat in den Republiken) zu, je nachdem das Reich oder der Einzelstaat die Strafgerichtsbarkeit erster Instanz über diese Art von Delikten besitzt (§ 465 i. f., 490, 806). — Die Begnadigung kann sich auch auf eine ganze Klasse von Delinquenten beziehen („Amnestie", besonders aus Anlaß eines Thronwechsels). — Über die Bedeutung des Instituts Lehrb. § 93.

§ 787.

Die zur Anwendung kommenden **Strafen** scheiden sich mit Rücksicht auf die Güter, welche unmittelbar und der Voraussetzung des Rechts gemäß von ihnen getroffen werden, in Lebens-, Freiheits-, Vermögens- und Ehrenstrafen.

Lehrb. § 73 ff. Gutachten f. d. 9. Juristentag, s. § 753. Einige Bedenken gegen das Strafensystem des d. Strafgesetzb. (Sammlung 247) 72. **Wahlberg**, in Holtzend. Handb. II, 424. „Kleinere Abhdlgen" II. Das Prinzip der Individualisierung 69. **Holtzendorff**, D. irische Gefängnissystem.

Füßlin, Einzelhaft 55. Sontag, Festungshaft 72. Stoos, Zur Natur der Vermögensstrafen 78. Wahlberg, Ehrenfolgen d. strafgerichtl. Verurteilg 64. Groß, desgl. 74. Valentini, Verbrechertum im preuß. Staate 69. Krohne, Lehrb. der Gefängniskunde 89.

† § 788.

Die Todesstrafe hat im heutigen Strafrecht nur noch ein eng begrenztes Anwendungsgebiet. Außer auf den vollendeten gewöhnlichen Mord ist sie im Strafgesetzbuche nur auf Mord und Mordversuch gegen Kaiser oder Landesfürsten und nach Eintritt des Kriegsrechts auf einige weitere Verbrechen angedroht. Außerdem ist sie im Sprengstoffgesetz (84), dem Ges. gegen Sklavenraub (95) und für zahlreiche Verletzungen militärischer Pflichten im Felde im Militärstrafgesetzbuch vorgesehen.

Der Reichstag hat sie bei Beratung des Strafgesetzb. nur mit Widerstreben angenommen, während Bismarck in seinen Reden im Mai 70 auf ihrer Beibehaltung bestand. In einigen Staaten, so Italien, neuestens Norwegen, ist sie beseitigt. Angesichts der bevorstehenden Reform des Strafrechts scheint der uralte Streit über ihre Berechtigung bzw. Notwendigkeit erneut aufleben zu wollen. (Vgl. gegen sie Mittermaier in d. Juristenzeitg 03, 553; gegenüber dem Argument, daß die Zahl der Hinrichtungen ja doch nur eine verschwindend kleine sei, darf die Tatsache Erwähnung finden, daß es in Freiburg im J. 1903 zur Vollstreckung von 4 Todesurteilen kam, und zwar, soweit sich übersehen ließ, unter einmütiger Billigung der Bevölkerung.)

Lehrb. § 74. Liszts Lehrb. § 60. Hetzel, D. Todesstrafe in ihrer kulturgeschichtl. Entwicklg 70. Holtzendorff, D. Verbrechen des Mords u. d. Todesstrafe 75.

*§ 789.

Die überwiegende Bedeutung kommt nach unserm deutschen wie überhaupt nach modernem Rechte bei schwereren Delikten den Freiheitsstrafen, bei leichteren neben jenen den Geldstrafen zu.

Das Hervortreten der Freiheitsstrafen im modernen Strafrecht will in einem allgemeineren Zusammenhange betrachtet sein. In dem Strafensystem prägt sich der Gesamtcharakter der Strafjustiz einer Zeit am deutlichsten aus. Dieser aber entspricht einerseits der durchschnittlichen Beschaffenheit der Elemente, welche die Gesellschaft mittels der Strafjustiz bekämpft, andererseits der Art und Macht der Affekte, welche die Delikte hervorrufen, und dem Maße der Unabhängigkeit, welche Gesetzgebung und Justiz diesen Affekten gegenüber gewonnen haben. Der Stand der Dinge in den hervorgehobenen Beziehungen, welcher einer niederen gesellschaftlichen Entwicklungsstufe entspricht, prägt sich u. a. in einem sinnlichen und brutalen Charakter der Strafjustiz aus und zu diesem gehört die

Vorherrschaft solcher Strafen, welche an „Hals und Hand“, „Haut und Haar“ gehen, sowie die öffentliche, auf eine sinnliche Wirkung auf zuschauende Massen berechnete, Vollziehung solcher Strafen. Demgegenüber erscheint das geschichtliche Hervortreten der Freiheitsstrafen als Element einer Vergeistigung der Strafjustiz, welche ihrerseits die Erhöhung der Besonnenheit, mit welcher der Staat dem Verbrechertume entgegenwirkt, und eine allseitigere Erfassung der dem letzteren gegenüber zu lösenden Aufgaben teils als bereits erreicht erscheinen läßt, teils verheißt (s. die zu § 144 zit. Schriften Merkels). —

Freiheits- wie Geldstrafen sind ausgezeichnet durch ihre Teilbarkeit und die damit gegebene Fähigkeit, sich den verschiedensten Schuldgrößen anzupassen. Die Freiheitsstrafen zugleich dadurch, daß sie sich auch in bezug auf die durch das Delikt nicht geschaffenen, sondern nur erkennbar gemachten Übelstände (§ 276 Anm.) nutzbar machen, und bei sorgfältiger Durchbildung ihres Vollzugs, insbes. durch ihre Verbindung mit Arbeitszwang und Isolierung des Sträflings (Einzelhaft), auch den verschiedensten Strafzwecken anpassen lassen. Dagegen bei einfachem Zusammensperren von Verbrechern verschiedenster Art gestalten sie sich geradezu zur Schule des Verbrechens. Bei kurzzeitigen Freiheitsstrafen hat sich überhaupt häufig ein überwiegend schädlicher Einfluß, zumal auf jugendliche Delinquenten, herausgestellt. Ein allgemeiner Übelstand dieser Strafart ist ihre Kostspieligkeit. —

Unter den Freiheitsstrafen des deutschen Strafgesetzb. nimmt eine Sonderstellung die Festungshaft ein: sie findet als eine „custodia honesta“ Anwendung bei nicht ehrenrührigen Handlungen, wie Zweikampf, politischen Delikten &c. Die anderen Arten sollen sich außer durch die verschiedene Dauer, in welcher sie zuerkannt werden können (§ 765), durch die verschieden strenge Gestaltung ihres Vollzugs unterscheiden. Aber die Unterschiede zwischen den mit ihnen verknüpften Beschränkungen sind von keiner durchgreifenden Bedeutung: die Zuchthausstrafe ist allgemein mit Arbeitszwang verbunden, und zwar auch zu Arbeiten außerhalb der Anstalt; die Gefängnisstrafe kann mit solchem verbunden werden und auf Verlangen muß den Sträflingen Arbeit gegeben werden; es soll hier aber dabei auf ihre individuellen Verhältnisse Rücksicht genommen werden, was praktisch schwer vollständig durchführbar ist; so bleibt als Hauptunterschied, daß hier eine Beschäftigung außerhalb der Anstalt von ihrer Zustimmung abhängt. Die Haft ist im allgemeinen bloße Freiheitsentziehung; bei gewissen Arten von Delikten aber kann auch hier Arbeitszwang, in, wie außerhalb der Anstalt, eintreten. Der Verschiedenheit der Aufgaben, welche verschiedenen Arten von Sträflingen gegenüber zu lösen sind, ist in der heutigen Reichsgesetzgebung jedenfalls nicht genügend Rechnung getragen.

Der Vollzug der Freiheitsstrafen ist des näheren bisher nicht reichsgesetzlich geregelt. 1897 sind von den Bundesregierungen wenigstens gewisse „Grundsätze“ einer gleichmäßigen Behandlung vereinbart worden (s. Liszts Zeitschr. 18, 384).

Die Geldstrafe ist ganz besonders am Platze bei Delikten, welche aus Eigennutz hervorgehen. Ihr Hauptmangel liegt in der Abhängigkeit ihrer Durchführbarkeit von den Vermögensverhältnissen des Schuldigen, bei dessen Zahlungsunfähigkeit sie nach geltendem Recht in Freiheitsstrafe umgewandelt wird. (Über ihre Reform s. folg. § und Lehrb. § 81).

†§ 790.

Gegenüber gewissen in der Strafrechtspflege, insbesondere im Vollzug der Freiheitsstrafen, hervorgetretenen Mißständen hat sich in neuerer Zeit eine lebhafte Reformbewegung geltend gemacht. Insoweit dieselbe darauf gerichtet ist, die praktische Ausgestaltung des Strafensystems zu einer zweckmäßigeren zu gestalten, ist ihr an sich durchaus zuzustimmen. Zu betonen ist hierbei jedoch, daß diese Bestrebungen vielfach insoweit über das Ziel hinausgehen, als sie in Widerspruch zu treten drohen zu den die Grundlagen des Strafrechts bildenden Begriffen Schuld, Zurechnungsfähigkeit, Vergeltung (s. § 797).

Reformfragen: Lehrb. § 79. Merkel, Sind Änderungen des geltenden Rechts erwünscht in betreff des Verhältnisses zwischen Geld- und Freiheitsstrafen? (Referat auf d. 22. Juristentag, Sammlung 772) 93. — Empfiehlt sich hins. der Geldstrafen die Zulassung des freiwilligen Abverdienens bzw. die Androhung des erzwungenen Abverdienens in einer Anstalt? (Ref. auf d. 23. Juristentag, Samml. 848) 95. — Reformbestrebungen auf strafrechtlichem Gebiet (Preuß. Jahrbücher, Bd. 78, Samml. 829) 94. — Über Thurneysens Kritik des Vorentwurfs zu e. schweizer. Strafgesetzbuch (Zeitschr. f. Schweizer Strafr. VII, Sammlung 815) 94.

Aus der sonstigen Litt.: v. Schwarze, Die Freiheitsstrafe 80. Mittelstädt, Gegen die Freiheitsstr. 82. Wach, Reform der Freiheitsstr. 90. Sichart, Rückfälligkeit der Verbrecher 81. Aschrott, Zur Ref. des d. Straf- u. Gefängniswesens, in Liszts Ztschr. 8. Strafensyst. u. Gefängniswesen in England 87. Ersatz kurzzeit. Freiheitsstr. 89. Rosenfeld, Welche Strafmittel können an Stelle d. kurzzeit. Freiheitsstr. treten? 90. Appelius, Bedingte Verurteilung 4. A. 91. Behandlung jugendl. Verbrecher 92. Fuhr, Polizeiaufsicht 88. v. Hippel, Korrektionelle Nachhaft 89. Bekämpfung von Bettel, Landstreicherei ꝛc. 95. Stooß, Kampf gegen das Verbrechen 94. Zucker, Einige dringende Ref. d. Strafrechtspflege 96. Holtzendorff, Deportation als Strafmittel 59. Vhdlgen des 24. Juristentags über Deportation (als Ersatz für lange Freiheitsstr.) 98. Im übrigen vgl. hins. der Forderungen der „Kriminalpolitik" Liszts Lehrb. § 15, zahlr. Aufsätze in der „Zeitschr. f. d. ges. Strafrechtsw.", und die „Mitteilungen" der 89 von Liszt u. a. begründeten „Internationalen kriminalist. Vereinigung".

Aus den gegen die kurzzeit. Freiheitsstrafen gerichteten Bestrebungen ist das in den meisten deutschen Bundesstaaten in den Jahren 95/6 eingeführte Institut der „bedingten Begnadigung" (an Stelle der bedingten Verurteilung in außerdeutschen Staaten) hervorgegangen, wonach vorzugsweise nicht vorbestraften jugendlichen Personen, welche zu kürzeren Freiheitsstrafen verurteilt sind, ein Strafaufschub bewilligt werden kann, der im Falle ihrer guten Führung während einer „Bewährungsfrist" in definitive Begnadigung übergeht. (Bis Ende 02 wurde diese Vergünstigung 52268 Personen gewährt.) Seit 03 gelten für ihre Handhabung gemeins. Grundsätze, welche zwischen den Regierungen fast aller Bundesstaaten vereinbart sind.

Für die Erledigung gewisser Vorarbeiten zu einer Reform unseres Strafrechts ist neuerdings eine Kommission in Berlin zusammenberufen worden. Vgl. zu dieser Reformarbeit aus neuester Zeit: Verhdlgen des 26. Jurist.tages (02) über die Frage: Nach welchen Grundsätzen ist die Revis. des Strafgesetzb. in Aussicht zu nehmen? Einerseits etwa Liszts hierüber erstattetes Gutachten und Seuffert, Ein neues Strafgesetzb. f. Deutschland 02. — Andrerseits Birkmeyer, Gedanken zur bevorsteh. Ref. der d. Strafgesetzgebg, Archiv f. Strafr. 01. Wach, D. kriminalist. Schulen u. d. Strafrechtsreform 02. v. Bar, D. Reform des Strafr. 03. Auch Gutachten zum 27. Jurist.tag über d. Behandlg der Jugendlichen und geistig Minderwerten, 04.

*§ 791.

In bezug auf die Form ihrer Zuerkennung unterscheidet man Hauptstrafen und Nebenstrafen. Jene können selbständig, diese nur in Verbindung mit einer Hauptstrafe auferlegt werden.

Die wichtigsten Hauptstrafen des deutschen Strafrechts sind oben (§ 765) genannt. Außerdem finden sich als solche noch verwendet: Der Verweis durch Richter oder Staatsanwalt — als einzige Hauptstrafe an der Ehre — nur bei jugendlichen Delinquenten in besonders leichten Fällen, und im Militärstrafrecht der Arrest.

*§ 792.

Als Nebenstrafen verwendet unser Strafrecht:

Aberkennung der bürgerlichen Ehrenrechte, welche zahlreiche Rechtsbeschränkungen mit sich führt (Verlust der öffentlichen Ämter, Würden und aus öffentlichen Wahlen hervorgegangenen Rechte; Unfähigkeit, solche während der im Urteil bestimmten Zeit wieder zu erlangen, sowie in das Heer einzutreten — Entziehung des Rechts, öffentliche Ämter zu bekleiden — Zulässigkeit polizeilicher Aufsicht nach Verbüßung der Hauptstrafe — Überweisung an die Polizeibehörde nach verbüßter Haftstrafe, wodurch diese die Befugnis der Unterbringung in einem Arbeitshause (bis zu 2 Jahren) erhält, sog. „korrektionelle Nachhaft" — Ausweisung von Ausländern aus dem Reiche — Einziehung der Werkzeuge und Produkte eines Deliktes, Unbrauchbarmachung von Schriften 2c. strafbaren Inhaltes.

Eine eigentümliche Rechtsstellung nimmt die „Buße" ein, deren Zahlung an den Verletzten (nicht wie die Geldstrafe an den Staat) dem wegen Körperverletzung, schwerer Beleidigung, Verletzung des Urheberrechts 2c. Verurteilten im Strafurteil neben der öffentlichen Strafe bis zu einer gesetzlichen Höchststrafe auferlegt werden kann, und welche „einen weiteren Entschädigungsanspruch ausschließt“. Dabei kann neben vermögensrechtlichen Interessen auch der immaterielle Schaden in Anschlag gebracht werden (§ 691). Sie vereinigt mit der Funktion der Entschädigung diejenigen einer Privatstrafe (§ 300, Lehrb. § 84).

§ 793.

Das staatliche Recht auf Verhängung einer Strafe, und bzw. das gesamte Rechtsverhältnis, dem dasselbe angehört, erhält seine bestimmte Gestalt regelmäßig erst durch ein richterliches Urteil.

S. § 317 f. Die strafrechtlichen Folgen der Delikte unterscheiden sich in diesem Punkte von anderen Deliktsfolgen. Eine Entschädigung kann in Anspruch genommen und geleistet werden ohne richterliche Intervention. Dagegen kann eine Geldstrafe (von gewissen besonderen Verhältnissen abgesehen) nicht in Anspruch genommen und nicht gezahlt werden, ehe sie durch richterliches Urteil zuerkannt worden ist.

*§ 794.

Die hierbei zur Anwendung kommenden gesetzlichen Strafdrohungen sind meist nur relativ bestimmt, d. h. sie bezeichnen nur die höchste und die geringste der bei einer Deliktsart zulässigen Strafen. Auf diese Weise ist dem Richter ein Spielraum gewährt für Berücksichtigung der Umstände, von welchen die größere oder geringere rechtliche Bedeutung eines gegebenen, zu der betreffenden Art gehörigen Deliktes abhängt, und kann so die Strafe von ihm der Individualität des einzelnen Falles angepaßt werden.

So bezeichnet unser Strafgesetzb. bei einfachem Diebstahle als Minimum einen Tag, als Maximum fünfjährige Gefängnisstrafe (mit welcher noch Entziehung der bürgerl. Ehrenrechte verbunden werden kann), und bietet so dem Richter die Möglichkeit, innerhalb des gesetzlichen Strafrahmens unter vielen hunderten von Strafgrößen die mit dem einzelnen Falle zu verknüpfende in seinem Urteile auszuwählen.

In bestimmten Richtungen zieht das Gesetz jedoch dem Richter engere Schranken: so muß er bei manchen Delikten wie dem Diebstahl dem „Rückfall“ (d. i. Begehung einer Straftat durch einen bereits wegen eines gleichen oder gleichartigen Deliktes einmal oder mehrfach Bestraften) eine erschwerende Bedeutung beilegen; andererseits muß er mildere Strafmittel und Strafmaße auf Jugendliche (soweit diese überhaupt strafbar sind, § 238) anwenden. Um so freieren Spielraum räumt ihm das französische, für zahlreiche Deliktsarten im Deutschen Strafgesetzb. aufgenommene System der im Gesetz nicht näher charakterisierten „mildernden Umstände“ ein, deren Feststellung durch den Richter das Herabgehen nicht bloß auf ein milderes

Strafmaß, sondern häufig auf eine mildere Strafart (Festung statt Zuchthaus bei Landesverrat ꝛc.) zur Folge hat. (Gegen dieses System, zumal seine Handhabung durch Geschworene (§ 848) Merkel in dem zu § 753 cit. Gutachten S. 47 ff.) —

Über die Bestimmung der Strafe in bezug auf ein einzelnes Delikt wie bei einem Zusammentreffen mehrerer Delikte: Merkel, Zur Lehre vom fortgesetzten Verbrechen (Darmstadt, Leske) 62. Strafausmessung u. Strafminderung, in Holtzend. „Strafrechtszeitung" 64 S. 345, 65, S. 129 und in dessen „Handbuch" II, 545. IV, 207. Lehrb. § 94 ff.

§ 795.

Die leitenden Grundsätze für die Würdigung der Besonderheiten des einzelnen Falls sind im Wege der analogen Anwendung des Inhalts der Strafgesetze zu gewinnen (§ 105 ff.).

§ 796.

Da das staatliche Recht auf Bestrafung eines Schuldigen öffentlich-rechtlicher Natur ist, so ist seine Ausübung durch bindende Rechtsnormen (jus cogens, § 99) geregelt.

Vgl. über diese die § 834 ff.

*§ 797.

Hinsichtlich der Grundprobleme der Strafrechtswissenschaft, speziell der Frage nach Grund und Maß und Zweck der Strafen, ist auf den allgemeinen Teil zurückzuverweisen (insb. § 310).

Man hat dieselben meist zu sehr isoliert, sie so behandelt, als sei das Strafrecht etwas toto genere von allem sonstigen Recht Verschiedenes und nicht eine bloße Anwendung der allgemeinen Prinzipien des Rechts gegenüber besonderen Verhältnissen. Dies gilt von der Mehrzahl der sogenannten „Strafrechtstheorien", welche jene Probleme zum Gegenstande haben.

In Wahrheit steht die Verknüpfung von Tatbeständen und Rechtsfolgen in diesem Bereiche durchaus unter den nämlichen beherrschenden Gesichtspunkten wie überall sonst (§ 239 ff.). Der Tatbestand der Delikte hat für die Rechtsfolgen derselben, für die strafrechtlichen wie für alle anderen, die gleiche Bedeutung, wie der Tatbestand der Rechtsgeschäfte für die Rechtsfolgen der letzteren, und der Einfluß des objektiven Rechts auf die Gestaltung dieser Folgen steht in beiden Gebieten in dem nämlichen Verhältnis zu den beteiligten sozialen Kräften. Auch hat die Verknüpfung von Tatbeständen und Rechtsfolgen im ganzen Bereiche des Rechts das nämliche Verhältnis zu den Fragen der Zweckmäßigkeit und Gerechtigkeit. Dieselbe ist zweckmäßig, sofern sie der gemeinsamen Bestimmung aller Rechtsfolgen dienlich ist, nämlich die Integrität der dem Rechte anvertrauten Interessen und die Herrschaft des Rechts zu wahren; sie gilt uns als gerecht, sofern die Bemessung der Rechtsfolgen, und bzw. die zugrunde liegende Beurteilung und Abschätzung des Tatbestandes, im Einklang mit unseren ethischen Werturteilen erfolgt ist.

Unter den Strafrechtstheorien heben sich zwei Gruppen hervor. Die eine (die Gruppe der „absoluten" Strafrechtstheorien) findet Grund und Maß der Strafe in dem begangenen Delikte, also in einem Vergangenen gegeben (punitur quia peccatum est), und faßt die Strafe wesentlich als Vergeltung für die verbrecherische Tat auf, der sie dieselbe möglichst anzupassen sucht; die andere (die Gruppe der „relativen" Strafrechtstheorien) sieht Grund und Maß der Strafe in dem, was Nützliches nach Ansicht der betreffenden Autoren durch die Strafe bewirkt werden soll (Abschreckung, Besserung, Unschädlichmachung), also in einem Künftigen (punitur, ne peccetur) und will die Strafe von diesen mit ihr zu erreichenden Zwecken abhängig machen. Was würde man aber sagen, wenn Grund und Maß der Zahlungsverpflichtung eines Schuldners von dem einem in dem der Vergangenheit angehörigen Abschluß des Rechtsgeschäfts, von dem anderen in der der Zukunft angehörigen Befriedigung des Gläubigers gefunden würde! Oder, um analoge Verhältnisse anzuziehen, wenn Mediziner sich darüber streiten würden, ob Grund und Maß der Behandlung eines Patienten in seiner erfolgten Erkrankung oder in der zu bewirkenden Heilung zu suchen sei! Hiermit ist auch die Stellungnahme gegeben gegenüber den Angriffen der Vertreter der „Zweckstrafe" gegen die „Vergeltungsidee". Vergeltungsidee und Zweckgedanke bilden richtig verstanden keine Gegensätze, sondern es entspricht eine zweckmäßige Gestaltung des Strafensystems durchaus dem Gedanken der Vergeltungsidee, nur darf die Verwirklichung des Zweckgedankens nicht dazu führen, die Grundlagen des Strafrechts (wie des Rechts überhaupt) in Frage zu stellen. S. § 790.

Lehrb. § 69f., 72 i. f. Merkel, Rektoratsrede (§ 144). Vergeltungsidee und Zweckgedanke im Strafrecht 92. Rechtliche Verantwortlichkeit 95. Binding, Grundriß § 80ff. Problem der Strafe, in Grünh. Zeitschr. 4. v. Bar, Gesch. des Strafr. und der Strafrechtstheorien 82 (dazu Merkel, Sammlung 478). Laistner, D. Recht in der Strafe 72. Pfenninger, Begriff der Strafe 77. v. Liszt, Zweckgedanke im Strafr., in s. Zeitschr. 3. Kriminalist. Aufgaben 9. Die determinist. Gegner der Zweckstrafe (gegen Merkel und Mittelstädt) 13. Psycholog. Grundlagen d. Kriminalpolitik 16. Lammasch, Zwecke u. Mittel der Strafe eod. l. 9. Liepmann, Ethische Grundlagen des Schuldbegriffs 14, sowie 17. Mittelstädt, Schuld u. Strafe, „Gerichtssaal" 46. Janka, Grundlagen d. Strafschuld 85. Finger, Begründung d. Strafr. v. determinist. Standpunkt 87. Kohler, Wesen der Strafe 88. Löning, Begründung des Strafr. 89. Günther, Idee der Wiedervergeltg in Gesch. u. Philos. des Strafr. 89 (dazu Merkel, Sammlung 684). Rich. Schmidt, Die Aufgaben der Strafrechtspflege 95. Vargha, Abschaffung d. Schuldknechtschaft 96. Seuffert, Was will, wirkt, soll die staatl. Strafe? 97. v. Bar, Probleme des Strafrechts 96. v. Calker, Strafrecht u. Ethik 97. Vergeltungsidee u. Zweckgedanke im Syst. d. Freiheitsstr. 99. Tarde, la philosophie pénale 5. A. 00. v. Hippel, Willensfreiheit u. Strafr. in Liszts Zeitschr. 23. v. Rohland u. v. Liszt in d. Jurist. ztg 03. Liepmann (Vergeltungs- u. Zweckstrafe) eod. l. 04. — Litt. zu § 790 i. f., 236.

Viertes Kapitel.

Das Prozeßrecht.

Erster Abschnitt.

Im allgemeinen.

*§ 798.

Die Personen und Einrichtungen, durch welche die prozessualische Aufgabe von Fall zu Fall zur Lösung gebracht werden soll und das hierbei zu beobachtende Verfahren werden durch das Prozeßrecht bestimmt.

Dasselbe gehört jetzt in Deutschland, soweit nicht vereinzelte Vorbehalte für das Landesrecht eingreifen, dem Reichsrechte, also dem gemeinen Rechte an.

Die allgemeine Charakterisierung der prozessualischen Aufgabe s. in den §§ 342—347.

§ 799.

Dieses gemeine Prozeßrecht ist der Hauptsache nach in drei großen Gesetzeswerken und den dazu gehörigen Einführungsgesetzen enthalten, nämlich:

der Gerichtsverfassung für das Deutsche Reich,
der Zivilprozeßordnung für das Deutsche Reich,
der Strafprozeßordnung für das Deutsche Reich.

Das erstgenannte Gesetz hat die Personen und Einrichtungen,

die beiden anderen haben das Verfahren zum Gegenstande, wodurch die prozessualische Aufgabe ihre Lösung finden soll.

In Kraft sind diese Gesetze seit dem 1. Oktober 1879.

†§ 800.

Ihnen reiht sich die zum gleichen Zeitpunkte in Kraft getretene Reichs-Konkursordnung an für den besonderen Fall des Vermögensverfalls (Zahlungsunfähigkeit bzw. Überschuldung) eines Schuldners. Wegen der Schwierigkeit der Verwirklichung der prozessualischen Aufgabe tritt hier ein eigentümliches Verfahren zwecks gemeinschaftlicher Befriedigung seiner Gläubiger unter Kontrolle des Gerichts und eines „Konkursverwalters" ein.

Ergänzend treten zu den Reichsjustizgesetzen hinzu die Rechtsanwaltsordnung für das D. Reich zur Organisation der Rechtsanwaltschaft (Ges. v. 78), das Gerichtskostengesetz (78) und die verschiedenen Gebührenordnungen für Zeugen ꝛc.

†§ 801.

Gleichzeitig mit dem B. ist die Zivilprozeßordnung in einer neuen, durch Gesetz vom 17. Mai 1898 angeordneten Fassung in Wirksamkeit getreten.

Gewisse Änderungen ergaben sich mit Notwendigkeit aus der Neugestaltung und Vereinheitlichung des Privatrechts; zugleich hat man aber (ähnlich wie bei dem neuen Handelsgesetzbuch, s. § 565) diese Gelegenheit benutzt, um auch einige Änderungen im Verfahren auf Grund der bisherigen Erfahrungen in der Praxis zu treffen, ohne dabei jedoch die Grundlagen der älteren Zivilprozeßordnung zu verlassen. Auch die Konkursordnung hat eine neue Fassung erhalten.

Eine bedeutsame Stellung in der Zivilprozeßgesetzgebung nimmt die österreichische Zivilprozeßordnung vom 1. August 1895 ein, welche in einer Reihe prinzipieller Fragen von der deutschen abweicht. —

Litt. Wach, Handb. I, 85. Vorträge 2. A. 96. Richard Schmidt, Lehrb. (mit umfass. histor. Darstellg) 98; Ergänzung: die Änderungen nach d. Novellen v. 98. Planck, Lehrb. 87/95. Engelmann, Der d. Z.P. 89/01. Hellwig, Lehrb. I, 03. Weismann, Lehrb. I, 03. Fitting, 03. Gute Übersicht von Stein, in Birkm. Enc. Schultze, Zur neuen d. Z.P.O. 01. — Privatr. u. Prozeß 83. R. Schmidt, Prozeßr. u. Staatsr. 03. Schwarz, 400 Jahre d. Z.P. Gesetzgeb. 98. Laband, Staatsr. Kap. 13: Gerichtswesen. Stölzel, Schulung f. d. zivil. Praxis 5. A. 02. Stein, Aktenstücke zur Einf. 5. A. 03. Komm.: Gaupp-Stein, 6. A. 03. Seuffert, 9. A. 04. Struckmann-Koch 01, Petersen 03, Wilmowski-Levy 91, (kleinerer:) Reincke 04. Zeitschr. f. deutschen Zivilprozeß, seit 79. Die ges. Materialien zu den Reichsjustizgesetzen (Bd. 8 enth. diej. zur neuen Z.P.O.) v. Hahn. — Wetzell, System (des älteren gemeinen Z.P.) 3. A. 78. Bethmann-Hollweg, D. Z.P. des gem. R. in geschichtl. Entwicklg 64 ff. Versuche zur Theorie d. Z.P. 27. Planck, D. d. Gerichtsverfahren d. Mittelalters 79 f. Mehrheit der Rechtsstreitigkeiten 44. Briegleb, Theorie d. summarischen Prozesse 59. Zink, Ermittlg d. Sachverhalts im französ. Z.P. 60. Bülow, Prozeßeinreden u. -voraussetzgen 68. Degenkolb, Einlassigszwang rc. 77. Glaser, Kl. Schriften II, 83. Kohler, P. als R.verhältnis 88. Wach, Feststellgsanspruch 88. Langheineken, Urteilsanspruch 99. Hellwig, Anspruch u. Klagerecht 00. Bülow, „D. neue P.rechtswissenschaft, Z. f. Z.P. 27. Klage u. Urteil 03. Hölder, Über das Klagrecht 03. Kisch, Beitr. zur Urteilslehre 03. Stein, Vorauss. des R.schutzes 03. — Reformfragen: Klein, Pro futuro 90. Die österr. Z.P.Entw., Z. f. Z.P. 19. Vorl. über d. Praxis des Z.P. 00. Zeit- u. Geistesströmungen im P. 02. Wach, D. Mündlichkt im österr. Z.P.Entw. 95. Schwarz, Die Novelle v. 98 u. die Z.P.Reform 02. Vierhaus, Soziale u. wirtschaftl. Aufg. d. Z.P.Gesetzgebg 03.

Konkursrecht: Schultze 80. Kohler, Lehrb. 91. Leitfaden 2. A. 03. Seuffert, K.prozeßrecht 99. Oetker, K.rechtl. Grdbegriffe 91. Fitting, 04. v. Aufseß, 99. Komm.: Petersen-Kleinfeller 4. A. 01. Jäger, 2. A. 04. Wilmowski 96.

† § 802.

Am 1. Oktober 1900 ist auch ein einheitliches Militär-Strafprozeßrecht für das ganze Reich ins Leben getreten auf Grund der nach langen Verhandlungen zustande gekommenen Militärstrafgerichtsordnung vom 1. Dezember 1898.

Weiffenbach, Einführung 3. A. 04. v. Lilienthal, in Birkm. Enc.

*§ 803.

Den Kern der prozessualischen Einrichtungen bilden die Gerichte.

Sie sind die Träger der „Gerichtsbarkeit", d. i. des Rechts zur maßgebenden Feststellung der Tatbestände und ihrer Rechtsfolgen. Diese Feststellung erfolgt in der Form gerichtlicher Entscheidungen.

Die Gerichtsherlichkeit steht heute allein dem Staate zu — „alle Gerichte sind Staatsgerichte" — während die Reste der früheren kommunalen und patrimonialen (zugunsten von Gutsherrn) Gerichtsbarkeit durch die Gerichtsverfassung beseitigt sind und die kirchliche Gerichtbarkeit (besonders in Ehesachen über Katholiken) jeder bürgerlichen Wirksamkeit entkleidet ist.

Über die Beschränkung der richterlichen Aufgabe auf eine Feststellung s. § 320, 342 ff., 427.

*§ 804.

Mit dieser Feststellung kann die Sorge für die praktische Durchführung der festgestellten Rechsfolgen, das ist für die zwangsweise Vollstreckung der gerichtlichen Entscheidungen (wo eine solche notwendig wird) verbunden sein.

Diese kann aber auch besonderen Organen übertragen sein und ist nach dem geltenden Reichsrecht der Hauptsache nach besonderen Vollzugsbehörden anvertraut.

Über die Vollstreckung im Zivilprozesse durch die Gerichtsvollzieher s. § 822. Die Strafvollstreckung erfolgt grundsätzlich durch die Staatsanwaltschaft; § 836.

§ 805.

Die den Gerichten gestellte Aufgabe verlangt Unabhängigkeit derselben (s. § 428). Diese ist ihnen in zweifacher Form gewährleistet:

erstlich als sachliche Unabhängigkeit, indem sie bezüglich ihrer Entscheidungen lediglich an die Gesetze gebunden sind, nicht an etwaige vom Staatsoberhaupte oder dem Ministerium ausgehende Weisungen;

zweitens eine persönliche, indem ihre Mitglieder, damit jene sachliche Unabhängigkeit eine Wahrheit werden könne, nicht willkürlich ihres Amtes enthoben oder versetzt werden können.

*§ 806.

Die deutschen Gerichte sind zum Teil Organe des Reichs, der Mehrzahl nach aber Organe der Gliedstaaten.

Zu jenen gehört das im e. S. sog. Reichsgericht in Leipzig, welches im allgemeinen die Spitze der Gerichtsorganisation bildet, und das durch die neue Militärstrafgerichtsordnung geschaffene oberste Militärgericht in Berlin als Spitze der Militärstrafjustiz.

Zu diesen gehören die Amtsgerichte, Landgerichte mit „Kammern" für Zivilsachen, für Strafsachen, und je nach Bedürfnis solchen speziell für „Handelssachen" (§ 846), und Oberlandesgerichte (mit Zivil- und Strafsenaten); ebenso die unteren Militärstrafgerichte.

Neben diesen regelmäßig zuständigen „ordentlichen" Gerichten bestehen für gewisse Angelegenheiten „besondere Gerichte". So die „Gewerbegerichte" für Streitigkeiten gewerblicher Arbeiter mit ihren Arbeitgebern aus dem Arbeitsverhältnis: so liegt gegenwärtig (1904) dem Reichstag ein Gesetzentwurf vor über besondere „Kaufmannsgerichte" für Streitigkeiten aus dem Dienstverhältnis der Handlungsgehilfen. Charakteristisch ist hierbei die Zuziehung von Laien (§ 846) als Beisitzern, welche durch Wahl aus den Fachgenossen der Parteien hervorgehen, neben einem nicht den Interessentenkreisen angehörigen Vorsitzenden (Beamten), sowie ein beschleunigteres und billigeres Verfahren. Diese neuere Tendenz nach Errichtung solcher Sondergerichte für einzelne Stände (schon begehren z. B. die Werkmeister der Fabriken, besonderen Gewerbegerichten unterstellt zu werden!), steht in diametralem Gegensatze zu der alle Sonder- und Standesgerichte bekämpfenden Bewegung in der Mitte des vorigen Jahrhunderts und hat erhebliche Bedenken. Durch baldige Reform des Verfahrens vor den ordentlichen (zumal den Amts-) Gerichten sollte ihr entgegengewirkt werden.

*§ 807.

Die Gerichte stehen zum Teil im Verhältnisse der Koordination, zum Teil im Verhältnisse der Über- und Unterordnung zueinander. (Verhältnis mehrerer „Instanzen", Instanzenzug.)

Jenes gilt von den gleichbenannten und mit derselben Art von Geschäften betrauten Gerichten, welche in verschiedenen Gerichtssprengeln nebeneinander tätig werden.

Dieses gilt von verschieden benannten Gerichten, von welchen das eine unter bestimmten Voraussetzungen berechtigt ist, eine Entscheidung des anderen aufzuheben oder abzuändern (§ 804 ff.).

*§ 808.

Die Frage, welches Gericht in einer bestimmten Sache tätig zu werden hat, wird durch die Regeln über die sachliche und über die örtliche Zuständigkeit der Gerichte entschieden.

Die ersteren geben an die Hand welche Art von Gerichten,

die letzteren, welches unter den koordinierten Gerichten der betreffenden Art hinsichtlich des konkreten Prozesses in Betracht kommt.

Es handle sich z. B. um einen begangenen Mord. Sachlich zuständig für die Aburteilung des Schuldigen sind hier die Geschworenengerichte, örtlich zuständig das Geschworenengericht desjenigen Bezirkes, in welchem das Verbrechen begangen wurde, sowie dasjenige des Bezirkes, in welchem der Schuldige seinen Wohnsitz hat. — Für die sachliche Zuständigkeit ist bei Strafprozessen im allgemeinen entscheidend die Schwere des Delikts (§ 846) und bei Zivilprozessen (§ 845) der Wert des Streitgegenstandes; für die örtliche sind Beziehungen der konkreten Prozeßsache zu dem Sprengel eines bestimmten Gerichts maßgebend, und zwar Beziehungen der in den §§ 327 ff. besprochenen Arten (territoriale und persönliche).

*§ 809.

Bei jeder Rechtssache kommen zum mindesten zwei beteiligte Subjekte in Betracht, ein angeblich berechtigtes, zu dessen Gunsten, und ein angeblich verpflichtetes, zu dessen Ungunsten ein bestimmter Tatbestand behauptet und bestimmte Rechtsfolgen geltend gemacht werden.

Diese Subjekte heißen mit Beziehung auf das prozessualische Verfahren über die Rechtssache: **Prozeßparteien**. Sie stehen sich, wenn es sich um Zivilsachen handelt, als „Kläger" und „Beklagter", wenn es sich um Strafsachen handelt, als „Ankläger" und „Angeklagter" gegenüber.

Im Strafprozeß ist dieses Parteiverhältnis jedoch ein mehr äußerlich-formelles, da das öffentliche Interesse, welches der Ankläger (in der Regel der Staatsanwalt, § 836) vertritt, nicht einseitig auf Verurteilung dieses Angeklagten gerichtet ist — wie im Zivilprozeß das Interesse des Klägers auf Verurteilung des Beklagten — sondern auf Ermittlung von dessen Schuld oder Unschuld und je nachdem auf seine Verurteilung oder aber auf seine Freisprechung (vgl. § 837).

*§ 810.

Die Prozeßparteien sind Träger bestimmter prozessualischer Rechte, und es ist ihnen ein mehr oder minder weitgehender gesetzlich geregelter Einfluß auf das Verfahren eingeräumt.

Zu diesen Rechten gehört es insbesondere, daß den Parteien vom Richter gleichmäßig Gelegenheit gegeben werden muß, sich Gehör zu verschaffen (audiatur et altera pars; Grundsatz der „kontradiktorischen" Verhandlung). Der ihnen gewährte Einfluß fällt unter einen doppelten Gesichtspunkt. Erstlich erscheint es als geboten, denjenigen, um deren Interessen es sich handelt, die Möglichkeit zu gewähren, für dieselben einzutreten, und die ihnen etwa zur Verfügung stehenden Beweismittel dafür, daß das Recht auf ihrer Seite stehe, zur Anwendung zu bringen. Zweitens erscheint es in Beziehung auf eine wahrheitsgemäße Lösung der prozessualischen Aufgabe als nützlich, die Parteien unter dem Antrieb ihrer Interessen für die Klarlegung des Sachverhalts tätig werden zu lassen. Die von den entgegengesetzten Standpunkten der Parteien ausgehenden Bemühungen erhöhen die Wahrscheinlichkeit einer allseitigen Erhellung der Tatsachen, und entlasten zugleich den Richter, welcher im allgemeinen um so leichter die ihm zukommende überparteiliche Stellung wahren und zu einer unbefangenen, von Einseitigkeit freien, Beurteilung der Prozeßsache gelangen wird, je mehr die Parteien in Vertretung der einander widerstreitenden Interessen leisten.

Trotz der Berücksichtigung dieser Gesichtspunkte kann die Rechtsstellung der Parteien im Prozeß und ihr Verhältnis zum Richter sehr verschieden normiert sein und ist in Deutschland speziell anders bestimmt im Zivil- als im Strafprozeßrecht. Wenn z. B. im Zivilprozeß eine Partei von der gebotenen Gelegenheit, sich Gehör zu verschaffen, keinen Gebrauch macht, indem sie zu dem anberaumten Termin nicht vor Gericht erscheint, so findet auf Antrag der erschienenen Gegenpartei zu ihren Ungunsten ein einseitiges „Versäumnis- (Kontumazial-) verfahren“ statt und kann gegen sie ein „Versäumnisurteil“ ergehen. Dagegen im Strafprozeß ist bei Ausbleiben des Angeklagten nur ausnahmsweise eine Verhandlung und Entscheidung zulässig, dafür kann sein Erscheinen aber erzwungen werden. S. wegen der weiteren Verschiedenheiten in der Stellung der Parteien § 827 ff.

§ 811.

Das gerichtliche Verfahren wird nach dem geltenden deutschen Rechte durch die Erhebung der **Klage** bzw. der **Anklage**, also durch eine Parteihandlung, in Gang gebracht.

Die Initiative fällt naturgemäß derjenigen Partei (s. § 809 Anm.) zu, welche ein vermeintliches Recht zur Geltung bringen will. Die richterliche Entscheidung ist Antwort auf eine gestellte Frage. Die Stellung der letzteren und damit die Bestimmung des Gegenstandes der Entscheidung ist keine richterliche Funktion. Gleichwohl hatte das ehemalige gemeine Recht bei Strafsachen die Gerichte mit dieser Funktion betraut.

§ 812.

Als wichtigste **Elemente des Verfahrens** selbst erscheinen im allgemeinen:

Handlungen der Prozeßparteien, welche auf den Fortgang des Verfahrens Bezug haben,

prozeßleitende Handlungen des Gerichts (§ 829),

Handlungen der Prozeßparteien und bzw. (im Strafprozeß)

des Gerichts, welche auf die Klarstellung des Sachverhalts gerichtet sind: Beweisführung (§ 832 ff.) — Untersuchung (§ 840),

gerichtliche Entscheidungen (815),

Vollstreckungshandlungen (822).

*§ 813.

Die Hauptmittel zur Klarstellung des Sachverhalts, also die hauptsächlichen „Beweismittel" sind:

der „richterliche Augenschein", d. i. eine Handlung des Richters, wodurch derselbe sich kraft eigener Sinneswahrnehmung von der Beschaffenheit gewisser für seine Entscheidung erheblicher Verhältnisse oder Gegenstände Kenntnis verschafft;

Zeugen, d. s. Dritte, welche am Prozeß nicht als Partei (noch als deren gesetzliche Vertreter) beteiligt sind und welche dem Richter ihre sinnlichen Wahnehmungen über bestimmte Tatsachen bekunden sollen;

Sachverständige;

Urkunden;

im Zivilprozeß außerdem der Eid einer Partei, und zwar nach deutschem Prozeßrecht entweder in der Form eines von einer Partei der anderen „zugeschobenen" (oder von letzterer zurückgeschobenen) Eides oder als ein vom Richter einer Partei „auferlegter" Eid.

Hinsichtlich der über die Wirkung anderer Beweismittel hinausgehenden Bedeutung der Eidesleistung § 818 A.

Über die verschiedene Tragweite eines Geständnisses einer Partei im Zivil- und im Strafprozeß §§ 831 und 841.

§ 814.

Die Benutzung dieser Beweismittel ist durch Rechtsgrundsätze geregelt — Beweisrecht.

Die Wahrheitserforschung kann im Prozesse nicht einfach, wie es bei wissenschaftlichen Aufgaben der Fall ist, in das Ermessen der Beteiligten gestellt sein. Es bedarf einer Regelung, weil der Richter notwendig zu Entscheidungen gelangen muß, und zwar zu Entscheidungen, welche nicht die eigenen, sondern fremde Interessen treffen, und welchen eine positive

Gültigkeit zukommt. Jene Regelung soll hier den Gang der Wahrheitserforschung in gewissem Maße kontrollierbar machen und gewisse Garantieen gegen Irrtümer, Einseitigkeiten und Willkürlichkeiten darbieten. Es kommt hinzu, daß, um das vorgesetzte Ziel zu erreichen, vielfach Unbeteiligte (insbes. als Zeugen) zur Mitwirkung in Anspruch genommen und mannigfache Freiheitsbeschränkungen auferlegt werden müssen. Hierfür bedarf es einer rechtlichen Normierung. — Eine hiervon ganz verschiedene Frage ist die, ob nicht nur die Beschaffung und Anwendung der Beweismittel, sondern auch die Würdigung ihrer Ergebnisse seitens des Richters durch Rechtsvorschriften zu regeln sei; hierüber vgl. § 818.

*§ 815.

Unter den gerichtlichen Entscheidungen nimmt das „Endurteil" die meiste Bedeutung in Anspruch.

Es ist die Entscheidung, durch welche der Prozeß in der Hauptsache (ganz oder doch bezüglich eines Teils ihres Umfangs) für diese Instanz seine endgültige Erledigung finden soll.

*§ 816.

Der Findung und Verkündigung des Endurteils geht nach unserem heutigen Rechte notwendig eine mündliche und (mit einigen im Gesetz genau abgegrenzten, auf Gründen der öffentlichen Ordnung oder der Sittlichkeit beruhenden Ausnahmen) öffentliche Verhandlung vor dem zu jener berufenen Gerichte voraus.

*§ 817.

Für ihre Bedeutung gilt der Grundsatz, daß das Urteil unmittelbar auf das tatsächliche Vorbringen und die Beweisführung bzw. Untersuchung in dieser Verhandlung zu gründen ist — Prinzip der Unmittelbarkeit.

*§ 818.

Das Gericht urteilt grundsätzlich nach seiner aus dem gesamten Inhalt der mündlichen Verhandlung geschöpften freien Überzeugung.

Den Gegensatz zu diesem Grundsatz der „freien Beweiswürdigung" bildet die Gebundenheit des Richters an gesetzliche Beweisregeln. Der Richter ist hier genötigt Tatsachen als erwiesen und resp. als nicht erwiesen zu betrachten, wenn bestimmte im Gesetze näher bezeichnete Beweisgründe (z. B.

die übereinstimmende Aussage zweier unverdächtiger Zeugen, „testes classici“) bezüglich dieser Tatsachen erbracht, und bzw. nicht erbracht sind.

Das Verfahren des älteren gemeinen Prozesses war im Gegensatze zum heutigen ein schriftliches und geheimes, und das Urteil des Richters im Zusammenhang damit allgemein an derartige gesetzliche Beweisregeln gebunden. Unser Recht kennt solche, als Ausnahmen von obigem Grundsatz, wesentlich nur noch im Zivilprozeß für einige (freilich wichtige) Fälle: in bezug auf Urkunden- und Eidesbeweis. Z. B. wird durch Leistung eines Parteieides voller Beweis der beschworenen Tatsache begründet, so daß sie nicht mehr der freien richterlichen Würdigung auf ihre Glaubwürdigkeit hin unterliegt.

*§ 819.

Richterliche Entscheidungen können meist unter bestimmten Voraussetzungen und innerhalb gewisser Fristen von den Parteien (und zuweilen auch von dadurch betroffenen dritten Personen, s. Beisp. § 821 i. f.) bei dem im Instanzenzuge übergeordneten Gerichte angefochten werden mit der Wirkung, daß eine erneute Prüfung der betreffenden Fragen und je nach deren Ergebnis die Aufhebung, Abänderung oder aber Bestätigung der früheren Entscheidung eintritt.

Eine solche Anfechtung erfolgt durch „die Einlegung eines Rechtsmittels“.

§ 820.

Unser Reichsrecht kennt drei solche Rechtsmittel:

die Berufung,
die Revision,
die Beschwerde.

*§ 821.

Berufung und Revision beziehen sich auf gewisse Endurteile.

Mittels der Revision kann ein Endurteil nur angefochten werden wegen angeblicher Gesetzesverletzung, d. h. weil es auf der Nichtanwendung oder fehlerhaften Anwendung einer Rechtsvorschrift beruhen soll (und im Zivilprozeß bei vermögensrechtlichen Ansprüchen nur unter Voraussetzung eines erheblicheren Wertes des Beschwerdeobjektes; der sogen. „Revisionssumme“).

Mittels der Berufung dagegen auch wegen angeblich falscher

Beurteilung der dem Urteil zugrunde liegenden Tatsachen, der quaestio facti (§ 345).

Die Beschwerde ist gegen gewisse andere Entscheidungen als Endurteile gegeben (z. B. gegen den richterlichen Haftbefehl seitens des Verhafteten; seitens eines Zeugen gegen den Beschluß, durch welchen er wegen Nichterscheinens vor Gericht oder Verweigerung der Aussage zu Strafe verurteilt ist).

*§ 822.

Das nicht mehr anfechtbare Endurteil heißt „rechtskräftig“.

Seine Feststellungen haben in bezug auf die konkrete Prozeßsache für die Parteien und deren Rechtsnachfolger (ausnahmsweise in Statutsprozessen, z. B. über die Gültigkeit einer Ehe, auch für am Prozesse unbeteiligte Dritte) positive, von ihrem Einklang mit den Tatsachen und den Rechtssätzen unabhängige Geltung „res judicata pro veritate habetur“, „jus facit inter partes“ — sie schaffen „formelle Wahrheit“ (s. § 347).

Wenn der Verurteilte dem rechtskräftigen Urteile nicht Genüge tut, so kann dasselbe im Zivilprozeß auf Betreiben der siegreichen Partei im Wege der Zwangsvollstreckung (Exekution) durch den von ihr beauftragten Gerichtsvollzieher erzwungen werden. Hierbei werden Sachen, zu deren Herausgabe z. B. der Verkäufer verurteilt ist, ihm vom Gerichtsvollzieher weggenommen und dem Gläubiger übergeben; zur Vollstreckung einer Geldforderung (des Verkäufers wegen des Kaufpreises) werden Mobilien des Verurteilten gepfändet, öffentlich versteigert und der Erlös dem Gläubiger ausgeliefert. Jedoch muß dem Schuldner ein gewisses Existenzminimum gelassen werden und ist der Kreis der einer Vollstreckung deshalb entzogenen Gegenstände durch die neue Z.P.O. stark erweitert worden. — S. § 804.

Die bisher dem Landesrecht überlassene Zwangsvollstreckung in Grundstücke ist jetzt gleichfalls einheitlich geregelt, z. T. in der neuen Z.P.O., z. T. — ihre Zwangsversteigerung (Subhastation) und Zwangsverwaltung (Sequestration) — in einem besonderen Reichsgesetze vom 24. 3. 97.

*§ 823.

Unter besonderen Umständen kann jedoch eine Wiederaufnahme des bereits durch rechtskräftiges Endurteil abgeschlossenen Verfahrens erfolgen.

So z. B., wenn das Urteil auf einem beschworenen falschen Zeugnis beruht und der Zeuge deshalb wegen Meineids rechtskräftig zu Strafe verurteilt worden ist, oder wenn eine Partei eine Urkunde auffindet, die eine ihr günstigere Entscheidung herbeigeführt hätte.

*§ 824.

Mit gewissen Verschiedenheiten der zu erledigenden Rechtssachen hängen Verschiedenheiten in der Gestaltung des prozessualischen Verfahrens sowie der prozessualischen Einrichtungen zusammen.

So zeigt das Verfahren vor dem Amtsgericht, vor welches geringfügigere Sachen gehören (§ 845, 47), Besonderheiten gegenüber demjenigen vor den anderen Gerichten. U. a. bedarf es hier keiner Vertretung der Parteien durch Rechtsanwälte, während bei den anderen Gerichten vielfach Anwaltszwang besteht (im Zivilprozeß sogar immer, weshalb hier der Prozeß vor diesen anderen Gerichten — den Kollegialgerichten, s. § 845 — als „Anwaltsprozeß" bezeichnet wird.

So sind ferner neben dem gewöhnlichen „ordentlichen Verfahren" für bestimmte Ansprüche (z. B. aus Wechseln) im Interesse ihrer schnelleren Vollstreckbarkeit beschleunigte, aber deshalb auch nur zu provisorischen Entscheidungen führende („summarische") Prozeßarten vorgesehen.

Insbesondere aber finden die zwischen Zivil- und Strafsachen bestehenden Verschiedenheiten ihren Ausdruck in grundsätzlichen Differenzen zwischen Zivilprozeßrecht und Strafprozeßrecht.

Zweiter Abschnitt.

Zivilprozeß und Strafprozeß im Verhältnis zueinander.

§ 825.

Der verschiedenen Natur der Zivilsachen und der Strafsachen entsprechend, stehen sich im Zivilprozeß andere Parteien gegenüber als im Strafprozeß und ist die Rechtsstellung dieser Parteien dort eine andere wie hier.

§ 826.

I. Im Zivilprozeß handelt es sich um die Feststellung privatrechtlicher Tatbestände und Rechtsfolgen (§§ 91, 192, 284 ff., 294 ff.).

Als Prozeßparteien stehen sich hier daher die Träger wirklicher oder angeblicher Rechte und Pflichten privatrechtlichen Charakters gegenüber.

Neben dem Zivilprozeß (der „streitigen Gerichtsbarkeit") hat die in leichteren Formen des Verfahrens sich abspielende, verschiedenartigen Behörden obliegende sog. freiwillige Gerichtsbarkeit (in süddeutschen Gesetzen auch „Rechtspolizei" gen.) es ebenfalls mit privatrechtlichen Verhältnissen zu tun — im Gegensatz zur Tätigkeit der Verwaltungsbehörden und Verwaltungsgerichte § 425 — aber nicht mit dem Schutze bestehender Privatrechte gegen Angriffe bestimmter Gegner. Sie stellt sich vielmehr dar als eine staatliche Mitwirkung bei der Gestaltung (Begründung, Änderung, Aufhebung) von Privatrechten, wodurch künftigen Streitigkeiten tunlichst vorgebeugt werden soll. Zu ihr zählen u. a. die notarielle Beurkundung von Testamenten, Erbverträgen 2c. (§ 748 f.), Führung der Grundbücher (§ 603), Funktionen des Vormundschaftsgerichtes (§ 731), Bestätigung einer Adoption (§ 730) 2c.

Reichsges. über die Angelegenh. der freiw. Gerichtsbarkeit 98. (Komm. v. Dorner, 99.) Die nähere Regelung ist jedoch dem Landesrecht überlassen. — Wach, Handb. § 6. Dorner in Holtz. Enc.

*§ 827.

Für das Privatrecht aber ist es charakteristisch, daß es den Einzelnen die Wahrung ihrer rechtlichen Interessen in gewissem Umfange selbst überläßt, und ihnen zugleich gestattet, über ihre Rechte und deren Ausübung in gewissen Grenzen nach Belieben zu verfügen.

Diese Stellung der Rechtssubjekte in der Sphäre des Privatrechts findet einen Ausdruck in einer Reihe von zivilprozessualischen Grundsätzen, welche man mit den Worten „Dispositionsprinzip" (nämlich Disposition der Parteien über ihr Privatrecht auch innerhalb des Prozesses) oder auch „Verhandlungsprinzip" zu umfassen pflegt.

Wie die bei Regelung der Familienverhältnisse unmittelbar beteiligten öffentlichen Interessen außerhalb des Prozesses der willkürlichen Verfügung der Einzelnen enge Schranken ziehen (s. § 709), so machen sie in den Prozessen über familienrechtliche Streitigkeiten, wie besonders Eheprozessen, die Durchführung des „Dispositionsprinzips" unmöglich.

§ 828.

Hierher gehört es, daß die Erhebung der Klage in das Ermessen des Privatberechtigten gestellt ist und daß die Organe des Staates nur durch seine Klage in Tätigkeit versetzt werden.

„Nemo invitus agere cogitur". — Die in diesem Zusammenhange öfters auch zitierte Regel: „nemo judex sine actore" enthält nichts für den Zivilprozeß Charakteristisches mehr, da sie nach geltendem Rechte auch für den Strafprozeß gilt (§ 841), nur daß hier an die Stelle der actio privata die actio publica (die öffentliche Anklage) tritt.

*§ 829.

Hierher gehört es ferner, daß der Richter auch während des Verfahrens, von prozeßleitenden Handlungen abgesehen, im allgemeinen nicht aus eigener Initiative, sondern nur auf Grund von Parteianträgen tätig wird („ne procedat judex ex officio"); sowie daß er über die von den Parteien in ihren Anträgen erhobenen Ansprüche nicht hinausgehen darf („ne eat judex ultra petita partium").

Der Umfang, in welchem der (häufig zu Vertagungen und Verschleppungen des Prozesses führende) „Parteibetrieb" im Zivilprozeß anzuerkennen sei, bzw. seine Abgrenzung gegenüber dem Richterrecht, ist eine der schwierigsten Fragen der Zivilprozeßgesetzgebung, die neuerdings infolge der allzulangen durchschnittlichen Dauer der Zivilprozesse in Deutschland (s. „D. Justizstatistik"; Schneider, Treu und Glauben im Z.P. rc. 03) wieder viel erörtert wird. (S. Vhdlgen des 26. Juristentags; Vierhaus l. cit.; „Grenzboten" 03, H. 35 f.). Die Österr. Z.P.Ordnung hat die Prozeßleitungsmacht des Richters auf Kosten der Parteiherrschaft erheblich verstärkt.

*§ 830.

Hierher gehört es ferner, daß die richterlichen Entscheidungen nur auf solche Tatsachen gegründet werden dürfen, welche von den Parteien geltend gemacht worden sind („quod non est in actis, non est in mundo" hieß es im schriftlichen älteren gemeinen Prozeß, während jetzt analog das Vorbringen in der mündlichen Verhandlung entscheidet, § 817);

sowie daß den Parteien die Sorge für den Beweis dieser Tatsachen überlassen ist.

Eine Partei kann ebenso auf die Benutzung bestimmter Beweismittel für den Beweis bestimmter Tatsachen verzichten wie auf die Geltendmachung dieser Tatsachen überhaupt und schließlich auf die Ansprüche selbst, welche sich auf diese Tatsachen gründen lassen.

Dagegen die ihre Ansprüche stützenden Rechtssätze braucht die Partei nicht geltend zu machen, denn „iura novit curia“. — Wegen der Folgen des Nichterscheinens einer Partei vor Gericht s. ob. § 810 i. f.

†§ 831.

Aus dem Dispositionsprinzip erklärt sich auch die Bedeutung des gerichtlichen Geständnisses einer Partei im Civilprozesse, d. i. des Zugeständnisses einer dem Gestehenden prozessualisch nachteiligen Tatsache, womit sie für diesen Prozeß als feststehend behandelt und somit der richterlichen Prüfung auf ihre Wahrheit entzogen wird.

Seine Wirkung ist also entsprechend derjenigen einer Eidesleistung der Partei, ob. § 818 A.

*§ 832.

Gegenstand eines Beweisverfahrens sind demnach nur zwischen den Parteien streitige Tatsachen, welche auch nicht etwa bei dem Gericht offenkundig (notorisch) sind.

*§ 833.

Hierbei liegt es dem Kläger ob, diejenigen Tatsachen zu beweisen, auf welche er seine Klage gründet, und welche infolge ihrer Bestreitung durch den Gegner und ihrer Erheblichkeit für die Entscheidung als beweisbedürftig erscheinen.

Bezüglich dieser Tatsachen trägt er die „Beweislast“.

*§ 834.

Dem Beklagten fällt dagegen die Beweislast hinsichtlich der von ihm etwa geltend gemachten „Einreden“ zu.

Dieses sind Behauptungen, welche mit der Wahrheit der zur Begründung der Klage vorgebrachten Tatsachen zwar verträglich, gleichwohl aber geeignet sind, die Abweisung der Klage herbeizuführen.

Als Beispiel diene der Fall, daß der Beklagte gegenüber einer Klage auf Schadensersatz wegen Sachbeschädigung (§ 695) zwar die behauptete Schadenszufügung einräumt, aber zugleich geltend macht:

daß es an einem allgemeinen Erfordernis eines rechtlich verantwortlich machenden Verhaltens gefehlt habe, indem er in Notwehr (Abwehr eines rechtswidrigen Angriffs, § 170) gehandelt, oder sich in einem Zustande aufgehobener Zurechnungsfähigkeit befunden habe, weshalb der vom Kläger behauptete Ersatzanspruch nicht zur Entstehung gekommen sei („rechtshindernde" Einrede);

oder daß er bereits hinreichende Entschädigung geleistet habe, so daß der vom Kläger behauptete Anspruch erloschen sei („rechtsvernichtende" Einrede).

§ 835.

II. Im **Strafprozeß** handelt es sich um die Feststellung **strafrechtlicher** Tatbestände und Rechtsfolgen (§§ 291 ff., 770 ff. und §§ 88, 92, 198 f.).

Als Prozeßparteien stehen sich hier gegenüber der Staat als Träger des öffentlichen Interesses an dem Eintritte dieser Folgen und des Rechts, welches sie zum Gegenstande hat, und ein der Begehung einer strafbaren Handlung Beschuldigter.

Litt.: **Planck**, System. Darstellung (des älteren gemeinen St.P.) 57. **Zacharia**, Handb. 61 f. Handb. des Strafp. in Einzelbeitr., hrsg. von **Holtzendorff** 77 ff. **Glaser**, Handb. 83/86. Lehrbücher von **Geyer**, 81. **Dochow-Hellweg**, 4. A. 90. **Stenglein**, 87. v. **Kries**, 92. **Ullmann**, 93. **Bennecke-Beling**, 2. A. 00. **Rosenfeld** 01. Übersichten von **Lilienthal** in Birkm. Enc. und **Beling** in Holtzend. Enc. **Binding**, Grundriß (mit detaill. Litt.Ang.) 4. A. 00. **Birkmeyer** 98. Komm. insbes. v. **Löwe-Hellweg** 11. A. 03. **Stenglein** 3. A. 98. **John**, 84 ff. R. **Schmidt**, Aktenstücke z. Einf. 5. A. 03. v. **Hippel**, desgl. 98. **Lukas**, Anleitg. zur strafrechtl. Praxis 02. —

Gegenwärtig tagt eine vom Reichsjustizamt 1903 zur Vorbereitung einer Revision des Strafprozesses einberufene Kommission von Sachverständigen in Berlin. — **Wach**, d. Vorbereitg. e. Revision des St.P., in Liszts Zeitschr. 23, 344. Zahlreiche Aufsätze in der „D. Jurist.zeitg." 03.

*§ 836.

Da es sich also um die Geltendmachung eines öffentlichen Interesses handelt, so findet die Verfolgung strafbarer Handlungen in der Regel von Amts wegen statt und zwar nach heutigem Rechte durch ein besonderes staatliches Organ: die Staatsanwaltschaft (s. § 841).

Dieser liegt es ob, die Anklage gegen den vermeintlich Schuldigen zu erheben und zu begründen. Man spricht deshalb von einem den Strafprozeß beherrschenden „Offizialprinzip" (vgl. § 840).

Die Staatsanwaltschaft ist einerseits grundsätzlich allein berechtigt („Anklagemonopol", Ausnahme § 838), andererseits aber auch verpflichtet, bei hinreichenden tatsächlichen Anhaltspunkten einer strafbaren Handlung die öffentliche Klage gegen den Verdächtigen zu erheben, ohne Rücksicht auf Zweckmäßigkeitserwägungen („Legalitätsprinzip").

†§ 837.

Die Staatsanwaltschaft hat jedoch nicht die Stellung einer am Ausfall des Prozesses persönlich interessierten Prozeßpartei (§ 809 A.), sondern sie hat neben den belastenden auch die für den Angeklagten sprechenden Momente zu berücksichtigen, sie kann dessen Freisprechung beantragen sowie Rechtsmittel auch zugunsten des vom unteren Gericht Verurteilten einlegen.

§ 838.

Nur ausnahmsweise ist es nach unserem geltenden Rechte zugelassen, daß ein Privater, nämlich der durch die betreffende strafbare Handlung Verletzte, diese Anklagerolle übernimmt.

Dies ist bei Beleidigungen und gewissen (§ 784) Körperverletzungen der Fall. (Liegt es im öffentl. Interesse, so erhebt auch hier der Staatsanwalt Klage). Von dieser „Privatklage" unterscheidet sich der „Antrag auf Verfolgung" seitens des durch ein Delikt Verletzten, von welchem bei manchen Arten strafbarer Handlungen (den „Antragsdelikten," § 784) die Erhebung der öffentlichen Anklage seitens des Staatsanwalts abhängig ist.

*§ 839.

Öffentliche Interessen sind aber nicht bloß bei Erhebung und Begründung der Anklage, sondern ebenso bei einer sachgemäßen Führung der Verteidigung beteiligt. Denn die Verurteilung und Bestrafung eines Unschuldigen verletzt nicht bloß dessen Interessen, sondern zugleich diejenigen der Gesamtheit.

Demgemäß ist dafür gesorgt, daß der Angeklagte in bezug auf die Geltendmachung der zu seinen Gunsten sprechenden Umstände und überhaupt die Wahrung seiner rechtlichen Interessen gegenüber der Anklage und dem gerichtlichen Verfahren nicht lediglich auf die eigenen Kräfte angewiesen sei. Vielmehr kann derselbe sich bei allen und muß sich bei schweren Anklagen durch einen Rechtsanwalt als Verteidiger unterstützen lassen.

Die Bestrafung Schuldloser dient nicht nur denjenigen Interessen nicht, um welche es sich bei der Bestrafung von Verbrechen handelt, sondern sie verletzt diese Interessen, indem sie die Strafjustiz diskreditiert. Sie begründet zugleich in dem Maße ihres Vorkommens eine Unsicherheit der Staatsangehörigen der Strafjustiz gegenüber, welche wegen der Unwiderstehlichkeit der Wirksamkeit dieser letzteren und ihrer Bedeutung für die Ehre des Bestraften bedenklicher werden kann als die dem Verbrechertume gegenüber bestehende Unsicherheit. Es wäre daher ein Irrtum, zu meinen, daß im Strafprozeß bloß auf der einen Seite das allgemeine Interesse, auf der andern lediglich ein individuelles Interesse im Spiele sei.

*§ 840.

Ferner findet die auf den Beweis der Schuld und bzw. Unschuld gerichtete Tätigkeit der Parteien eine Ergänzung durch eine selbständige Untersuchungstätigkeit des Richters, damit entsprechend dem „Offizialprinzip" oder „Untersuchungsprinzip" der wahre Sachverhalt festgestellt werde.

*§ 841.

Der Richter ist hier nämlich nicht wie im Zivilprozeß auf die Berücksichtigung der von den Parteien geltend gemachten Tatsachen und der von ihnen beigebrachten Beweismittel beschränkt.

Auch kann er über die Anträge der Parteien hinausgehen, z. B. auf eine strengere Bestrafung, als sie vom Ankläger beantragt war, erkennen andererseits kann er freisprechen, obgleich der Angeklagte selbst sich schuldig bekannt hat, denn dessen Geständnis hat hier lediglich die Bedeutung eines Beweismittels und unterliegt deshalb, gemäß dem allgemeinen Grundsatz (§ 818), der richterlichen Prüfung auf seine Glaubwürdigkeit hin. —

Die im Texte charakterisierte Form unseres heutigen Strafprozesses bildet einen Gegensatz einerseits zu dem vom Dispositionsprinzip beherrschten Zivilprozesse (§ 827), andererseits zu der „reinen Untersuchungsform" des ehemaligen gemeinrechtlichen deutschen „Inquisitionsprozesses". In diesem hatten Anklage und Verteidigung keine selbständigen Repräsentanten und waren nicht zu besonderen Prozeßrollen gestaltet, sondern als Elemente der von Amts wegen eintretenden richterlichen Untersuchungstätigkeit ganz und gar dem Richteramte zugewiesen.

Seit Mitte des vorigen Jahrh. wurde der Strafprozeß in fast allen deutschen Staaten umgestaltet nach dem Vorbilde des französischen — und des diesem zugrunde liegenden englischen — Rechtes, speziell des code d'instruction criminelle von 1808, aus welchem vor allem übernommen wurden die Staatsanwaltschaft als besondere Anklagebehörde (deshalb sog. „Anklageprozeß") sowie die Schwurgerichte (§ 848; s. auch § 818 Anm.).

Mit Rücksicht auf den bezeichneten zweifachen Gegensatz oder vielmehr die Verbindung von Elementen jener beiden Typen hat man dem heutigen Strafverfahren eine „gemischte Prozeßform" zugeschrieben. —

Wegen der verschiedenen Grundsätze aber, unter welchen das Straf- gegenüber dem Zivilprozeßverfahren steht, verweist das geltende deutsche Recht die Verfolgung privat- und strafrechtlicher Ansprüche auch dann in verschiedene Prozesse, wenn sie aus demselben Delikte hervorgegangen sind — so bei einer vorsätzlichen rechtswidrigen Sachbeschädigung (§ 293) die Verfolgung des Ersatzanspruches in einen Zivilprozeß, diejenige der Bestrafung in einen Strafprozeß — und versagt dem Urteil im einen Prozeß eine bindende Kraft für den anderen Prozeß. (Anders in beiden Richtungen das französ. R.)

§ 842.

Der Gegenstand des Beweisverfahrens wird hier somit nicht durch den zwischen den Parteien bestehenden Streit begrenzt. Und die Wahrheit, um welche es sich bei der Findung des Urteils im Strafprozeß handelt, liegt in seiner Übereinstimmung nicht sowohl mit dem Vorbringen der Parteien (wie im Civilprozeß), sondern mit den relevanten Tatsachen selbst (Prinzip der „materiellen Wahrheit").

*§ 843.

Die Sorge des Staates dafür, daß nicht Unschuldige als schuldig behandelt werden, findet einen besonderen Ausdruck in gewissen Begünstigungen des Angeklagten, und bzw. (durch die weitergehende Möglichkeit einer Wiederaufnahme eines bereits abgeschlossenen Verfahrens) des Verurteilten gegenüber dem Staatsanwalt.

Hierher gehört es, daß eine Verurteilung nicht auf Grund eines einfachen Mehrheitsbeschlusses erfolgen darf, sondern nach unserem geltenden Rechte eine Bejahung der Schuld durch zwei Dritteile der stimmenden Richter voraussetzt.

Neuerdings wird ferner dem unschuldig Verurteilten, dessen Unschuld im Wiederaufnahmeverfahren erwiesen ist, vom Staat eine Entschädigung gewährt. Vgl. § 708.

†§ 844.

In wichtigeren Strafsachen pflegt der öffentlichen mündlichen Verhandlung vor dem erkennenden Gericht eine gerichtliche „Voruntersuchung" vorauszugehen.

*§ 845.

In Strafsachen urteilen gegenwärtig in Deutschland regelmäßig Richter-Kollegien, die in der Regel nach einfacher Majorität entscheiden (s. jedoch § 843). In Zivilsachen dagegen in weitem Umfange auch Einzelrichter: nämlich der Amtsrichter als erste Instanz in geringfügigeren (einen Wert bis zu 300 Mark repräsentierenden) und in besonders einfachen oder dringlichen Rechtssachen.

Von den ca. 2 Millionen vermögensrechtlichen Prozessen im J. 1901 fallen nicht weniger als ca. 86 % auf die Amtsgerichte.

*§ 846.

Ferner nehmen an der Aburteilung der Strafsachen bei den schwersten und bei den leichten Delikten neben den rechtsgelehrten Berufsrichtern unständige Laienrichter teil, bei welchen keine juristische Ausbildung vorausgesetzt wird, und welche keine Beamteneigenschaft haben; bei den ersteren Delikten als „Geschworene", bei den letzteren als „Schöffen".

Abweichend werden Delikte mittlerer Schwere behandelt, welche gegenwärtig (s. jedoch § 848 i. f.) vor der lediglich aus Berufsrichtern zusammengesetzten Strafkammer des Landgerichtes (§ 806) ihre Erledigung finden.

*§ 847.

Bei den Schöffengerichten verbinden sich zwei Schöffen mit dem Amtsrichter als Vorsitzenden zu einem einheitlichen Kollegium und zu ungeteilter richterlicher Wirksamkeit.

Etwas Ähnliches findet in Zivilsachen bei den „Kammern für Handelssachen". (s. § 806) statt, indem hier Kaufleute an der Rechtsprechung teilnehmen, und deren zwei sich, ebenso wie es bei den Schöffengerichten geschieht, mit einem rechtsgelehrten Richter als Vorsitzenden zu einem Kollegium verbinden. Diese Kaufleute werden jedoch für bestimmte Zeiträume zu richterlichen Beamten ernannt, was bei den Schöffen u. Geschworenen nicht der Fall ist. Ferner tritt eine Mitwirkung von Laien bei der Rechtsprechung in Zivilsachen bei manchen „Sondergerichten" ein (s. § 806).

*§ 848.

Bei den Schwurgerichten steht die mit 12 Geschworenen besetzte „Geschworenenbank" (die Jury, die Assisen) der „Richterbank", einem Kollegium von drei Berufsrichtern gegenüber, und die richterlichen Funktionen sind zwischen beiden geteilt. Dem Grundgedanken nach fällt den Geschworenen die Feststellung des Tatbestandes zu, oder, was damit hier identisch ist, die Entscheidung der Schuldfrage (aber auch gewisser Nebenfragen, wie über das Vorliegen „mildernder Umstände", § 794); der Richterbank (außer der ihrem Vorsitzenden obliegenden Prozeßleitung, Formulierung der von den Geschworenen zu entscheidenden Fragen und ihrer Rechtsbelehrung vor ihrem Spruche) in der Hauptsache die Feststellung der Rechtsfolgen, oder, was hier das gleiche besagt, die Entscheidung der „Straffrage".

Die Einführung der gemischten Gerichte, zunächst in der Gestalt der Schwurgerichte (s. § 841 Anm.) gehört einer geschichtlichen Bewegung an, welche sich (um nur das Hauptmerkmal hervorzuheben) als eine Reaktion darstellt gegen eine zu weit getriebene, die Einheit und Gesundheit des nationalen Lebens gefährdende, Scheidung und Verteilung der staatlichen Funktionen und eine damit verbundene Ausschließung des größten Teiles der Bevölkerung von jeder aktiven Beteiligung an diesen Funktionen. —

Merkel, Gutachten über drei Gesetzgebungsfragen betr. die Schöffengerichte, Verhdlgen des 9. Jurist.tages 71 (Sammlg. 214). — „Es empfiehlt sich die Durchführung der Schöffengerichte auch bei den Gerichten der mittleren Ordnung", Verhdlgen des 22. Jurist.tages 93 (Sammlg. 235).

B. Das Kirchenrecht.

Erstes Kapitel.

Im allgemeinen.

§ 849.

Kirchenrecht, jus ecclesiasticum, ist das Recht der organisierten religiösen Gemeinschaften, so weit dieselben auf christlichem Grunde stehen.

Es hat die Merkmale des öffentlichen Rechts.

Hier ist nur das Recht der katholischen Kirche und dasjenige der evangelischen Kirchen Deutschlands in Betracht zu ziehen.

Zu unterscheiden ist das von der Kirche hervorgebrachte Recht und dasjenige Recht, welches die Kirche und ihr eigentümliches Gemeinleben zum Gegenstande hat. Über das erstere ist § 575 zu vergleichen. Unter „Kirchenrecht" versteht man das letztere. Dieses ist nur zum Teile von den betreffenden Kirchen selbst hervorgebracht, zum Teile dagegen eine Schöpfung des Staates. —

Diese Unterscheidung würde hinfällig sein, wenn diejenigen Recht hätten, welche überall nur staatliches Recht kennen und demgemäß Kirchenrecht und kanonisches Recht schlechtweg als einen Teil des von der Staatsgewalt geschaffenen Rechts betrachten. Aber diese Theorie ist durch eine logische Gewaltsamkeit charakterisiert, welche sie unannehmbar macht. Das Recht, welches z. B. die katholische Kirche sich hinsichtlich ihrer Organisation geschaffen hat, kann weder bezüglich seiner Existenz noch bezüglich seiner verbindlichen Kraft für die Angehörigen der Kirche auf Betätigungen irgend einer Staatsgewalt zurückgeführt werden. Die Annahme, es sei gleichwohl staatlicher Natur oder vom Rechte des Staates abgeleitet, enthält daher eine bloße Fiktion (Elemente § 2).

Man halte folgende Fragen auseinander: Haben die hier in Frage stehenden Normen den Charakter von **Rechtsnormen**, und, wenn dies bejaht wird: wer ist das **Subjekt** dieser Rechtsnormen?

1. Den fraglichen Normen — man denke z. B. an diejenigen, welche die kirchliche Jurisdiktion in der katholischen Kirche zum Gegenstande haben — fehlt weder der Inhalt noch die Machtqualität der Rechtsnormen, noch das, was den letzteren in bezug auf Anwendung und Fortbildung eigentümlich ist. Sie sind daher unbedenklich den Rechtsnormen beizuzählen.

2. Subjekt einer Rechtsnorm ist der Wille, der sich in ihr ausspricht, von welchem ihr Inhalt abhängt und dessen Äußerung für ihre verpflichtende Kraft (§ 49) entscheidend ist (s. § 43). Den Inhalt eines großen Teiles der Normen des Kirchenrechts aber stellt die kirchliche, nicht die staatliche, Autorität fest, und ihre verpflichtende Kraft leitet sich für die Glieder der kirchlichen Gemeinschaft, deren (kirchliche) Rechte und Pflichten sie bestimmen, lediglich von der kirchlichen Autorität her. Wenn man gleichwohl die Staatsgewalt als das einzig mögliche Subjekt aller Normen des Kirchenrechts betrachtet, so kann sich hierbei geltend machen:

a) die Vorstellung, daß die machtvolle Verwirklichung des Kirchenrechts von dem Verhalten der staatlichen Gewalten abhängig sei (vgl. § 66). Hierbei sieht man den Gewinn, welcher aus einem entgegenkommenden Verhalten dieser Gewalten jenem Rechtsteile erwächst, als das juristisch allein Relevante an, wodurch die betreffenden Normen erst zu Rechtsnormen erhoben würden. Aber abgesehen davon, daß hierbei die oben hervorgehobenen Momente die ihnen zukommende Berücksichtigung nicht finden, ist hier eine fehlerhafte Folgerung im Spiele. Aus jener Abhängigkeit folgt für unsere Frage nicht mehr, als aus der Abhängigkeit eines Menschen in bezug auf Leben und Gedeihen von dem Wirken der Staatsgewalt in bezug auf die Frage, wer sein Erzeuger sei.

b) Die Vorstellung, daß die Bedeutung kirchlicher Satzungen für die Organe eines **Staates** allein durch das Recht dieses Staates bestimmt werde. Für diese Organe kann jenen Satzungen eine verpflichtende Kraft allerdings überall nur erwachsen aus Willensäußerungen ihres Staates. Allein dies hat mit der Frage, aus welchen Quellen das Kirchenrecht seine Bedeutung für das eigene Lebensbereich der Kirche schöpft und von welchem Subjekte es hier seine Kraft herleitet, nichts zu tun.

Walter, Lehrb. des K.(irchenrechts) aller christl. Konfess., 14. A. 71. **Vering**, L. des kathol., oriental. u. protest. K., 3. A. 93. **Richter-Dove-Kahl**, L. des kath. u. evang. K. 8. A. 86. **Friedberg**, desgl. 4. A. 95. v. **Schulte**, desgl. 4. A. 86. **Zorn**, desgl. 88. **Frantz**, desgl. 3. A. 99. **Phillips**, Kathol. K. 3. A. 85ff. **Hinschius**, Das K. der Kath. u. Protest., 6 Bde., enth. d. Kath. K. 69/97. **Derselbe** in Birkm. Enc. **Stutz** in Holtzend. Enc. (eingeh. Litt.nachweise). **Hübler**, K. Quellen 02. — **Sohm**, K. I. Geschichtl. Grundlagen 92 (behauptet, das K. stehe in Widerspruch zum Wesen der Kirche. Vgl. dagegen **Bendix**, Kirche u. K. 96). S. auch Sohms Kirchengesch. im Grdriß 13. A. 02. **Groß**, Zur Begriffsbestimmung 2c. des K. 72. **Bierling**, Wesen des posit. R. u. das K., in Z. f. K. 13, 256. **Köstlin**, Wesen der Kirche 72. **Hönig**, D. kath. u. prot. Kirchenbegriff 94. — **Hauck**, Kirchengesch. Deutschlands, bish. 4 Bde.

Nippold, Handb. d. neuesten Kirchengesch. 3. A. 80/96. — Zeitschrift für (protest.) K. 61—89. Deutsche Zeitschr. f. K., seit 92. Archiv f. kathol. K., seit 57.

§ 850.

Das Kirchenrecht zerfällt in inneres und äußeres.

Jenes hat zum Gegenstande die inneren Verhältnisse der Kirche: ihre Organe und deren Wirksamkeit, sowie die Rechtsstellung der einzelnen Glieder;

dieses die Verhältnisse jeder Kirche zu anderen Gemeinschaften, insbesondere zum Staate („Staatskirchenrecht").

Zweites Kapitel.

Das innere Kirchenrecht.

*§ 851.

Die Hauptbestandteile des inneren Kirchenrechts umfaßt das kirchliche Verfassungsrecht.

Dasselbe bestimmt die Träger der kirchlichen Gewalt (potestas ecclesiastica), den Inhalt und die Grenzen dieser Gewalt.

In der katholischen Kirche bildet der Klerus gegenüber den Laien einen besonderen Stand, dessen Zugehörigkeit durch Empfang der Weihen (Ordination) erworben wird und welcher der ausschließliche Verwalter der Sakramente und damit Vermittler der Erlangung des ewigen Seelenheiles ist. Im Gegensatz hierzu steht die evangelische Lehre vom allgemeinen Priestertum.

§ 852.

In der katholischen Kirche ist die kirchliche Gewalt oder das Kirchenregiment nach dogmatischer Bestimmung bei den Bischöfen (episcopi), welche ihr Recht hierauf von den Aposteln ableiten, als deren Nachfolger sie gelten.

§ 853.

Träger der höchsten Gewalt aber ist der Papst, das Haupt des Episkopates, als (nach katholischer Auffassung) Nachfolger des Apostelfürsten Petrus.

*§ 854.

Das Gesetzgebungsrecht in kirchlichen Dingen besitzt innerhalb der vom Dogma gezogenen Grenzen der Papst in seiner Verbindung mit dem Allgemeinen (ökumenischen) Konzile — zu welchem sämtliche Bischöfe und die ihnen gleichgestellten Priester zu berufen sind — sowie aber auch der Papst allein.

Die Stellung des Allgemeinen Konzils und der Bischöfe ist wesentlich herabgedrückt worden durch das vatikanische Konzil 1869/70.

Dieses hat die vom Papste ex cathedra — in seiner Eigenschaft als Lehrer und Oberhaupt der katholischen Kirche — de fide vel moribus getroffenen Entscheidungen mit der Eigenschaft der Unfehlbarkeit bekleidet (ex sese non autem ex consensu ecclesiae irreformabiles). Ferner hat es ausgesprochen, daß der Papst kraft seiner plenitudo potestatis alle Funktionen des Kirchenregiments in jeder Diözese in Konkurrenz mit den Diözesanbischöfen wahrnehmen kann.

Durch die Beschlüsse des vatikan. Konzils hat das „Papalsystem" seine dogmatische Sanktion erhalten und damit gesiegt über das „Episkopalsystem", welches dem zum Konzil versammelten Episkopate die höchste Macht in der Kirche zuerkennen wollte.

Diejenige Minderheit der Katholiken, welche die Dogmen der Infallibilität und des päpstl. Universalepiskopates nicht annehmen wollte, bildete eine selbständige Religionsgemeinschaft, die altkatholische Kirche, unter einem deutschen (bzw. schweizer) Bischofe, deren Verfassung durch die 1. altkath. Synode 1874 definitiv geregelt wurde.

*§ 855.

Den obersten Beirat des Papstes bildet das Kollegium der von ihm ernannten Kardinäle. Diesen liegt es zugleich ob, den erledigten päpstlichen Stuhl durch Wahl (in einem besonders hergerichteten Raume, dem „Konklave", wonach auch die Versammlung selbst genannt wird) wieder zu besetzen.

Die Zahl der Kardinäle soll nicht über 70 betragen; unter ihnen befinden sich z. B. 3 Deutsche.

*§ 856.

Das katholische Kirchenrecht wird in jus divinum und jus humanum geschieden. Jenes ist durch das Dogma bestimmt, umfaßt die Fundamentalsätze und ist, als auf göttlicher Anordnung beruhend, unabänderlich.

Geschöpft ist dasselbe aus der Bibel und der Tradition (traditio divina: die durch die Kirchenväter überlieferten mündlichen Anordnungen von Christus).

§ 857.

Der Hauptinhalt dieses Rechts ist in Konzilbeschlüssen und päpstlichen Verordnungen (Dekretalen, Konstitutionen) zum Ausdruck gebracht.

Die meisten älteren Konzilbeschlüsse und Dekretale finden sich in dem corpus juris canonici (§ 575) zusammengestellt.

§ 858.

Die Träger des Kirchenregiments in den evangelischen Kirchen sind nicht durch das Dogma bestimmt. Für die Gestaltung dieses Regimentes sind die geschichtlichen Verhältnisse maßgebend gewesen.

Unter dem Einfluß dieser Verhältnisse sind in den verschiedenen evangelischen Kirchen verschiedene Systeme eines kirchlichen Verfassungsrechts zur Ausbildung gelangt. Darunter nehmen die Konsistorial- und die Synodal- bzw. Presbyterialverfassung die größte geschichtliche Bedeutung in Anspruch.

Friedberg, D. geltende Verfassgsr. d. evang. Landeskirchen in D. u. Österr. 85/92. Köhler, Lehrb. d. deutsch-ev. K.rechts 95. Schön, Preuß. K.recht 02. Rieker, Rechtl. Stellg. d. ev. K. D.'s 93. Rocholl, Gesch. d. ev. K. in D. 97.

*§ 859.

Die Konsistorialverfassung überträgt dem Landesherrn als solchem die höchste Gewalt auch in der Kirche. Er ist hier deren „summus episcopus“.

Das Kirchenregiment verwaltet er mit Hilfe von besonderen Kirchenbehörden (Konsistorien oder Oberkirchenräten, welche sich aus geistlichen und weltlichen Räten zusammensetzen; Superintendenten).

Diese Verfassung ist im Gebiete der lutherischen Reformation.

und, was damit zusammenhängt, in Deutschland vorherrschend gewesen.

§ 860.

Die Synodal-(Presbyterial-)verfassung erkennt die oberste Gewalt der kirchlichen Gemeinde zu.

Zur Ausübung gelangt diese Gewalt durch Kollegien, welche sich aus Geistlichen und Laien (Ältesten) zusammensetzen, sowie durch, zu bestimmten Zeiten zusammentretende, Versammlungen: Synoden, in welchen sich ebenfalls Geistliche und Laien — diese hier als Vertreter der kirchlichen Kommunen — verbunden finden.

Diese Verfassung ist im Bereiche des reformierten (calvinistischen) Bekenntnisses zur Ausbildung gelangt, und ist daselbst vorherrschend geblieben.

*§ 861.

In der Gegenwart findet sich in den evangelischen Landeskirchen Deutschlands fast überall eine gemischte Verfassungsform und zwar zumeist eine durch die Aufnahme synodaler Elemente (einer Vertretung der kirchlichen Gemeinde als eines vom Landesherrn unabhängigen Elementes) modifizierte Konsistorialverfassung vor.

Dieselbe läßt sich der konstitutionellen Verfassungsform auf staatlichem Gebiete (§ 401) vergleichen. —

Zwischen lutherischer und reformierter Kirche erfolgte für Altpreußen 1817 durch Friedrich Wilhelm III. eine gewisse formelle Vereinigung; auch in Baden, Rheinbayern, Rheinhessen 2c. wurde (wenn auch in verschiedener Weise) die „Union" durchgeführt. Unter den evangelischen deutschen Landeskirchen ist seit 1903 eine nähere Verbindung hergestellt durch einen ständigen „Deutschen evang. Kirchenausschuß" zur Wahrung der gemeinsamen evang. Interessen.

*§ 862.

Die Hauptquellen des protestantischen Kirchenrechts in Deutschland sind vom Landesherrn mit den Synoden vereinbarte Kirchengesetze, ferner staatliche Gesetze, sowie auch Gewohnheitsrecht.

Drittes Kapitel.

Das äußere Kirchenrecht.

*§ 863.

In der modernen Welt fallen **Staat und Kirche** im allgemeinen nicht zusammen. Ebensowenig aber schlechthin auseinander. Sie erscheinen als Gemeinschaften, welche auf verschiedenen Grundlagen ruhen, und verschiedene Aufgaben mit verschiedenen Mitteln zu lösen bestrebt sind, wobei jedoch die Kirche (resp. eine Mehrzahl von Kirchen) als Repräsentantin bedeutsamer gesellschaftlicher Interessen und gesellschaftlicher Macht in ein näheres Verhältnis zum Staate gesetzt zu sein pflegt, von welchem sie einerseits einen umfassenden Rechtsschutz und mannigfache Förderung fordert und findet, andrerseits zur Unterstützung der staatlichen Wirksamkeit durch das geistliche Amt in Anspruch genommen wird.

In bezug auf die Enge der Verbindung beider Mächte aber, und in bezug auf die Selbständigkeit der Kirche in diesem Verhältnisse bestehen die größten Verschiedenheiten.

Der charakterisierte Sachverhalt hat einen zweifachen Gegensatz. Erstlich einen solchen in dem Zusammenfallen von Staat und Kirche in Einem allumfassenden, zugleich weltlichen und geistlichen Gemeinwesen. Hierbei kann entweder das weltliche Element als das vorherrschende erscheinen („Staatskirchentum") — wie im römischen Kaiserreiche und im alten Griechenland, wie in Österreich unter Joseph II. seit 1781 („Josephinismus") — oder aber das geistliche — wie im jüdischen Staate und bei zahlreichen anderen Völkern des Orients, wie nach dem von der kathol. Kirche im Mittelalter aufgestellten „theokratischen" oder „hierokratischen" Systeme.

Zweitens einen solchen in der völligen Loslösung der religiösen Verbände vom Staate und ihrer Gleichsetzung in der staatlichen Gesetzgebung mit beliebigen Privatvereinen wirtschaftlicher, wissenschaftlicher, geselliger Art. Eine Annäherung an einen derartigen Stand der Dinge („Trennung von Staat und Kirche") findet sich in der nordamerikanischen Union und in Belgien. In Deutschland ist die Stellung der „dissidenten" Religionsgesellschaften meist in diesem Sinne geregelt, während der Bedeutung der großen christlichen Kirchen (§ 849) eine solche (in der Reichsverfassung von 1849 auch für sie geforderte) Behandlung nicht gerecht werden würde.
Gladstone, D. Staat in s. Verh. zur K.(irche) 43. Friedberg,

D. Grenzen zwischen Staat u. K. 72. Geffcken, Staat u. K. 75. Sohm, Verh. von St. u. K. in Z. f. K. XI. Zeller, St. u. K. 73. Minghetti, Stato e chiesa, deutsch. 81. Moulart, K. u. St. 81. Maaßen, 9 Kap. über freie K. u. Gewissensfreiheit 76. Hinschius, Allgem. Darstellg. der Verh. von St. u. K., in Marquardſ. Handb. d. öffentl. R. I, 83. Thudichum, D. K.recht des 19. Jahrh. 77 ff. Maurenbrecher, St. u. K. im prot. D. 86. Kahl, Verschiedenheit der kath. u. ev. Anschauung v. St. u. K. 86. Lehrsyst. d. K.rechts u. d. K.politik 94. Mejer, Zur Gesch. d. röm.-deutschen Frage 2. A. 85. Nippold, Th. der Trennung v. K. u. St. 81. Rintelen, D. K. polit. Gesetze Preußens u. D.s 03. Seydel, Bayr. Staatsrecht VI.

§ 864.

Das Recht, dieses Verhältnis und ebenso die Verhältnisse zwischen den verschiedenen Kirchen durch seine Gesetzgebung zu ordnen, legt sich im allgemeinen der Staat in einem uneingeschränkten Sinne bei.

Als Träger der höchsten Gewalt innerhalb seines Gebietes und gemäß seiner Aufgabe, eine den Frieden verbürgende und den gemeinsamen Interessen entsprechende Ordnung des nationalen Lebens zu verwirklichen, unterstellt er diese Verhältnisse seinen Hoheitsrechten.

§ 865.

Zu den Befugnissen, welche der Staat dieser Auffassung gemäß gegenüber den einzelnen Kirchen zur Ausübung bringt („ius circa sacra", staatliche Kirchenhoheit, im Gegensatz zum ius in sacra, Kirchenregiment) gehört das Recht der Oberaufsicht über ihr äußeres Leben, sowie das Recht, der Anwendung kirchlicher Machtmittel Schranken zu ziehen zugunsten der Freiheit seiner Angehörigen und gemäß den Bedingungen des öffentlichen Friedens und des Ansehens seiner eigenen Einrichtungen.

*§ 866.

Im Deutschen Reiche ist bezüglich der Rechtsstellung der kirchlichen Gemeinschaften dermalen das Landesrecht entscheidend.

Dieses gibt den großen christlichen Kirchen (§ 849, in Preußen, Baden, Hessen auch der altkatholischen, § 854) die Stellung öffentlich-rechtlicher Korporationen, die gleichmäßige Berechtigung zur

öffentlichen Entfaltung ihres Kultus, das Recht selbständiger Regelung ihrer rein kirchlichen Angelegenheiten (Glaube, Kultus) und mancherlei Privilegien.

Im übrigen ist ihr Verhältnis zum Staate sehr verschieden gestaltet.

Zu unterscheiden von den Rechten dieser Korporationen als solcher ist das Recht der Einzelnen, ihrem Glauben nachzuleben und denselben öffentlich zu bekennen, ohne daß damit Beschränkungen in bürgerlicher oder politischer Hinsicht von Rechts wegen verbunden werden dürfen. Auf diese staatsrechtliche Parität bezieht sich das Reichsgesetz vom 3. Juli 1869 (s. § 479).

*§ 867.

Die katholische Kirche erkennt dem Staate nicht das Recht zu, einseitig die Verhältnisse zwischen ihnen zu ordnen (§ 864), sondern besteht auf einer Ordnung dieser Verhältnisse im Wege von Vereinbarungen zwischen Staat und Kirche.

Diesem Standpunkt haben einige deutsche Staaten durch den Abschluß sogenannter „Konkordate" mit der päpstlichen Regierung Rechnung getragen.

Noch jetzt in Kraft steht das von Bayern 1817 abgeschlossene Konkordat. Dagegen die von Baden (59) und Württemberg (57) vereinbarten K. scheiterten am Widerspruch der Landtage, worauf die kirchenstaatsrechtlichen Verhältnisse hier durch Staatsgesetze geregelt wurden. Das österr. K. von 55 wurde vom Staate nach dem vatikan. Konzil aufgehoben. — In bezug auf die Ordnung der Verhältnisse zwischen Staat und katholischer Kirche ergeben sich Schwierigkeiten aus zweierlei Tatsachen. Erstlich daraus, daß die einheitliche Organisation der letzteren sich über das Gebiet des einzelnen Staates hinaus erstreckt und ihren Schwerpunkt außerhalb seiner Machtsphäre hat, daß in diese letztere also nur ein unselbständiges Glied jenes Ganzen hereinragt. Während der Staat einerseits nicht umhin kann, dieses Glied seiner Gesetzgebung zu unterstellen, vermag er andererseits nicht die Abhängigkeit dieses Gliedes von den Zentralorganen der Kirche aufzuheben, und findet hierin eine Anregung zur Unterhaltung unmittelbarer Beziehungen zu diesen Zentralorganen. In diesen Beziehungen aber stehen sich, wie in denjenigen zwischen selbständigen Staaten, Macht und Macht gegenüber, und es fragt sich nach den gemeinsamen Anschauungen, welche hier einen Boden der Verständigung abzugeben vermöchten. Zweitens ergeben sich Schwierigkeiten daraus, daß solche gemeinsame Anschauungen nur in unzulänglichem Maße vorhanden sind, und daß neben ihnen Gegensätze von großer Tiefe sich allezeit geltend machen. Die Kirche legt sich im Verhältnis zum Staate das höhere Recht bei, wobei sie sich auf einen angeblichen unmittelbaren göttlichen Auftrag zu ihrer Wirksamkeit und auf den erhabeneren Zweck der letzteren stützt. Damit aber ist ein Standpunkt bezeichnet, welchen der moderne Staat samt allen seinen Konsequenzen abweist. —

Was spezieller die „Konkordate" betrifft, so ist deren „rechtliche Natur" Gegenstand einer vielbehandelten Kontroverse. Die hierbei streitigen Fragen sind indessen überwiegend politischer, nicht spezifisch rechtlicher Natur. Man unterscheide: 1. die Frage, ob der Staat den Weg der Vereinbarungen bezüglich der staatlich-kirchlichen Verhältnisse betreten soll? In bezug auf diese Zweckmäßigkeitsfrage ist hier dem oben aufgestellten Gesichtspunkte nichts beizufügen; 2. die Frage, ob der Staat, wenn er diesen Weg betritt, den Vereinbarungen die Bedeutung unkündbarer, seinen Willen dauernd bindender, Verträge beilegen soll? Da es sich hierbei um Verhältnisse seines eigenen Lebensgebietes handelt, so kann die letztere Frage nur von einem solchen Staate bejaht werden, der Verzicht leistet auf die selbständige Durchführung seiner Aufgabe und auf eine dieser entsprechende, dem Gang der Entwicklung der Verhältnisse seines Gebietes sich jederzeit anpassende, Gesetzgebung.

§ 868.

Wo die Kirchengewalt auf den Landesherrn übertragen worden ist, hat sich mit der Gemeinsamkeit des obersten Willensorgans eine Gemeinsamkeit anderer Organe in verschiedenem Umfange verbunden. Infolgedessen stehen hier die evangelischen Kirchen in näherem Zusammenhange mit dem Staat und in größerer Abhängigkeit von ihm.

Eine den modernen Anschauungen entsprechende Auseinandersetzung zwischen staatlichem und kirchlichem Rechte bildet hier vielfach noch ein nicht naheliegendes Ziel von Reformbestrebungen.

C. Das Völkerrecht.

*§ 869.

Das Völkerrecht begreift diejenigen Rechtssätze, welchen die zivilisierten Völker eine für sie gemeinsame Verbindlichkeit beilegen, und unter deren Anwendung viele der zwischen diesen Völkern bestehenden Verhältnisse sich zu Rechtsverhältnissen gestalten.

Ein Bewußtsein von dem Vorhandensein gemeinsamer Interessen, gemeinsame Überzeugungen und Gewohnheiten bilden sich zwischen Völkern unter dem Einfluß gleichartiger Antriebe und Erfahrungen wie zwischen Einzelnen, und diesen Interessen, Überzeugungen und Gewohnheiten wird ein neutraler, für die Vermeidung und Schlichtung von Konflikten bedeutsamer Maßstab des Urteils in dem nämlichen Sinne abgewonnen, wenn auch unter größeren Schwierigkeiten, langsamer und nicht mit der gleichen Sicherheit bezüglich seiner Anwendung, wie im Bereiche der einzelnen Volksgemeinschaft für die Verhältnisse der Individuen zueinander. Derselbe läßt in seiner Beschaffenheit, Entstehung und Anwendung in gewissen Grenzen die charakteristischen Merkmale des objektiven Rechts, freilich in weniger entwickelter Gestalt, erkennen. —

Heffter, D. europ. V.(ölkerrecht) d. Gegenwart, 8. A. hrsg. v. Geffcken 88. Bluntschli, V. d. zivilis. Staaten, 3. A. 78. Holtzendorff, Handb. des V., 4 Bde., 85 ff.; und in s. Enc. v. Bulmerincq, Das V., in Marquards. Handb. I, 84. Ullmann, in Marq. Handb. 98. Rivier, Lehrb., 2. A. 99; und Principes du dr. des gens 96. Martens, V., deutsch v. Bergbohm, 83/86. Gareis, Institut. des V. 2. A. 01. v. Liszt, Das V. 3. A. 04, und in Birkm. Enc. Heilborn, System des V. 96, und in Holtzend. Enc. 6. A. Bonfils, Lehrb. 3. A. übers. v. Grah 04. — Pradier-Fodéré, Traité de dr. intern. public 85/97. Calvo, le dr. int. th. et pratique 4. ed. 87/96. Despagnet, Cours de dr. int. p. 2. ed. 99. Laurent, Etudes sur l'histoire de l'humanité 50 ff. Wheaton, Elements of int. law 3. ed. 89. Lawrence, Commentaire sur les éléments ꝛc. et sur l'histoire des progrès du dr. des gens de Wheaton 68/80. A Handbook of p. int. law. 4. ed. 98. Walker, A Manual of p. int. law 95. History of the law of nations 99. Wharton, A Digest of the int. law of the United States 86. — Lasson, Prinzip und Zukunft des V. Fricker, Problem des V., in d. Tüb. staatswissensch. Zeitschr., 28 u. 34. Bulmerincq, Praxis,

Theorie u. Kodifikation des V. 74. Pierantoni, Fortschritte des V. im 19. Jahrh., d. v. Scholz 99. — Revue de dr. intern. et de législation comparée, Bruxelles 69 ff. Revue générale de dr. intern. p. 94 ff. Annuaire de l'Institut de droit intern. 77 ff. Recueil des traités (Quellenmaterial seit 1761). Triepel, Quellensammlg. 04. — § 872.

§ 870.

Dies ist ein unvollkommener Rechtsteil, insofern die Formen seiner Fortbildung und seiner Verwirklichung ebenso wie die für letztere vorhandenen Garantien nur eine geringe Ausbildung zeigen und nur einer solchen zugänglich sind.

S. die §§ 138, 140, 143. — Viele leugnen überhaupt die Existenz eines Völkerrechts, sowie die Möglichkeit seiner Existenz (weil es an einer Zwangsgewalt über den Staaten fehlt); sie vermögen aber nur zu erweisen, daß die Annahme eines Völkerrechts mit dem von ihnen adoptierten Rechtsbegriff nicht verträglich sei, worin in Wahrheit ein Argument gegen diesen, nicht aber gegen jenes zu finden ist.

Welchen Namen sollen die betreffenden Normen führen, z. B. diejenigen, welche die Stellung der Gesandten, oder die Verhältnisse zwischen neutralen und kriegführenden Mächten zum Gegenstande haben. Von reinen Moralvorschriften und von den Regeln der bloßen Sitte unterscheiden sie sich teils durch gewisse Entstehungsformen (Verträge, s. § 872), teils durch die Rolle, welche sie bei gerichtlichen Entscheidungen spielen, endlich dadurch, daß die beteiligten Mächte aus ihnen beständig subjektive Rechte und bzw. Rechtspflichten herleiten. Mag im einzelnen bezüglich dieser Rechte sich Streit erheben, mag die ihnen beiwohnende Kraft sich vielfach als unzulänglich erweisen, so ist doch niemals von einer beteiligten Macht die Existenz von Rechten in dieser Sphäre bestritten worden: von subjektiven Rechten, welche ihrerseits die Existenz eines sie begründenden objektiven Rechts voraussetzen. Jene theoretischen Gegner des Völkerrechts haben sich meist über die Konsequenzen ihrer Behauptungen keine deutliche Rechenschaft gegeben. Gibt es kein Völkerrecht, so gibt es auch keine Rechtsverhältnisse zwischen den Völkern bzw. Staaten. Dann hat es keinen Sinn, wenn die Staaten, wie es doch beständig geschieht, sich durch Verträge gegenseitig Rechte zuerkennen, oder wenn sie im Fall eines Streites über deren Grenzen Schiedsgerichte einsetzen, damit dieser Streit dem Rechte gemäß erledigt werde. Für solche Gerichte gilt es als selbstverständlich, daß sie die Regeln des Völkerrechts als für sie verbindliche Normen ihren Urteilen zugrunde zu legen haben. Damit aber ist diese Frage erledigt. (S. die Lehre von den Rechtsquellen.)

Eine unbefangene Betrachtung des geschichtlichen Lebens der Völker schließt die Annahme aus, daß zwischen der Gestaltung dieses Lebens innerhalb der Grenzen eines Staates und derjenigen auf internationalem Gebiete ein absoluter Gegensatz bestehe, als wenn nur dort eine durch ethische wie egoistische Faktoren getragene Ordnung möglich, nur dort eine Wirksamkeit der am Leben des Rechts teilhabenden Kräfte wahrnehmbar und denkbar sei, hier dagegen eine Regelung und Einschränkung des

Streites aller mit allen durch die Erhebung und den Einfluß neutraler Mächte für immer ausgeschlossen sei. Die Wahrheit ist, daß die Kräfte, auf welche die Ausbildung gemeinsamer Sitte und gemeinsamen Rechts überall zurückzuführen sind, auch auf internationalem Gebiete, wenn auch unter komplizierteren Bedingungen, sich regen und schöpferisch zeigen (s. § 122 ff.). Auch bestehen Verhältnisse der Wechselwirkung zwischen den Zuständen auf jenen beiden Gebieten, und der Ausbau einer den inneren Frieden dauernd verbürgenden Rechtsordnung innerhalb der einzelnen Staaten zeigt sich davon abhängig, daß auch auf internationalem Gebiete das moralische und rechtliche Chaos überwunden werde.

Unhaltbar sind ferner alle Theorien, welche einen anderen Gegensatz zwischen dem Völkerrechte und den anderen Rechtsteilen statuieren, als denjenigen zwischen einem auf höherer und einem auf niederer Entwicklungsstufe stehenden Rechte (§ 134 ff.). So diejenigen, welche einen Gegensatz hinsichtlich der Quellen ihrer verpflichtenden Kraft behaupten; hierüber s. § 873. Vgl. Fricker, l. c. Merkel, Macht und Recht (s. § 40).

*§ 871.

Die Erhebung des Völkerrechts auf eine Stufe, welche der von Privat-, Straf- und Prozeßrecht bei den Kulturvölkern eingenommenen annähernd entspräche, würde die Schaffung einer gesetzgebenden und einer richterlichen Gewalt sowie einer Exekutive über den Völkern voraussetzen. Damit aber würde ein diese Völker umspannendes neues Staatswesen aufgerichtet und das Völkerrecht in internes staatliches Recht, das Recht eben dieses neuen Gemeinwesens, umgewandelt sein.

Erscheint eine solche Umwandlung auch als durchaus unmöglich, so ist doch die Erhebung des Völkerrechtes auf eine höhere Stufe als nicht ausgeschlossen zu betrachten. Die auf Anregung des Kaisers von Rußland im Sommer 1899 im Haag zusammengetretene sogen. Friedenskonferenz hat zur Einsetzung eines ständigen Schiedsgerichtshofes (mit einem internat. Büreau im Haag) geführt, dessen Entscheidung bei allen Streitigkeiten angerufen werden kann. (Ihm sind kürzlich Deutschlands Streitigkeiten mit Venezuela unterbreitet worden.) Und der Wunsch nach einer Kodifikation gewisser Teile des Völkerrechts hat bezüglich der wichtigsten Regeln des Landkriegsrechts eine Erfüllung ebenfalls auf der Haager Konferenz gefunden (s. § 887).

Mit der Verwirklichung einer umfassenderen derartigen Kodifikation einerseits und der praktischen Wirksamkeit jenes ständigen Schiedsgerichts andrerseits wäre nicht nur eine höhere Stufe der Entwicklung des V. erreicht, sondern zugleich wären mächtige Faktoren zu einer noch höheren Entwicklung in Tätigkeit gesetzt. — Zorn, V.l. Ergebnisse der H. Konf., D. Rundschau 00. Meurer, Übersicht über d. Arb. d. H. K. 03. Ihre Beschlüsse s. im Reichsgesetzblatt 01, 393 ff. und bei Liszt l. c. — Zu beachten auch die von Frankreich mit Italien und England 03/04 abgeschlossenen Schiedsverträge, welche ihre künftigen Streitigkeiten Schiedsgerichten überweisen.

§ 872.

An Fortbildung und Anwendung des Völkerrechts sind die einzelnen Staaten wesentlich beteiligt. Einmal als Schöpfer des internationalen Vertragssystems (§ 873), dessen Ausbildung für die Entwicklung dieses Rechtsteils von entscheidender Bedeutung ist; dann insofern durch sie die Möglichkeit gerichtlicher Anwendung dieses Rechts begründet wird, sei es, daß sie die eigenen Gerichte verpflichten, unter gegebenen Voraussetzungen seine Regeln zur Anwendung zu bringen, sei es, daß sie auf Grund von Vereinbarungen Schiedsgerichten ihre Streitigkeiten unterbreiten.

Daraus folgt jedoch nicht die Richtigkeit der in verschiedener Einkleidung mehrfach vertretenen Ansicht, daß dem einzelnen Staate im Völkerrechte nichts als sein eigener Wille entgegentrete. Verhielte es sich so, dann wäre es ein Mißbrauch der Worte, hier von (objektivem!) Recht und zumal von einem den Völkern gemeinsamen Recht zu reden. Denken wir doch bei dem Worte Recht (im objektiven Sinne) überall an eine Macht, welche denjenigen, welchen sie gebietet und erlaubt, Rechte gewährt und Pflichten auferlegt, und für deren Konflikte sie die Friedensformel darbietet, nicht als ein Ausfluß ihres eigenen individuellen Beliebens gegenübersteht, sondern als eine aus objektiver und für die Beteiligten gemeinsamer Quelle sich erhebende Autorität. Nur eine solche Macht kann Trägerin der Funktionen sein, welche für das Recht charakteristisch sind. Die gemeinsame Quelle aber, aus welcher das Völkerrecht seine Autorität herleitet, ist in den Interessen, Überzeugungen, und bzw. Gewohnheiten zu finden, welche den Kulturvölkern gemeinsam sind. Aus einer solchen Quelle leitet sich u. a. die gewohnheitsrechtlich feststehende Gültigkeit des Grundsatzes her, daß Verträge zwischen Staaten unter gewissen Voraussetzungen gehalten werden sollen (§ 121).

Bei der Beurteilung dieser Verhältnisse ist im übrigen zu beachten, was über das autonome Element im Rechte (§ 129) und über die Anerkennung in ihrem Verhältnis zur verpflichtenden Kraft der Rechtsnormen (§ 49) ausgeführt worden ist.

*§ 873.

Zur Entstehung gelangen die Rechtssätze des Völkerrechts teils in den Formen des **Gewohnheitsrechts**, teils im Wege von Recht setzenden **Verträgen** zwischen den beteiligten Staaten.

Solche Verträge haben für das Völkerrecht dieselbe Bedeutung, wie Gesetze für das innerstaatliche Leben.

Hinsichtlich der Verträge als einer Form der Rechtsbildung siehe § 121.

Zu unterscheiden ist ihre völkerrechtliche Verbindlichkeit gegenüber dem fremden Staate, welche mit ihrem Abschlusse durch das Staatsoberhaupt eintritt (Ratifikation des zwischen den Unterhändlern vereinbarten Vertragsinhaltes und Austausch der Ratif. Urkunden), und die staatsrechtliche Wirksamkeit d. i. Vollziehbarkeit innerhalb des eigenen Staates, welche oft abhängt von der Zustimmung der gesetzgebenden Organe — zumal wenn die Vollziehung in das der Gesetzgebung vorbehaltene Gebiet eingreift — sowie von der Publikation (S. über die Verträge des Deutschen Reiches § 486, 496, 500).

Solche Rechtssatzung findet sich besonders in den Vereinbarungen auf internat. Kongressen: z. B. Pariser Kongreß (§ 889), Genfer Konvention (§ 886), Berner Konvention von 86 zum Schutze des Urheberrechts (§ 563), von 90 über den Eisenbahnfrachtverkehr (§ 567) ꝛc. Sonstige Beispiele völkerrechtl. Verträge: Handelsverträge; Auslieferungsv. (Verpflichtung zur Auslieferung flüchtiger Verbrecher wegen bestimmter schwererer Delikte); Allianzen (so Preußens u. Österreichs 64 gegen Dänemark); Friedensv. (Verpflichtung zur Abtretung eines Gebietes, Zahlung einer Kriegsentschädigung) ꝛc. —

E. Meier, Über d. Abschluß von Staatsverträgen. Bergbohm, Staatsv. u. Gesetze als Quellen des V. 74. Jellinek, Über d. Gültigkeit von Staatsv. 80. Nippold, D. völkerrechtl. Vertrag 94. Triepel, V. und Landesrecht 99. Laband, Staatsrecht § 60 ff.

§ 874.

Der Inhalt des Völkerrechts bezieht sich:

auf die Subjekte der völkerrechtlichen Verhältnisse und deren allgemeine Rechtsstellung,

auf die Verhältnisse zwischen ihnen zur Zeit des Friedens,

auf die Verhältnisse zwischen ihnen zur Zeit des Unfriedens.

*§ 875.

Subjekte des Völkerrechts, d. h. direkte Träger von Rechten und Pflichten, sind grundsätzlich nur die Staaten. Und zwar sind nur die souveränen Staaten vollberechtigte Subjekte, während die sogen. halbsouveränen (§ 366 A.) nicht als vollberechtigte Subjekte gelten.

Freilich werden unter Umständen während eines Bürgerkrieges (so im Sezessionskriege in der Nordamerikanischen Union) die Aufständischen von unbeteiligten Mächten als „kriegführende Partei“ und damit in vielen Beziehungen als Subjekt des Völkerrechts anerkannt — eine Anomalie, die dadurch entsteht, daß es hier zweifelhaft geworden ist, welche Partei als die tatsächlich im Besitz der Regierung des betreffenden Staates befindliche anzusehen ist.

Nicht bloß Bundesstaaten (§ 405) stehen in völkerrechtlichen Beziehungen, sondern auch Konföderationen (§ 407) kommen als Subjekte von solchen vor: so stand der ehemalige Deutsche Bund in solchen.

Eigenartig und viel umstritten ist die völkerrechtliche Stellung des Papstes seit Einverleibung des weltlichen Kirchenstaates („Patrimonium Petri") in das Königreich Italien. Tatsächlich genießt er die durch das italienische „Garantiegesetz" v. 13. 5. 71 garantierte völkerrechtliche Stellung eines Souveräns: Ehrenrechte eines solchen, erhöhten Rechtsschutz, völlige Exemtion von der italien. Staatsgewalt; ebenso besitzt er das Gesandtschaftsrecht. (Von den deutschen Staaten halten Preußen und Bayern Gesandte beim „Heiligen Stuhle", der seinerseits in München durch einen „Nuntius" vertreten ist.) Über Konkordate s. § 867. —

Über Träger von Rechten abgeleiteter Natur s. § 878.

§ 876.

Die Staaten gelten im Völkerrechte als prinzipiell gleichberechtigt.

Eine Modifikation erleidet dieses Prinzip aber durch das internationale Zeremonialrecht, welches den Staaten und ihren Repräsentanten gewisse Ehrenrechte zuerkennt, und dabei unter Berücksichtigung der Machtverschiedenheiten Rangverhältnisse festsetzt. Hiernach gehen die im Besitze der „königlichen Ehrenrechte" befindlichen Staaten im Range den anderen vor.

§ 877.

Bezüglich der Abgrenzung der Rechtsgebiete verschiedener Staaten gegeneinander nimmt in der modernen Welt das „Territorialitätsprinzip" (§ 430) eine beherrschende Bedeutung in Anspruch. S. hinsichtlich dieser Abgrenzung die §§ 326 ff., 429 ff.

*§ 878.

Als indirekte Träger von Rechten kommen im Völkerrecht gewisse Organe der Staaten in Betracht. Sie leiten diese Rechte ab von dem Recht des Staates, den sie vertreten.

Solche Träger von Rechten abgeleiteter Natur sind:

1. Organe, welche die Bestimmung haben, einen friedlichen internationalen Verkehr zu vermitteln und die Interessen ihres Staates oder seiner Angehörigen und Schutzbefohlenen im Aus-

lande zu vertreten. Die wichtigsten unter diesen sind die Gesandten und die Konsuln.

2. Die Monarchen und die Präsidenten von Republiken.

§ 879.

ad 1. **Gesandte** sind Beamte, welche zur Vertretung der Interessen ihres Staates bei einem anderen Staate von dem Oberhaupte des ersteren an die Regierung des letzteren gesendet und zu dieser Vertretung förmlich beglaubigt sind.

Das Recht, Gesandte an andere Mächte zu senden und solche von diesen zu empfangen (aktives und passives Gesandtschaftsrecht), haben in Deutschland sowohl das Reich wie die Gliedstaaten (Beisp. s. § 875 i. f.).
Alt, Handb. des europ. Gesandtschaftsr. 70. Pradier-Fodéré, Cours de dr. diplom. 2. A. 99. Martens, Guide diplom. 5. A. 66. Hübler, D. Magistraturen d. völkerrechtl. Verkehrs 00.

§ 880.

Sie zerfallen in vier Rangklassen: 1. Botschafter, 2. Gesandte schlechtweg, 3. Ministerresidenten, 4. Geschäftsträger. Die drei erstgenannten sind unmittelbar bei dem Oberhaupte des fremden Staates, die letztgenannten bei dem Minister des Äußeren beglaubigt.

*§ 881.

Das Völkerrecht erkennt den Gesandten bestimmte Privilegien zu: nämlich:

1. das Privilegium der Unverletzlichkeit, d. i. den Anspruch auf einen erhöhten Rechtsschutz;

2. dasjenige der Exterritorialität, nach welchem die Gesandten in wichtigen Beziehungen nicht unter den Hoheitsrechten des fremden Staates stehen, sondern so zu behandeln sind, als befänden sie sich „extra territorium“, d. h. innerhalb des eigenen Staates. Insbes. ist ihnen gegenüber die Ausübung einer Gerichtsbarkeit und die Anwendung von Zwangsmaßregeln auf Grund jener Hoheitsrechte ausgeschlossen.

Auch die Familien, das Geschäftspersonal und (sofern sie nicht Angehörige des Aufenthaltsstaates sind) die persönliche Dienerschaft der Gesandten haben an diesen Privilegien teil.

*§ 882.

Die Funktionen der **Konsuln** betreffen hauptsächlich den internationalen Handels- und Privatverkehr. Ihnen liegt es ob, die Interessen ihres Staates, seiner Angehörigen und seiner Schutzbefohlenen im Bereiche dieses Verkehrs wahrzunehmen.

Für die Entwicklung des Konsularwesens war ursprünglich entscheidend das Bedürfnis der handeltreibenden Nationen, im Auslande ein gerichtliches Forum zu haben, wo das Recht ihres Staates in einem geordneten Verfahren zur Erledigung von Streitigkeiten zur Anwendung gebracht werden könnte. Gegenwärtig noch haben die Konsuln der christlichen Mächte auf Grund des Herkommens oder besonderer Verträge eine beschränkte Zivil- und Strafgerichtsbarkeit über die Angehörigen des von ihnen vertretenen Staates (und die „Schutzgenossen") in manchen Ländern des Orients, besonders in der Türkei, China, Siam, Persien (während sie in Ägypten seit 76 durch die auf Verträgen beruhenden internat. Gerichtshöfe eingeschränkt ist). Diese Jurisdiktionskonsuln (sog. im Gegensatz zu den gewöhnlichen Handelskonsuln) üben die Gerichtsbarkeit im Namen des vertretenen Staates und unter Anwendung seines Rechtes aus. Im übrigen hat die Entwicklung des modernen Staates diese mit dem Territorialitätsprinzipe (§ 877) nicht verträgliche Gerichtsbarkeit in Wegfall gebracht. (So ist sie in Japan seit 99 beseitigt; s. Siebold, Eintritt Japans in das europ. V. 00.)

Für Deutschland vgl. Reichsges. v. 8. Nov. 67, und hins. der Gerichtsbarkeit v. 7. Apr. 1900. — Die Gliedstaaten dürfen im Auslande keine Konsulate errichten.

König, Handb. des Konsul.wesens, 6. A. 02. de Clerq et de Vallat, Manuel pratique des consulats, 4. A. 80. Laband, Staatsrecht § 72. Zorn, Konf.gesetzgbg. d. D. R. 01.

*§ 883.

Die Konsuln scheiden sich in Berufs- und Wahlkonsuln (Consules missi und electi). Erstere sind abgeordnete Untertanen des vertretenen Staates, welche als dessen besoldete Beamte sich ausschließlich den Konsulargeschäften zu widmen haben; letztere Angehörige des Staates, in welchem sie fungieren sollen, und zwar regelmäßig Kaufleute, welche an ihrem Wohnsitze mit Führung derselben betraut sind.

Sie bedürfen außer der Ernennung durch den vertretenen Staat auch der Zulassung seitens des anderen Staates durch Erteilung des „Exequatur".

§ 884.

ad 2. Die **Monarchen** und die **Präsidenten** von **Republiken** haben, wenn sie sich im fremden Staatsgebiete nicht inkognito und nicht gegen den ausgesprochenen Willen der fremden Regierung aufhalten, die gleichen Privilegien wie die Gesandten.

*§ 885.

Rechtsverletzungen gegenüber sehen sich die Staaten, sofern deren freiwillige Ausgleichung nicht erfolgt, und bzw. sich nicht durch die Vermittlung befreundeter Mächte oder schiedsgerichtliche Entscheidungen erreichen läßt, auf den Weg der Selbsthilfe hingewiesen.

Dahin gehört die Ergreifung von „Repressalien", d. s. Gewaltakte gegen Angehörige oder Güter des fremden Staates (z. B. Beschlagnahme von Staats- oder Handelsschiffen, Embargo) mit Beziehung auf die erlittene Rechtsverletzung und zur Herbeiführung einer Ausgleichung. Eine andere in neuerer Zeit öfters (z. B. gegen Kreta 97) angewandte Zwangsmaßregel ist die im Frieden erfolgende Blockade (über deren Begriff s. § 889).

Die äußerste Form der Selbsthilfe aber ist der Krieg.

Von den Repressalien gegenüber Rechtsverletzungen unterscheidet man die „Retorsion" gegenüber bloßen Unbilligkeiten eines anderen Staates, z. B. bei Zollmaßregeln („Zollkrieg"); Behandlung von Ausländern (Paßzwang; Ungleichheit im Erbrecht).

§ 886.

Der Krieg läßt eine rechtliche Betrachtung unter einem dreifachen Gesichtspunkt zu, nämlich:

1. insofern er auf seine Begründung angesehen wird (§ 885),
2. insofern er auf seinen Abschluß und seine rechtlichen Wirkungen angesehen wird (s. § 143, auch 225),
3. insofern er selbst ein Gegenstand ordnender Bestimmungen ist.

*§ 887.

Unter letzteren Gesichtspunkt fallen Normen, welche den kriegführenden Mächten im Verhältnis zueinander und zu den Angehörigen der feindlichen Macht Beschränkungen auferlegen. So Normen, welche die Behandlung von verwundeten und kranken

Soldaten und deren für unverletzlich erklärten Ärzten und Pflegern regeln (Genfer Konvention 64); ebenso von Kriegsgefangenen und Parlamentären (insb. Haager Konferenz); gewisse Kampfmittel (vergiftete Waffen; Explosivgeschosse: Petersb. Konv. 68) ausschließen; die Beschießung unverteidigter und die Plünderung eroberter Ortschaften verbieten; in den durch die Kriegsraison (nécessité de guerre) gezogenen Grenzen die Schonung von Leben, Freiheit und Eigentum der am Kampfe nicht teilnehmenden Privaten fordern.

Während nach der Auffassung der Alten der Krieg ein Recht über Leben und Tod aller Angehörigen des feindlichen Staates gab, ist dies nach moderner Auffassung nicht der Fall. Ihr zufolge ist der Krieg ein Streit zwischen den Staaten und ihren Heeren, nicht zwischen den Privaten, und sind die letzteren im allgemeinen nur solchen Beschränkungen zu unterwerfen, welche der Zweck des Kriegs: die Bezwingung der feindlichen Macht, als geboten erscheinen läßt.

II. Konv. der Haager Konferenz (§ 871) über die Gesetze u. Gebräuche des Landkrieges; III. Konv. betr. Ausdehnung der Genfer Konv. auf d. Seekrieg; 3 (von England nicht unterzeichnete) Deklarationen über weitere Beschränkgen in d. Anwendung von Geschossen. — **Lüder**, Genf. Konv. 76. **Gillot**, la révision de la Conv. de Genève 02. (Für Sommer 04 sind die Staaten von der Schweiz zu einer Konf. zwecks Revision der Genf Konv. eingeladen). **Triepel**, D. neusten Fortschritte auf d. Gebiet d. Kriegsr. 94. **Zorn**, Kriegsmittel u. führung in Landkr. 02.

*§ 888.

Hinsichtlich des Privateigentums gelten andere Grundsätze für die Verhältnisse zur See wie für diejenigen auf dem Lande.

Dort ist im allgemeinen das Privateigentum der Angehörigen des feindlichen Landes auch jetzt noch dem Beuterecht („Prisenrecht") seitens der Kriegsschiffe des Gegners unterworfen: feindliche Schiffe und feindliche Ladung auf solchen sind „gute Prise".

Über die Rechtmäßigkeit der Wegnahme entscheiden besondere, durch staatliche Gesetze (D. Reichsges. v. 84) geregelte Prisengerichte, mit deren Urteil die Prise Eigentum des Staates wird. — Die Kaperei, Wegnahme von Prisen durch staatlich ermächtigte Privatschiffe, ist wegen der mit ihr (besonders für die Neutralen) verbundenen Mißstände durch die Pariser Deklaration für die ihr beigetretene Mehrheit der Seemächte beseitigt.

Bluntschli, Beuterecht im Kriege 78. **Bulmerincq**, le dr. des prises maritimes, Rev. de dr. intern. X. Prisenreglement des Instituts 82.) **Perels**, D. intern. öffentl. Seerecht 2. A. 03.

*§ 889.

Es gehören hierher ferner Normen, welche das Verhältnis der kriegführenden zu den neutralen Mächten betreffen. Die Interessen der letzteren sind zu respektieren unter der Voraussetzung, daß sie keiner der kriegführenden Parteien direkte oder indirekte Kriegshilfe leisten und zugleich von keiner eine Verletzung ihrer Neutralität sich gefallen lassen.

Wichtig ist die Abgrenzung der beiderseitigen Rechte besonders im Seeverkehr. So in bezug auf das Gebot der Beachtung einer Blockade: der Absperrung eines feindlichen Hafens oder Küstenstrichs gegen allen Seeverkehr, sowie das Verbot der Zuführung von Kriegsmaterial und sonstiger „Kontrebande" (ein Begriff von geringer Bestimmtheit; im gegenwärtigen russ.-japan. Krieg ist er seitens Rußlands ausgedehnt auf Kohlen, Getreide, Reis 2c.). Bei Verstößen gegen diese Regeln verfällt auch das neutrale Schiff dem Prisenrecht. Ferner in bezug auf die Behandlung feindlichen Handelsguts auf neutralen Schiffen und neutralen Guts auf feindlichen Schiffen, in welchen Beziehungen gegenwärtig auf Grund der Pariser Seerechtsdeklaration vom 16. 4. 56 die Sätze Geltung haben, daß (abgesehen von Kontrebande) die neutrale Flagge die feindliche Ladung deckt („frei Schiff, frei Gut"), und neutrales Gut auch unter feindlicher Flagge geschützt ist.

Gessner, les droits des neutres sur mer 2. A. 76. Kleen, Lois et usages de la neutralité 98/00. Wiegner, D. Krkontrebande in d. V.wissenschaft u. d. intern. Staatenpraxis 04.

Sachregister.

Die Zahlen verweisen auf die Paragraphen.

A.

B.

F.

G.

K.

L.

M.

N.

O.

P.

Q.

R.

S.

T.

W.

Z.

Lippert & Co. (G. Pätz'sche Buchdruckerei), Naumburg a. S.

FSC
www.fsc.org
MIX
Papier | Fördert gute Waldnutzung
FSC® C083411

Kolibri 360 GmbH
Ferdinand-Jühlke-Straße 7
99095 Erfurt, Deutschland
produktsicherheit@kolibri360.de